학령기 아동을 위한

교사용

읽기유창성 및
읽기이해 프로그램

김애화 · 김의정 공저

학지사

머리말

읽기는 모든 교과 학습을 위한 도구적인 역할을 하므로 교과 학습이 시작되는 초등학교부터 학습자는 적절한 읽기 능력을 갖추고 있어야 한다. 이러한 읽기 능력을 갖추기 위해서는 단어를 정확하게 읽을 수 있는 기초적인 능력뿐만 아니라 글을 유창하게 읽고, 읽은 글의 내용을 잘 이해하는 것이 필요하다. 특히 초등학교에서 읽기의 어려움을 보이는 경우, 이를 그대로 두면 성인이 되어서도 읽기 문제가 지속해서 나타날 수 있으므로 초등학교부터 집중적인 읽기 지도를 하는 것이 바람직하다.

이에 초등학교 학생의 읽기유창성 및 읽기이해 능력을 향상시키기 위한 프로그램을 개발하였다. 이 프로그램의 특징은 다음과 같다. 첫째, 각 학년에 적합하도록 지문을 활용하여 프로그램을 구성하였다. 둘째, 읽기유창성 및 읽기이해 능력을 향상시키는 데 효과성이 입증된 다양한 연구기반 교수법을 적용하여 프로그램을 구성하였다. 셋째, 읽기유창성 교수와 읽기이해 교수를 연계하여 지도할 수 있도록 프로그램을 구성하였다. 넷째, 사전평가-지도-사후평가를 통해 학습자의 읽기유창성 및 읽기이해 향상도를 점검할 수 있도록 구성하였다.

따라서 이 프로그램은 학교 내 기초학력 부진 학생 지도 및 방과 후 수업이나 학습종합클리닉센터, 개별 센터 등 다양한 장면에서 읽기유창성 및 읽기이해 능력 향상이 요구되는 초등학교 학생을 지도하는 데 활용될 수 있다. 또한 읽기에 어려움을 겪는 학생, 느린 학습자, 다문화 가정 학생 등의 경우에는 초등학생뿐 아니라 중등 이상의 학생 지도 시에도 이 프로그램을 사용할 수 있을 것이다. 이 외에도 필요에 따라 가정에서 자녀의 읽기유창성 및 읽기이해 지도를 위해 활용될 수 있다. '학령기 아동을 위한 읽기유창성 및 읽기이해 프로그램'이 다양한 학습자의 읽기 능력을 향상시킬 수 있는 자료로 활용되기를 기대한다.

이 프로그램이 개발되기까지 여러 사람의 도움이 있었다. 우선, 프로그램 개발 과정에서 도움을 준 김지은 선생님, 박민정 선생님, 박선희 선생님, 정경아 선생님, 정현승 선생님에게 감사의 마음을 전한다. 또한 출판 과정에서 도움을 준 학지사 김진환 사장님과 박나리 선생님에게 감사를 드린다.

📖 이 책은 단어, 문장, 글 수준에서의 읽기유창성 및 읽기이해를 향상시키는 것을 목표로 개발되었다.

📖 이 책의 구성은 1) Ⅰ 수준 읽기유창성 및 읽기이해 프로그램, 2) Ⅱ 수준 읽기유창성 및 읽기이해 프로그램, 3) Ⅲ 수준 읽기유창성 및 읽기이해 프로그램, 4) Ⅳ 수준 읽기유창성 및 읽기이해 프로그램, 5) Ⅴ 수준 읽기유창성 및 읽기이해 프로그램, 6) Ⅵ 수준 읽기유창성 및 읽기이해 프로그램으로 구성되어 있다. 각 수준별 6회기, 총 36회기로 구성되어 있다.

● Ⅰ 수준 읽기유창성 및 읽기이해 프로그램은 초등학교 1학년 수준의 읽기 지문을 활용한 프로그램이다. 따라서 일반학생의 경우 1학년에게 적용 가능하며, 읽기에 어려움을 겪는 학생의 경우에는 1학년 이상의 학생에게도 적용 가능하다.

● Ⅱ 수준 읽기유창성 및 읽기이해 프로그램은 초등학교 2학년 수준의 읽기 지문을 활용한 프로그램이다. 따라서 일반학생의 경우 2학년에게 적용 가능하며, 읽기에 어려움을 겪는 학생의 경우에는 2학년 이상의 학생에게도 적용 가능하다.

● Ⅲ 수준 읽기유창성 및 읽기이해 프로그램은 초등학교 3학년 수준의 읽기 지문을 활용한 프로그램이다. 따라서 일반학생의 경우 3학년에게 적용 가능하며, 읽기에 어려움을 겪는 학생의 경우에는 3학년 이상의 학생에게도 적용 가능하다.

● Ⅳ 수준 읽기유창성 및 읽기이해 프로그램은 초등학교 4학년 수준의 읽기 지문을 활용한 프로그램이다. 따라서 일반학생의 경우 4학년에게 적용 가능하며, 읽기에 어려움을 겪는 학생의 경우에는 4학년 이상의 학생에게도 적용 가능하다.

● Ⅴ 수준 읽기유창성 및 읽기이해 프로그램은 초등학교 5학년 수준의 읽기 지문을 활용한 프로그램이다. 따라서 일반학생의 경우 5학년에게 적용 가능하며, 읽기에 어려움을 겪는 학생의 경우에는 5학년 이상의 학생에게도 적용 가능하다.

● VI 수준 읽기유창성 및 읽기이해 프로그램은 초등학교 6학년 수준의 읽기 지문을 활용한 프로그램이다. 따라서 일반학생의 경우 6학년에게 적용 가능하며, 읽기에 어려움을 겪는 학생의 경우에는 중학교 학생에게도 적용 가능하다.

각 회기는 1) 사전평가, 2) 지도, 3) 사후평가로 구성되어 있다.

다음은 수업 전에 교수자가 알아야 하는 사항을 제시하였다. 교수자는 각 회기에서 다뤄지는 중요한 내용이나 전략에 대한 이론적인 근거를 알게 됨으로써 효과적인 수업을 진행할 수 있을 것이다.

◪ **읽기유창성이란**

읽기유창성은 글을 빠르고 정확하게, 적절한 표현력을 가지고 읽는 능력을 의미한다.

◪ **읽기유창성은 왜 중요한가**

읽기유창성은 글을 읽고 이해하는 능력과 높은 관련성을 지니기 때문이다.

◪ **읽기유창성을 향상시킬 수 있는 방법에는 어떤 것들이 있는가**

- 학생에게 동일한 글을 최소 세 번 소리 내어 반복하여 읽도록 한다.
- 소리 내어 반복 읽기를 실시할 때, 먼저 글을 유창하게 읽는 사람(교수자나 또래)이 유창하게 글을 읽는 것을 시범 보인 다음, 학생에게 같은 글을 소리 내어 읽도록 한다.
- 학생이 글을 읽을 때 오류를 보이면 오류를 교정한다.

◪ **끊어서 반복 읽기란**

1) '끊어서 반복 읽기'는 '끊어 읽기'와 '소리 내어 반복 읽기'를 결합한 교수이다.
2) 끊어 읽기: 글을 구성하는 문장들을 의미가 통하는 구나 절 단위로 끊어서 제시한다.
3) 반복 읽기: 의미가 통하는 구나 절 단위로 끊어서 제시한 지문을 소리 내어 반복적으로 읽는다. 이때, 교수자가 유창하게 글을 읽는 것을 시범 보인 후, 학생들이 세 번 이상 소리 내어 반복적으로 읽도록 하는 것이 좋다.

◪ 끊기의 기준은

- 이 프로그램에서 제시한 끊어 읽기 단위의 가장 중요한 기준은 글을 이해하는 데 도움이 되는 의미 단위로 끊는 것이었다. 기본적으로 주부와 술부를 구분하되, 겹문장의 경우에는 문장의 구조를 이해하는 데 도움이 되도록 끊음으로써 글 이해에 도움이 되도록 하였다.
- 이 프로그램에서 제시한 끊어 읽기 단위는 학생에게 도움이 되도록 제시한 하나의 예일 뿐이며, 이것이 문법적으로 정확한 단위 기준을 의미하는 것은 아니다. 또한 학생의 수준에 따라 교사는 이 프로그램에 제시한 의미 단위보다 더 많은 혹은 더 적은 어절이 포함되도록 끊을 수 있다.

◪ 이 책의 읽기유창성 프로그램은

1) 활동 1: 단어 반복 읽기

읽기 지문에서 핵심 단어이거나 어려운 단어를 선정하여, 학생이 빠르고 정확하게 단어를 읽을 수 있도록 반복 연습을 한다.

2) 활동 2: 어휘 뜻 파악하기

읽기 지문에서 핵심 단어이거나 어려운 단어를 선정하여, 학생이 단어의 뜻을 질적으로 깊이 있게 이해할 수 있도록 다양한 전략 활동을 한다.

3) 활동 3: 어구/절 반복 읽기

읽기 지문에서 어렵거나 자주 접하게 되는 어구/절을 선정하여, 학생이 빠르고 정확하게 단어를 읽을 수 있도록 반복 연습을 한다.

4) 활동 4: 글 반복 읽기

전체 읽기 지문의 단어를 학생이 빠르고 정확하게 읽을 수 있도록 세 번 이상 반복 연습을 한다.

◪ 읽기유창성 평가는 어떻게 실시하는가

1) 읽기유창성 점수는 학생이 1분 동안 올바르게 읽은 어절 수로 산출한다. 즉, '학생이 1분 동안 읽은 총 어절 수'에서 '틀리게 읽은 어절 수'를 빼서 산출한다.

읽기유창성 점수 = 1분 동안 읽은 총 어절 수 − 틀리게 읽은 어절 수

2) 평가 시 다음 사항을 유의한다.
- 학생이 글의 첫 글자를 읽음과 동시에 타이머를 누른다.
- 교사가 '시작'이라고 말한 후 3초 동안 글을 읽지 않으면, 두 번째 어절을 손으로 가리키며 '다음'이라고 빠르게 말하고, 못 읽은 어절은 오답 처리한다.

- 학생이 3초 동안 글을 읽지 않을 경우, 다음 어절을 손으로 가리키며 '다음'이라고 빠르게 말하고, 못 읽은 어절은 오답 처리한다.
- 학생이 3초 안에 스스로 교정하면 그 위에 SC(Self-Correct)라고 쓰고 정답으로 처리한다.
- 학생이 한 줄 전체를 건너뛰고 읽었을 경우에는 그 줄에 표시하고 검사를 그대로 진행시키되, 생략한 부분을 오답 처리한다(1분 동안 측정하는 검사이기 때문에 검사 중간에 빠트린 부분을 다시 읽도록 지시할 경우 시간이 소요되므로 학생을 방해하지 않고 그대로 검사를 진행시킨다).
- 학생이 틀리게 읽은 어절 위에 / 표시를 한다.
- 1분이 종료되면 학생이 읽은 마지막 어절에 ⌐ 표시를 한다.

◪ 읽기이해란

읽기이해는 글의 내용을 자신의 선행 지식과 연결 지으면서 의미를 형성해 가는 과정이다. 성공적인 읽기이해를 위해서는 주요 내용을 중심으로 글의 의미를 파악할 뿐 아니라, 내용을 자신의 선행 지식과 연결 지어 글의 주제를 파악하는 것이 중요하다.

◪ 읽기이해는 왜 중요한가

읽기이해는 읽기 교수의 궁극적인 목표로, 읽기 교수의 핵심이다.

◪ 읽기이해를 향상시킬 수 있는 방법에는 어떤 것들이 있는가

- 이야기글을 이해하는 데 도움을 주는 대표적인 전략은 이야기 지도(story map)의 요소에 해당하는 내용을 파악하는 것이다.
- 이야기 지도의 요소에는 인물, 시간, 장소, 사건들, 끝이 포함되며, 이야기글에서 주요 내용을 간추리기 위해서는 이러한 이야기 지도의 요소에 해당하는 내용을 파악하면 도움이 된다.
- 이야기 지도의 요소별 내용을 정리할 때, 그래픽 조직자를 활용하면 도움이 된다.

◪ 이야기 지도의 요소

1) 인물(이야기에 등장하는 인물)
2) 시장(이야기가 일어나는 시간과 장소)
3) 사건들(인물에게 일어난 사건들)
4) 끝(이야기의 끝)

◈ 글의 주제

글의 주제는 글쓴이가 말하고자 하는 생각이나 의견을 의미하며, 이야기글에서 글의 주제를 파악하는 것은 중요하다.

◈ 이 책의 읽기이해 프로그램은

1) 활동 1: 이야기 지도 알기

이야기 지도의 목적과 이야기 지도의 요소를 파악하는 활동을 한다.

2) 활동 2: 이야기 지도 전략을 사용하여 글의 내용 파악하기

그래픽 조직자에서 제시된 순서에 따라, 이야기 지도의 요소별 내용을 파악하여 기록하는 활동을 한다.

3) 활동 3: 글의 주제 파악하기

글에 제시되어 있지 않은 '글의 주제'를 파악하기 위해 글의 내용을 바탕으로 '~를 해야 한다.' 또는 '~를 하지 말아야 한다.'의 문장을 완성하는 활동을 한다.

◈ 읽기이해 평가는 어떻게 실시하는가

1) 글을 읽은 후, 읽기이해 질문을 통해 글의 내용에 대한 이해 정도를 파악한다.

읽기이해 점수 = 맞은 문항의 개수

2) 평가 시 다음 사항을 유의한다.

- 전체 지문을 소리 내지 않고 눈으로 읽도록 한다.
- 〈3~7번까지〉 문항의 답에 학생이 한두 단어로 간단하게 답할 경우, "좀 더 자세히 말해 볼래요?" 또는 "좀 더 자세히 써 보세요."라고 반드시 추가 질문을 한다. 추가 질문을 하였는데도, 같은 답을 반복하거나 정답에 제시된 내용을 발하지 못하면 오답으로 간주한다.
- 7번 추론 문항의 경우에는 지문에 근거하여 답을 하였을 경우에는 정답으로 간주한다. 지문의 내용과 무관하게 학생 자신의 사전지식이나 경험에 근거하여 답할 경우, 오답으로 간주한다.
- 채점 시, 답안에 있는 내용을 그대로 말하지 않더라도 질문의 요지를 파악하고 답을 하였을 경우 정답으로 간주한다.

차례

Ⅰ 수준 읽기유창성 및 읽기이해 프로그램　15

IV 수준 읽기유창성 및 읽기이해 프로그램　　181

V 수준 읽기유창성 및 읽기이해 프로그램　　255

VI 수준 읽기유창성 및 읽기이해 프로그램   337

I 수준

읽기유창성 및
읽기이해 프로그램

1 사람을 구한 쥐

학 ◇ 습 ◇ 목 ◇ 표 ◇ 확 ◇ 인

● 글을 읽을 때, 적당한 부분에서 글을 바르고 정확하게 끊어 읽을 수 있다.
● 글을 읽고, 글의 중심내용과 글의 주제를 파악할 수 있다.

사 ◇ 전 ◇ 평 ◇ 가

지시문

앞에 있는 종이에 글이 있어요. 이제 선생님이 "시작"이라고 하면(학생용 평가지의 첫 어절을 손가락으로 가리킨 후, 계속 훑으면서) 처음부터 읽기 시작해서 "그만"이라고 할 때까지 최대한 정확하게, 그리고 최대한 빨리 읽으세요. 글을 읽다가 모르는 글자가 나오면 선생님이 어떻게 해야 할지 알려 줄게요. 최선을 다하세요. 질문 있어요? (질문이 있으면 질문에 대답한다.) 준비, 시작. (학생이 첫 어절을 말함과 동시에 타이머를 누르고 1분간 학생의 반응을 기록한 뒤 1분이 지나면 "그만"이라고 말한다.)

읽기유창성 평가
사람을 구한 쥐

옛날 호랑이가 담배 피던 시절이었지. 어느 산마을에	—— 7
옌날 호랑이가 담배 피던 시저리얻찌. 어느 산마으레	
오막살이가 하나 있었어. 그 집에는 할아버지, 할머니,	—— 14
오막싸리가 하나 이써써. 그 지베는 하라버지, 할머니,	
아버지, 어머니, 아이들 일곱, 모두 열한 식구가 살았어.	—— 22
아버지, 어머니, 아이들 일곱, 모두 열한 식꾸가 사라써.	
비록 넉넉하지는 않았지만 열심히 농사를 지었지.	—— 28
비록 넝너카지는 아낟찌만 열씸히 농사를 지얻찌.	
농사를 지어 거둔 곡식을 곳간에 두었어. 그런데 쥐들이	—— 36
농사를 지어 거둔 곡시글 곧까네 두어써. 그런데 쥐드리	

모여들어 몰래 먹지 뭐야. 다른 집들은 쥐를 잡으려고 —— 44
모여드러 몰래 먹찌 뭐야. 다른 집뜨른 쥐를 자브려고

야단이었지. 그런데 이 집은 쥐들을 그냥 두었어. —— 51
야다니얻찌. 그런데 이 지븐 쥐드를 그냥 두어써.

저것들도 살려는데 어찌 죽이나 하면서 말이야. 그래서 —— 58
저걷뜰도 살려는데 어찌 주기나 하면서 마리야. 그래서

이 집에는 쥐가 많았지. —— 62
이 지베는 쥐가 마낟찌.

어느 여름에 큰 장마가 왔어. 산사태가 나고 홍수가 —— 70
어느 여르메 큰 장마가 와써. 산사태가 나고 홍수가

나고 난리였어. 하루는 식구들이 모두 점심을 먹었지. —— 77
나고 날리열써. 하루는 식꾸드리 모두 점심을 머걷찌.

그런데 갑자기 이상한 일이 일어났어. 곳간에 있던 —— 84
그런데 갑짜기 이상한 이리 이러나써. 고까네 읻떤

쥐들이 마당으로 모였어. 한 쥐 위에 다른 쥐가 탔어. —— 93
쥐드리 마당으로 모여써. 한 쥐 위에 다른 쥐가 타써.

그리고 그 위에 또 다른 쥐가 탔지. 이렇게 쥐들이 —— 102
그리고 그 위에 또 다른 쥐가 탇찌. 이러케 쥐드리

목말을 타고 밖으로 나갔어. 식구들은 너무 신기해서 —— 109
몽마를 타고 바끄로 나가써. 식꾸드른 너무 신기해서

우르르 따라갔지. 그 사이에 뒷산이 무너졌어. 그래서 —— 116
우르르 따라갇찌. 그 사이에 뒫싸니 무너저써. 그래서

집이 흙더미에 깔려 망가졌지. 식구들은 쥐들 덕분에 —— 123
지비 흑떠미에 깔려 망가젇찌. 식꾸들은 쥐들 덕뿌네

목숨을 구했어. 쥐들도 착한 사람에게는 은혜를 갚았던 —— 130
목쑤믈 구해써. 쥐들도 치칸 사라메게는 은혜를 가팓떤

거야. —— 131
거야.

읽은 총 어절 수 (   ) - 틀린 어절 수 (   )
= 읽기유창성 점수 (   )

읽 ◇ 기 ◇ 유 ◇ 창 ◇ 성

1. 단어를 빠르고 정확하게 읽기

2. 어휘의 뜻 알아보기

넉넉하다	단어의 뜻: 살림에 여유가 있다. 비슷한 말: 부유하다 반대말: 궁하다
장마	단어의 뜻: 여름철에 여러 날을 계속해서 비가 내리는 날씨 또는 그 비 반대말: 가뭄
곳간	단어의 뜻: 물건을 간직하여 두는 곳 비슷한 말: 창고, 광
은혜	단어의 뜻: 고맙게 베풀어 주는 혜택 비슷한 말: 은덕 반대말: 손해, 악

다음 보기의 단어 중, 문장에 알맞은 단어를 써 봅시다.

1 │ 부모님이 남겨 놓은 재산으로 살림이 <u>넉넉하다</u>.

2 │ 스승의 날은 선생님의 <u>은혜</u>에 보답하는 날이다.

3 │ 마음씨 좋은 최 부자는 <u>곳간</u>을 열어 쌀을 가난한 사람들에게 나누어 주었다.

4 │ 까치는 흥부에게 은혜를 <u>갚았다</u>.

5 │ 엄마가 <u>장마</u>를 대비해 우산과 장화를 사 주셨다.

3. 어구를 빠르고 정확하게 읽기

4. 글을 빠르고 정확하게 읽기

5. 이야기 지도 알아보기

1 **다음 그림은 무엇인가요?** 지도

2 **지도는 우리에게 어떤 도움을 주나요?**

모르는 곳을 찾아갈 때 사용하면, 길을 찾는 데 도움을 줍니다.

3 **이야기 지도 소개하기: 이야기 지도 구성 요소를 알아봅시다.**

① 지도가 우리가 길을 찾도록 도움을 주는 것처럼, 이야기 지도는 이야기 글의 내용을 모를 때, 글의 내용을 잘 이해하기 위해 사용하는 지도입니다.

② 이야기 지도에는 인물(이야기에 등장하는 인물), 시장(이야기가 일어난 시간과 장소), 사건들(인물들에게 일어난 사건들), 끝(이야기의 끝)이 있습니다. 여기서 '인물, 시장, 사건들, 끝'은 기억 전략입니다. 이 기억 전략은 이야기 지도를 잘 기억하는 데 도움을 줍니다.

③ 이야기 지도의 기억 전략인 인물(이야기에 등장하는 인물), 시장(시간과 장소), 사건들(인물들에게 일어난 사건들), 끝(이야기의 끝)을 알면, 글의 내용을 잘 이해할 수 있습니다. 이야기를 읽을 때, '인물, 시장, 사건들, 끝'을 기억하도록 합시다.

6. 이야기 지도 사용하여 글 읽고 이해하기

제목: 사람을 구한 쥐

1 인물 이야기에 등장하는 인물은 누구인가요?

쥐, (열한) 식구

2 시간과 장소 언제, 어디에서 일어난 이야기인가요?

시간: (호랑이가 담배 피던) 옛날

장소: (어느) 산마을에서

3 사건들 인물에게 어떤 일들이 일어났나요? 일이 어떠한 차례로 일어났나요?

1) 곳간에 쥐들이 모여들어 곡식을 먹었는데, 다른 집은 쥐들을 잡으려고 했지만 이 집은 쥐를 그냥 두었다.
2) 장마가 와서 난리가 났는데, 한 쥐 위에 다른 쥐가 타고 또 그 위에 다른 쥐가 타고 밖으로 나갔다.
3) 식구들이 신기해서 쥐들을 따라 나갔는데, 그 사이 뒷산이 무너졌다.

4 끝 이야기가 어떻게 끝났나요?

쥐늘 덕분에 열한 식구는 목숨을 구했다.

7. 글의 주제 알기

주제: 어려울 때 서로 도와주자.

읽기유창성 평가
사람을 구한 쥐

옛날 호랑이가 담배 피던 시절이었지. 어느 산마을에 —— 7
옌날 호랑이가 담배 피던 시저리얻찌. 어느 산마으레

오막살이가 하나 있었어. 그 집에는 할아버지, 할머니, —— 14
오막싸리가 하나 이써써. 그 지베는 하라버지, 할머니,

아버지, 어머니, 아이들 일곱, 모두 열한 식구가 살았어. —— 22
아버지, 어머니, 아이들 일곱, 모두 열한 식꾸가 사라써.

비록 넉넉하지는 않았지만 열심히 농사를 지었지. —— 28
비록 넝너카지는 아낟찌만 열씸히 농사를 지얻찌.

농사를 지어 거둔 곡식을 곳간에 두었어. 그런데 쥐들이 —— 36
농사를 지어 거둔 곡시글 곧까네 두어써. 그런데 쥐드리

모여들어 몰래 먹지 뭐야. 다른 집들은 쥐를 잡으려고 —— 44
모여드러 몰래 먹찌 뭐야. 다른 집뜨른 쥐를 자브려고

야단이었지. 그런데 이 집은 쥐들을 그냥 두었어. —— 51
야다니얻찌. 그런데 이 지븐 쥐드를 그냥 두어써.

저것들도 살려는데 어찌 죽이나 하면서 말이야. 그래서 —— 58
저걷뜰도 살려는데 어찌 주기나 하면서 마리야. 그래서

이 집에는 쥐가 많았지. —— 62
이 지베는 쥐가 마낟찌.

어느 여름에 큰 장마가 왔어. 산사태가 나고 홍수가 —— 70
어느 여르메 큰 장마가 와써. 산사태가 나고 홍수가

나고 난리였어. 하루는 식구들이 모두 점심을 먹었지. —— 77
나고 날리엳써. 하루는 식꾸드리 모두 점심을 머걷찌.

그런데 갑자기 이상한 일이 일어났어. 곳간에 있던 —— 84
그런데 갑짜기 이상한 이리 이러나써. 고까네 읻떤

쥐들이 마당으로 모였어. 한 쥐 위에 다른 쥐가 탔어. —— 93
쥐드리 마당으로 모여써. 한 쥐 위에 다른 쥐가 타써.

그리고 그 위에 또 다른 쥐가 탔지. 이렇게 쥐들이 —— 102
그리고 그 위에 또 다른 쥐가 탇찌. 이러케 쥐드리

목말을 타고 밖으로 나갔어. 식구들은 너무 신기해서 —— 109
몽마를 타고 바끄로 나가써. 식꾸드른 너무 신기해서

우르르 따라갔지. 그 사이에 뒷산이 무너졌어. 그래서 —— 116
우르르 따라갇찌. 그 사이에 뒫싸니 무너저써. 그래서

집이 흙더미에 깔려 망가졌지. 식구들은 쥐들 덕분에 —— 123
지비 흑떠미에 깔려 망가젇찌. 식꾸들은 쥐들 덕뿌네

목숨을 구했어. 쥐들도 착한 사람에게는 은혜를 갚았던 —— 130
목쑤믈 구해써. 쥐들도 차칸 사라메게는 은혜를 가팓떤

거야. —— 131
거야.

읽은 총 어절 수 (   ) – 틀린 어절 수 (   )
= 읽기유창성 점수 (   )

__1__ 이야기에 나오는 등장인물은 누구인가요? 두 인물을 써 보세요. (아동이 하나만 대답한 경우 추가 질문을 한다.)

답: 쥐, (열한) 식구

__2__ 언제, 어디에서 있었던 일인가요? (아동이 둘 중 하나만 대답한 경우, 추가 질문을 한다. 예를 들어, 아동이 '언제' 에 대한 것만 대답한 경우, "어디에서 있었던 일인가요?"라고 추가 질문을 한다.)

답: (호랑이가 담배 피던) 옛날, (어느) 산마을에서

__3__ 사람들이 왜 쥐를 잡으려고 하였나요?

답: 곡식을 몰래 먹어서, (또는) 곳간에 있는 곡식을 몰래 먹어서, (또는) 곡식을 먹어서, (또는) 곳간 에 곡식을 먹어서

__4__ 여름에 이 마을에서 어떤 일이 일어났나요? (아동이 "장마가 왔어요."라고 대답한 경우 "좀 더 자세히 써 볼래 요?"라고 추가 질문을 한다.)

답: 장마가 와서 홍수가 나고 산사태가 남

__5__ 쥐들은 어떻게 밖으로 나갔나요?

답: 한 쥐 위에 다른 쥐가 타고 또 그 위에 다른 쥐가 타고, (또는) 목말을 타고

__6__ 쥐들이 식구를 어떻게 구하였나요? (아동이 다음 내용의 일부를 쓴 경우, "좀 더 자세히 써 줄래요?"라고 추가 질 문을 한다.)

답: (식구들이) 자기를 따라 나오게 해서 집에 깔려 죽지 않게 함, (또는) 자기들을 따라 나오게 하여 집에 깔려 죽지 않도록 함, (또는) 집 밖으로 따라 나오도록 하여 목숨을 구하도록 함, (또는) 밖 으로 나오게 하여 집에 깔려 죽지 않도록 함

__7__ 식구는 쥐에게 어떤 마음을 가지게 되었을까요? 그것을 어떻게 알 수 있는지 글에서 찾아 써 보세요. (아 동이 하나만 대답한 경우, 추가 질문을 한다.)

답: 고마운 마음 또는 감사한 마음, 자기들의 목숨을 구해 주었기 때문에

2 아직도 굴러가는 호박

학 ◇ 습 ◇ 목 ◇ 표 ◇ 확 ◇ 인

- 글을 읽을 때, 적당한 부분에서 글을 빠르고 정확하게 끊어 읽을 수 있다.
- 글을 읽고, 글의 중심내용과 글의 주제를 파악할 수 있다.

사 ◇ 전 ◇ 평 ◇ 가

지시문

앞에 있는 종이에 글이 있어요. 이제 선생님이 "시작"이라고 하면(학생용 평가지의 첫 어절을 손가락으로 가리킨 후, 계속 훑으면서) 처음부터 읽기 시작해서 "그만"이라고 할 때까지 최대한 정확하게, 그리고 최대한 빨리 읽으세요. 글을 읽다가 모르는 글자가 나오면 선생님이 어떻게 해야 할지 알려 줄게요. 최선을 다하세요. 질문 있어요? (질문이 있으면 질문에 대답한다.) 준비, 시작. (학생이 첫 어절을 말함과 동시에 타이머를 누르고 1분간 학생의 반응을 기록한 뒤 1분이 지나면 "그만"이라고 말한다.)

읽기유창성 평가
아직도 굴러가는 호박

옛날에 어떤 사람이 호박을 사러 갔어요. 그런데 호박을	—— 8
옌나레 어떤 사라미 호바글 사러 가써요. 그런데 호바글	
파는 곳이 멀어요. 멀리 멀리 호박가게를 찾아 갔지요.	—— 16
파는 고시 머러요. 멀리 멀리 호박가게를 차자 갇찌요.	
그러다 호박 살 돈을 다 썼답니다.	—— 22
그러다 호박 살 또늘 다 썯땀니다.	
그래서 여기저기 돌아다니면서 돈을 벌었어요. 남의 집	—— 29
그래서 여기저기 도라다니면서 도늘 버러써요. 나믜 집 (나메)	
머슴도 살았지요. 날품도 팔고 등짐장사도 했지요. 이렇게	—— 36
머슴도 사랃찌요. 날품도 팔고 등찜장사도 핻찌요. 이러케	

해서 돈을 많이 벌었어요. 그래서 다시 호박을 사러 —— 44

해서 도늘 마니 버러써요. 그래서 다시 호바글 사러

갔습니다. —— 45

갇씀니다.

가다가 보니 높은 산이 나왔어요. 그래서 산을 올라가고 —— 53

가다가 보니 노픈 사니 나와써요. 그래서 사늘 올라가고

또 올라갔어요. 자꾸자꾸 올라가니 호박가게가 나왔지요. —— 59

또 올라가써요. 자꾸자꾸 올라가니 호박가게가 나왇지요.

세상에서 가장 큰 호박을 샀어요. —— 64

세상에서 가장 큰 호바글 사써요.

호박이 커서 굴려 가기로 했지요. 그런데 어찌나 크던지 —— 72

호바기 커서 굴려 가기로 핻찌요. 그런데 어찌나 크던지

움직이질 않아요. 그래서 둘이 힘을 합쳐 굴렸지요. —— 79

움지기질 아나요. 그래서 두리 히믈 합쳐 굴럳찌요.

이번에도 움직이질 않아 여덟이서 굴렸지요. 그래도 —— 85

이버네도 움지기질 아나 여덜비서 굴럳찌요. 그래도

움직이질 않아 개미처럼 많이 달라붙어 굴렸답니다. 그제야 —— 92

움지기질 아나 개미처럼 마니 달라부터 굴럳땀니다. 그제야

호박이 데굴데굴 굴러갔어요. 산이 어찌나 높은지 —— 98

호바기 데굴데굴 굴러가써요. 사니 어찌나 노픈지

데굴데굴데굴데굴 굴렀어요. 그 호박이 아직도 —— 103

데굴데굴데굴데굴 굴러써요. 그 호바기 아직또

데굴데굴데굴데굴데굴데굴데굴데굴 굴러갑니다. —— 105

데굴데굴데굴데굴데굴데굴데굴데굴 굴러감니다.

읽은 총 어절 수 (   ) – 틀린 어절 수 (   )

= 읽기유창성 점수 (   )

읽 ◇ 기 ◇ 유 ◇ 창 ◇ 성

1. 단어를 빠르고 정확하게 읽기

2. 어휘의 뜻 알아보기

쓰다	단어의 뜻: 어떤 일을 하는 데 시간이나 돈을 들이다.
	비슷한 말: 사용하다
날품	단어의 뜻: 그날그날 돈을 받고 하는 일
등짐장사	단어의 뜻: 물건을 등에 지고 다니며 파는 사람
달라붙다	단어의 뜻: 찰싹 붙다.
	비슷한 말: 붙다
합치다	단어의 뜻: 여럿이 한데 모이다.
	비슷한 말: 연합하다

🖋 다음 보기의 단어 중, 문장에 알맞은 단어를 써 봅시다.

1 │ 그는 가난하여 **날품**을 팔아 돈을 마련했다.

2 │ 아이들은 창문에 **달라붙어** 밖을 내다보았다.

3 │ 그는 물건을 지게에 지고 팔러다니는 **등짐장사**를 하였다.

4 │ 그들은 서로 힘을 **합쳐** 그 일을 해냈다.

5 │ 그는 너무 많은 돈을 **써서** 빈털터리가 되었다.

3. 어구를 빠르고 정확하게 읽기

4. 글을 빠르고 정확하게 읽기

5. 이야기 지도 알아보기

6. 이야기 지도 사용하여 글 읽고 이해하기

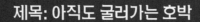

제목: 아직도 굴러가는 호박

1 **인물** 이야기에 등장하는 인물은 누구인가요?

어떤 사람

2 **시간과 장소** 언제, 어디에서 일어난 이야기인가요?

시간: 옛날

장소: 높은 산에 있는 호박가게

3 **사건들** 인물에게 어떤 일들이 일어났나요? 일이 어떠한 차례로 일어났나요?

1) 어떤 사람이 호박을 사려고 호박가게를 찾아 갔다.
2) 높은 산을 올라가, 호박가게에서 세상에서 가장 큰 호박을 샀다.
3) 호박이 커, 굴려서 가려 했는데 너무 커서 점점 더 많은 사람이 함께 굴려야 했다.

4 **끝** 이야기가 어떻게 끝났나요?

산이 높아서 호박이 아직도 데굴데굴 굴러간다.

7. 글의 주제 알기

주제: 어려운 일일수록 힘을 합치자.

사 ◇ 후 ◇ 평 ◇ 가

지시문

앞에 있는 종이에 글이 있어요. 이제 선생님이 "시작"이라고 하면(학생용 평가지의 첫 어절을 손가락으로 가리킨 후, 계속 훑으면서) 처음부터 읽기 시작해서 "그만"이라고 할 때까지 최대한 정확하게, 그리고 최대한 빨리 읽으세요. 글을 읽다가 모르는 글자가 나오면 선생님이 어떻게 해야 할지 알려 줄게요. 최선을 다하세요. 질문 있어요? (질문이 있으면 질문에 대답한다.) 준비, 시작. (학생이 첫 어절을 말함과 동시에 타이머를 누르고 1분간 학생의 반응을 기록한 뒤 1분이 지나면 "그만"이라고 말한다.)

■ 읽기유창성 평가
■ 아직도 굴러가는 호박

옛날에 어떤 사람이 호박을 사러 갔어요. 그런데 호박을 —— 8
옌나레 어떤 사라미 호바글 사러 가써요. 그런데 호바글

파는 곳이 멀어요. 멀리 멀리 호박가게를 찾아 갔지요. —— 16
파는 고시 머러요. 멀리 멀리 호박가게를 차자 갇찌요.

그러다 호박 살 돈을 다 썼답니다. —— 22
그러다 호박 살 또늘 다 썯땀니다.

그래서 여기저기 돌아다니면서 돈을 벌었어요. 남의 집 —— 29
그래서 여기저기 도라다니면서 도늘 버러써요. 나믜 집
                                                (나메)

머슴도 살았지요. 날품도 팔고 등짐장사도 했지요. 이렇게 —— 36
머슴도 사랃찌요. 날품도 팔고 등찜장사도 핻찌요. 이러케

해서 돈을 많이 벌었어요. 그래서 다시 호박을 사러 —— 44
해서 도늘 마니 버러써요. 그래서 다시 호바글 사러

갔습니다. —— 45
갇씀니다.

가다가 보니 높은 산이 나왔어요. 그래서 산을 올라가고 —— 53
가다가 보니 노픈 사니 나와써요. 그래서 사늘 올라가고

또 올라갔어요. 자꾸자꾸 올라가니 호박가게가 나왔지요. —— 59
또 올라가써요. 자꾸자꾸 올라가니 호박가게가 나왇찌요.

세상에서 가장 큰 호박을 샀어요.　　　　— 64

세상에서　가장　큰　호바글　사써요.

호박이 커서 굴려 가기로 했지요. 그런데 어찌나 크던지　　　— 72

호바기　커서　굴려　가기로　핻찌요.　그런데　어찌나　크던지

움직이질 않아요. 그래서 둘이 힘을 합쳐 굴렸지요.　　　— 79

움지기질　아나요.　그래서　두리　히믈　합처　굴렫찌요.

이번에도 움직이질 않아 여덟이서 굴렸지요. 그래도　　　— 85

이버네도　움지기질　아나　여덜비서　굴렫찌요.　그래도

움직이질 않아 개미처럼 많이 달라붙어 굴렸답니다. 그제야　　— 92

움지기질　아나　개미처럼　마니　달라부터　굴렫땀니다.　그제야

호박이 데굴데굴 굴러갔어요. 산이 어찌나 높은지　　　— 98

호바기　데굴데굴　굴러가써요.　사니　어찌나　노픈지

데굴데굴데굴데굴 굴렸어요. 그 호박이 아직도　　　—103

데굴데굴데굴데굴　　굴러써요.　그　호바기　아직또

데굴데굴데굴데굴데굴데굴데굴데굴 굴러갑니다.　　　—105

데굴데굴데굴데굴데굴데굴데굴데굴　　　굴러감니다.

읽은 총 어절 수 (　　　) – 틀린 어절 수 (　　　)

= 읽기유창성 점수 (　　　　　　　)

▌읽기이해 평가

1 이야기의 주인공이 무엇을 사러 갔나요?

　　1점: 호박

　　0점: 오답 또는 대답을 하지 못함

2 어떤 호박을 샀나요?

　　1점: 세상에서 가장 큰 호박

　　0점: 오답 또는 대답을 하지 못함

3 호박 살 돈을 왜 다 써 버렸나요?

1점: 멀리 멀리 호박가게를 찾아 가다가 (또는) 호박가게를 찾아 다니다가

0점: 오답 또는 대답을 하지 못함

4 호박 살 돈을 벌기 위해 무엇무엇을 하였나요? (아동이 둘 중 하나만 대답한 경우, "또 무엇을 하였나요?"라고 추가 질문을 한다.)

1점: 남의 집 머슴도 살고, (날품도 팔도 등짐)장사도 하고

0점: 오답 또는 대답을 하지 못함

5 호박이 움직이지 않았던 까닭은 무엇일까요?

1점: 호박이 너무 커서 (또는) 너무 큰 호박이어서

0점: 오답 또는 대답을 하지 못함

6 호박을 어떻게 움직일 수 있었나요?

1점: 개미처럼 많은 사람이 달라붙어 굴려서

0점: 오답 또는 대답을 하지 못함

7 이야기에 나오는 주인공은 어떤 인물일까요? 그것을 어떻게 알 수 있는지 글에서 찾아 써 보세요.

1점: 어리석은 사람(터무니없는 사람, 어처구니없는 사람), 너무 큰 호박을 사서 호박이 계속 굴러가고 있어서

0점: 오답 또는 대답을 하지 못함

3 하늘을 찌른 왕대나무

● 글을 읽을 때, 적당한 부분에서 글을 빠르고 정확하게 끊어 읽을 수 있다.
● 글을 읽고, 글의 중심내용과 글의 주제를 파악할 수 있다.

지시문

앞에 있는 종이에 글이 있어요. 이제 선생님이 "시작"이라고 하면(학생용 평가지의 첫 어절을 손가락으로 가리킨 후, 계속 훑으면서) 처음부터 읽기 시작해서 "그만"이라고 할 때까지 최대한 정확하게, 그리고 최대한 빨리 읽으세요. 글을 읽다가 모르는 글자가 나오면 선생님이 어떻게 해야 할지 알려 줄게요. 최선을 다하세요. 질문 있어요? (질문이 있으면 질문에 대답한다.) 준비, 시작. (학생이 첫 어절을 말함과 동시에 타이머를 누르고 1분간 학생의 반응을 기록한 뒤 1분이 지나면 "그만"이라고 말한다.)

읽기유창성 평가
하늘을 찌른 왕대나무

> 옛날 어느 마을에 형제가 살았어요. 형은 욕심이 많고 아우는 ——— 9
> 옌날 어느 마으레 형제가 사라써요. 형은 욕씨미 만코 아우는
>
> 착했지요. 처음에 형제는 어머니를 모시고 살았어요. 그런데 ——— 16
> 차캔찌요. 처으메 형제는 어머니를 모시고 사라써요. 그런데
>
> 어머니가 병들자 형이 내쫓았지요. 하지만 아우는 정성껏 ——— 23
> 어머니가 병들자 형이 내쪼찬찌요. 하지만 아우는 정성껃
>
> 어머니를 모셨답니다. ——— 25
> 어머니를 모션땀니다.
>
> 하루는 아우가 팥죽을 품삯으로 받았어요. 어머니 생각에 ——— 32
> 하루는 아우가 팓쭈글 품싹쓰로 바다써요. 어머니 생가게

하나도 먹지 않고 가져갔지요. 그런데 고개를 넘다 꿩을 ——— 40
하나도 먹찌 안코 가져갇찌요. 그런데 고개를 넘따 꿩을

만났어요. 며칠을 굶었는지 날개가 축 늘어졌지요. 아우는 너무 ——— 48
만나써요. 며치를 굴먼는지 날개가 축 느러젇찌요. 아우는 너무

불쌍해서 팥죽을 먹였어요. 꿩이 팥죽을 받아먹더니 말을 ——— 55
불쌍해서 팓쭈글 머겨써요. 꿩이 팓쭈글 바다먹떠니 마를

했답니다. ——— 56
핻땀니다.

"고마워요, 하지만 전 죽을 몸이에요. 제가 죽거든 제 무덤 ——— 65
"고마워요, 하지만 전 주글 모미에요. 제가 죽꺼든 제 무덤

위에 물을 주세요." ——— 68
위에 무를 주세요."

아우는 꿩이 죽자 시키는 대로 했어요. 그랬더니 꿩의 무덤에 ——— 77
아우는 꿩이 죽짜 시키는 대로 해써요. 그랟떠니 꿩의 무더메

왕대나무가 올라왔지요. 물을 주면 주는 대로 자라났어요. ——— 84
왕대나무가 올라왇찌요. 무를 주면 주는 대로 자라나써요.

일주일이 지나니까 왕대나무가 하늘까지 닿았어요. 그러다가 ——— 90
일쭈이리 지나니까 왕대나무가 하늘까지 다아써요. 그러다가

하늘나라 곳간을 찔렀던 거예요. 그러니 뚫린 구멍으로 쌀이 ——— 98
하늘나라 고까늘 찔럳떤 거예요. 그러니 뚤린 구멍으로 싸리

쏟아졌지요. 아우는 쌀을 팔아 부자가 되었답니다. ——— 104
쏘다젿찌요. 아우는 싸를 파라 부자가 되얻땀니다.

읽은 총 어절 수 (   ) – 틀린 어절 수 (   )

= 읽기유창성 점수 (   )

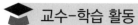

읽◇기◇유◇창◇성

1. 단어를 빠르고 정확하게 읽기

2. 어휘의 뜻 알아보기

내쫓다	단어의 뜻: 밖으로 몰아내다. 비슷한 말: 내버리다, 몰아내다
품삯	단어의 뜻: 그날그날 일을 하고 받은 돈 비슷한 말: 품값
모시다	단어의 뜻: 웃어른을 가까이서 받들다. 비슷한 말: 받들다, 봉양하다
정성껏	단어의 뜻: 있는 정성을 다하여 비슷한 말: 극진히, 성심껏

📖 밑줄 친 단어를 대신할 수 있는 단어를 찾아 동그라미를 표시하세요.

1│ 마당에 널린 곡식을 쪼아먹는 비둘기 떼를 **내쫓았다**.

　2) 쫓아냈다

2│ 주인집에서 일한 **품삯**으로 쌀 한 가마니를 주었다.

　2) 품값

3│ 할머니가 편찮으셔서 **정성껏** 간호해 드렸다.

　1) 극진히

4│ 시부모님을 극진히 **모셨다**.

　2) 봉양하다

3. 어구를 빠르고 정확하게 읽기

4. 글을 빠르고 정확하게 읽기

읽◇기◇이◇해

5. 이야기 지도 알아보기

6. 이야기 지도 사용하여 글 읽고 이해하기

제목: 하늘을 찌른 왕대나무

1 **인물** 이야기에 등장하는 인물은 누구인가요?

형, 아우, 꿩

2 **시간과 장소** 언제, 어디에서 일어난 이야기인가요?

옛날, 어느 마을

3 **사건들** 인물에게 어떤 일들이 일어났나요? 일이 어떠한 차례로 일어났나요?

1) 어머니가 병들자 욕심 많은 형이 아우를 내쫓았다.
2) 아우는 팥죽을 어머니에게 가지고 가는 길에, 며칠을 굶은 꿩에게 팥죽을 주었다.
3) 꿩이 자기가 죽으면 자기 무덤위에 물을 주라고 얘기했고, 그렇게 했더니 왕대나무
  가 올라왔다.
4) 왕대나무가 자라서 하늘나라 곳간을 찔러서 쌀이 쏟아졌다.

4 **끝** 이야기가 어떻게 끝났나요?

아우는 부자가 되었다.

7. 글의 주제 알기

주제: 어려운 사람을 도와주자.

사 ◇ 후 ◇ 평 ◇ 가

> **지시문**
>
> 앞에 있는 종이에 글이 있어요. 이제 선생님이 "시작"이라고 하면(학생용 평가지의 첫 어절을 손가락으로 가리킨 후, 계속 훑으면서) 처음부터 읽기 시작해서 "그만"이라고 할 때까지 최대한 정확하게, 그리고 최대한 빨리 읽으세요. 글을 읽다가 모르는 글자가 나오면 선생님이 어떻게 해야 할지 알려 줄게요. 최선을 다하세요. 질문 있어요? (질문이 있으면 질문에 대답한다.) 준비, 시작. (학생이 첫 어절을 말함과 동시에 타이머를 누르고 1분간 학생의 반응을 기록한 뒤 1분이 지나면 "그만"이라고 말한다.)

▌읽기유창성 평가
▌하늘을 찌른 왕대나무

옛날 어느 마을에 형제가 살았어요. 형은 욕심이 많고 아우는	—— 9
옌날 어느 마으레 형제가 사라써요. 형은 욕씨미 만코 아우는	
착했지요. 처음에 형제는 어머니를 모시고 살았어요. 그런데	—— 16
차캗찌요. 처으메 형제는 어머니를 모시고 사라써요. 그런데	
어머니가 병들자 형이 내쫓았지요. 하지만 아우는 정성껏	—— 23
어머니가 병들자 형이 내쪼찯찌요. 하지만 아우는 정성껃	
어머니를 모셨답니다.	—— 25
어머니를 모션땀니다.	
하루는 아우가 팥죽을 품삯으로 받았어요. 어머니 생각에	—— 32
하루는 아우가 팓쭈글 품싹쓰로 바다써요. 어머니 생가게	
하나도 먹지 않고 가져갔지요. 그런데 고개를 넘다 꿩을	—— 40
하나도 먹찌 안코 가져갇찌요. 그런데 고개를 넘따 꿩을	
만났어요. 며칠을 굶었는지 날개가 축 늘어졌지요. 아우는 너무	—— 48
만나써요. 며치를 굴먼는지 날개가 축 느러젇찌요. 아우는 너무	
불쌍해서 팥죽을 먹였어요. 꿩이 팥죽을 받아먹더니 말을	—— 55
불쌍해서 팓쭈글 머겨써요. 꿩이 팓쭈글 바다먹떠니 마를	
했답니다.	—— 56
핻땀니다.	

"고마워요, 하지만 전 죽을 몸이에요. 제가 죽거든 제 무덤 —— 65
"고마워요,　하지만　전　주글　모미에요.　제가　죽꺼든　제　무덤

위에 물을 주세요." —— 68
위에　무를　주세요."

아우는 꿩이 죽자 시키는 대로 했어요. 그랬더니 꿩의 무덤에 —— 77
아우는　꿩이　죽짜　시키는　대로　해써요.　그랟떠니　꿩의　무더메

왕대나무가 올라왔지요. 물을 주면 주는 대로 자라났어요. —— 84
왕대나무가　올라왇찌요.　무를　주면　주는　대로　자라나써요.

일주일이 지나니까 왕대나무가 하늘까지 닿았어요. 그러다가 —— 90
일쭈이리　지나니까　왕대나무가　하늘까지　다아써요.　그러다가

하늘나라 곳간을 찔렀던 거예요. 그러니 뚫린 구멍으로 쌀이 —— 98
하늘나라　고까늘　찔럳떤　거예요.　그러니　뚤린　구멍으로　싸리

쏟아졌지요. 아우는 쌀을 팔아 부자가 되었답니다. —— 104
쏘다젇찌요.　아우는　싸를　파라　부자가　되얻땀니다.

읽은 총 어절 수 (　　　　　) – 틀린 어절 수 (　　　　　)

= 읽기유창성 점수 (　　　　　　　　　　　)

▍읽기이해 평가

1 이야기에 나오는 등장인물은 누구인가요? 네 인물을 말해 보세요. (아동이 하나만 대답한 경우 추가 질문을 한다.)

1점: 형제(형과 아우), 어머니, 꿩

0점: 오답 또는 대답을 하지 못함

2 언제, 어디에서 있었던 일인가요? (아동이 둘 중 하나만 대답한 경우, 추가 질문을 한다. 예를 들어, 아동이 '언제'에 대한 것만 대답한 경우, "어디에서 있었던 일인가요?"라고 추가 질문을 한다.)

1점: 옛날, (어느) 마을

0점: 오답 또는 대답을 하지 못함

3 아우는 왜 품삯으로 받은 팥죽을 먹지 않았나요?

　　1점: (병들어 누워 있는) 어머니에게 드리려고

　　0점: 오답 또는 대답을 하지 못함

4 아우가 꿩에게 팥죽을 준 까닭은 무엇일까요? (아동이 "꿩이 불쌍해서"라고 대답한 경우, "좀 더 자세히 써 볼래요?"라고 추가 질문을 한다.)

　　1점: 며칠을 굶은 꿩이 불쌍해서

　　　　(또는) 며칠을 굶어서 날개가 축 늘어진 꿩이 불쌍해서

　　0점: 오답 또는 대답을 하지 못함

5 꿩이 자기가 죽으면 어떻게 해 달라고 하였나요?

　　1점: 자기 무덤 위에 물을 달라고

　　0점: 오답 또는 대답을 하지 못하였을 경우

6 아우는 어떻게 부자가 되었나요? (아동이 "쌀을 팔아서"라고 대답한 경우, "좀 더 구체적으로 써 볼래요?"라고 추가 질문을 한다.)

　　1점: (왕대나무가 하늘나라 곳간을 찔러) 하늘에서 쏟아진 쌀을 팔아서

　　0점: 오답 또는 대답을 하지 못하였을 경우

7 이야기는 우리에게 어떤 교훈을 주나요? 그것을 어떻게 알 수 있는지 글에서 찾아 써 보세요.

　　1점: 착한 사람은 복을 받는다, 어머니를 정성껏 돌본 아우가 부자가 되어서

　　　　(또는) 은혜를 베풀면 복을 받는다, 꿩이 자기에게 팥죽을 준 아우를 부자가 되게 만들어서

　　0점: 오답 또는 대답을 하지 못하였을 경우

4 호랑이 똥을 뒤집어쓴 힘장사

학 ◇ 습 ◇ 목 ◇ 표 ◇ 확 ◇ 인

● 글을 읽을 때, 적당한 부분에서 글을 빠르고 정확하게 끊어 읽을 수 있다.
● 글을 읽고, 글의 중심내용과 글의 주제를 파악할 수 있다.

사 ◇ 전 ◇ 평 ◇ 가

> **지시문**
>
> 앞에 있는 종이에 글이 있어요. 이제 선생님이 "시작"이라고 하면(학생용 평가지의 첫 어절을 손가락으로 가리킨 후, 계속 훑으면서) 처음부터 읽기 시작해서 "그만"이라고 할 때까지 최대한 정확하게, 그리고 최대한 빨리 읽으세요. 글을 읽다가 모르는 글자가 나오면 선생님이 어떻게 해야 할지 알려 줄게요. 최선을 다하세요. 질문 있어요? (질문이 있으면 질문에 대답한다.) 준비, 시작. (학생이 첫 어절을 말함과 동시에 타이머를 누르고 1분간 학생의 반응을 기록한 뒤 1분이 지나면 "그만"이라고 말한다.)

읽기유창성 평가
호랑이 똥을 뒤집어쓴 힘장사

호랑이도 말을 하던 옛날 일이었지요. 어느 산마을에 힘장사가	—— 8
호랑이도 마를 하던 옌날 이리얻찌요. 어느 산마으레 힘장사가	
살고 있었답니다. 큰 나무도 손가락으로 부러뜨리고 커다란	—— 15
살고 이썯땁니다. 큰 나무도 손까라그로 부러뜨리고 커다란	
황소도 한 손으로 들 정도로 힘이 셌습니다.	—— 22
황소도 한 소느로 들 쩡도로 히미 셛씀니다.	
하루는 힘장사가 불쌍한 부부를 만났어요. 아니 글쎄 호랑이가	—— 30
하루는 힘장사가 불쌍한 부부를 만나써요. 아니 글쎄 호랑이가	
외동아들을 물어 갔더랍니다. 부부는 엉엉 울고 난리가 났지요.	—— 38
외동아드를 무러 갇떠람니다. 부부는 엉엉 울고 날리가 낟찌요.	

힘장사는 부부가 불쌍해서 참을 수가 없었지요. 그래서 아들을 ——— 46
힘장사는 부부가 불쌍해서 차물 쑤가 업썰찌요. 그래서 아드를

구하러 길을 나섰답니다. ——— 49
구하러 기를 나섣땀니다.

산에 올라 굴 하나를 찾았지요. 굴 둘레에는 호랑이 발자국이 ——— 58
사네 올라 굴 하나를 차잗찌요. 굴 둘레에는 호랑이 발짜구기

많았답니다. ——— 59
마낟땀니다.

"바로 여기가 그 호랑이 굴이구나." ——— 64
"바로 여기가 그 호랑이 구리구나."

힘장사는 굴속으로 살금살금 기어 들어갔습니다. 그랬더니 굴 ——— 71
힘장사는 굴쏘그로 살금살금 기어 드러갇씀니다. 그랟떠니 구

안에 아이가 있었지요. 다행히 호랑이는 없고 아이만 ——— 78
라네 아이가 이썯찌요. 다행히 호랑이는 업꼬 아이만

있었답니다. ——— 79
이썯땀니다.

"아이고, 아직 아이가 살아 있어 다행이다." ——— 85
"아이고, 아직 아이가 사라 이써 다행이다."

힘장사는 아이를 업고 기어 나오려고 했습니다. 그런데 바로 ——— 93
힘장사는 아이를 업꼬 기어 나오려고 핻씀니다. 그런데 바로

그때 호랑이가 꼬리부터 들어오기 시작했어요. 힘장사는 호랑이 ——— 100
그때 호랑이가 꼬리부터 드러오기 시작핻써요. 힘장사는 호랑이

꼬리를 꽉 잡았지요. 그러고는 호랑이 꼬리를 힘껏 ——— 107
꼬리를 꽉 자받찌요. 그러고는 호랑이 꼬리를 힘껃

잡아당겼어요. 깜짝 놀란 호랑이는 똥을 한 바가지 쌌어요. 그 ——— 116
자바당겯써요. 깜짝 놀란 호랑이는 똥을 한 바가지 쌌어요. 그

바람에 힘장사는 꼬리를 놓쳤지요. 그 틈에 호랑이는 정신없이 ——— 124
바람에 힘장사는 꼬리를 노쳗찌요. 그 트메 호랑이는 정신업씨

달렸고요. —— 125

달렫꼬요.

마침내 힘장사는 아이를 찾아서 돌아왔답니다. 호랑이 똥을 —— 132

마침내   힘장사는   아이를   차자서   도라왇땀니다.   호랑이   똥을

뒤집어쓴 채로 말이죠. —— 135

뒤지버쓴   채로   마리죠.

읽은 총 어절 수 (   ) − 틀린 어절 수 (   )

= 읽기유창성 점수 (   )

 교수−학습 활동

읽 ◇ 기 ◇ 유 ◇ 창 ◇ 성

1. 단어를 빠르고 정확하게 읽기

2. 어휘의 뜻 알아보기

부러뜨리다	단어의 뜻: 단단한 물체를 꺾어서 부러지게 하다. 비슷한 말: 부러트리다, 분지르다
둘레	단어의 뜻: 사물의 테두리 비슷한 말: 주변
놓치다	단어의 뜻: 잡거나 쥐고 있던 것을 떨어뜨리다. 비슷한 말: 잃어버리다, 떨어뜨리다 반대말: 붙잡다
뒤집어쓰다	단어의 뜻: 가루나 액체를 온몸에 덮어쓰다.

📖 다음 보기의 단어 중, 문장에 알맞은 단어를 써 봅시다.

1| 놀부는 일부러 제비의 다리를 **부러뜨렸다**.

2| 운동장 **둘레**에는 여러 가지 운동 기구가 많다.

3| 버스를 **놓치는** 바람에 학교에 늦었다.

4| 너무 추워서 털모자를 **뒤집어썼다**.

3. 어구를 빠르고 정확하게 읽기

4. 글을 빠르고 정확하게 읽기

읽 ◇ 기 ◇ 이 ◇ 해

5. 이야기 지도 알아보기

6. 이야기 지도 사용하여 글 읽고 이해하기

제목: 호랑이 똥을 뒤집어 쓴 힘장사

1 **인물** 이야기에 등장하는 인물은 누구인가요?

호랑이, 힘장사, 부부, 아이

2 **시간과 장소** 언제, 어디에서 일어난 이야기인가요?

옛날, 어느 산마을

3 **사건들** 인물에게 어떤 일들이 일어났나요? 일이 어떠한 차례로 일어났나요?

1) 힘장사가 호랑이가 물어간 부부의 외동아들을 구하기 위해 길을 나섰다.
2) 호랑이 굴을 찾아서 아이를 업고 나오려고 했다.
3) 호랑이가 꼬리부터 들어오길래 호랑이 꼬리를 잡아당겼더니 호랑이가 똥을 싼 후 달아났다.

4 **끝** 이야기가 어떻게 끝났나요?

힘장사는 아이를 찾아서 돌아왔다.

7. 글의 주제 알기

주제: 용기를 갖자. 어려운 사람을 도와주자.

사 ◇ 후 ◇ 평 ◇ 가

지시문

앞에 있는 종이에 글이 있어요. 이제 선생님이 "시작"이라고 하면(학생용 평가지의 첫 어절을 손가락으로 가리킨 후, 계속 훑으면서) 처음부터 읽기 시작해서 "그만"이라고 할 때까지 최대한 정확하게, 그리고 최대한 빨리 읽으세요. 글을 읽다가 모르는 글자가 나오면 선생님이 어떻게 해야 할지 알려 줄게요. 최선을 다하세요. 질문 있어요? (질문이 있으면 질문에 대답한다.) 준비, 시작. (학생이 첫 어절을 말함과 동시에 타이머를 누르고 1분간 학생의 반응을 기록한 뒤 1분이 지나면 "그만"이라고 말한다.)

▌ 읽기유창성 평가
▌ 호랑이 똥을 뒤집어쓴 힘장사

호랑이도 말을 하던 옛날 일이었지요. 어느 산마을에 힘장사가	—— 8
호랑이도　마를 하던 옌날 이리얻찌요.　어느 산마으레　힘장사가	
살고 있었답니다. 큰 나무도 손가락으로 부러뜨리고 커다란	—— 15
살고 이썯땁니다.　큰 나무도　손까라그로　부러뜨리고　커다란	
황소도 한 손으로 들 정도로 힘이 셌습니다.	—— 22
황소도　한 소느로　들 쩡도로　히미 셀씀니다.	
하루는 힘장사가 불쌍한 부부를 만났어요. 아니 글쎄 호랑이가	—— 30
하루는　힘장사가　불쌍한　부부를　만나써요.　아니 글쎄 호랑이가	
외동아들을 물어 갔더랍니다. 부부는 엉엉 울고 난리가 났지요.	—— 38
외동아드를　무러 갇떠람니다.　부부는　엉엉　울고 날리가　낟찌요.	
힘장사는 부부가 불쌍해서 참을 수가 없었지요. 그래서 아들을	—— 46
힘장사는　부부가　불쌍해서　차믈 쑤가 업썯찌요.　그래서　아드를	

구하러 길을 나섰답니다. — 49

구하러 기를 나섣땀니다.

산에 올라 굴 하나를 찾았지요. 굴 둘레에는 호랑이 발자국이 — 58

사네 올라 굴 하나를 차잗찌요. 굴 둘레에는 호랑이 발짜구기

많았답니다. — 59

마낟땀니다.

"바로 여기가 그 호랑이 굴이구나." — 64

"바로 여기가 그 호랑이 구리구나."

힘장사는 굴속으로 살금살금 기어 들어갔습니다. 그랬더니 굴 — 71

힘장사는 굴쏘그로 살금살금 기어 드러감니다. 그랟떠니 구

안에 아이가 있었지요. 다행히 호랑이는 없고 아이만 — 78

라네 아이가 이썯찌요. 다행히 호랑이는 업꼬 아이만

있었답니다. — 79

이썯땀니다.

"아이고, 아직 아이가 살아 있어 다행이다." — 85

"아이고, 아직 아이가 사라 이써 다행이다."

힘장사는 아이를 업고 기어 나오려고 했습니다. 그런데 바로 — 93

힘장사는 아이를 업꼬 기어 나오려고 핻씀니다. 그런데 바로

그때 호랑이가 꼬리부터 들어오기 시작했어요. 힘장사는 호랑이 — 100

그때 호랑이가 꼬리부터 드러오기 시작핻써요. 힘장사는 호랑이

꼬리를 꽉 잡았지요. 그러고는 호랑이 꼬리를 힘껏 — 107

꼬리를 꽉 자받찌요. 그러고는 호랑이 꼬리를 힘껃

잡아당겼어요. 깜짝 놀란 호랑이는 똥을 한 바가지 쌌어요. 그 — 116

자바당겯써요. 깜짝 놀란 호랑이는 똥을 한 바가지 쌌어요. 그

바람에 힘장사는 꼬리를 놓쳤지요. 그 틈에 호랑이는 정신없이 — 124

바람에 힘장사는 꼬리를 노첟찌요. 그 트메 호랑이는 정신업씨

달렸고요. — 125

달렫꼬요.

마침내 힘장사는 아이를 찾아서 돌아왔답니다. 호랑이 똥을 —— 132

마침내 힘장사는 아이를 차자서 도라왔땀니다. 호랑이 똥을

뒤집어쓴 채로 말이죠. —— 135

뒤지버쓴 채로 마리죠.

읽은 총 어절 수 (   ) – 틀린 어절 수 (   )

= 읽기유창성 점수 (   )

▌읽기이해 평가

1 | 이야기의 등장인물은 누구인가요? 네 인물을 모두 써 보세요. (아동이 하나만 대답한 경우 추가 질문을 한다.)

1점: 힘장사, (불쌍한) 부부, 호랑이, (외동)아들

0점: 오답 또는 대답을 하지 못함

2 | 언제, 어디에서 있었던 일인가요? (아동이 둘 중 하나만 대답한 경우, 추가 질문을 한다. 예를 들어, 아동이 '언제'에 대한 것만 대답한 경우, "어디에서 있었던 일인가요?"라고 추가 질문을 한다. 또한 아동이 "마을"이라고 대답한 경우 "좀 더 자세히 써 볼래요?"라고 추가 질문을 한다.)

1점: (호랑이가 말을 하던) 옛날, (어느) 산마을에서

0점: 오답 또는 대답을 하지 못함

3 | 부부는 왜 울고 있었나요?

1점: 호랑이가 외동아들을 물어 가서

0점: 오답 또는 대답을 하지 못함

4 | 힘장사는 부부의 말을 듣고 어떻게 하였나요?

1점: 외동아들(또는 아이)을 구하려고 호랑이 굴을 찾아감 (또는) 아이를 구하려고 길을 나섰음

0점: 오답 또는 대답을 하지 못함

5 | 힘장사는 아이를 어떻게 구하였나요?

1점: 호랑이 꼬리를 꽉 잡아당겨서 (또는) 호랑이 꼬리를 힘껏 잡아당겨서

0점: 오답 또는 대답을 하지 못하였을 경우

6│ 힘장사가 호랑이 똥을 뒤집어쓰게 된 까닭은 무엇일까요? (아동이 다음 중 일부만 대답한 경우 추가 질문을 한다. 예를 들어, 아동이 "호랑이가 놀라 똥을 싸서"라고 할 경우, "좀 더 자세히 써 볼래요?"라고 추가 질문을 한다.)

1점: 힘장사가 호랑이 꼬리를 잡아당기자 호랑이가 놀라 똥을 싸서

0점: 오답 또는 대답을 하지 못하였을 경우

7│ 이야기에 나오는 힘장사는 어떤 마음씨를 가진 사람일까요? 그것을 어떻게 알 수 있는지 글에서 찾아 써 보세요.

1점: 착한 마음씨를 가진 사람, 불쌍한 부부를 도와주었으니까

　　(또는) 착한 마음씨를 가진 사람, 아이를 잃어버린 부부를 도와주었으니까

0점: 오답 또는 대답을 하지 못하였을 경우

5 날아다니는 조끼

학 ◇ 습 ◇ 목 ◇ 표 ◇ 확 ◇ 인

- 글을 읽을 때, 적당한 부분에서 글을 빠르고 정확하게 끊어 읽을 수 있다.
- 글을 읽고, 글의 중심내용과 글의 주제를 파악할 수 있다.

사 ◇ 전 ◇ 평 ◇ 가

지시문

앞에 있는 종이에 글이 있어요. 이제 선생님이 "시작"이라고 하면(학생용 평가지의 첫 어절을 손가락으로 가리킨 후, 계속 훑으면서) 처음부터 읽기 시작해서 "그만"이라고 할 때까지 최대한 정확하게, 그리고 최대한 빨리 읽으세요. 글을 읽다가 모르는 글자가 나오면 선생님이 어떻게 해야 할지 알려 줄게요. 최선을 다하세요. 질문 있어요? (질문이 있으면 질문에 대답한다.) 준비, 시작. (학생이 첫 어절을 말함과 동시에 타이머를 누르고 1분간 학생의 반응을 기록한 뒤 1분이 지나면 "그만"이라고 말한다.)

읽기유창성 평가
날아다니는 조끼

옛날 어느 마을에 총각이 살았습니다. 총각은 부모님도 없이	—— 8
옌날 어느 마으레 총가기 사랃씀니다. 총가근 부모님도 업씨	
가난하게 살았지요. 하지만 마음씨만큼은 비단결처럼	— 13
가난하게 사랃찌요. 하지만 마음씨만크믄 비단결처럼	
고왔답니다. 불쌍한 사람을 보면 뭐든지 나눠 주었어요. 비록	— 21
고왇땀니다. 불쌍한 사라믈 보면 뭐든지 나눠 주얻써요. 비록	
자신이 굶주리고 헐벗더라도 말이지요.	— 25
자시니 굼주리고 헐벋떠라도 마리지요.	
하루는 총각이 나무하러 산에 갔습니다. 깊은 산속에서 그만	— 33
하루는 총가기 나무하러 사네 갇씀니다. 기픈 산쏘게서 그만	

길을 잃었어요. 정신없이 헤매다 해가 지고 말았습니다. 그런데 —— 41

기를 이런써요. 정신업씨 헤매다 해가 지고 마랃씀니다. 그런데

갑자기 어디선가 소리가 들렸어요. —— 45

갑짜기 어디선가 소리가 들럳써요.

"내가 주웠으니까 이 조끼는 내꺼야!" —— 50

"내가 주월쓰니까 이 조끼는 내꺼야!"

"아냐, 내가 먼저 봤으니까 내꺼야!" —— 55

"아냐, 내가 먼저 봐쓰니까 내꺼야!"

신기하게도 토끼 둘이 싸우고 있었어요. 조끼를 서로 —— 62

신기하게도 토끼 두리 싸우고 이썯써요. 조끼를 서로

가지겠다고 말다툼 중이었지요. 총각이 다가가서 사이좋게 —— 68

가지겓따고 말다툼 중이얻찌요. 총각이 다가가서 사이조케

지내라고 달래줬어요. —— 70

지내라고 달래줘써요.

"그럼, 이 조끼 아저씨가 가지세요. 이것 때문에 자꾸 싸워서 —— 79

"그럼, 이 조끼 아저씨가 가지세요. 이걷 때무네 자꾸 싸워서

싫어요. 그런데 이 조끼는 마법 조끼랍니다. 이걸 입고 단추를 —— 88

시러요. 그런데 이 조끼는 마법 조끼람니다. 이걸 입꼬 단추를

채우면 날아가요. 반대로 단추를 풀면 땅으로 내려온답니다. —— 95

채우면 나라가요. 반대로 단추를 풀면 땅으로 내려온담니다.

부디 이 조끼를 잘 쓰세요." —— 100

부디 이 조끼를 잘 쓰세요."

"정말 고맙구나, 너희가 나를 살렸구나." —— 105

"정말 고맙꾸나, 너희가 나를 살렫꾸나."

조끼는 하늘이 총각에게 내려 준 선물이었지요. 조끼를 입고 —— 113

조끼는 하느리 총가게게 내려 준 선무리얻찌요. 조끼를 입꼬

날아서 집으로 돌아왔답니다. ——116

나라서 지브로 도라왇땀니다.

읽은 총 어절 수 (　　　) – 틀린 어절 수 (　　　)

= 읽기유창성 점수 (　　　　　)

읽◇기◇유◇창◇성

1. 단어를 빠르고 정확하게 읽기

2. 어휘의 뜻 알아보기

헐벗다	단어의 뜻: 가난하여 옷이 너무 헐어서 벗다시피 하다. 비슷한 말: 벌거벗다
헤매다	단어의 뜻: 갈 곳을 제대로 찾지 못해서 이리저리 돌아다니다. 비슷한 말: 우왕좌왕하다
채우다	단어의 뜻: 단추를 구멍에 넣어 걸다. 비슷한 말: 끼우다
잃다	단어의 뜻: 길을 못 찾다. 반대말: 찾다
달래다	단어의 뜻: 흥분한 사람을 타일러서 흥분을 가라앉히거나, 슬퍼하는 사람을 위로하다. 비슷한 말: 타이르다, 위로하다

다음 보기의 단어 중, 문장에 알맞은 단어를 써 봅시다.

<u>1</u> 산에서 길을 **잃어** 엄청 헤맸다.

<u>2</u> 혜영이는 추위를 느껴 단추를 목까지 단단하게 **채웠다.**

<u>3</u> 우리는 친구의 집을 못 찾아서 **헤맸다.**

<u>4</u> 나라가 어려우면 **헐벗고** 굶주리는 백성들이 늘어난다.

<u>5</u> 화가 나서 우는 동생을 **달랬다.**

3. 어구를 빠르고 정확하게 읽기

4. 글을 빠르고 정확하게 읽기

읽 ◇ 기 ◇ 이 ◇ 해

5. 이야기 지도 알아보기

6. 이야기 지도 사용하여 글 읽고 이해하기

제목: 날아다니는 조끼

1 **인물** 이야기에 등장하는 인물은 누구인가요?

총각, 토끼 둘(혹은 토끼들, 토끼 두 마리)

2 **시간과 장소** 언제, 어디에서 일어난 이야기인가요?

옛날, (어느) 마을 혹은 (깊은) 산, 혹은 산속

3 **사건들** 인물에게 어떤 일들이 일어났나요? 일이 어떠한 차례로 일어났나요?

1) 어느 마을에 마음씨 착한 총각이 살았다.
2) 총각은 나무하러 갔다가 길을 잃고 헤매다 토끼들이 싸우는 소리를 들었다.
3) 토끼들은 서로 조끼가 자기 것이라고 싸우다가 총각에게 조끼를 가지라고 하였다.
4) 그 조끼는 단추를 채우면 날아가고 풀면 땅으로 내려오는 마법 조끼였다.

4 **끝** 이야기가 어떻게 끝났나요?

총각은 마법 조끼를 입고 집으로 돌아왔다.

7. 글의 주제 알기

> 주제: 불쌍한 사람들에게 나눠 주는 착한 사람이 되자.

사 ◇ 후 ◇ 평 ◇ 가

지시문

앞에 있는 종이에 글이 있어요. 이제 선생님이 "시작"이라고 하면(학생용 평가지의 첫 어절을 손가락으로 가리킨 후, 계속 훑으면서) 처음부터 읽기 시작해서 "그만"이라고 할 때까지 최대한 정확하게, 그리고 최대한 빨리 읽으세요. 글을 읽다가 모르는 글자가 나오면 선생님이 어떻게 해야 할지 알려 줄게요. 최선을 다하세요. 질문 있어요? (질문이 있으면 질문에 대답한다.) 준비, 시작. (학생이 첫 어절을 말함과 동시에 타이머를 누르고 1분간 학생의 반응을 기록한 뒤 1분이 지나면 "그만"이라고 말한다.)

읽기유창성 평가
날아다니는 조끼

옛날 어느 마을에 총각이 살았습니다. 총각은 부모님도 없이	—— 8
옌날 어느 마으레 총가기 사랃씀니다. 총가근 부모님도 업씨	
가난하게 살았지요. 하지만 마음씨만큼은 비단결처럼	—— 13
가난하게 사랃찌요. 하지만 마음씨만크믄 비단결처럼	
고왔답니다. 불쌍한 사람을 보면 뭐든지 나눠 주었어요. 비록	—— 21
고왇땀니다. 불쌍한 사라믈 보면 뭐든지 나눠 주얻써요. 비록	
자신이 굶주리고 헐벗더라도 말이지요.	—— 25
자시니 굼주리고 헐벋떠라도 마리지요.	
하루는 총각이 나무하러 산에 갔습니다. 깊은 산속에서 그만	—— 33
하루는 총가기 나무하러 사네 갇씀니다. 기픈 산쏘게서 그만	
길을 잃었어요. 정신없이 헤매다 해가 지고 말았습니다. 그런데	—— 41
기를 이럳써요. 정신업씨 헤매다 해가 지고 마랃씀니다. 그런데	

갑자기 어디선가 소리가 들렸어요. — 45
갑짜기　어디선가　소리가　들럳써요.

"내가 주웠으니까 이 조끼는 내꺼야!" — 50
"내가　주월쓰니까　이 조끼는　내꺼야!"

"아냐, 내가 먼저 봤으니까 내꺼야!" — 55
"아냐,　내가　먼저　봐쓰니까　내꺼야!"

신기하게도 토끼 둘이 싸우고 있었어요. 조끼를 서로 — 62
신기하게도　토끼　두리　싸우고　이썯써요.　조끼를　서로

가지겠다고 말다툼 중이었지요. 총각이 다가가서 사이좋게 — 68
가지겔따고　말다툼　중이얻찌요.　총각이　다가가서　사이조케

지내라고 달래줬어요. — 70
지내라고　달래줘써요.

"그럼, 이 조끼 아저씨가 가지세요. 이것 때문에 자꾸 싸워서 — 79
"그럼,　이　조끼　아저씨가　가지세요.　이걸　때무네　자꾸　싸워서

싫어요. 그런데 이 조끼는 마법 조끼랍니다. 이걸 입고 단추를 — 88
시러요.　그런데　이　조끼는　마법　조끼람니다.　이걸　입꼬　단추를

채우면 날아가요. 반대로 단추를 풀면 땅으로 내려온답니다. — 95
채우면　나라가요.　반대로　단추를　풀면　땅으로　내려온담니다.

부디 이 조끼를 잘 쓰세요." — 100
부디　이　조끼를　잘　쓰세요."

"정말 고맙구나, 너희가 나를 살렸구나." — 105
"정말　고맙꾸나,　너희가　나를　살럳꾸나."

조끼는 하늘이 총각에게 내려 준 선물이었지요. 조끼를 입고 — 113
조끼는　하느리　총가게게　내려 준　선무리얻찌요.　조끼를　입꼬

날아서 집으로 돌아왔답니다. — 116
나라서　지브로　도라왇땀니다.

읽은 총 어절 수 (　　　) – 틀린 어절 수 (　　　)
= 읽기유창성 점수 (　　　)

읽기이해 평가

1 이야기에 나오는 등장인물은 누구인가요? 모두 써 보세요. (아동이 토끼라고 대답한 경우, "토끼가 몇 마리였나요?"라고 추가 질문을 한다.)

1점: 총각 / 토끼 둘, (또는) 토끼들, (또는) 토끼 두 마리

0점: 둘 중 하나, 오답 또는 대답을 하지 못함

2 언제, 어디에서 있었던 일인가요? (아동이 둘 중 하나만 대답한 경우, 추가 질문을 한다. 예를 들어, 아동이 '언제'에 대한 것만 대답한 경우, "어디에서 있었던 일인가요?"라고 추가 질문을 한다.)

1점: 옛날, (어느) 마을, (또는) (깊은) 산, (또는) 산속

0점: 둘 중 하나, 오답 또는 대답을 하지 못함

3 총각이 산속에서 나무를 하다가 어떻게 되었나요?

1점: 길을 잃어버림, (또는) 길을 잃어버려 산속에서 정신없이 헤매고 다님

0점: 정답의 일부, 오답 또는 대답을 하지 못함

4 토끼들이 말다툼을 한 까닭은 무엇일까요?

1점: 조끼를 서로 가지겠다고, (또는) 서로 자기가 먼저 조끼를 주웠다고 하여(보았다고 하여)

0점: 정답의 일부, 오답 또는 대답을 하지 못함

5 토끼들이 왜 마법 조끼라고 하였나요?

1점: (조끼를 입고) 단추를 채우면 날아가서, (또는) 단추를 풀면 땅으로 내려가서(둘 중 하나)

0점: 정답의 일부, 오답 또는 대답을 하지 못함

6 총각이 어떻게 무사히 집에 돌아올 수 있었나요? (아동이 아래의 일부만 대답한 경우, 추가 질문을 한다. 예를 들어, "조끼를 입고요."라고 한 경우, "좀 더 자세히 말해 볼래요?"라고 추가 질문을 한다.)

1점: 토끼들이 준 조끼를 입고 날아서, (또는) 토끼들에게 얻은 마법 조끼를 입고

0점: 정답의 일부, 오답 또는 대답을 하지 못하였을 경우

7 우리도 총각처럼 하늘에서 선물을 받으려면 어떻게 해야 할까요? 그것을 어떻게 알 수 있는지 글에서 찾아 써 보세요.

1점: 착한 마음씨를 가져야 함, (또는) 마음씨가 착해야 함, (또는) 불쌍한 사람을 도와주어야 함, (또는) 불쌍한 사람에게 뭐든지 나누어 주어야 함, (또는) 자기보다 다른 사람을 먼저 생각해 주어야 함 / 총각이 착해서 무사히 집으로 돌아와서

0점: 정답의 일부, 오답 또는 대답을 하지 못하였을 경우

6 눈먼 어머니 눈을 뜨게 만든 지렁이 국

학 ◇ 습 ◇ 목 ◇ 표 ◇ 확 ◇ 인

- 글을 읽을 때, 적당한 부분에서 글을 빠르고 정확하게 끊어 읽을 수 있다.
- 글을 읽고, 글의 중심내용과 글의 주제를 파악할 수 있다.

사 ◇ 전 ◇ 평 ◇ 가

지시문

앞에 있는 종이에 글이 있어요. 이제 선생님이 "시작"이라고 하면(학생용 평가지의 첫 어절을 손가락으로 가리킨 후, 계속 훑으면서) 처음부터 읽기 시작해서 "그만"이라고 할 때까지 최대한 정확하게, 그리고 최대한 빨리 읽으세요. 글을 읽다가 모르는 글자가 나오면 선생님이 어떻게 해야 할지 알려 줄게요. 최선을 다하세요. 질문 있어요? (질문이 있으면 질문에 대답한다.) 준비, 시작. (학생이 첫 어절을 말함과 동시에 타이머를 누르고 1분간 학생의 반응을 기록한 뒤 1분이 지나면 "그만"이라고 말한다.)

읽기유창성 평가
눈먼 어머니 눈을 뜨게 만든 지렁이 국

옛날 어느 부부가 가난하게 살았습니다. 부부는 눈먼 어머니를 ——— 8
옌날 어느 부부가 가난하게 사랃씀니다.　　부부는 눈먼 어머니를

모셨지요. 하루는 남편이 돈을 벌러 집을 나갔습니다. ——— 15
모션찌요.　　하루는 남펴니 도늘 벌러 지블 나갇씀니다.

며느리는 가난하지만, 정성껏 어머니를 모셨습니다. 자기는 못 ——— 22
며느리는 가난하지만,　　정성껃 어머니를 모션씀니다.　　자기는 몯

먹어도 시어머니는 챙겼지요. 시어머니는 그것도 모르고 투정만 ——— 29
머거도 시어머니는 챙견찌요.　　시어머니는　　그걷또 모르고 투정만

부렸어요. 하지만 며느리는 시어머니를 먼저 생각했답니다. ——— 35
부려써요.　　하지만 며느리는 시어머니를　　먼저 생가캗땀니다.

"얘야, 요즘엔 어찌 입맛이 없구나. 기름진 고깃국 좀 —— 43
"얘야, 요즈멘 어찌 임마시 업꾸나. 기름진 고기꾹 좀

끓여다오." —— 44
끄려다오."

며느리는 고기를 어떻게 구할지 걱정이었습니다. 물고기라도 —— 50
며느리는 고기를 어떠케 구할찌 걱쩡이얻씀니다. 물꼬기라도

잡아볼 생각으로 개울가로 나갔지요. 하지만 물고기 잡기가 —— 57
자바볼 쌩가그로 개울까로 나갇찌요. 하지만 물꼬기 잡끼가

쉽지 않았어요. 그런데 개울가에 지렁이가 꼬물꼬물 —— 63
쉽찌 아낟써요. 그런데 개울까에 지렁이가 꼬물꼬물

기어다녔지요. 며느리는 지렁이를 잡아다 국을 끓였답니다. —— 69
기어다녇찌요. 며느리는 지렁이를 자바다 구글 끄렫땀니다.

시어머니는 지렁이 국을 매우 좋아했습니다. 물론 시어머니는 —— 76
시어머니는 지렁이 구글 매우 조아핻씀니다. 물론 시어머니는

지렁이 국인지 몰랐지요. 날마다 지렁이 국을 먹고 몸이 —— 84
지렁이 구긴지 몰랃찌요. 날마다 지렁이 구글 먹꼬 모미

좋아졌답니다. —— 85
조아젇땀니다.

세월이 흘러 남편이 집으로 돌아왔습니다. —— 90
세워리 흘러 남펴니 지브로 도라왇씀니다.

"어머니, 뭘 드시고 몸이 좋아지셨나요?" —— 95
"어머니. 뭘 드시고 모미 조아지션나요?"

어머니는 며느리 몰래 숨겨둔 지렁이를 보여 주었습니다. —— 102
어머니는 며느리 몰래 숨겨둔 지렁이를 보여 주얻씀니다.

"며느리가 끓여준 이것을 먹고 좋아졌단다." —— 107
"며느리가 끄려준 이거슬 먹꼬 조아젇딴다."

"아니, 이것은 지렁이잖아요!" —— 110
"아니, 이거슨 지렁이자나요!"

"뭐라고, 내가 지렁이를 먹었다고?" —— 114

"뭐라고, 내가 지렁이를 머걷따고?"

어머니는 깜짝 놀라 눈을 떴습니다. —— 119

어머니는 깜짝 놀라 누늘 떧씀니다.

읽은 총 어절 수 (   ) – 틀린 어절 수 (   )

= 읽기유창성 점수 (   )

 교수-학습 활동

읽 ◇ 기 ◇ 유 ◇ 창 ◇ 성

1. 단어를 빠르고 정확하게 읽기

2. 어휘의 뜻 알아보기

모시다	단어의 뜻: 웃어른을 가까이에서 받들다. 비슷한 말: 공경하다, 받들다 ※ 도전문제: 3)
챙기다	단어의 뜻: 빠뜨리지 않고 먹게끔 하다. ※ 도전문제: 3)
투정	단어의 뜻: 무엇이 모자라거나 못마땅하여 떼를 쓰며 조르는 일 비슷한 말: 불평
입맛	단어의 뜻: 먹을 때 느끼는 맛 비슷한 말: 맛, 밥맛, 식욕

다음 보기의 단어 중, 문장에 알맞은 단어를 써 봅시다.

__1__ 아버지는 할아버지를 **모시러** 갔다.

__2__ 옷을 **챙겨** 입고 집을 나섰다.

__3__ 동생은 반찬 **투정**을 했다.

4 | 나는 **입맛**이 까다로운 편이다.

3. 어구를 빠르고 정확하게 읽기

4. 글을 빠르고 정확하게 읽기

읽 ◇ 기 ◇ 이 ◇ 해

5. 이야기 지도 알아보기

6. 이야기 지도 사용하여 글 읽고 이해하기

제목: 눈먼 어머니 눈을 뜨게 만든 지렁이 국

| **1** | **인물** | 이야기에 등장하는 인물은 누구인가요? |

부부(또는 아들과 며느리 또는 남편과 아내), (눈먼)(시)어머니

| **2** | **시간과 장소** | 언제, 어디에서 일어난 이야기인가요? |

시간: 옛날

| **3** | **사건들** | 인물에게 어떤 일들이 일어났나요? 일이 어떠한 차례로 일어났나요? |

1) 가난한 어느 부부는 눈먼 어머니를 모시고 살았습니다.
2) 남편이 돈을 벌러 나갔고 며느리는 어머니를 정성껏 모셨습니다.
3) 어머님은 고깃국을 먹고 싶어 하셨고 고기를 구하지 못한 며느리는 지렁이로 국을 끓여 드렸습니다.
4) 지렁이 국을 먹은 어머님은 몸이 좋아졌습니다.

| **4** | 끝 | 이야기가 어떻게 끝났나요? |

지렁이를 먹고 몸이 좋아진 걸 안 어머니는 깜짝 놀라 눈을 뜨게 되었습니다.

7. 글의 주제 알기

주제: 정성을 다하면 좋은 일이 생긴다. 부모님께 정성을 다하자.

사 ◇ 후 ◇ 평 ◇ 가

지시문

앞에 있는 종이에 글이 있어요. 이제 선생님이 "시작"이라고 하면(학생용 평가지의 첫 어절을 손가락으로 가리킨 후, 계속 훑으면서) 처음부터 읽기 시작해서 "그만"이라고 할 때까지 최대한 정확하게, 그리고 최대한 빨리 읽으세요. 글을 읽다가 모르는 글자가 나오면 선생님이 어떻게 해야 할지 알려 줄게요. 최선을 다하세요. 질문 있어요? (질문이 있으면 질문에 대답한다.) 준비, 시작. (학생이 첫 어절을 말함과 동시에 타이머를 누르고 1분간 학생의 반응을 기록한 뒤 1분이 지나면 "그만"이라고 말한다.)

읽기유창성 평가
눈먼 어머니 눈을 뜨게 만든 지렁이 국

옛날 어느 부부가 가난하게 살았습니다. 부부는 눈먼 어머니를 ——— 8
옌날 어느 부부가 가난하게 사랃씀니다.   부부는 눈먼 어머니를

모셨지요. 하루는 남편이 돈을 벌러 집을 나갔습니다. —— 15
모션찌요.   하루는 남펴니 도늘 벌러 지블 나갇씀니다.

며느리는 가난하지만, 정성껏 어머니를 모셨습니다. 자기는 못 ——— 22
며느리는 가난하지만, 정성껃 어머니를 모션씀니다.   자기는 몯

먹어도 시어머니는 챙겼지요. 시어머니는 그것도 모르고 투정만 ——— 29
머거도 시어머니는 챙겯찌요.   시어머니는 그걷또 모르고 투정만

부렸어요. 하지만 며느리는 시어머니를 먼저 생각했답니다.   — 35
부려써요.   하지만   며느리는   시어머니를   먼저   생가캔땀니다.

"애야, 요즘엔 어찌 입맛이 없구나. 기름진 고깃국 좀   — 43
"얘야,   요즈멘   어찌   임마시   업꾸나.   기름진   고기꾹   좀

끓여다오."   — 44
끄려다오."

며느리는 고기를 어떻게 구할지 걱정이었습니다. 물고기라도   — 50
며느리는   고기를   어떠케   구할찌   걱쩡이얻씀니다.   물꼬기라도

잡아볼 생각으로 개울가로 나갔지요. 하지만 물고기 잡기가   — 57
자바볼   쌩가그로   개울까로   나갇찌요.   하지만   물꼬기   잡끼가

쉽지 않았어요. 그런데 개울가에 지렁이가 꼬물꼬물   — 63
쉽찌   아낟써요.   그런데   개울까에   지렁이가   꼬물꼬물

기어다녔지요. 며느리는 지렁이를 잡아다 국을 끓였답니다.   — 69
기어다녇찌요.   며느리는   지렁이를   자바다   구글   끄롇땀니다.

시어머니는 지렁이 국을 매우 좋아했습니다. 물론 시어머니는   — 76
시어머니는   지렁이   구글   매우   조아핻씀니다.   물론 시어머니는

지렁이 국인지 몰랐지요. 날마다 지렁이 국을 먹고 몸이   — 84
지렁이   구긴지   몰랃찌요.   날마다   지렁이   구글   먹꼬   모미

좋아졌답니다.   — 85
조아젇땀니다.

세월이 흘러 남편이 집으로 돌아왔습니다.   — 90
세워리   흘러   남펴니   지브로   도라왇씀니다.

"어머니, 뭘 드시고 몸이 좋아지셨나요?"   — 95
"어머니.   뭘   드시고   모미   조아지션나요?"

어머니는 며느리 몰래 숨겨둔 지렁이를 보여 주었습니다.   —102
어머니는   며느리   몰래   숨겨둔   지렁이를   보여   주얻씀니다.

"며느리가 끓여준 이것을 먹고 좋아졌단다."   —107
"며느리가   끄려준   이거슬   먹꼬   조아젇딴다."

"아니, 이것은 지렁이잖아요!" —— 110

"아니, 이거슨 지렁이자나요!"

"뭐라고, 내가 지렁이를 먹었다고?" —— 114

"뭐라고, 내가 지렁이를 머걷따고?"

어머니는 깜짝 놀라 눈을 떴습니다. —— 119

어머니는 깜짝 놀라 누늘 떧씀니다.

읽은 총 어절 수 (   ) - 틀린 어절 수 (   )

= 읽기유창성 점수 (   )

▌읽기이해 평가

1 이야기에 나오는 등장인물은 누구인가요? 모두 써 보세요. (아동이 하나만 대답한 경우 추가 질문을 한다.)

답: 부부(또는 아들과 며느리 또는 남편과 아내), (눈먼)(시)어머니

2 언제 있었던 일인가요?

1점: 옛날

0점: 오답 또는 대답을 하지 못함

3 어머니는 어떤 장애를 가지고 있었나요? (아동이 장애라는 단어를 모를 때, "어떤 병이 있었나요?"라고 재질문을 한다.)

1점: 눈이 먼 것 (또는) 눈이 보이지 않는 것

0점: 정답의 일부, 오답 또는 대답을 하지 못함

4 시어머니가 무엇을 먹고 싶다고 하였나요?

1점: (기름진) 고깃국

0점: 정답의 일부, 오답 또는 대답을 하지 못하였을 경우

5 시어머니는 몸이 어떻게 해서 좋아졌나요?

1점: (날마다) 지렁이 국을 먹고

0점: 정답의 일부, 오답 또는 대답을 하지 못하였을 경우

6 시어머니가 어떻게 눈을 뜨게 되었나요? (아동이 "깜짝 놀라서요."라고 한 경우, "좀 더 자세히 써 볼래요?"라고 추가 질문을 한다.)

1점: (자기가) 지렁이를 먹었다는 것을 알고 깜짝 놀라서

0점: 정답의 일부, 오답 (또는) 대답을 하지 못하였을 경우

7 눈을 뜨게 된 시어머니는 며느리에게 어떻게 하였을까요? 그것을 어떻게 알 수 있는지 글에서 찾아 써 보세요.

1점: 고마워했을 것임, 자기가 눈을 떠서 볼 수 있게 되었으니까, (또는) 고마워했을 것임, 정성을 다해 자기를 보살펴 주었으니까, (또는) 고마워했을 것임, (고기 대신) 지렁이 국을 만든 것 때문에 눈을 뜨게 되어서

0점: 정답의 일부, 오답 또는 대답을 하지 못하였을 경우

II 수준

읽기유창성 및
읽기이해 프로그램

1 맛있는 냄새가 나는 방귀똥

학 ◇ 습 ◇ 목 ◇ 표 ◇ 확 ◇ 인

- 글을 읽을 때, 적당한 부분에서 글을 빠르고 정확하게 끊어 읽을 수 있다.
- 글을 읽고, 글의 중심내용과 글의 주제를 파악할 수 있다.

사 ◇ 전 ◇ 평 ◇ 가

> **지시문**
>
> 앞에 있는 종이에 글이 있어요. 이제 선생님이 "시작"이라고 하면(학생용 평가지의 첫 어절을 손가락으로 가리킨 후, 계속 훑으면서) 처음부터 읽기 시작해서 "그만"이라고 할 때까지 최대한 정확하게, 그리고 최대한 빨리 읽으세요. 글을 읽다가 모르는 글자가 나오면 선생님이 어떻게 해야 할지 알려 줄게요. 최선을 다하세요. 질문 있어요? (질문이 있으면 질문에 대답한다.) 준비, 시작. (학생이 첫 어절을 말함과 동시에 타이머를 누르고 1분간 학생의 반응을 기록한 뒤 1분이 지나면 "그만"이라고 말한다.)

읽기유창성 평가
맛있는 냄새가 나는 방귀똥

옛날 옛날, 어느 마을에 형제가 살았습니다. 형은	—— 7
옌날 옌날, 어느 마으레 형제가 사랃씀니다.　형은	
욕심쟁이이고 아우는 마음씨가 비단결같이	—— 11
욕씸쟁이이고　아우는　마음씨가　비단껼가치	
부드러웠답니다.	—— 12
부드러월땀니다.	
하루는 형이 아우에게 나무를 해 오라고 시켰지요. 그래서	—— 20
하루는 형이 아우에게　나무를 해 오라고　시켣찌요.　그래서	
착한 아우는 산에서 나무를 했답니다. 나무를 하다 보니	—— 28
차칸 아우는 사네서　나무를 핻땀니다.　나무를　하다 보니	

바위틈에서 뭔가가 흐르더랍니다. 가까이 다가가니 노랗고 —— 34
바위트메서　뭔가가　흐르더람니다.　　가까이　다가가니　노라코

끈적끈적한 것이 흘렀지요. 맛있는 냄새가 나서 손가락으로 —— 41
끈적끈저칸　거시　흘럳찌요.　마신는　냄새가　나서　손까라그로

찍어 먹었어요. 그랬더니 그게 모두 다 꿀이었답니다. —— 48
찌거　머거써요.　그랟떠니　그게　모두　다　꾸리얻땀니다.

때마침 배가 고프던 참이라 실컷 먹었지요. 먹다가 방귀를 —— 56
때마침　배가　고프던　차미라　실컫　머걷찌요.　먹따가　방귀를

뀌니까 달콤한 냄새가 났답니다. 신기해서 계속 방귀를 —— 63
뀌니까　달콤한　냄새가　낟땀니다.　　신기해서　계속　방귀를

뀌어도 달콤한 냄새만 났지요. —— 67
뀌어도　달콤한　냄새만　낟찌요.

아우는 신이 나서 마을로 내려가서 외쳤습니다. —— 73
아우는　시니　나서　마을로　내려가서　외쳗씀니다.

"마을 사람들, 달콤한 냄새 방귀를 사세요." —— 79
"마을　사람들,　달콤한　냄새　방귀를　사세요."

사또가 밖에서 외치는 소리를 들으니 궁금해졌지요. —— 85
사또가　바께서　외치는　소리를　드르니　궁그매젇찌요

"네가 달콤한 냄새 방귀를 판다는 게 참말이냐?" —— 92
"네가　달콤한　냄새　방귀를　판다는　게　참마리냐?"

"예, 그렇습니다, 사또." —— 95
"예,　그러씀니다,　　사또."

"그렇다면 어디 한번 방귀를 뀌어 보아라." —— 101
"그러타면　어디　한번　방귀를　뀌어　보아라."

아우가 방귀를 뀌니까 달콤한 냄새가 퍼졌지요. 사또가 —— 108
아우가　방귀를　뀌니까　달콤한　냄새가　퍼젇찌요.　　사또가

너무나도 신기해서 계속 뀌라고 했습니다. 그랬더니 사또 —— 115
너무나도　신기해서　계속　뀌라고　핻씀니다.　그랟떠니　사또

둘레가 달콤한 냄새로 가득했지요. 기분이 좋아진 사또는 ——— 122

둘레가 달콤한 냄새로 가득캔찌요.   기부니 조아진 사또는

아우에게 큰돈을 주었답니다. ——— 125

아우에게   큰도늘 주얻땀니다.

이것을 욕심 많은 형이 알게 되었습니다. ——— 131

이거슬 욕씸 마는 형이 알게 되얻씀니다.

형은 아우와 똑같이 꿀을 먹고 외쳤지요. ——— 137

형은 아우와 똑까치 꾸를 먹꼬 외칟찌요.

"마을 사람들, 달콤한 냄새 방귀를 사세요." ——— 143

"마을 사람들, 달콤한 냄새 방귀를 사세요."

이번에도 사또가 형을 불러 방귀를 꿔라고 했지요. 그런데 ——— 151

이버네도   사또가 형을 불러 방귀를 꿔라고 핸찌요.   그런데

형이 방귀를 꿔니까 똥이 나왔지요. 화가 난 사또는 ——— 159

형이 방귀를 꿔니까 똥이 나왇찌요.   화가 난 사또는

곤장을 쳐서 보냈답니다. ——— 162

곤장을   쳐서 보낻땀니다.

읽은 총 어절 수 (   ) – 틀린 어절 수 (   )

= 읽기유창성 점수 (   )

교수-학습 활동

읽◇기◇유◇창◇성

1. 단어를 빠르고 정확하게 읽기

2. 어휘의 뜻 알아보기

궁금하다	단어의 뜻: 무엇이 알고 싶어 마음이 몹시 답답하고 안타깝다.
곤장	단어의 뜻: 예전에, 죄인의 볼기를 치던 기구(엉덩이를 때리는 고문을 할 때 사용한 기구)

신기하다	단어의 뜻: 믿을 수 없을 정도로 색다르고 놀랍다.
	비슷한 말: 신기롭다
가득하다	단어의 뜻: 양이나 수가 꽉 찬 상태에 있다.
	비슷한 말: 그득하다, 풍성하다
	반대말: 모자라다, 부족하다

다음 보기의 단어 중, 문장에 알맞은 단어를 써 봅시다.

1│ 그는 남의 물건을 훔친 죄로 **곤장**을 맞았다.

2│ 이사 간 소영이의 소식이 **궁금했다**.

3│ 방 안에 사탕, 과자들이 **가득했다**.

4│ 사람들은 마술사의 **신기한** 묘기에 놀랐다.

3. 어구를 빠르고 정확하게 읽기

4. 글을 빠르고 정확하게 읽기

읽 ◇ 기 ◇ 이 ◇ 해

5. 이야기 지도 알아보기

① 다음 그림은 무엇인가요? 지도

② 지도는 우리에게 어떤 도움을 주나요?

모르는 곳을 찾아갈 때 사용하면, 길을 찾는 데 도움을 줍니다.

③ 이야기 지도 소개하기: 이야기 지도 구성 요소를 알아봅시다.

① 지도가 우리가 길을 찾도록 도움을 주는 것처럼, 이야기 지도는 이야기 글의 내용을 모를 때, 글의

내용을 잘 이해하기 위해 사용하는 지도입니다.

② 이야기 지도에는 인물(이야기에 등장하는 인물), 시장(이야기가 일어난 시간과 장소), 사건들(인물들에게 일어난 사건들), 끝(이야기의 끝)이 있습니다. 여기서 '인물, 시장, 사건들, 끝'은 기억 전략입니다. 이 기억 전략은 이야기 지도를 잘 기억하는 데 도움을 줍니다.

③ 이야기 지도의 기억 전략인 인물(이야기에 등장하는 인물), 시장(시간과 장소), 사건들(인물들에게 일어난 사건들), 끝(이야기의 끝)을 알면, 글의 내용을 잘 이해할 수 있습니다. 이야기를 읽을 때, '인물, 시장, 사건들, 끝'을 기억하도록 합시다.

II

6. 이야기 지도 사용하여 글 읽고 이해하기

제목: 맛있는 냄새가 나는 방귀똥

1 인물 이야기에 등장하는 인물은 누구인가요?

형, 아우, 사또

2 시간과 장소 언제, 어디에서 일어난 이야기인가요?

시간: 옛날

장소: 어느 마을

3 사건들 인물에게 어떤 일들이 일어났나요? 일이 어떠한 차례로 일어났나요?

1) 아우가 산에 나무를 하러 갔다가 꿀을 보고 실컷 먹고 방귀를 뀌었더니 달콤한 냄새가 났다.
2) 마을에 내려와서 달콤한 방귀를 팔았는데 사또가 방귀를 뀌어 보라고 했다.
3) 사또 주변이 달콤한 냄새로 가득하자 사또가 큰 돈을 주었다.
4) 형도 똑같이 꿀을 먹고 외쳤는데 사또 앞에서 방귀를 뀌다가 똥이 나왔다.

4 끝 이야기가 어떻게 끝났나요?

형이 사또에게 곤장을 맞았다.

7. 글의 주제 알기

주제: 착하게 살자.

사 ◇ 후 ◇ 평 ◇ 가

앞에 있는 종이에 글이 있어요. 이제 선생님이 "시작"이라고 하면(학생용 평가지의 첫 어절을 손가락으로 가리킨 후, 계속 훑으면서) 처음부터 읽기 시작해서 "그만"이라고 할 때까지 최대한 정확하게, 그리고 최대한 빨리 읽으세요. 글을 읽다가 모르는 글자가 나오면 선생님이 어떻게 해야 할지 알려 줄게요. 최선을 다하세요. 질문 있어요? (질문이 있으면 질문에 대답한다.) 준비, 시작. (학생이 첫 어절을 말함과 동시에 타이머를 누르고 1분간 학생의 반응을 기록한 뒤 1분이 지나면 "그만"이라고 말한다.)

█ 읽기유창성 평가
█ 맛있는 냄새가 나는 방귀똥

옛날 옛날, 어느 마을에 형제가 살았습니다. 형은 ——— 7
옌날 옌날, 어느 마으레 형제가 사랃씀니다.   형은

욕심쟁이이고 아우는 마음씨가 비단결같이 —— 11
욕씸쟁이이고   아우는 마음씨가 비단껼가치

부드러웠답니다. —— 12
부드러월땀니다.

하루는 형이 아우에게 나무를 해 오라고 시켰지요. 그래서 —— 20
하루는 형이 아우에게 나무를 해 오라고 시켣찌요.   그래서

착한 아우는 산에서 나무를 했답니다. 나무를 하다 보니 —— 28
차칸 아우는 사네서 나무를 핻땀니다.   나무를 하다 보니

바위틈에서 뭔가가 흐르더랍니다. 가까이 다가가니 노랗고 —— 34
바위트메서   뭔가가 흐르더람니다.   가까이 다가가니 노라코

끈적끈적한 것이 흘렀지요. 맛있는 냄새가 나서 손가락으로 —— 41
끈적끈저칸   거시 흘럳찌요.   마신는 냄새가 나서 손까라그로

찍어 먹었어요. 그랬더니 그게 모두 다 꿀이었답니다. —— 48
찌거 머거써요.   그랟떠니   그게 모두 다 꾸리얻땀니다.

때마침 배가 고프던 참이라 실컷 먹었지요. 먹다가 방귀를 —— 56
때마침 배가 고프던 차미라 실컫 머걷찌요.   먹따가 방귀를

뀌니까 달콤한 냄새가 났답니다. 신기해서 계속 방귀를 —— 63
뀌니까 달콤한 냄새가 낟땀니다.   신기해서   계속 방귀를

뀌어도 달콤한 냄새만 났지요. —— 67
뀌어도 달콤한 냄새만 낟찌요.

아우는 신이 나서 마을로 내려가서 외쳤습니다. —— 73
아우는 시니 나서 마을로   내려가서 외쳗씀니다.

"마을 사람들, 달콤한 냄새 방귀를 사세요." —— 79
"마을 사람들, 달콤한 냄새 방귀를 사세요."

사또가 밖에서 외치는 소리를 들으니 궁금해졌지요. —— 85
사또가 바께서 외치는 소리를   드르니 궁그매젇찌요

"네가 달콤한 냄새 방귀를 판다는 게 참말이냐?" —— 92
"네가 달콤한 냄새 방귀를 판다는 게 참마리냐?"

"예, 그렇습니다, 사또." —— 95
"예, 그러씀니다,   사또."

"그렇다면 어디 한번 방귀를 뀌어 보아라." ——101
"그러타면   어디 한번 방귀를 뀌어 보아라."

아우가 방귀를 뀌니까 달콤한 냄새가 퍼졌지요. 사또가 ——108
아우가 방귀를 뀌니까 달콤한 냄새가 퍼젇찌요.   사또가

너무나도 신기해서 계속 뀌라고 했습니다. 그랬더니 사또 ——115
너무나도 신기해서   계속 뀌라고 핻씀니다.   그랟떠니 사또

둘레가 달콤한 냄새로 가득했지요. 기분이 좋아진 사또는 ——122
둘레가 달콤한 냄새로 가득캗찌요.   기부니 조아진 사또는

아우에게 큰돈을 주었답니다. —— 125

아우에게   큰도늘   주얻땀니다.

이것을 욕심 많은 형이 알게 되었습니다. —— 131

이거슬   욕씸   마는   형이   알게   되얻씀니다.

형은 아우와 똑같이 꿀을 먹고 외쳤지요. —— 137

형은   아우와   똑까치   꾸를   먹꼬   외첟찌요.

"마을 사람들, 달콤한 냄새 방귀를 사세요." —— 143

"마을 사람들,   달콤한   냄새   방귀를   사세요."

이번에도 사또가 형을 불러 방귀를 뀌라고 했지요. 그런데 —— 151

이버네도   사또가   형을   불러   방귀를   뀌라고   핻찌요.   그런데

형이 방귀를 뀌니까 똥이 나왔지요. 화가 난 사또는 —— 159

형이   방귀를   뀌니까   똥이   나왇찌요.   화가   난   사또는

곤장을 쳐서 보냈답니다. —— 162

곤장을   쳐서   보낻땀니다.

읽은 총 어절 수 (   ) – 틀린 어절 수 (   )

= 읽기유창성 점수 (   )

■ 읽기이해 평가

1| 이야기에 나오는 인물은 누구인가요? 세 사람을 써 보세요. (아동이 하나만 대답한 경우 추가 질문을 한다.)

　　1점: 형, 아우, 사또

　　0점: 오답 또는 대답을 하지 못하였을 경우

2| 언제, 어디에서 있었던 일인가요? (아동이 둘 중 하나만 대답한 경우, 추가 질문을 한다. 예를 들어, 아동이 '언제'에 대한 것만 대답한 경우, "어디에서 있었던 일인가요?"라고 추가 질문을 한다.)

　　1점: 옛날, (어느) 마을

　　0점: 오답 또는 대답을 하지 못하였을 경우

3| 아우가 산에서 나무를 하는 동안 어떤 일이 일어났나요?

　　1점: 바위틈에서 뭔가가 흐르고 있었음, (또는) 노랗고 끈적끈적한 것이 흘렀음

　　0점: 오답 또는 대답을 하지 못하였을 경우

4 아우가 마을 사람들에게 무엇을 팔려고 하였나요?

1점: 달콤한 냄새 방귀, (또는) 달콤한 냄새가 나는 방귀

0점: 정답의 일부, 오답 또는 대답을 하지 못하였을 경우

5 사또가 아우를 보고 왜 신기하게 생각했나요?

1점: 아우가 뀐 방귀에서 달콤한 냄새가 났기 때문에, (또는) 방귀에서 달콤한 냄새가 나서

0점: 오답 또는 대답을 하지 못하였을 경우

6 사또가 형에게 곤장을 친 까닭은 무엇일까요?

1점: (달콤한 냄새가 나는) 방귀를 뀌는 대신 똥을 싸서

0점: 오답 또는 대답을 하지 못하였을 경우

7 이야기는 우리에게 어떤 교훈을 주나요? 그것을 어떻게 알 수 있는지 글에서 찾아 써 보세요.

1점: 착한 사람이 복을 받는다, 아우는 달콤한 방귀를 뀌어 돈을 벌었기 때문에, (또는) 나쁜 사람은 벌을 받는다, 형은 똥을 누어 곤장을 맞았기 때문에

0점: 오답 또는 대답을 하지 못하였을 경우

2 호랑이를 이긴 황소

- 글을 읽을 때, 적당한 부분에서 글을 빠르고 정확하게 끊어 읽을 수 있다.
- 글을 읽고, 글의 중심내용과 글의 주제를 파악할 수 있다.

사◇전◇평◇가

지시문

앞에 있는 종이에 글이 있어요. 이제 선생님이 "시작"이라고 하면(학생용 평가지의 첫 어절을 손가락으로 가리킨 후, 계속 훑으면서) 처음부터 읽기 시작해서 "그만"이라고 할 때까지 최대한 정확하게, 그리고 최대한 빨리 읽으세요. 글을 읽다가 모르는 글자가 나오면 선생님이 어떻게 해야 할지 알려 줄게요. 최선을 다하세요. 질문 있어요? (질문이 있으면 질문에 대답한다.) 준비, 시작. (학생이 첫 어절을 말함과 동시에 타이머를 누르고 1분간 학생의 반응을 기록한 뒤 1분이 지나면 "그만"이라고 말한다.)

읽기유창성 평가
호랑이를 이긴 황소

옛날 옛날 어느 산에 호랑이가 살았습니다. 호랑이는 옌날 옌날 어느 사네 호랑이가 사랃씀니다. 호랑이는	—— 7
몸집도 크고 힘이 아주 셌지요. 그래서 다른 동물들이 몸찝또 크고 히미 아주 쎋찌요. 그래서 다른 동물드리	—— 15
호랑이에게 끽소리도 못했답니다. 호랑이는 언제나 호랑이에게 끽쏘리도 모탣땀니다. 호랑이는 언제나	—— 20
뻐기면서 힘자랑을 하며 살았습니다. 뻐기면서 힘자랑을 하며 사랃씀니다.	—— 24
하루는 호랑이가 어슬렁어슬렁 돌아다니다 마을로 하루는 호랑이가 어슬렁어슬렁 도라다니다 마을로	—— 29

내려갔습니다. 추운 겨울이었는데, 황소가 짐수레를 끌고 —— 35
내려갇씀니다.　추운 겨우리언는데,　황소가　짐수레를　끌고

걸어왔습니다. 옆에는 농부가 고삐를 잡고 걸어오고 —— 41
거러왇씀니다.　여페는 농부가　고삐를　잡꼬　거러오고

있었지요. 그런데 짐수레에 나무가 잔뜩 쌓여 있었어요. —— 48
이썯찌요.　그런데 짐수레에　나무가 잔뜩 싸여 이써써요.

'저 황소는 보통 힘센 놈이 아니구나.' —— 54
'저 황소는　보통　힘쎈 노미　아니구나.'

호랑이는 황소를 보고 깜짝 놀라며 생각했습니다. —— 60
호랑이는　황소를　보고　깜짝 놀라며　생가캗씀니다.

'하지만 저 황소도 나한테는 어림없지. 나는 저것보다 더 —— 68
'하지만 저 황소도　나한테는　어리멉찌.　나는 저걷뽀다　더

무거운 짐도 끌어봤어.' —— 71
무거운　짐도　끄러봐써.'

갑자기 황소를 부리던 농부가 멈춰 섰습니다. —— 77
갑짜기　황소를　부리던　농부가　멈춰 섣씀니다.

"짐이 너무 무거워 소가 많이 힘들겠어. 수레를 여기다 —— 85
"지미 너무　무거워　소가 마니 힘들게써.　수레를　여기다

세우고 내일 와서 가져가야겠다." —— 89
세우고　내일　와서　가져가야겓따."

그러고는 수레를 세우고 황소만 끌고 갔답니다. —— 95
그러고는　수레를　세우고 황소만　끌고 갇땀니다.

'이따 어두워지면 내가 저 수레를 끌어봐야겠다. 황소가 ——102
'이따 어두워지면　내가 저 수레를　끄러봐야겓따.　황소가

끌 수 있다면 나도 한다.' ——107
끌 쑤 읻따면　나도　한다.'
　　(수)

호랑이는 황소보다 힘이 세다는 걸 확인하고 싶었지요. ——114
호랑이는　황소보다　히미 세다는 걸 화긴하고　시펃찌요.

밤이 되자 호랑이는 몰래 수레를 끌었습니다. 아니, 그런데   — 122
바미 되자 호랑이는 몰래 수레를 끄런씀니다. 아니, 그런데

수레가 꼼짝도 안 했어요. 아무리 낑낑대며 힘을 주어도   — 130
수레가 꼼짝또 안 해써요. 아무리 낑낑대며 히믈 주어도

움직이지 않았답니다. 겨울밤이라 추워서 수레바퀴가 땅에   — 136
움지기지 아낟땀니다. 겨울빠미라 추워서 수레바퀴가 땅에

얼어붙었던 거지요.   — 138
어러부턷떤 거지요.

하지만 호랑이는 그것도 모르고 포기하고 돌아갔습니다.   — 144
하지만 호랑이는 그걷또 모르고 포기하고 도라갇씀니다.

다음 날 해가 뜨자 땅이 녹았습니다. 농부는 황소를   — 152
다음 날 해가 뜨자 땅이 노갇씀니다. 농부는 황소를

데리고 다시 수레를 끌었지요. 땅이 녹았으니 당연히   — 159
데리고 다시 수레를 끄럳찌요. 땅이 노가쓰니 당연히

수레바퀴가 잘 움직였습니다. 그것을 지켜본 호랑이는 깜짝   — 166
수레바퀴가 잘 움지겯씀니다. 그거슬 지켜본 호랑이는 깜짝

놀라며 생각했습니다.   — 168
놀라며 생가캗씀니다.

'아이고, 저 황소가 나보다 힘이 세구나.'   — 174
'아이고, 저 황소가 나보다 히미 세구나.'

그다음부터는 호랑이가 힘자랑을 하지 않았습니다.   — 179
그다음부터는 호랑이가 힘자랑을 하지 아낟씀니다.

읽은 총 어절 수 (   ) − 틀린 어절 수 (   )
= 읽기유창성 점수 (   )

읽◇기◇유◇창◇성

II

1. 단어를 빠르고 정확하게 읽기

2. 어휘의 뜻 알아보기

뻐기다	단어의 뜻: 얄미울 정도로 매우 우쭐거리며 자랑하다.
	비슷한 말: 뽐내다
포기하다	단어의 뜻: 하려던 일을 도중에 그만두어 버리다.
	비슷한 말: 그만두다, 단념하다
어림없다	단어의 뜻: 도저히 될 가망이 없다.
확인하다	단어의 뜻: 틀림없이 그러한가를 알아보다.

다음 보기의 단어 중, 문장에 알맞은 단어를 써 봅시다.

__1__ 우리반 동현이는 우등상을 탔다고 무척 **뻐기고** 다닌다.

__2__ 비가 너무 많이 내려서 우리 가족은 놀이동산에 가는 걸 **포기했다**.

__3__ 공부는 수현이가 더 잘할지 몰라도 운동만은 나한테 **어림없다**.

__4__ 등교 전 준비물을 꼭 **확인해야** 한다.

3. 어구를 빠르고 정확하게 읽기

4. 글을 빠르고 정확하게 읽기

5. 이야기 지도 알아보기

6. 이야기 지도 사용하여 글 읽고 이해하기

제목: 호랑이를 이긴 황소

1 **인물** 이야기에 등장하는 인물은 누구인가요?

호랑이, 황소, 농부

2 **시간과 장소** 언제, 어디에서 일어난 이야기인가요?

시간: 옛날 옛적

장소: 어느 산, 마을

3 **사건들** 인물에게 어떤 일들이 일어났나요? 일이 어떠한 차례로 일어났나요?

1) 호랑이는 힘자랑을 하며 살았다.
2) 호랑이는 나무가 잔뜩 든 짐수레를 끌고 가는 황소를 보고 깜짝 놀랐지만, 자기가 더 힘이 세다고 생각했다.
3) 호랑이는 몰래 수레를 끌어봤는데, 땅이 얼어서 수레가 움직이지 않았다.
4) 다음 날 땅이 녹아서 황소가 다시 수레를 끌었다.

4 **끝** 이야기가 어떻게 끝났나요?

호랑이는 힘자랑을 더 이상 하지 않았다.

7. 글의 주제 알기

> 주제: 잘난 체를 너무 많이 하지 말자.

사◇후◇평◇가

▌읽기유창성 평가
▌호랑이를 이긴 황소

옛날 옛날 어느 산에 호랑이가 살았습니다. 호랑이는	—— 7
옌날 옌날 어느 사네 호랑이가 사람씀니다. 호랑이는	
몸집도 크고 힘이 아주 셌지요. 그래서 다른 동물들이	—— 15
몸찝또 크고 히미 아주 쎌찌요. 그래서 다른 동물드리	
호랑이에게 끽소리도 못했답니다. 호랑이는 언제나	—— 20
호랑이에게 끽쏘리도 모탣땀니다. 호랑이는 언제나	
뻐기면서 힘자랑을 하며 살았습니다.	—— 24
뻐기면서 힘자랑을 하며 사람씀니다.	
하루는 호랑이가 어슬렁어슬렁 돌아다니다 마을로	—— 29
하루는 호랑이가 어슬렁어슬렁 도라다니다 마을로	
내려갔습니다. 추운 겨울이었는데, 황소가 짐수레를 끌고	—— 35
내려갔씀니다. 추운 겨우리언는데, 황소가 짐수레를 끌고	

걸어왔습니다. 옆에는 농부가 고삐를 잡고 걸어오고 —— 41

거러왈씀니다.　여페는　농부가　고삐를　잡꼬　거러오고

있었지요. 그런데 짐수레에 나무가 잔뜩 쌓여 있었어요. —— 48

이썯찌요.　그런데　짐수레에　나무가　잔뜩　싸여　이썯찌요.

'저 황소는 보통 힘센 놈이 아니구나.' —— 54

'저　황소는　보통　힘쎈　노미　아니구나.'

호랑이는 황소를 보고 깜짝 놀라며 생각했습니다. —— 60

호랑이는　황소를　보고　깜짝　놀라며　생가캗씀니다.

'하지만 저 황소도 나한테는 어림없지. 나는 저것보다 더 —— 68

'하지만　저　황소도　나한테는　어리멉찌.　나는　저걷뽀다　더

무거운 짐도 끌어봤어.' —— 71

무거운　짐도　끄러봐써.'

갑자기 황소를 부리던 농부가 멈춰 섰습니다. —— 77

갑짜기　황소를　부리던　농부가　멈춰　섣씀니다.

"짐이 너무 무거워 소가 많이 힘들겠어. 수레를 여기다 —— 85

"지미　너무　무거워　소가　마니　힘들게써.　수레를　여기다

세우고 내일 와서 가져가야겠다." —— 89

세우고　내일　와서　가져가야겓따."

그러고는 수레를 세우고 황소만 끌고 갔답니다. —— 95

그러고는　수레를　세우고　황소만　끌고　갇땀니다.

'이따 어두워지면 내가 저 수레를 끌어봐야겠다. 황소가 —— 102

'이따　어두워지면　내가　저　수레를　끄러봐야겓따.　황소가

끌 수 있다면 나도 한다.' —— 107

끌　쑤　읻따면　나도　한다.'
　(수)

호랑이는 황소보다 힘이 세다는 걸 확인하고 싶었지요. —— 114

호랑이는　황소보다　히미　세다는　걸　화긴하고　시펀찌요.

밤이 되자 호랑이는 몰래 수레를 끌었습니다. 아니, 그런데 —— 122

바미　되자　호랑이는　몰래　수레를　끄럳씀니다.　아니,　그런데

　Ⅱ 수준

수레가 꼼짝도 안 했어요. 아무리 낑낑대며 힘을 주어도 ——— 130
수레가   꼼짝또   안 해써요.   아무리   낑낑대며   히믈 주어도

움직이지 않았답니다. 겨울밤이라 추워서 수레바퀴가 땅에 ——— 136
움지기지   아낟땀니다.   겨울빠미라   추워서   수레바퀴가   땅에

얼어붙었던 거지요. ——— 138
어러부턷떤   거지요.

하지만 호랑이는 그것도 모르고 포기하고 돌아갔습니다. ——— 144
하지만 호랑이는   그걷또   모르고 포기하고   도라갇씀니다.

다음 날 해가 뜨자 땅이 녹았습니다. 농부는 황소를 ——— 152
다음 날 해가 뜨자 땅이 노갇씀니다.   농부는   황소를

데리고 다시 수레를 끌었지요. 땅이 녹았으니 당연히 ——— 159
데리고 다시 수레를 끄럳찌요.   땅이 노가쓰니 당연히

수레바퀴가 잘 움직였습니다. 그것을 지켜본 호랑이는 깜짝 ——— 166
수레바퀴가   잘 움지겯씀니다.   그거슬 지켜본 호랑이는   깜짝

놀라며 생각했습니다. ——— 168
놀라며   생가캗씀니다.

'아이고, 저 황소가 나보다 힘이 세구나.' ——— 174
'아이고,   저 황소가   나보다   히미 세구나.'

그다음부터는 호랑이가 힘자랑을 하지 않았습니다. ——— 179
그다음부터는   호랑이가   힘자랑을   하지 아낟씀니다.

읽은 총 어절 수 (   ) – 틀린 어절 수 (   )
= 읽기유창성 점수 (   )

| 읽기이해 평가

1 | 이야기에 나오는 등장인물은 누구인가요? 모두 써 보세요. (아동이 하나만 대답한 경우 추가 질문을 한다.)

1점: 호랑이, 황소, 농부
0점: 오답 또는 대답을 하지 못함

2 언제, 어디에서 있었던 일인가요? (아동이 둘 중 하나만 대답한 경우, 추가 질문을 한다. 예를 들어, 아동이 '언제'에 대한 것만 대답한 경우, "어디에서 있었던 일인가요?"라고 추가 질문을 한다.)

1점: 옛날 (또는) 옛날 어느 추운 겨울날, 마을

0점: 오답 또는 대답을 하지 못함

3 호랑이가 황소를 보고 깜짝 놀란 까닭은 무엇일까요?

1점: (황소가) 나무를 가득 실은 (무거운) 짐수레를 끌어서 (또는) 힘이 센 것처럼 보여서

0점: 오답 또는 대답을 하지 못함

4 호랑이가 황소보다 더 힘이 세다는 것을 확인하려고 어떻게 하였나요?

1점: 몰래 나가 수레를 끌어 봄 (또는) 밤에 나가 수레를 끌어 봄

0점: 오답 또는 대답을 하지 못함

5 호랑이가 끈 수레바퀴가 왜 꼼짝도 하지 않았나요?

1점: (수레바퀴가) 땅에 얼어붙어서 (또는) (수레바퀴가) 추워서 얼어붙어서

0점: 오답 또는 대답을 하지 못함

6 호랑이가 더 이상 힘자랑을 하지 않게 된 까닭은 무엇일까요?

1점: 황소가 더 힘이 세다고 생각하여 (또는) 황소가 자기도 끌지 못했던 수레를 끌어서

0점: 오답 또는 대답을 하지 못함

7 우리도 호랑이처럼 힘이 세다면 어떻게 하여야 할까요? 그것을 어떻게 알 수 있는지 글에서 찾아 써 보세요.

1점: 힘이 세다고 자랑하면 안 됨 (또는) 힘자랑을 하면 안 됨 (또는) 힘세다고 뻐기면 안 됨 / 황소도 힘이 센 것처럼 다른 사람도 나보다 힘이 셀 수 있기 때문에

0점: 오답 또는 대답을 하지 못함

3 바닷물이 짠 이유

학 ◇ 습 ◇ 목 ◇ 표 ◇ 확 ◇ 인

- 글을 읽을 때, 적당한 부분에서 글을 빠르고 정확하게 끊어 읽을 수 있다.
- 글을 읽고, 글의 중심내용과 글의 주제를 파악할 수 있다.

사 ◇ 전 ◇ 평 ◇ 가

지시문

앞에 있는 종이에 글이 있어요. 이제 선생님이 "시작"이라고 하면(학생용 평가지의 첫 어절을 손가락으로 가리킨 후, 계속 훑으면서) 처음부터 읽기 시작해서 "그만"이라고 할 때까지 최대한 정확하게, 그리고 최대한 빨리 읽으세요. 글을 읽다가 모르는 글자가 나오면 선생님이 어떻게 해야 할지 알려 줄게요. 최선을 다하세요. 질문 있어요? (질문이 있으면 질문에 대답한다.) 준비, 시작. (학생이 첫 어절을 말함과 동시에 타이머를 누르고 1분간 학생의 반응을 기록한 뒤 1분이 지나면 "그만"이라고 말한다.)

▌ 읽기유창성 평가
▌ 바닷물이 짠 이유

옛날 어느 마을에 가난한 농부가 살았습니다. 가난했지만 —— 7
옌날 어느 마으레 가난한 농부가 사랏씀니다. 가난핻찌만

가진 것을 나누는 착한 농부였지요. 하루는 농부가 길에서 —— 15
가진 거슬 나누는 차칸 농부엳찌요. 하루는 농부가 기레서

쓰러진 노인을 만났습니다. 농부는 집으로 노인을 모셔 —— 22
쓰러진 노이늘 만낟씀니다. 농부는 지브로 노이늘 모셔

정성껏 돌보았습니다. —— 24
정성껃 돌보앋씀니다.

며칠이 지나자 노인은 기운을 차리게 되었지요. 그러고는 —— 31
며치리 지나자 노이는 기우늘 차리게 되얻찌요. 그러고는

길을 떠나며 농부에게 선물을 주었습니다. —— 36

기를 떠나며 농부에게 선무를 주얻씀니다.

"내가 가진 게 맷돌뿐이니 이거라도 받으시오." —— 42

"내가 가진 게 매똘부니니 이거라도 바드시오."

그런데 노인을 돌보느라 쌀이 모두 떨어졌지요. 그래서 —— 49

그런데 노이늘 돌보느라 싸리 모두 떠러절찌요. 그래서

농부는 맷돌을 돌리며 이렇게 말했답니다. —— 54

농부는 매또를 돌리며 이러케 말핻땀니다.

"어디서 쌀 한 주먹이라도 나왔으면 좋겠구나." —— 60

"어디서 쌀 한 주머기라도 나와쓰면 조켇꾸나."

농부의 말이 끝나자마자 맷돌에서 쌀이 나왔습니다. 농부는 —— 67

농부의 마리 끈나자마자 맫또레서 싸리 나왇씀니다. 농부는
(농부에)

너무 놀라 다시 이렇게 말했지요. —— 72

너무 놀라 다시 이러케 말핻찌요.

"이웃집 할머니 병에 좋은 약이 나오너라." —— 78

"이욷찝 할머니 병에 조은 야기 나오너라."

이번에도 맷돌에서 약이 와르르 쏟아져 나왔답니다. —— 84

이버네도 맫또레서 야기 와르르 쏘다져 나왇땀니다.

이렇게 해서 농부는 금세 부자가 되었지요. —— 90

이러케 해서 농부는 금세 부자가 되얻찌요.

그런데 같은 마을에 욕심 많은 부자가 살았습니다. 부자는 —— 98

그런데 가튼 마으레 욕씸 마는 부자가 사랃씀니다. 부자는

맷돌 이야기를 듣고 배가 아팠지요. 부자는 맷돌을 훔쳐 —— 106

맫똘 이야기를 듣꼬 배가 아팓찌요. 부자는 맫또를 훔쳐

배를 타고 달아났습니다. 바다를 건너야 들통나지 않을 ——113

배를 타고 다라낟씀니다. 바다를 건너야 들통나지 아늘

거라 생각했지요. 한참 동안 배를 타고 가다 맷돌을 ——121

거라 생가캗찌요. 한참 동안 배를 타고 가다 맫또를

시험하고 싶어졌지요.　　　　　　　　　　　　　　　　　　　　—— 123

시험하고　시퍼젇찌요.

"히히, 맷돌아, 맷돌아, 소금을 왕창 쏟아 내어라."　　　　　　　—— 130

"히히,　매또라,　매또라,　소그믈　왕창　쏘다　내어라."

부자의 말이 끝나자마자 맷돌에서 소금이 쏟아졌지요.　　　　—— 136

부자에　마리　끈나자마자　매또레서　소그미　쏘다젇찌요.

부자는 너무 좋아 맷돌을 멈추지 않았어요. 금세 소금이　　　—— 144

부자는　너무　조아　매또를　멈추지　아나써요.　금세　소그미

가득 차 배가 그만 가라앉아 버렸습니다. 아직도 맷돌에서　　—— 152

가득　차　배가　그만　가라안자　버렫씀니다.　아직또　맨또레서

소금이 나와 바닷물이 짜다고 합니다.　　　　　　　　　　　—— 157

소그미　나와　바닫무리　짜다고　함니다.

읽은 총 어절 수 (　　　　　) – 틀린 어절 수 (　　　　　)

= 읽기유창성 점수 (　　　　　　　　　　　)

교수-학습 활동

읽◇기◇유◇창◇성

1. 단어를 빠르고 정확하게 읽기

2. 어휘의 뜻 알아보기

기운	단어의 뜻: 생물이 살아 움직이는 힘
금세	단어의 뜻: 지금 바로 비슷한 말: 금방
시험하다	단어의 뜻: 재능이나 실력을 검사하고 평가하다. 비슷한 말: 평가하다, 검사하다
가라앉다	단어의 뜻: 물에 떠 있는 것이 밑바닥으로 내려앉다. 비슷한 말: 침몰하다 반대말: 떠오르다, 솟아오르다

✍ 다음 보기의 단어 중, 문장에 알맞은 단어를 써 봅시다.

__1__ 그 많은 과일을 나는 **금세** 먹어 치웠다.

__2__ 누가 더 빠른지 달리기 실력을 **시험해** 보기로 했다.

__3__ 다음에 잘하면 되니까, 실망하지 말고 **기운**을 내라.

__4__ 얼음이 점점 **가라앉고** 있다.

3. 어구를 빠르고 정확하게 읽기

4. 글을 빠르고 정확하게 읽기

읽 ◇ 기 ◇ 이 ◇ 해

5. 이야기 지도 알아보기

6. 이야기 지도 사용하여 글 읽고 이해하기

제목: 바닷물이 짠 이유

1 인물 이야기에 등장하는 인물은 누구인가요?
가난한 농부, 노인, 욕심 많은 부자

▼

2 시간과 장소 언제, 어디에서 일어난 이야기인가요?
시간: 옛날   장소: 어느 마을

▼

3 　사건들　인물에게 어떤 일들이 일어났나요? 일이 어떠한 차례로 일어났나요?

1) 가난한 농부가 쓰러진 노인을 모셔와 돌보았고, 노인은 고맙다고 맷돌을 농부에게 주었다.
2) 농부가 쌀이 나왔으면 좋겠다고 하자 맷돌에서 쌀이 나오고, 약이 나왔으면 좋겠다고 하자 맷돌에서 약이 나왔다.
3) 욕심 많은 부자가 맷돌을 훔쳐서 배를 타고 달아나다가, 맷돌에게 소금을 왕창 쏟아 내라고 하였다.
4) 맷돌에서 소금이 계속 쏟아져 나와서, 배가 가라앉고 말았다.

4 　끝　이야기가 어떻게 끝났나요?

아직도 맷돌에서 소금이 나와서 바닷물이 짜다고 한다.

7. 글의 주제 알기

주제: 너무 욕심을 부리지 말자. 어려운 사람을 도와주자. 착한 마음으로 살자.

사 ◇ 후 ◇ 평 ◇ 가

지시문

앞에 있는 종이에 글이 있어요. 이제 선생님이 "시작"이라고 하면(학생용 평가지의 첫 어절을 손가락으로 가리킨 후, 계속 훑으면서) 처음부터 읽기 시작해서 "그만"이라고 할 때까지 최대한 정확하게, 그리고 최대한 빨리 읽으세요. 글을 읽다가 모르는 글자가 나오면 선생님이 어떻게 해야 할지 알려 줄게요. 최선을 다하세요. 질문 있어요? (질문이 있으면 질문에 대답한다.) 준비, 시작. (학생이 첫 어절을 말함과 동시에 타이머를 누르고 1분간 학생의 반응을 기록한 뒤 1분이 지나면 "그만"이라고 말한다.)

옛날 어느 마을에 가난한 농부가 살았습니다. 가난했지만 —— 7
옌날 어느 마으레 가난한 농부가 사랃씀니다. 가난핻찌만

가진 것을 나누는 착한 농부였지요. 하루는 농부가 길에서 —— 15
가진 거슬 나누는 차칸 농부엳찌요. 하루는 농부가 기레서

쓰러진 노인을 만났습니다. 농부는 집으로 노인을 모셔 —— 22
쓰러진 노이늘 만낟씀니다. 농부는 지브로 노이늘 모셔

정성껏 돌보았습니다. —— 24
정성껃 돌보앋씀니다.

며칠이 지나자 노인은 기운을 차리게 되었지요. 그러고는 —— 31
며치리 지나자 노이는 기우늘 차리게 되얻찌요. 그러고는

길을 떠나며 농부에게 선물을 주었습니다. —— 36
기를 떠나며 농부에게 선무를 주얻씀니다.

"내가 가진 게 맷돌뿐이니 이거라도 받으시오." —— 42
"내가 가진 게 매똘뿌니니 이거라도 바드시오."

그런데 노인을 돌보느라 쌀이 모두 떨어졌지요. 그래서 —— 49
그런데 노이늘 돌보느라 싸리 모두 떠러젇찌요. 그래서

농부는 맷돌을 돌리며 이렇게 말했답니다. —— 54
농부는 매또를 돌리며 이러케 말핻땀니다.

"어디서 쌀 한 주먹이라도 나왔으면 좋겠구나." —— 60
"어디서 쌀 한 주머기라도 나와쓰면 조켇꾸나."

농부의 말이 끝나자마자 맷돌에서 쌀이 나왔습니다. 농부는 —— 67
농부의 마리 끈나자마자 맨또레서 싸리 나왇씀니다. 농부는
(농부에)

너무 놀라 다시 이렇게 말했지요. —— 72
너무 놀라 다시 이러케 말핻찌요.

"이웃집 할머니 병에 좋은 약이 나오너라." —— 78
"이욷찝 할머니 병에 조은 야기 나오너라."

이번에도 맷돌에서 약이 와르르 쏟아져 나왔답니다. — 84
이버네도 맨또레서 야기 와르르 쏘다져 나왈땀니다.

이렇게 해서 농부는 금세 부자가 되었지요. — 90
이러케 해서 농부는 금세 부자가 되얻찌요.

그런데 같은 마을에 욕심 많은 부자가 살았습니다. 부자는 — 98
그런데 가튼 마으레 욕씸 마는 부자가 사랃씀니다. 부자는

맷돌 이야기를 듣고 배가 아팠지요. 부자는 맷돌을 훔쳐 — 106
맨똘 이야기를 듣꼬 배가 아팓찌요. 부자는 맨또를 훔쳐

배를 타고 달아났습니다. 바다를 건너야 들통나지 않을 — 113
배를 타고 다라낟씀니다. 바다를 건너야 들통나지 아늘

거라 생각했지요. 한참 동안 배를 타고 가다 맷돌을 — 121
거라 생가갣찌요. 한참 동안 배를 타고 가다 맨또를

시험하고 싶어졌지요. — 123
시험하고 시퍼젇찌요.

"히히, 맷돌아, 맷돌아, 소금을 왕창 쏟아 내어라." — 130
"히히, 매또라, 매또라, 소그믈 왕창 쏘다 내어라."

부자의 말이 끝나자마자 맷돌에서 소금이 쏟아졌지요. — 136
부자에 마리 끈나자마자 매또레서 소그미 쏘다젇찌요.

부자는 너무 좋아 맷돌을 멈추지 않았어요. 금세 소금이 — 144
부자는 너무 조아 매또를 멈추지 아나써요. 금세 소그미

가득 차 배가 그만 가라앉아 버렸습니다. 아직도 맷돌에서 — 152
가득 차 배가 그만 가라안자 버렫씀니다. 아직또 맨또레서

소금이 나와 바닷물이 짜다고 합니다. — 157
소그미 나와 바닫무리 짜다고 함니다.

읽은 총 어절 수 (   ) − 틀린 어절 수 (   )
= 읽기유창성 점수 (   )

▌읽기이해 평가

1│ 이야기에 나오는 중심인물은 누구인가요? 세 사람을 써 보세요. (아동이 하나만 대답한 경우 추가 질문을 한다.)

　　1점: (가난한, 착한) 농부, 노인, (욕심 많은) 부자

　　0점: 오답 또는 대답을 하지 못함

2│ 언제, 어디에서 있었던 일인가요? (아동이 둘 중 하나만 대답한 경우, 추가 질문을 한다. 예를 들어, 아동이 '언제'
에 대한 것만 대답한 경우, "어디에서 있었던 일인가요?"라고 추가 질문을 한다.)

　　1점: 옛날, 어느 마을

　　0점: 오답 또는 대답을 하지 못함

3│ 노인이 농부에게 맷돌을 선물로 준 까닭은 무엇일까요?

　　1점: 자기를 정성껏 돌보아 주었기 때문에

　　0점: 오답 또는 대답을 하지 못함

4│ 농부는 어떻게 부자가 되었나요?

　　1점: 맷돌에서 쌀(과 약)이 나와서

　　　　　(또는) 맷돌에서 자기가 원하는 게 나와서

　　0점: 오답 또는 대답을 하지 못함

5│ 맷돌 이야기를 들은 부자는 어떻게 하였나요?

　　1점: (배가 아파) 맷돌을 훔쳐 배를 타고 달아남

　　0점: 오답 또는 대답을 하지 못함

6│ 부자가 탄 배가 왜 가라앉았나요?

　　1점: (맷돌을 멈추지 않고 돌려) 배에 소금이 가득 차서

　　0점: 오답 또는 대답을 하지 못하였을 경우

7│ 이야기는 우리에게 어떤 교훈을 주나요? 그것을 어떻게 알 수 있는지 글에서 찾아 써 보세요.

　　1점: 착한 사람은 복을 받는다, 노인을 돌봐 준 농부는 부자가 되었기 때문에
　　　　　(또는) 욕심을 부리면 벌을 받는다, 맷돌이 탐이 나서 훔쳐 달아난 부자는 바다에 빠져 버렸기
　　　　　때문에 (또는) 부자가 탄 배가 가라 앉았기 때문에

　　0점: 오답 또는 대답을 하지 못하였을 경우

4 뼈다귀 귀신

학 ◇ 습 ◇ 목 ◇ 표 ◇ 확 ◇ 인

- 글을 읽을 때, 적당한 부분에서 글을 바르고 정확하게 끊어 읽을 수 있다.
- 글을 읽고, 글의 중심내용과 글의 주제를 파악할 수 있다.

사 ◇ 전 ◇ 평 ◇ 가

지시문

앞에 있는 종이에 글이 있어요. 이제 선생님이 "시작"이라고 하면(학생용 평가지의 첫 어절을 손가락으로 가리킨 후, 계속 훑으면서) 처음부터 읽기 시작해서 "그만"이라고 할 때까지 최대한 정확하게, 그리고 최대한 빨리 읽으세요. 글을 읽다가 모르는 글자가 나오면 선생님이 어떻게 해야 할지 알려 줄게요. 최선을 다하세요. 질문 있어요? (질문이 있으면 질문에 대답한다.) 준비, 시작. (학생이 첫 어절을 말함과 동시에 타이머를 누르고 1분간 학생의 반응을 기록한 뒤 1분이 지나면 "그만"이라고 말한다.)

읽기유창성 평가
뼈다귀 귀신

옛날 옛적 떠돌이 소금 장수가 살았습니다. 하루는 옌날 옐쩍 떠도리 소금 장수가 사랃씀니다.　하루는	—— 7
고개를 넘다 다리가 아파 쉬었답니다. 그런데 마침 옆에 고개를 넘따 다리가 아파 쉬얻땀니다.　그런데 마침 여페	—— 15
무덤이 하나 있었어요. 무심코 무덤 앞을 보니 뼈다귀가 무더미 하나 이써써요.　무심코 무덤 아플 보니 뼈다귀가	—— 23
있더랍니다. 가만히 보니 뼈다귀가 사람 정강이뼈처럼 읻떠람니다.　가만히 보니 뼈다귀가　사람 정강이뼈처럼	—— 29
생겼지요. 소금 장수는 심심해서 뼈다귀를 주워서 생겯찌요.　소금 장수는 심심해서　뼈다귀를　주워서	—— 35

놀았어요. 만져보기도 하고, 위로 던졌다가 받기도 했지요. —— 42

노라써요. 만져보기도 하고, 위로 던절따가 받끼도 핻찌요.

그렇게 한참을 가지고 놀다가 제자리에 놓았어요. 그러고는 —— 49

그러케 한차믈 가지고 놀다가 제자리에 노아써요. 그러고는

다시 일어나 걸어가는데 기분이 이상했답니다. 뒤를 —— 55

다시 이러나 거러가는데 기부니 이상핻땀니다. 뒤를

돌아보니 뼈다귀가 졸졸 자기를 따라오더랍니다. 걸어가면 —— 61

도라보니 뼈다귀가 졸졸 자기를 따라오더람니다. 거러가면

뼈다귀도 따라오고, 멈추면 뼈다귀도 멈췄지요. 마치 —— 67

뼈다귀도 따라오고, 멈추면 뼈다귀도 멈췰찌요. 마치

사람이 일부러 따라오듯이 졸졸 쫓아오더랍니다. —— 72

사라미 일부러 따라오드시 졸졸 쪼차오더람니다.

며칠을 뼈다귀랑 함께 다니다 마을에 이르렀습니다. 마침 —— 79

며치를 뼈다귀랑 함께 다니다 마으레 이르럳씀니다. 마침

그 마을은 잔치가 벌어져 시끌벅적했답니다. —— 84

그 마으른 잔치가 버러저 시끌벅쩌캗땀니다.

"뼈다귀야, 내가 잔칫집에서 음식을 얻어 올게. 너는 —— 91

"뼈다귀야, 내가 잔치찌베서 음시글 어더 올께. 너는

여기서 짐을 지키고 가만히 있으렴." —— 96

여기서 지믈 지키고 가만히 이쓰렴."

그랬더니 신기하게도 뼈다귀가 가만히 있더랍니다. 소금 —— 102

그랟떠니 신기하게도 뼈다귀가 가만히 읻떠람니다. 소금

장수는 잔칫집에서 음식을 얻는 척했지요. 그러다 —— 108

장수는 잔치찌베서 음시글 언는 척핻찌요. 그러다

뒷문으로 살짝 빠져 도망을 쳤답니다. —— 113

뒨무느로 살짝 빠져 도망을 첟땀니다.

그렇게 도망을 친 후 10년이 지났습니다. 소금 장수는 —— 121

그러케 도망을 친 후 심녀니 지낟씀니다. 소금 장수는

뼈다귀가 궁금해 마을로 찾아갔습니다. 그런데 뼈다귀는 ——— 127

뼈다귀가 궁금해 마을로 차자갔씀니다.   그런데 뼈다귀는

없고 초가집이 하나 있었지요. 날이 저물자 소금 장수는 ——— 135

업꼬 초가지비 하나 이썰찌요.   나리 저물자 소금 장수는

초가집에 들어갔습니다. 하룻밤 재워달라고 부탁했더니 ——— 140

초가지베 드러갔씀니다.   하루빰 재워달라고 부타캗떠니

초가집에서 할머니가 나왔습니다. 할머니는 그렇게 하라고 ——— 146

초가지베서 할머니가 나왈씀니다.   할머니는 그러케 하라고

하고는 저녁을 차려주었지요. 소금 장수는 저녁을 먹고 ——— 153

하고는 저녀글 차려주얻찌요.   소금 장수는 저녀글 먹꼬

뼈다귀 이야기를 자세하게 들려주었어요. ——— 157

뼈다귀 이야기를 자세하게 들려주어써요.

그랬더니 갑자기 할머니가 무섭게 변하면서 달려들었어요. ——— 163

그랟떠니 갑짜기 할머니가 무섭께 변하면서 달려드러써요.

"내가 바로 그때 그 뼈다귀다!" ——— 168

"내가 바로 그때 그 뼈다귀다!"

읽은 총 어절 수 (   ) – 틀린 어절 수 (   )

= 읽기유창성 점수 (   )

 교수-학습 활동

읽 ◇ 기 ◇ 유 ◇ 창 ◇ 성

1. 단어를 빠르고 정확하게 읽기

2. 어휘의 뜻 알아보기

떠돌이	단어의 뜻: 이리저리 떠돌아다니는 사람
	비슷한 말: 방랑자
	※ 도전문제: 1) 예, 2) 아니요

지키다	단어의 뜻: 재산이나 안전을 보호하거나, 주의를 기울여 살피다. 비슷한 말: 보호하다, 보살피다, 간직하다
일부러	단어의 뜻: 어떤 목적이나 생각을 가지고, 마음을 내어 굳이 비슷한 말: 고의로
기분	단어의 뜻: 마음에 생기는 느낌 또는 감정 비슷한 말: 느낌, 감정

🔖 다음 보기의 단어 중, 문장에 알맞은 단어를 써 봅시다.

<u>1</u> 떠돌이의 비슷한 말은 <u>방랑자</u>입니다.

<u>2</u> 지키고의 비슷한 말은 <u>보호하고</u>입니다.

<u>3</u> 기분의 비슷한 말은 <u>느낌</u>입니다.

<u>4</u> 일부러의 비슷한 말은 <u>고의</u>입니다.

3. 어구를 빠르고 정확하게 읽기

4. 글을 빠르고 정확하게 읽기

읽 ◇ 기 ◇ 이 ◇ 해

---

5. 이야기 지도 알아보기

6. 이야기 지도 사용하여 글 읽고 이해하기

제목: 뼈다귀 귀신

1 인물 이야기에 등장하는 인물은 누구인가요?

소금 장수, 뼈다귀 귀신 할머니

2 시간과 장소 언제, 어디에서 일어난 이야기인가요?

시간: 옛날 옛적

장소: 산속

3 사건들 인물에게 어떤 일들이 일어났나요? 일이 어떠한 차례로 일어났나요?

1) 소금 장수가 무덤 앞에서 뼈다귀를 주웠다.
2) 심심해서 갖고 놀다가 제자리에 놓았는데 뼈다귀가 따라왔다.
3) 뼈다귀랑 함께 다니다가 어느 마을에서 거짓말을 하고 도망을 쳤다.
4) 10년 뒤 뼈다귀가 궁금해서 마을을 다시 찾아갔는데 어떤 할머니를 만났다.

4 끝 이야기가 어떻게 끝났나요?

그 할머니가 뼈다귀로 변하면서 소금 장수에게 달려들었다.

7. 글의 주제 알기

주제: 아무리 하찮은 것도 함부로 하지 말자.

사◇후◇평◇가

읽기유창성 평가
뼈다귀 귀신

옛날 옛적 떠돌이 소금 장수가 살았습니다. 하루는 —— 7
옌날 옐쩍 떠도리 소금 장수가 사랐씀니다.   하루는

고개를 넘다 다리가 아파 쉬었답니다. 그런데 마침 옆에 —— 15
고개를 넘따 다리가 아파 쉬얻땀니다.   그런데 마침 여폐

무덤이 하나 있었어요. 무심코 무덤 앞을 보니 뼈다귀가 —— 23
무더미 하나 이써써요.   무심코 무덤 아플 보니 뼈다귀가

있더랍니다. 가만히 보니 뼈다귀가 사람 정강이뼈처럼 —— 29
읻떠람니다.   가만히 보니 뼈다귀가 사람 정강이뼈처럼

생겼지요. 소금 장수는 심심해서 뼈다귀를 주워서 —— 35
생겯찌요.   소금 장수는 심심해서 뼈다귀를 주워서

놀았어요. 만져보기도 하고, 위로 던졌다가 받기도 했지요. —— 42
노라써요.   만져보기도 하고, 위로 던젇따가 받끼도 핻찌요.

그렇게 한참을 가지고 놀다가 제자리에 놓았어요. 그러고는 —— 49
그러케 한차믈 가지고 놀다가 제자리에 노아써요.   그러고는

다시 일어나 걸어가는데 기분이 이상했답니다. 뒤를 —— 55
다시 이러나 거러가는데 기부니 이상핻땀니다.   뒤를

돌아보니 뼈다귀가 졸졸 자기를 따라오더랍니다. 걸어가면 —— 61
도라보니 뼈다귀가 졸졸 자기를 따라오더람니다.   거러가면

뼈다귀도 따라오고, 멈추면 뼈다귀도 멈췄지요. 마치 —— 67

뼈다귀도　따라오고,　멈추면　뼈다귀도　멈쳘찌요.　마치

사람이 일부러 따라오듯이 졸졸 쫓아오더랍니다. —— 72

사라미　일부러　따라오드시　졸졸　쪼차오더랍니다.

며칠을 뼈다귀랑 함께 다니다 마을에 이르렀습니다. 마침 —— 79

며치를　뼈다귀랑　함께　다니다　마으레　이르럳씀니다.　마침

그 마을은 잔치가 벌어져 시끌벅적했답니다. —— 84

그　마으른　잔치가　버러저　시끌벅쩌캔땀니다.

"뼈다귀야, 내가 잔칫집에서 음식을 얻어 올게. 너는 —— 91

"뼈다귀야,　내가　잔치찌베서　음시글　어더　올께.　너는

여기서 짐을 지키고 가만히 있으렴." —— 96

여기서　지믈　지키고　가만히　이쓰렴."

그랬더니 신기하게도 뼈다귀가 가만히 있더랍니다. 소금 —— 102

그랟떠니　신기하게도　뼈다귀가　가만히　읻떠람니다.　소금

장수는 잔칫집에서 음식을 얻는 척했지요. 그러다 —— 108

장수는　잔치찌베서　음시글　언는　척핻찌요.　그러다

뒷문으로 살짝 빠져 도망을 쳤답니다. —— 113

뒨무느로　살짝　빠져　도망을　쳗땀니다.

그렇게 도망을 친 후 10년이 지났습니다. 소금 장수는 —— 121

그러케　도망을　친　후　심녀니　지낟씀니다.　소금　장수는

뼈다귀가 궁금해 마을로 찾아갔습니다. 그런데 뼈다귀는 —— 127

뼈다귀가　궁금해　마을로　차자갇씀니다.　그런데　뼈다귀는

없고 초가집이 하나 있었지요. 날이 저물자 소금 장수는 —— 135

업꼬　초가지비　하나　이썯찌요.　나리　저물자　소금　장수는

초가집에 들어갔습니다. 하룻밤 재워달라고 부탁했더니 —— 140

초가지베　드러갇씀니다.　하루빰　재워달라고　부타캗떠니

초가집에서 할머니가 나왔습니다. 할머니는 그렇게 하라고 —— 146

초가지베서　할머니가　나왇씀니다.　할머니는　그러케　하라고

하고는 저녁을 차려주었지요. 소금 장수는 저녁을 먹고 ——— 153

하고는 저녀글 차려주얻찌요. 소금 장수는 저녀글 먹꼬

뼈다귀 이야기를 자세하게 들려주었어요. ——— 157

뼈다귀 이야기를 자세하게 들려주어써요.

그랬더니 갑자기 할머니가 무섭게 변하면서 달려들었어요. ——— 163

그랟떠니 갑짜기 할머니가 무섭께 변하면서 달려드러써요.

"내가 바로 그때 그 뼈다귀다!" ——— 168

"내가 바로 그때 그 뼈다귀다!"

읽은 총 어절 수 (   ) – 틀린 어절 수 (   )

= 읽기유창성 점수 (   )

읽기이해 평가

1 이야기에 나오는 등장인물은 누구인가요? 모두 써 보세요. (아동이 하나만 대답한 경우 추가 질문을 한다.)

1점: 소금 장수, 뼈다귀(아동이 그 외 뼈다귀로 변한 할머니라고 해도 정답으로 간주함)

0점: 오답 또는 대답을 하지 못함

2 언제, 어디에서 있었던 일인가요? (아동이 둘 중 하나만 대답한 경우, 추가 질문을 한다. 예를 들어, 아동이 '언제'에 대한 것만 대답한 경우, "어디에서 있었던 일인가요?"라고 추가 질문을 한다.)

1점: 옛날 / (산)고개, (또는) 마을

0점: 둘 중 하나, 오답 또는 대답을 하지 못함

3 소금 장수가 무덤 앞에서 무엇을 보았나요?

1점: 뼈다귀

0점: 정답의 일부, 오답 또는 대답을 하지 못함

4 소금 장수와 뼈다귀가 어떻게 함께 마을로 가게 되었나요?

1점: 뼈다귀가 소금 장수를 졸졸 따라와서

0점: 정답의 일부, 오답 또는 대답을 하지 못함

5│ 소금 장수가 잔칫집에서 뒷문으로 도망친 까닭은 무엇일까요?

　　1점: 뼈다귀를 두고 가려고, (또는) 뼈다귀와 함께 있고 싶지 않아서, (또는) 뼈다귀가 (자기를) 따라
　　　　 오는 것이 싫어서

　　0점: 정답의 일부, 오답 또는 대답을 하지 못하였을 경우

6│ 뼈다귀 이야기를 들은 할머니는 어떻게 하였나요?

　　1점: 뼈다귀(또는 뼈다귀 귀신으로)로 변해 소금 장수에게 달려듦

　　0점: 정답의 일부, 오답 또는 대답을 하지 못하였을 경우

7│ 우리도 가지고 놀고 싶지 않은 물건이 있을 때 어떻게 하여야 할까요? 그것을 어떻게 알 수 있는지 글에
서 찾아 써 보세요.

　　1점: 버리지 말아야 할 것 같음 / 소금 장수가 뼈다귀를 버리고 갔더니 뼈다귀 귀신으로 변해서,
　　　　 (또는) 소중히 간직해야 할 것 같음 / 귀신으로 변할 수 있을 것 같아서, (또는) 함부로 하지 말
　　　　 아야 할 것 같음 / 귀신으로 변해 괴롭힐 수 있을 것 같아서

　　0점: 정답의 일부, 오답 또는 대답을 하지 못하였을 경우

5 사또 엉덩이에 불나겠네

- 글을 읽을 때, 적당한 부분에서 글을 바르고 정확하게 끊어 읽을 수 있다.
- 글을 읽고, 글의 중심내용과 글의 주제를 파악할 수 있다.

사 ◇ 전 ◇ 평 ◇ 가

지시문

앞에 있는 종이에 글이 있어요. 이제 선생님이 "시작"이라고 하면(학생용 평가지의 첫 어절을 손가락으로 가리킨 후, 계속 훑으면서) 처음부터 읽기 시작해서 "그만"이라고 할 때까지 최대한 정확하게, 그리고 최대한 빨리 읽으세요. 글을 읽다가 모르는 글자가 나오면 선생님이 어떻게 해야 할지 알려 줄게요. 최선을 다하세요. 질문 있어요? (질문이 있으면 질문에 대답한다.) 준비, 시작. (학생이 첫 어절을 말함과 동시에 타이머를 누르고 1분간 학생의 반응을 기록한 뒤 1분이 지나면 "그만"이라고 말한다.)

읽기유창성 평가
사또 엉덩이에 불나겠네

옛날에 시골 마을에 똥을 빨리 누는 사람이 살았대.	—— 8
옌나레 시골 마으레 똥을 빨리 누는 사라미 사랃때.	
어느 정도냐면 앉았다 일어서면 그걸로 끝인 거야. 하루는	—— 16
어느 정도냐면 안잗따 이러서면 그걸로 끄친 거야. 하루는	
이 사람이 사또의 말을 몰고 가게 되었어. 그런데 예전부터	—— 25
이 사라미 사또의 마를 몰고 가게 되어써. 그런데 예전부터	
(에)	
미련한 사또를 골탕 먹이려고 생각했었거든.	—— 30
미련한 사또를 골탕 머기려고 생가캐썯꺼든.	
얼마쯤 가다가 이 사람이 똥이 마려운 거야.	—— 37
얼마쯤 가다가 이 사라미 똥이 마려운 거야.	

"사또, 죄송하지만 잠깐 똥을 싸고 오겠습니다." —— 43
"사또, 죄송하지만 잠깐 똥을 싸고 오겠씀다."

"아니, 이놈아. 말을 몰다가 무슨 똥을 싸?" —— 50
"아니, 이노마. 마를 몰다가 무슨 똥을 싸?"

"그럼 엉덩이에 똥을 끼우고 갑니까?" —— 55
"그럼 엉덩이에 똥을 끼우고 감니까?"

"에이, 칠칠맞지 못한 놈 같으니, 냉큼 갔다 와!" —— 63
"에이, 칠칠마찌 모탄 놈 가트니, 냉큼 갇따 와!"

그런데 눈 깜짝할 새 똥을 싸고 왔어. 그래서 사또가 너무 —— 73
그런데 눈 깜짜칼 새 똥을 싸고 와써. 그래서 사또가 너무

신기해서 물었어. —— 75
신기해서 무러써.

"이놈아, 너는 어찌하여 그렇게 똥을 빨리 누니?" —— 82
"이노마, 너는 어찌하여 그러케 똥을 빨리 누니?"

이 사람이 사또의 말을 듣고 꾀가 생겨 이렇게 둘러댔지. —— 91
이 사라미 사또의 마를 듣꼬 꾀가 생겨 이러케 둘러댇찌.
　　　　　　　(에)

"아, 그건 똥을 빨리 싸는 곳이 따로 있습니다." —— 99
"아, 그건 똥을 빨리 싸는 고시 따로 읻씀니다."

"아니, 뭐라고? 거기가 어디에 있는가?" —— 104
"아니, 뭐라고? 거기가 어디에 인는가?"

"이제 조금만 더 가면 또 나옵니다요." —— 110
"이제 조금만 더 가면 또 나옴니다요."

"그럼, 그곳에 이르면 알려 다오." —— 115
"그럼, 그고세 이르면 알려 다오."

조금 가다 보니 사또가 슬슬 똥이 마려운 거야. —— 123
조금 가다 보니 사또가 슬슬 똥이 마려운 거야.

"얘야, 똥 빨리 누는 데가 아직 멀었느냐?" —— 130
"얘야, 똥 빨리 누는 데가 아직 머런느냐?"

"예, 아직 멀었습니다."　　　　　　　　　　　　　　—— 133

"예, 아직　머럳씀니다."

사또는 어떻게든 그곳에서 똥을 누려고 나오는 똥을　—— 140

사또는　어떠케든　그고세서　똥을 누려고　나오는 똥을

꾹 참았지.　　　　　　　　　　　　　　　　　　—— 142

꾹　차맏찌.

그런데 한참을 더 가도 아무 말이 없어. 이제는 엉덩이를　—— 151

그런데　한차믈　더 가도 아무 마리 업써. 이제는　엉덩이를

건드리기만 해도 똥이 나올 것 같아.　　　　　　　—— 157

건드리기만　해도 똥이 나올 껃 가타.

"야, 이놈아! 그곳이 대체 얼마나 남은 게냐?"　　　—— 164

"야, 이노마!　그고시　대체 얼마나　나믄 게냐?"

"예, 바로 여기가 그곳이옵니다."　　　　　　　　—— 168

"예, 바로　여기가　그고시옵니다."

사또가 허겁지겁 말에서 내려 엉덩이를 까니 똥이　—— 175

사또가　허겁찌겁　마레서 내려 엉덩이를　까니 똥이

푸르르 쏟아졌어.　　　　　　　　　　　　　　　—— 177

푸르르　쏘다저써.

"캬, 정말이로구나. 이곳이 바로 똥을 빨리 누는 곳이구나."　—— 185

"캬, 정말이로구나.　이고시 바로 똥을 빨리 누는 고시구나."

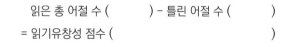

읽은 총 어절 수 (　　　　) – 틀린 어절 수 (　　　　)

= 읽기유창성 점수 (　　　　　　　　　)

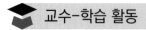 교수-학습 활동

읽 ◇ 기 ◇ 유 ◇ 창 ◇ 성　　　　　　　　　　

1. 단어를 빠르고 정확하게 읽기

2. 어휘의 뜻 알아보기

미련하다	단어의 뜻: 터무니없는 고집을 부릴 정도로 매우 어리석고 둔하다. 비슷한 말: 아둔하다, 우둔하다
골탕	단어의 뜻: 한꺼번에 되게 당하는 손해나 곤란
신기하다	단어의 뜻: 믿을 수 없을 정도로 색다르고 놀랍다. 비슷한 말: 기묘하다, 놀랍다
둘러대다	단어의 뜻: 그럴듯한 말로 꾸며 대다. 비슷한 말: 핑계하다

다음 보기의 단어 중, 문장에 알맞은 단어를 써 봅시다.

1│ 영훈이는 곰처럼 <u>미련해</u> 보이지만 듬직해 보이기도 한다.

2│ 우리는 엉뚱한 질문을 던져 선생님께 <u>골탕</u>을 먹이곤 했다.

3│ 수영이는 친구들에게 적당히 <u>둘러댄</u> 뒤 급히 떠났다.

4│ 이렇게 <u>신기하게</u> 생긴 꽃은 처음 본다.

3. 어구를 빠르고 정확하게 읽기

4. 글을 빠르고 정확하게 읽기

읽 ◇ 기 ◇ 이 ◇ 해

5. 이야기 지도 알아보기

6. 이야기 지도 사용하여 글 읽고 이해하기

제목: 사또 엉덩이에 불나겠네

1 인물 이야기에 등장하는 인물은 누구인가요?

사또와 사또의 말을 몰고 간 사람

2 시간과 장소 언제, 어디에서 일어난 이야기인가요?

시간: 옛날

장소: 시골 마을

3 사건들 인물에게 어떤 일들이 일어났나요? 일이 어떠한 차례로 일어났나요?

1) 똥을 빨리 누는 사람이 있었는데 하루는 사또의 말을 몰게 되었다.
2) 말을 몰고 가던 중 이 사람은 눈 깜짝할 새 똥을 싸고 왔다.
3) 사또가 신기해하며 그 방법을 묻자, 똥을 빨리 싸는 곳이 있다고 말했다.
4) 사또는 똥이 마려웠으나 똥을 빨리 누는 곳에서 똥을 누려고 참았다.
5) 건드리기만 해도 똥이 나올 것 같을 때가 되어서야 사또에게 똥을 빨리 누는 곳에 다 왔다고 말했다.

4 끝 이야기가 어떻게 끝났나요?

사또는 바로 똥을 누었고 그곳이 똥을 빨리 누는 곳이라고 생각했다.

7. 글의 주제 알기

주제: 남의 말에 쉽게 흔들리지 말자.

사◇후◇평◇가

II

지시문

앞에 있는 종이에 글이 있어요. 이제 선생님이 "시작"이라고 하면(학생용 평가지의 첫 어절을 손가락으로 가리킨 후, 계속 훑으면서) 처음부터 읽기 시작해서 "그만"이라고 할 때까지 최대한 정확하게, 그리고 최대한 빨리 읽으세요. 글을 읽다가 모르는 글자가 나오면 선생님이 어떻게 해야 할지 알려 줄게요. 최선을 다하세요. 질문 있어요? (질문이 있으면 질문에 대답한다.) 준비, 시작. (학생이 첫 어절을 말함과 동시에 타이머를 누르고 1분간 학생의 반응을 기록한 뒤 1분이 지나면 "그만"이라고 말한다.)

읽기유창성 평가
사또 엉덩이에 불나겠네

옛날에 시골 마을에 똥을 빨리 누는 사람이 살았대. —— 8
옌나레 시골 마으레 똥을 빨리 누는 사라미 사랃때.

어느 정도냐면 앉았다 일어서면 그걸로 끝인 거야. 하루는 —— 16
어느 정도냐면 안잗따 이러서면 그걸로 끄친 거야. 하루는

이 사람이 사또의 말을 몰고 가게 되었어. 그런데 예전부터 —— 25
이 사라미 사또의 마를 몰고 가게 되어써. 그런데 예전부터
(에)

미련한 사또를 골탕 먹이려고 생각했었거든. —— 30
미련한 사또를 골탕 머기려고 생가캐썯꺼든.

얼마쯤 가다가 이 사람이 똥이 마려운 거야. —— 37
얼마쯤 가다가 이 사라미 똥이 마려운 거야.

"사또, 죄송하지만 잠깐 똥을 싸고 오겠습니다." —— 43
"사또, 죄송하지만 잠깐 똥을 싸고 오겓씀니다."

"아니, 이놈아. 말을 몰다가 무슨 똥을 싸?" —— 50
"아니, 이노마. 마를 몰다가 무슨 똥을 싸?"

"그럼 엉덩이에 똥을 끼우고 갑니까?" —— 55
"그럼 엉덩이에 똥을 끼우고 감니까?"

"에이, 칠칠맞지 못한 놈 같으니, 냉큼 갔다 와!" —— 63
"에이, 칠칠마찌 모탄 놈 가트니, 냉큼 갇따 와!"

그런데 눈 깜짝할 새 똥을 싸고 왔어. 그래서 사또가 너무 —— 73
그런데 눈 깜짜칼 새 똥을 싸고 와써. 그래서 사또가 너무

신기해서 물었어. —— 75
신기해서 무러써.

"이놈아, 너는 어찌하여 그렇게 똥을 빨리 누니?" —— 82
"이노마, 너는 어찌하여 그러케 똥을 빨리 누니?"

이 사람이 사또의 말을 듣고 꾀가 생겨 이렇게 둘러댔지. —— 91
이 사라미 사또의 마를 듣꼬 꾀가 생겨 이러케 둘러댇찌.
                    (에)

"아, 그건 똥을 빨리 싸는 곳이 따로 있습니다." —— 99
"아, 그건 똥을 빨리 싸는 고시 따로 읻씀니다."

"아니, 뭐라고? 거기가 어디에 있는가?" —— 104
"아니, 뭐라고? 거기가 어디에 인는가?"

"이제 조금만 더 가면 또 나옵니다요." —— 110
"이제 조금만 더 가면 또 나옵니다요."

"그럼, 그곳에 이르면 알려 다오." —— 115
"그럼, 그고세 이르면 알려 다오."

조금 가다 보니 사또가 슬슬 똥이 마려운 거야. —— 123
조금 가다 보니 사또가 슬슬 똥이 마려운 거야.

"얘야, 똥 빨리 누는 데가 아직 멀었느냐?" —— 130
"얘야, 똥 빨리 누는 데가 아직 머런느냐?"

"예, 아직 멀었습니다." —— 133
"예, 아직 머럳씀니다."

사또는 어떻게든 그곳에서 똥을 누려고 나오는 똥을 —— 140
사또는 어떠케든 그고세서 똥을 누려고 나오는 똥을

꾹 참았지. —— 142
꾹 차맏찌.

그런데 한참을 더 가도 아무 말이 없어. 이제는 엉덩이를 —— 151
그런데 한차믈 더 가도 아무 마리 업써. 이제는 엉덩이를

건드리기만 해도 똥이 나올 것 같아. —— 157

건드리기만   해도 똥이 나올 껄 가타.

"야, 이놈아! 그곳이 대체 얼마나 남은 게냐?" —— 164

"야, 이노마!   그고시   대체   얼마나   나믄   게냐?"

"예, 바로 여기가 그곳이옵니다." —— 168

"예, 바로   여기가   그고시옵니다."

사또가 허겁지겁 말에서 내려 엉덩이를 까니 똥이 —— 175

사또가   허겁찌겁   마레서   내려   엉덩이를   까니   똥이

푸르르 쏟아졌어. —— 177

푸르르   쏘다저써.

"캬, 정말이로구나. 이곳이 바로 똥을 빨리 누는 곳이구나." —— 185

"캬, 정말이로구나.   이고시   바로   똥을   빨리   누는   고시구나."

읽은 총 어절 수 (   ) – 틀린 어절 수 (   )

= 읽기유창성 점수 (   )

▌읽기이해 평가

1 이 이야기에 나오는 인물은 누구인가요? 두 인물을 써 보세요. (아동이 하나만 대답한 경우 추가 질문을 한다.)

1점: 사또, 똥을 빨리 누는 사람 (또는) 사또의 말을 몰고 간 사람

0점: 정답 중 하나, 오답 또는 대답을 하지 못함

2 언제, 어디에서 있었던 일인가요? (아동이 둘 중 하나만 대답한 경우, 추가 질문을 한다. 예를 들어, 아동이 '언제' 에 대한 것만 대답한 경우, "어디에서 있었던 일인가요?"라고 추가 질문을 한다.)

1점: 옛날, 시골 마을

0점: 오답 또는 대답을 하지 못함

3 사또가 말을 몰고 가던 사람을 신기하다고 생각한 까닭은 무엇일까요?

1점: 눈 깜짝할 새 똥을 싸서

0점: 오답 또는 대답을 하지 못함

4 사또에게 어떤 꾀(거짓말)를 부렸나요?

1점: 똥을 빨리 눌 수 있는 곳이 있다고 함

0점: 오답 또는 대답을 하지 못함

5 사또가 똥을 참은 까닭은 무엇일까요?

1점: 똥을 빨리 누는 곳에서 똥을 누려고, (또는) 똥을 빨리 누는 곳에서 똥을 싸려고

0점: 오답 또는 대답을 하지 못함

6 사또가 왜 화를 내었을까요? 또는 사또가 화를 낸 이유가 무엇일까요?

1점: (똥이 마려운데) 똥을 눌 수 있는 곳이 빨리 안 나와서

0점: 오답 또는 대답을 하지 못함

7 이야기에 나오는 사또는 어떤 인물일까요? 그것을 어떻게 알 수 있는지 글에서 찾아 써 보세요.

1점: 어리석은 사람 (또는) 잘 속아 넘어가는 사람, 말을 몰고 가던 사람이 거짓말한 것을 진짜로 믿었기 때문에

0점: 오답 또는 대답을 하지 못함

6 지혜로운 어부와 도깨비 항아리

학 ◇ 습 ◇ 목 ◇ 표 ◇ 확 ◇ 인

- 글을 읽을 때, 적당한 부분에서 글을 빠르고 정확하게 끊어 읽을 수 있다.
- 글을 읽고, 글의 중심내용과 글의 주제를 파악할 수 있다.

사 ◇ 전 ◇ 평 ◇ 가

지시문

앞에 있는 종이에 글이 있어요. 이제 선생님이 "시작"이라고 하면(학생용 평가지의 첫 어절을 손가락으로 가리킨 후, 계속 훑으면서) 처음부터 읽기 시작해서 "그만"이라고 할 때까지 최대한 정확하게, 그리고 최대한 빨리 읽으세요. 글을 읽다가 모르는 글자가 나오면 선생님이 어떻게 해야 할지 알려 줄게요. 최선을 다하세요. 질문 있어요? (질문이 있으면 질문에 대답한다.) 준비, 시작. (학생이 첫 어절을 말함과 동시에 타이머를 누르고 1분간 학생의 반응을 기록한 뒤 1분이 지나면 "그만"이라고 말한다.)

▌읽기유창성 평가
▌지혜로운 어부와 도깨비 항아리

사람과 도깨비가 함께 살던 옛날의 일이었습니다. 어느	—— 7
사람과　도깨비가　함께　살던　엗나레　이리얻씀니다.　　어느	
바닷가 마을에 지혜로운 어부가 살았지요. 하루는 어부가	—— 14
바다까　마으레　지혜로운　어부가　사랃찌요.　　하루는　어부가	
물고기를 잡으러 바다로 나갔습니다.	—— 18
물꼬기를　자브러　바다로　나갇씀니다.	
'용왕님, 제발 물고기를 많이 잡게 해 주세요.'	—— 25
'용왕님,　제발　물꼬기를　　마니　잡께　해　주세요.'	
어부는 그물을 던지며 정성껏 기도를 하였지요. 얼마	—— 32
어부는　그무를　던지며　정성껃　기도를　하엳찌요.　　얼마	

후에 어부는 그물을 끌어올렸답니다. 앗, 그런데 그물에는 —— 39
후에 어부는 그무를 끄러올렫땀니다. 앋, 그런데 그무레는

물고기가 하나도 없었어요. 그 대신 작은 항아리 하나가 —— 47
물꼬기가 하나도 업써써요. 그 대신 자근 항아리 하나가

있었답니다. 항아리는 금으로 만들어져서 빛이 반짝반짝 —— 53
이썯땀니다. 항아리는 그므로 만드러져서 비치 반짝빤짝

났어요. —— 54
나써요.

'용왕님이 물고기 대신 보물 항아리를 주셨나 보다.' —— 61
'용왕니미 물꼬기 대신 보물 항아리를 주션나 보다.'

콩닥콩닥 두근거리는 가슴을 누르고 항아리를 열었지요. —— 67
콩닥콩닥 두근거리는 가스믈 누르고 항아리를 여럳찌요.

그런데 보물이 아니라 커다란 도깨비가 나왔어요. 그러고는 —— 74
그런데 보무리 아니라 커다란 도깨비가 나와써요. 그러고는

황금 비늘로 뒤덮인 도깨비가 이렇게 말했어요. —— 80
황금 비늘로 뒤더핀 도깨비가 이러케 말해써요.

"휴, 이제 살았다. 천 년 동안 항아리에 갇혀 있었더니 —— 89
"휴, 이제 사랃따. 천 년 동안 항아리에 가쳐 이썯떠니

배가 고프네. 나를 구해 줘서 고맙긴 하지만 널 —— 97
배가 고프네. 나를 구해 줘서 고맙낀 하지만 널

잡아먹어야겠다." —— 98
자바머거야겓따."

어부는 너무나 황당해서 할 말을 잊었지요. 하지만 —— 105
어부는 너무나 황당해서 할 마를 이젇찌요. 하지만

지혜로운 어부는 살아날 꾀를 떠올렸답니다. —— 110
지혜로운 어부는 사라날 꾀를 떠올렫땀니다.

"제가 도깨비님의 먹이가 되어 너무나도 기쁩니다. 그런데 —— 117
"제가 도깨비니믜 머기가 되어 너무나도 기쁨니다. 그런데
(메)

꼭 알고 싶은 게 있습니다. 커다란 도깨비님이 어떻게 작은 ——126
꼭 알고 시픈 게 읻씀니다. 커다란 도깨비니미 어떠케 자근

항아리에 들어갔는지요? 정말 작은 항아리에 들어갈 수 ——133
항아리에 드러갇는지요? 정말 자근 항아리에 드러갈 쑤
(수)

있는지 보여 주세요." ——136
인는지 보여 주세요."

"흥, 그런 건 나에게 일도 아니야. 도깨비들은 이 세상에서 ——145
"흥, 그런 건 나에게 일도 아니야. 도깨비드른   이 세상에서

못하는 일이 없어. 어떻게 항아리에 들어가는지 너에게만 ——152
모타는 이리 업써. 어떠케 항아리에 드러가는지 너에게만

한번 보여 주지." ——155
한번 보여 주지."

그러더니 도깨비가 정말 항아리 속으로 들어갔어요. 그때 ——162
그러더니 도깨비가 정말 항아리 소그로 드러가써요.   그때

어부는 항아리를 냉큼 닫아 버렸지요. 어부는 도깨비 ——169
어부는 항아리를 냉큼 다다 버렫찌요. 어부는 도깨비

항아리를 바다에 다시 던져 버렸습니다. 그리하여 죽을 ——176
항아리를 바다에 다시 던져 버렫씀니다.   그리하여 주글

뻔했던 어부는 무사히 돌아왔답니다. ——180
뻔핻떤 어부는 무사히 도라왇땀니다.

읽은 총 어절 수 (   ) – 틀린 어절 수 (   )

= 읽기유창성 점수 (   )

🎓 교수-학습 활동

읽 ◇ 기 ◇ 유 ◇ 창 ◇ 성

1. 단어를 빠르고 정확하게 읽기

2. 어휘의 뜻 알아보기

지혜롭다	단어의 뜻: 빨리 깨닫는 능력이 있다.
	비슷한 말: 슬기롭다, 현명하다
황당하다	단어의 뜻: 말이나 행동이 터무니없다.
	반대말: 진실하다
갇히다	단어의 뜻: 어떤 장소에 넣고 밖으로 나오지 못하게 하다.
	비슷한 말: 감금되다
뒤덮이다	단어의 뜻: 빈 데가 없이 온통 덮이다.

다음 보기의 단어 중, 문장에 알맞은 단어를 써 봅시다.

1 현성이는 용기도 있고 **지혜롭다**.

2 산기슭이 온통 단풍으로 **뒤덮였다**.

3 내가 친구의 지우개를 훔쳤다는 **황당한** 소문을 들었다.

4 비가 많이 내리는 바람에 우리 가족은 섬에 **갇히고** 말았다.

3. 어구를 빠르고 정확하게 읽기

4. 글을 빠르고 정확하게 읽기

읽 ◇ 기 ◇ 이 ◇ 해

5. 이야기 지도 알아보기

6. 이야기 지도 사용하여 글 읽고 이해하기

제목: 지혜로운 어부와 도깨비 항아리

| **1** | **인물** | 이야기에 등장하는 인물은 누구인가요? |

지혜로운 어부, 도깨비

| **2** | **시간과 장소** | 언제, 어디에서 일어난 이야기인가요? |

시간: 옛날(사람과 도깨비가 함께 살던 옛날)

장소: 어느 바닷가 마을

| **3** | **사건들** | 인물에게 어떤 일들이 일어났나요? 일이 어떠한 차례로 일어났나요? |

1) 어부가 그물을 끌어올렸는데, 항아리가 하나 있었다.
2) 항아리를 열자 도깨비가 나왔는데, 도깨비는 배가 고파서 어부를 잡아먹겠다고 했다.
3) 어부는 꾀를 내어 도깨비에게 어떻게 작은 항아리에 들어갈 수 있었는지를 물었다.
4) 도깨비는 어부에게 어떻게 항아리에 들어가는지를 보여 주려고 항아리에 들어갔고, 어부는 항아리를 닫아 버렸다.

| **4** | **끝** | 이야기가 어떻게 끝났나요? |

어부는 항아리를 다시 바다에 던져 버린 후, 무사히 돌아왔다.

7. 글의 주제 알기

주제: 어려운 일(위험한 일)이 닥쳐도 당황하지 말고 일을 잘 처리하자.
(또는) 은혜를 입으면 감사한 마음을 갖자.

사◇후◇평◇가

지시문

앞에 있는 종이에 글이 있어요. 이제 선생님이 "시작"이라고 하면(학생용 평가지의 첫 어절을 손가락으로 가리킨 후, 계속 훑으면서) 처음부터 읽기 시작해서 "그만"이라고 할 때까지 최대한 정확하게, 그리고 최대한 빨리 읽으세요. 글을 읽다가 모르는 글자가 나오면 선생님이 어떻게 해야 할지 알려 줄게요. 최선을 다하세요. 질문 있어요? (질문이 있으면 질문에 대답한다.) 준비, 시작. (학생이 첫 어절을 말함과 동시에 타이머를 누르고 1분간 학생의 반응을 기록한 뒤 1분이 지나면 "그만"이라고 말한다.)

읽기유창성 평가
지혜로운 어부와 도깨비 항아리

사람과 도깨비가 함께 살던 옛날의 일이었습니다. 어느 —— 7
사람과 도깨비가 함께 살던 옏나레 이리얻씀니다. 어느

바닷가 마을에 지혜로운 어부가 살았지요. 하루는 어부가 —— 14
바다까 마으레 지혜로운 어부가 사랃찌요. 하루는 어부가

물고기를 잡으러 바다로 나갔습니다. —— 18
물꼬기를 자브러 바다로 나갇씀니다.

'용왕님, 제발 물고기를 많이 잡게 해 주세요.' —— 25
'용왕님, 제발 물꼬기를 마니 잡께 해 주세요.'

어부는 그물을 던지며 정성껏 기도를 하였지요. 얼마 —— 32
어부는 그무를 던지며 정성껃 기도를 하엳찌요. 얼마

후에 어부는 그물을 끌어올렸답니다. 앗, 그런데 그물에는 —— 39
후에 어부는 그무를 끄러올렫땀니다. 앋, 그런데 그무레는

물고기가 하나도 없었어요. 그 대신 작은 항아리 하나가 —— 47
물꼬기가 하나도 업써써요. 그 대신 자근 항아리 하나가

있었답니다. 항아리는 금으로 만들어져서 빛이 반짝반짝 —— 53
이썯땀니다. 항아리는 그므로 만드러져서 비치 반짝빤짝

났어요. —— 54
나써요.

'용왕님이 물고기 대신 보물 항아리를 주셨나 보다.' —— 61
'용왕니미 물꼬기 대신 보물 항아리를 주선나 보다.'

콩닥콩닥 두근거리는 가슴을 누르고 항아리를 열었지요. —— 67
콩닥콩닥 두근거리는 가스믈 누르고 항아리를 여럳찌요.

그런데 보물이 아니라 커다란 도깨비가 나왔어요. 그러고는 —— 74
그런데 보무리 아니라 커다란 도깨비가 나와써요. 그러고는

황금 비늘로 뒤덮인 도깨비가 이렇게 말했어요. —— 80
황금 비늘로 뒤더핀 도깨비가 이러케 말해써요.

"휴, 이제 살았다. 천 년 동안 항아리에 갇혀 있었더니 —— 89
"휴, 이제 사랃따. 천 년 동안 항아리에 가쳐 이썯떠니

배가 고프네. 나를 구해 줘서 고맙긴 하지만 널 —— 97
배가 고프네. 나를 구해 줘서 고맙낀 하지만 널

잡아먹어야겠다." —— 98
자바머거야겓따."

어부는 너무나 황당해서 할 말을 잊었지요. 하지만 —— 105
어부는 너무나 황당해서 할 마를 이젇찌요. 하지만

지혜로운 어부는 살아날 꾀를 떠올렸답니다. —— 110
지혜로운 어부는 사라날 꾀를 떠올럳땀니다.

"제가 도깨비님의 먹이가 되어 너무나도 기쁩니다. 그런데 —— 117
"제가 도깨비니믜 머기가 되어 너무나도 기쁨니다. 그런데
　　　　　　(메)

꼭 알고 싶은 게 있습니다. 커다란 도깨비님이 어떻게 작은 —— 126
꼭 알고 시픈 게 읻씀니다. 커다란 도깨비니미 어떠케 자근

항아리에 들어갔는지요? 정말 작은 항아리에 들어갈 수 —— 133
항아리에 드러갇는지요? 정말 자근 항아리에 드러갈 쑤
　　　　　　　　　　　　　　　　　　　　　　　(수)

있는지 보여 주세요." —— 136
인는지 보여 주세요."

"흥, 그런 건 나에게 일도 아니야. 도깨비들은 이 세상에서 —— 145
"흥, 그런 건 나에게 일도 아니야. 도깨비드른 이 세상에서

못하는 일이 없어. 어떻게 항아리에 들어가는지 너에게만 ——— 152

모타는 이리 업써. 어떠케 항아리에 드러가는지 너에게만

한번 보여 주지." ——— 155

한번 보여 주지."

그러더니 도깨비가 정말 항아리 속으로 들어갔어요. 그때 ——— 162

그러더니 도깨비가 정말 항아리 소그로 드러가써요. 그때

어부는 항아리를 냉큼 닫아 버렸지요. 어부는 도깨비 ——— 169

어부는 항아리를 냉큼 다다 버럳찌요. 어부는 도깨비

항아리를 바다에 다시 던져 버렸습니다. 그리하여 죽을 ——— 176

항아리를 바다에 다시 던져 버럳씀니다. 그리하여 주글

뻔했던 어부는 무사히 돌아왔답니다. ——— 180

뻔핸떤 어부는 무사히 도라왇땀니다.

읽은 총 어절 수 (   ) - 틀린 어절 수 (   )

= 읽기유창성 점수 (   )

▌읽기이해 평가

1│ 이야기에 나오는 중심인물은 누구인가요? 두 인물을 써 보세요. (아동이 하나만 대답한 경우 추가 질문을 한다.)

1점: (지혜로운) 어부와 도깨비

0점: 오답 또는 대답을 하지 못함

2│ 언제, 어디에서 있었던 일인가요? (아동이 둘 중 하나만 대답한 경우, 추가 질문을 한다. 예를 들어, 아동이 '언제'에 대한 것만 대답한 경우, "어디에서 있었던 일인가요?"라고 추가 질문을 한다.)

1점: (사람과 도깨비가 함께 살던) 옛날, (어느) 바닷가 마을

0점: 오답 또는 대답을 하지 못함

3│ 어부가 그물을 끌어올리자 어떤 일이 일어났나요?

1점: (그물에) 물고기는 (하나도) 없고 (작은) 항아리가 있었음

0점: 오답 또는 대답을 하지 못함

4 어부의 가슴이 왜 콩닥콩닥 뛰었을까요?

1점: 용왕님이 물고기 대신 보물항아리를 주신 것 같아서 (또는) 항아리에 보물이 들어 있을 것 같아서

0점: 오답 또는 대답을 하지 못함

5 어부가 황당해서 할 말을 잊은 까닭은 무엇일까요?

1점: 도깨비가 자기를 구해 준 (고마운) 사람을 잡아먹겠다고 해서 (또는) 자기를 구해 주었는데 잡아먹겠다고 해서

0점: 오답 또는 대답을 하지 못함

6 지혜로운 어부는 살아나기 위하여 어떤 꾀를 부렸나요?

1점: 도깨비가 (작은) 항아리 속으로 들어갈 수 있는지 보여 달라고 함

0점: 오답 또는 대답을 하지 못하였을 경우

7 이야기에 나오는 도깨비는 어떤 인물일까요? 그것을 어떻게 알 수 있는지 글에서 찾아 써 보세요.

1점: (은혜를 모르는) 나쁜 (또는) 고약한 인물, 자기를 구해 준 사람을 잡아먹으려고 했기 때문에, (또는) (어부와는 반대로) 어리석은 인물, 지혜로운 어부의 꾀에 넘어가 다시 항아리 속으로 들어갔기 때문에

0점: 오답 또는 대답을 하지 못하였을 경우

III 수준

읽기유창성 및 읽기이해 프로그램

1 귀신 잡는 사냥꾼

- 글을 읽을 때, 적당한 부분에서 글을 빠르고 정확하게 끊어 읽을 수 있다.
- 글을 읽고, 글의 중심내용과 글의 주제를 파악할 수 있다.

사 ◇ 전 ◇ 평 ◇ 가

지시문

앞에 있는 종이에 글이 있어요. 이제 선생님이 "시작"이라고 하면(학생용 평가지의 첫 어절을 손가락으로 가리킨 후, 계속 훑으면서) 처음부터 읽기 시작해서 "그만"이라고 할 때까지 최대한 정확하게, 그리고 최대한 빨리 읽으세요. 글을 읽다가 모르는 글자가 나오면 선생님이 어떻게 해야 할지 알려 줄게요. 최선을 다하세요. 질문 있어요? (질문이 있으면 질문에 대답한다.) 준비, 시작. (학생이 첫 어절을 말함과 동시에 타이머를 누르고 1분간 학생의 반응을 기록한 뒤 1분이 지나면 "그만"이라고 말한다.)

읽기유창성 평가
귀신 잡는 사냥꾼

옛날 옛날 총을 들고 다니는 포수가 살았습니다. 하루는	—— 8
옌날 옌날 총을 들고 다니는 포수가 사랃씀니다.　하루는	
총을 들고 어느 마을에 들르게 되었지요. 그런데 그	—— 16
총을 들고 어느 마으레 들르게 되얻찌요.　그런데 그	
마을은 사람 사는 기척이 없이 싸늘했어요. 한참을	—— 23
마으른 사람 사는 기처기 업씨 싸늘해써요.　한차믈	
기웃거리다 신이 한 켤레 있는 기와집을 찾았답니다.	—— 30
기욷꺼리다　시니 한 켤레 인는 기와지블　차잗땀니다.	
"지나가는 나그네인데 이 집에서 하룻밤만 자고 갑시다."	—— 37
"지나가는　나그네인데　이 지베서 하룯빰만　자고 갑씨다."	

121

포수가 말을 끝내자마자 방문이 열리면서 여인이 —— 43

포수가 마를 끈내자마자 방무니 열리면서 여이니

나타났습니다. —— 44

나타낟씀니다.

"재워 주는 거야 어렵지 않습니다만, 문제가 있답니다. —— 51

"재워 주는 거야 어렵찌 안씀니다만, 문제가 읻땀니다.

손님도 여기 있다가는 죽을 테니 그냥 가시오." —— 58

손님도 여기 읻따가는 주글 테니 그냥 가시오."

하얀 소복을 입은 여인이 이렇게 말을 했답니다. —— 65

하얀 소보글 이븐 여이니 이러케 마를 핻땀니다.

밤마다 세 귀신이 와서는 사람을 잡아간다고 했어요. —— 72

밤마다 세 귀시니 와서는 사라믈 자바간다고 해써요.

"내가 이렇게 하찮게 보여도 귀신 잡는 사냥꾼이오." —— 79

"내가 이러케 하찬케 보여도 귀신 잠는 사냥꾸니오."

포수는 속으로는 무서웠지만 큰소리를 뻥뻥 쳤답니다. —— 85

포수는 소그로는 무서월찌만 큰소리를 뻥뻥 첟땀니다.

그래서 포수는 여인이 사는 집에서 귀신을 기다렸습니다. —— 92

그래서 포수는 여이니 사는 지베서 귀시늘 기다렫씀니다.

밤이 되니까 바람이 쉭 불더니 불이 꺼졌어요. 또 ——100

바미 되니까 바라미 쉭 불더니 부리 꺼져써요. 또

바람이 부니까 시커먼 것이 담을 넘었지요. 문틈으로 보니 ——108

바라미 부니까 시커먼 거시 다믈 너먿찌요. 문트므로 보니

큰 놈, 중간치, 작은 놈이 보였어요. 큰 놈은 호랑이 귀신, ——118

큰 놈, 중간치, 자근 노미 보여써요. 큰 노믄 호랑이 귀신,

중간치는 여우 귀신, 작은 것은 토끼 귀신이었지요. ——125

중간치는 여우 귀신, 자근 거슨 토끼 귀시니얻찌요.

토끼 귀신이 방으로 들어서려다 말고 말했습니다. ——131

토끼 귀시니 방으로 드러서려다 말고 말핻씀니다.

"아까 점을 쳐 봤는데 느낌이 좋지 않아요. 나는 깜짝 — 140
"아까 저믈 쳐 봔는데 느끼미 조치 아나요. 나는 깜짝

놀라서 죽을 운으로 나왔지요. 여우 형님은 불에 타 — 148
놀라서 주글 우느로 나왇찌요. 여우 형니믄 부레 타

죽을 운으로 나왔지요. 호랑이 형님은 다리가 찢어져 — 155
주글 우느로 나왇찌요. 호랑이 형니믄 다리가 찌저져

죽을 운으로 나왔답니다." — 158
주글 우느로 나왇땀니다."

호랑이 귀신이 듣고는 화가 나서 버럭 소리쳤습니다. — 165
호랑이 귀시니 듣꼬는 화가 나서 버럭 소리첟씀니다.

"에이 요망한 놈아, 그 따위 점이 어디 있더냐!" — 173
"에이 요망한 노마, 그 따위 저미 어디 읻떠냐!"

그런데 토끼 귀신이 정말 깜짝 놀라 죽어 버렸어요. 토끼 — 182
그런데 토끼 귀시니 정말 깜짝 놀라 주거 버려써요. 토끼

귀신이 말한 점대로 정말 이루어졌지요. 여우 귀신이 — 189
귀시니 말한 점대로 정말 이루어젇찌요. 여우 귀시니

방문을 여는데 포수가 총을 쐈어요. 그런데 총알은 안 — 197
방무늘 여는데 포수가 총을 쏴써요. 그런데 총아른 안

나가고 불만 확 나왔어요. 그래서 여우 귀신이 불에 홀랑 — 206
나가고 불만 확 나와써요. 그래서 여우 귀시니 부레 홀랑

타 죽어 버렸어요. 이번에도 토끼 귀신이 말한 점대로 — 214
타 주거 버려써요. 이버네도 토끼 귀시니 말한 점대로

이루어졌어요. 호랑이 귀신은 너무 무서워 냅다 도망을 — 221
이루어져써요. 호랑이 귀시는 너무 무서워 냅따 도망을

쳤어요. 그런데 뒷다리가 문고리에 걸려 다리가 찢어져 — 228
쳐써요. 그런데 뒫따리가 문꼬리에 걸려 다리가 찌저져

죽어 버렸어요. 결국 포수는 귀신을 모두 잡아 마을을 — 236
주거 버려써요. 결국 포수는 귀시늘 모두 자바 마으를

구했답니다.

구핻땀니다.

읽은 총 어절 수 (　　　) − 틀린 어절 수 (　　　)

= 읽기유창성 점수 (　　　　　　　)

🎓 **교수-학습 활동**

읽◇기◇유◇창◇성

1. 단어를 빠르고 정확하게 읽기

2. 어휘의 뜻 알아보기

포수	단어의 뜻: 총으로 짐승을 잡는 사냥꾼
	비슷한 말: 사냥꾼
소복	단어의 뜻: 하얗게 차려입은 옷
	비슷한 말: 상복
하찮다	단어의 뜻: 그다지 훌륭하지 아니하다.
	비슷한 말: 보잘것없다, 만만하다
	반대말: 대단하다
기웃거리다	단어의 뜻: 무엇을 보려고 고개나 몸을 이쪽저쪽으로 자꾸 기울이다.
	비슷한 말: 갸웃거리다, 기웃기웃하다

👆 **다음 각 물음에 답해 봅시다.**

　1│ 3) 대단하다

　2│ 1) 사냥꾼

　3│ 2) 상복

3. 어구를 빠르고 정확하게 읽기

4. 글을 빠르고 정확하게 읽기

읽 ◇ 기 ◇ 이 ◇ 해

5. 이야기 지도 알아보기

□ **다음 그림은 무엇인가요?** 지도

② **지도는 우리에게 어떤 도움을 주나요?**

모르는 곳을 찾아갈 때 사용하면, 길을 찾는 데 도움을 줍니다.

③ **이야기 지도 소개하기: 이야기 지도 구성 요소를 알아봅시다.**

① 지도가 우리가 길을 찾도록 도움을 주는 것처럼, 이야기 지도는 이야기 글의 내용을 모를 때, 글의 내용을 잘 이해하기 위해 사용하는 지도입니다.

② 이야기 지도에는 인물(이야기에 등장하는 인물), 시장(이야기가 일어난 시간과 장소), 사건들(인물들에게 일어난 사건들), 끝(이야기의 끝)이 있습니다. 여기서 '인물, 시장, 사건들, 끝'은 기억 전략입니다. 이 기억 전략은 이야기 지도를 잘 기억하는 데 도움을 줍니다.

③ 이야기 지도의 기억 전략인 인물(이야기에 등장하는 인물), 시장(시간과 장소), 사건들(인물들에게 일어난 사건들), 끝(이야기의 끝)을 알면, 글의 내용을 잘 이해할 수 있습니다. 이야기를 읽을 때, '인물, 시장, 사건들, 끝'을 기억하도록 합시다.

6. 이야기 지도 사용하여 글 읽고 이해하기

제목: 귀신 잡는 사냥꾼

1	인물	이야기에 등장하는 인물은 누구인가요?

포수, 여인, 동물 귀신 세 마리(호랑이 귀신, 여우 귀신, 토끼 귀신)

▼

| **2** | **시간과 장소** | 언제, 어디에서 일어난 이야기인가요? |

시간: 옛날 옛적

장소: 어느 마을

▼

| **3** | **사건들** | 인물에게 어떤 일들이 일어났나요? 일이 어떠한 차례로 일어났나요? |

1) 포수가 어느 기와집에서 하룻밤 자고 갈 수 있는지 물었는데, 여인은 그 집에서 자면 죽는다고 하였다.
2) 포수는 자신이 귀신 잡는 사냥꾼이라고 하고, 귀신을 기다렸다.
3) 밤이 되자 세 귀신이 나타나서 얘기를 하는데, 토끼 귀신이 점을 보았더니, 자기는 놀라서 죽고, 여우 귀신은 불에 타 죽고, 호랑이 귀신은 다리가 찢어져 죽을 운으로 나왔다고 하였다.
4) 그 얘기를 듣고 호랑이가 화를 내자 토끼 귀신이 놀라서 죽었고, 여우 귀신은 포수가 쏜 총에서 나온 불에 타 죽었고, 호랑이는 놀라서 도망치다가 다리가 찢어져 죽었다.

▼

| **4** | **끝** | 이야기가 어떻게 끝났나요? |

결국 포수는 귀신을 모두 잡게 되었다.

7. 글의 주제 알기

주제: 겁을 내지 말고 시도하자. (이 글에서는 주제가 다소 명확하지 않으니 들어서 괜찮으면 맞는 주제로 간주해 주세요.)

III

앞에 있는 종이에 글이 있어요. 이제 선생님이 "시작"이라고 하면(학생용 평가지의 첫 어절을 손가락으로 가리킨 후, 계속 훑으면서) 처음부터 읽기 시작해서 "그만"이라고 할 때까지 최대한 정확하게, 그리고 최대한 빨리 읽으세요. 글을 읽다가 모르는 글자가 나오면 선생님이 어떻게 해야 할지 알려 줄게요. 최선을 다하세요. 질문 있어요? (질문이 있으면 질문에 대답한다.) 준비, 시작. (학생이 첫 어절을 말함과 동시에 타이머를 누르고 1분간 학생의 반응을 기록한 뒤 1분이 지나면 "그만"이라고 말한다.)

읽기유창성 평가
귀신 잡는 사냥꾼

옛날 옛날 총을 들고 다니는 포수가 살았습니다. 하루는 —— 8
옌날 옌날 총을 들고 다니는 포수가 사랐씀니다.　　하루는

총을 들고 어느 마을에 들르게 되었지요. 그런데 그 —— 16
총을 들고 어느 마으레 들르게 되얻찌요.　　그런데 그

마을은 사람 사는 기척이 없이 싸늘했어요. 한참을 —— 23
마으른 사람 사는 기처기 업씨 싸늘해써요.　　한차믈

기웃거리다 신이 한 켤레 있는 기와집을 찾았답니다. —— 30
기욷꺼리다　시니 한 켤레 인는 기와지블　차잗땀니다.

"지나가는 나그네인데 이 집에서 하룻밤만 자고 갑시다." —— 37
"지나가는　나그네인데　이 지베서 하룯빰만　자고 갑씨다."

포수가 말을 끝내자마자 방문이 열리면서 여인이 —— 43
포수가　마를 끈내자마자　방무니 열리면서　여이니

나타났습니다. —— 44
나타낟씀니다.

"재워 주는 거야 어렵지 않습니다만, 문제가 있답니다. —— 51
"재워 주는 거야 어렵찌 안씀니다만,　문제가　읻땀니다.

손님도 여기 있다가는 죽을 테니 그냥 가시오." —— 58
손님도 여기 읻따가는　주글 테니 그냥 가시오."

하얀 소복을 입은 여인이 이렇게 말을 했답니다. —— 65
하얀 소보글 이븐 여이니 이러케 마를 핻땀니다.

밤마다 세 귀신이 와서는 사람을 잡아간다고 했어요. —— 72
밤마다 세 귀시니 와서는 사라믈 자바간다고 해써요.

"내가 이렇게 하찮게 보여도 귀신 잡는 사냥꾼이오." —— 79
"내가 이러케 하찬케 보여도 귀신 잠는 사냥꾸니오."

포수는 속으로는 무서웠지만 큰소리를 뻥뻥 쳤답니다. —— 85
포수는 소그로는 무서월찌만 큰소리를 뻥뻥 첟땀니다.

그래서 포수는 여인이 사는 집에서 귀신을 기다렸습니다. —— 92
그래서 포수는 여이니 사는 지베서 귀시늘 기다렫씀니다.

밤이 되니까 바람이 쉭 불더니 불이 꺼졌어요. 또 —— 100
바미 되니까 바라미 쉭 불더니 부리 꺼져써요. 또

바람이 부니까 시커먼 것이 담을 넘었지요. 문틈으로 보니 —— 108
바라미 부니까 시커먼 거시 다믈 너먿찌요. 문트므로 보니

큰 놈, 중간치, 작은 놈이 보였어요. 큰 놈은 호랑이 귀신, —— 118
큰 놈, 중간치, 자근 노미 보여써요. 큰 노믄 호랑이 귀신,

중간치는 여우 귀신, 작은 것은 토끼 귀신이었지요. —— 125
중간치는 여우 귀신, 자근 거슨 토끼 귀시니얻찌요.

토끼 귀신이 방으로 들어서려다 말고 말했습니다. —— 131
토끼 귀시니 방으로 드러서려다 말고 말핻씀니다.

"아까 점을 쳐 봤는데 느낌이 좋지 않아요. 나는 깜짝 —— 140
"아까 저믈 쳐 봔는데 느끼미 조치 아나요. 나는 깜짝

놀라서 죽을 운으로 나왔지요. 여우 형님은 불에 타 —— 148
놀라서 주글 우느로 나왇찌요. 여우 형니믄 부레 타

죽을 운으로 나왔지요. 호랑이 형님은 다리가 찢어져 —— 155
주글 우느로 나왇찌요. 호랑이 형니믄 다리가 찌저저

죽을 운으로 나왔답니다." —— 158
주글 우느로 나왇땀니다."

호랑이 귀신이 듣고는 화가 나서 버럭 소리쳤습니다. ——— 165
호랑이 귀시니 듣꼬는 화가 나서 버럭 소리쳐씀니다.

"에이 요망한 놈아, 그 따위 점이 어디 있더냐!" ——— 173
"에이 요망한 노마, 그 따위 저미 어디 읻떠냐!"

그런데 토끼 귀신이 정말 깜짝 놀라 죽어 버렸어요. 토끼 ——— 182
그런데 토끼 귀시니 정말 깜짝 놀라 주거 버써요. 토끼

귀신이 말한 점대로 정말 이루어졌지요. 여우 귀신이 ——— 189
귀시니 말한 점대로 정말 이루어젼찌요. 여우 귀시니

방문을 여는데 포수가 총을 쐈어요. 그런데 총알은 안 ——— 197
방무늘 여는데 포수가 총을 쐈써요. 그런데 총아른 안

나가고 불만 확 나왔어요. 그래서 여우 귀신이 불에 홀랑 ——— 206
나가고 불만 확 나와써요. 그래서 여우 귀시니 부레 홀랑

타 죽어 버렸어요. 이번에도 토끼 귀신이 말한 점대로 ——— 214
타 주거 버려써요. 이버네도 토끼 귀시니 말한 점대로

이루어졌어요. 호랑이 귀신은 너무 무서워 냅다 도망을 ——— 221
이루어져써요. 호랑이 귀시는 너무 무서워 냅따 도망을

쳤어요. 그런데 뒷다리가 문고리에 걸려 다리가 찢어져 ——— 228
쳐써요. 그런데 뒫따리가 문꼬리에 걸려 다리가 찌저져

죽어 버렸어요. 결국 포수는 귀신을 모두 잡아 마을을 ——— 236
주거 버려써요. 결국 포수는 귀시늘 모두 자바 마으를

구했답니다. ——— 237
구핻땀니다.

읽은 총 어절 수 (　　　) – 틀린 어절 수 (　　　)
= 읽기유창성 점수 (　　　　　　)

1 | 이야기에 등장하는 인물은 누구인가요? 세 인물만 써 보세요. (아동이 하나만 대답한 경우 추가 질문을 한다.)

1점: 포수, (소복 입은) 여인, 귀신(호랑이, 토끼, 여우) (또는) 동물 귀신 세 마리

0점: 오답 또는 대답을 하지 못함

2 | 언제, 어디에서 있었던 일인가요? (아동이 둘 중 하나만 대답한 경우, 추가 질문을 한다. 예를 들어, 아동이 '언제'
에 대한 것만 대답한 경우, "어디에서 있었던 일인가요?"라고 추가 질문을 한다.)

1점: 옛날, 어느 마을

0점: 오답 또는 대답을 하지 못함

3 | 여인은 왜 포수를 재워 주지 않으려고 했나요?

1점: 거기 있다가는 죽을 테니까, (또는) 밤마다 세 놈(귀신)이 와서 사람을 잡아가니까

0점: 오답 또는 대답을 하지 못함

4 | 포수는 귀신을 어디서 기다렸나요?

1점: 기와집, (또는) 여인이 사는 집

0점: 오답 또는 대답을 하지 못함

5 | 토끼 귀신이 점을 치고 난 뒤 왜 느낌이 좋지 않다고 하였나요?

1점: 모든 동물 귀신이 죽을 운으로 나와서, (또는) 모두 죽을 운으로 나와서, (또는) 토끼는 깜짝 놀
라서 죽을 운, 여우는 불에 타 죽을 운, 호랑이는 다리가 찢어져 죽을 운으로 나와서

0점: 오답 또는 대답을 하지 못함

6 | 호랑이 귀신이 무서워서 도망간 까닭은 무엇일까요?

1점: (이번에도) 토끼 귀신이 말한 대로 다 이루어져서, (또는) 토끼 귀신이 말한 대로 자기도 죽을
까 봐

0점: 오답 또는 대답을 하지 못하였을 경우

7 | 포수는 마을사람들에게 어떤 사람이었을까요? 그것을 어떻게 알 수 있는지 글에서 찾아 써 보세요.

1점: (생명을 구해 준) 고마운 사람, 마을 사람을 잡아가는 귀신을 모두 잡아 마을을 구했기 때문에

0점: 오답 또는 대답을 하지 못하였을 경우

2 돌미륵과 장기 두는 총각

학◇습◇목◇표◇확◇인

● 글을 읽을 때, 적당한 부분에서 글을 빠르고 정확하게 끊어 읽을 수 있다.
● 글을 읽고, 글의 중심내용과 글의 주제를 파악할 수 있다.

사◇전◇평◇가

> **지시문**
>
> 앞에 있는 종이에 글이 있어요. 이제 선생님이 "시작"이라고 하면(학생용 평가지의 첫 어절을 손가락으로 가리킨 후, 계속 훑으면서) 처음부터 읽기 시작해서 "그만"이라고 할 때까지 최대한 정확하게, 그리고 최대한 빨리 읽으세요. 글을 읽다가 모르는 글자가 나오면 선생님이 어떻게 해야 할지 알려 줄게요. 최선을 다하세요. 질문 있어요? (질문이 있으면 질문에 대답한다.) 준비, 시작. (학생이 첫 어절을 말함과 동시에 타이머를 누르고 1분간 학생의 반응을 기록한 뒤 1분이 지나면 "그만"이라고 말한다.)

읽기유창성 평가
돌미륵과 장기 두는 총각

옛날 옛날, 어느 산마을에 한 총각이 살았습니다. 어찌나 ——— 8
옌날 옌날, 어느 산마으레 한 총가기 사랃씀니다.   어찌나

가난했던지 마흔이 되도록 장가를 못 갔답니다. 총각은 ——— 15
가난핻떤지 마흐니 되도록 장가를 몯 갇땀니다.   총가근

아무리 가난해도 착한 마음만큼은 버리지 않았습니다. ——— 21
아무리 가난해도 차칸 마음만크믄 버리지 아낟씀니다.

하루는 날마다 오르는 산에 가서 나무를 했습니다. ——— 28
하루는 날마다 오르는 사네 가서 나무를 핻씀니다.

그런데 수풀이 우거진 틈 새로 돌미륵이 보였어요. ——— 35
그런데 수푸리 우거진 틈 새로 돌미르기 보여써요.

돌미륵에 이끼가 잔뜩 끼고 둘레에 풀이 많았답니다. — 42
돌미르게   이끼가   잔뜩   끼고   둘레에   푸리   마낟땀니다.

'아니, 미륵님을 이렇게 함부로 모시면 벌을 받지.' — 49
'아니,   미릉니믈   이러케   함부로   모시면   버를   받찌.'

총각은 이렇게 생각하면서 이끼를 걷어내고 풀을 — 55
총가근   이러케   생가카면서   이끼를   거더내고   푸를

뽑았지요. 둘레를 깨끗이 손질하니 돌미륵이 빛이 나는 듯 — 63
뽀받찌요.   둘레를   깨끄시   손질하니   돌미르기   비치   나는   듣

했습니다. — 64
핻씀니다.

그러고는 늘 장기판을 들고 산에 나무를 하러 갔답니다. — 72
그러고는   늘   장기파늘   들고   사네   나무를   하러   갇땀니다.

"미륵님, 심심하실 텐데 저하고 장기 한판 두시지요." — 79
"미릉님,   심심하실   텐데   저하고   장기   한판   두시지요."

이렇게 말을 걸면서 저 혼자서 장기를 두었지요. 한 — 87
이러케   마를   걸면서   저   혼자서   장기를   두얻찌요.   한

번은 자기 것을 두고 다음은 미륵님 것을 두고. 혼자서 — 96
버는   자기   거슬   두고   다으믄   미릉님   거슬   두고   혼자서

두었지만 둘이 두는 것처럼 열심히 두었답니다. 그러니 —103
두얻찌만   두리   두는   걷처럼   열씸히   두얻땀니다.   그러니

총각이 이길 때도 있고, 미륵님이 이길 때도 있었지요. —111
총가기   이길   때도   읻꼬,   미릉니미   이길   때도   이썯찌요.

하루는 총각이 미륵님 앞에 장기판을 놓고 말했습니다. —118
하루는   총가기   미릉님   아페   장기파늘   노코   말핻씀니다.

"미륵님, 오늘은 그냥 두지 말고 내기를 하십시다. —125
"미릉님,   오느른   그냥   두지   말고   내기를   하십씨다.

만약에 미륵님이 이기시면 떡을 해서 제사를 올리겠습니다. —132
마냐게   미릉니미   이기시면   떠글   해서   제사를   올리겓씀니다.

그러나 제가 이기면 장가 좀 보내 주십시오." —139
그러나   제가   이기면   장가   좀   보내   주십씨오."

자기 차례라고 더 잘 두는 법이 없이 두었지요. —— 147

자기 차례라고   더 잘 두는   버비 업씨 두얻찌요.

미륵님 차례에도 공을 들여 정직하게 두었답니다. —— 153

미륵님   차례에도   공을 들여 정직하게   두얻땀니다.

그렇게 공평하게 두었는데도 끝에는 총각이 덜컥 이겼지요. —— 160

그러케 공평하게   두얻는데도   끝에는 총가기 덜컥 이겯찌요.

"미륵님, 제가 이겼으니 꼭 장가보내 주십시오." —— 166

미륵님,   제가 이겯쓰니   꼭 장가보내   주십씨오.

이렇게 말씀을 드리고 내려가서는 밤에 꿈을 —— 172

이러케   말쓰믈   드리고   내려가서는   바메 꾸믈

꾸었답니다. —— 173

꾸얻땀니다.

"지금 당장 일어나 동쪽 길로 가 보거라. 그러면 너를 —— 182

"지금 당장 이러나   동쪽 길로 가 보거라.   그러면   너를

기다리는 색시가 있으니 장가를 들어라." —— 187

기다리는   색씨가   이쓰니 장가를   드러라."

꿈에 미륵님이 떡하고 나타나서 이렇게 말씀하시는 —— 193

꾸메   미릉니미   떠카고 나타나서   이러케   말씀하시는

거였지요. 총각은 꿈에서 깨서 미륵님이 시키는 대로 —— 200

거열찌요.   총가근 꾸메서 깨서   미릉니미   시키는 대로

했답니다. 한참을 가니 길가에 웬 색시가 서 있었지요. —— 208

핻땀니다.   한차믈 가니 길까에 웬 색씨가 서 이썰찌요.

"아니, 이 깊은 밤중에 여기서 무얼 하시오?" —— 215

"아니, 이 기픈 밤쭝에 여기서   무얼 하시오?"

"꿈속에 미륵님이 나타나 이리로 가라 해서 왔습니다." —— 222

"꿈쏘게 미릉니미   나타나 이리로 가라 해서 왇씀니다."

"나도 꿈에 미륵님이 나타나 이리로 가라 했소이다." —— 229

"나도 꾸메 미릉니미   나타나 이리로   가라 핻쏘이다."

둘은 더 생각할 것도 없이 혼인을 맺었지요. 그러고는 —— 237

두른 더 생가칼 껃또 업씨 호니늘 매젇찌요.   그러고는

아들 딸 낳아 알콩달콩 재미나게 살았답니다. —— 243

아들　딸　나아　알콩달콩　　재미나게　　사랃땀니다.

읽은 총 어절 수 (　　　　) – 틀린 어절 수 (　　　　)

= 읽기유창성 점수 (　　　　　　　　　　)

 교수-학습 활동

읽 ◇ 기 ◇ 유 ◇ 창 ◇ 성

1. 단어를 빠르고 정확하게 읽기

2. 어휘의 뜻 알아보기

장가	단어의 뜻: 남자가 아내를 맞는 일 반대말: 시집
공	단어의 뜻: 애써서 들이는 정성과 힘 비슷한 말: 정성
공평하다	단어의 뜻: 어느 쪽으로도 치우치지 않다. 비슷한 말: 공정하다, 똑같다 반대말: 불공평하다
혼인	단어의 뜻: 남자와 여자가 부부가 되는 일 비슷한 말: 결혼, 백년가약, 혼례 반대말: 이혼

📎 다음 각 물음에 답해 봅시다.

__1__│ 2) 불공평하다

__2__│ 1) 정성

__3__│ 2) 결혼

3. 어구를 빠르고 정확하게 읽기

4. 글을 빠르고 정확하게 읽기

5. 이야기 지도 알아보기

6. 이야기 지도 사용하여 글 읽고 이해하기

제목: 돌미륵과 장기 두는 총각

1　인물　이야기에 등장하는 인물은 누구인가요?

총각, 미륵, 색시

2　시간과 장소　언제, 어디에서 일어난 이야기인가요?

시간: 옛날 옛날

장소: 어느 산마을

3　사건들　인물에게 어떤 일들이 일어났나요? 일이 어떠한 차례로 일어났나요?

1) 총각은 어느 날 산에 가서 나무를 하다 돌미륵을 발견하고는 깨끗이 손질하였다.
2) 총각은 산에 나무를 하러 갈 때마다 돌미륵과 둘이 두는 것처럼 혼자서 열심히 장기를 두었다.
3) 하루는 돌미륵이 이기면 총각이 떡을 해서 제사를 올리고 총각이 이기면 장가를 보내 달라는 내기 장기를 두었는데 총각이 이겼다.
4) 꿈에 나타난 미륵님이 시키는 대로 가 보니 길가에 서있는 색시를 만났다.

4　끝　이야기가 어떻게 끝났나요?

총각과 색시는 혼인을 하여 아들, 딸을 낳고 잘 살았다.

7. 글의 주제 알기

주제: 착하고 정직한 마음으로 행동하자.

사 ◇ 후 ◇ 평 ◇ 가

지시문

앞에 있는 종이에 글이 있어요. 이제 선생님이 "시작"이라고 하면(학생용 평가지의 첫 어절을 손가락으로 가리킨 후, 계속 훑으면서) 처음부터 읽기 시작해서 "그만"이라고 할 때까지 최대한 정확하게, 그리고 최대한 빨리 읽으세요. 글을 읽다가 모르는 글자가 나오면 선생님이 어떻게 해야 할지 알려 줄게요. 최선을 다하세요. 질문 있어요? (질문이 있으면 질문에 대답한다.) 준비, 시작. (학생이 첫 어절을 말함과 동시에 타이머를 누르고 1분간 학생의 반응을 기록한 뒤 1분이 지나면 "그만"이라고 말한다.)

읽기유창성 평가
돌미륵과 장기 두는 총각

옛날 옛날, 어느 산마을에 한 총각이 살았습니다. 어찌나 ——— 8
옌날 옌날, 어느 산마으레 한 총가기 사랔씀니다. 어찌나

가난했던지 마흔이 되도록 장가를 못 갔답니다. 총각은 ——— 15
가난핻떤지 마흐니 되도록 장가를 몯 갇땀니다. 총가근

아무리 가난해도 착한 마음만큼은 버리지 않았습니다. ——— 21
아무리 가난해도 차칸 마음만크믄 버리지 아낟씀니다.

하루는 날마다 오르는 산에 가서 나무를 했습니다. ——— 28
하루는 날마다 오르는 사네 가서 나무를 핻씀니다.

그런데 수풀이 우거진 틈 새로 돌미륵이 보였어요. ——— 35
그런데 수푸리 우거진 틈 새로 돌미르기 보여써요.

돌미륵에 이끼가 잔뜩 끼고 둘레에 풀이 많았답니다. ——— 42
돌미르게 이끼가 잔뜩 끼고 둘레에 푸리 마낟땀니다.

'아니, 미륵님을 이렇게 함부로 모시면 벌을 받지.' ——— 49
'아니, 미릉니믈 이러케 함부로 모시면 버를 받찌.'

총각은 이렇게 생각하면서 이끼를 걷어내고 풀을 —— 55

총가근   이러케   생가카면서   이끼를   거더내고   푸를

뽑았지요. 둘레를 깨끗이 손질하니 돌미륵이 빛이 나는 듯 —— 63

뽀받찌요.   둘레를   깨끄시   손질하니   돌미르기   비치   나는   듣

했습니다. —— 64

핻씀니다.

그러고는 늘 장기판을 들고 산에 나무를 하러 갔답니다. —— 72

그러고는   늘   장기파늘   들고   사네   나무를   하러   갇땀니다.

"미륵님, 심심하실 텐데 저하고 장기 한판 두시지요." —— 79

"미릉님,   심심하실   텐데   저하고   장기   한판   두시지요."

이렇게 말을 걸면서 저 혼자서 장기를 두었지요. 한 —— 87

이러케   마를   걸면서   저   혼자서   장기를   두얻찌요.   한

번은 자기 것을 두고 다음은 미륵님 것을 두고. 혼자서 —— 96

버는   자기   거슬   두고   다으믄   미릉님   거슬   두고   혼자서

두었지만 둘이 두는 것처럼 열심히 두었답니다. 그러니 —— 103

두얻찌만   두리   두는   걷처럼   열씸히   두얻땀니다.   그러니

총각이 이길 때도 있고, 미륵님이 이길 때도 있었지요. —— 111

총가기   이길   때도   읻꼬,   미릉니미   이길   때도   이썯찌요.

하루는 총각이 미륵님 앞에 장기판을 놓고 말했습니다. —— 118

하루는   총가기   미릉님   아페   장기파늘   노코   말핻씀니다.

"미륵님, 오늘은 그냥 두지 말고 내기를 하십시다. —— 125

"미릉님,   오느른   그냥   두지   말고   내기를   하십씨다.

만약에 미륵님이 이기시면 떡을 해서 제사를 올리겠습니다. —— 132

마냐게   미릉니미   이기시면   떠글   해서   제사를   올리겓씀니다.

그러나 제가 이기면 장가 좀 보내 주십시오." —— 139

그러나   제가   이기면   장가   좀   보내   주십씨오."

자기 차례라고 더 잘 두는 법이 없이 두었지요. —— 147

자기   차례라고   더   잘   두는   버비   업씨   두얻찌요.

미륵님 차례에도 공을 들여 정직하게 두었답니다. —— 153

미륵님   차례에도   공을   들여   정직하게   두얻땀니다.

그렇게 공평하게 두었는데도 끝에는 총각이 덜컥 이겼지요. —— 160
그러케 공평하게 두얻는데도 끄테는 총가기 덜컥 이견찌요.

"미륵님, 제가 이겼으니 꼭 장가보내 주십시오." —— 166
미륵님, 제가 이견쓰니 꼭 장가보내 주십씨오.

이렇게 말씀을 드리고 내려가서는 밤에 꿈을 —— 172
이러케 말쓰믈 드리고 내려가서는 바메 꾸믈

꾸었답니다. —— 173
꾸얻땀니다.

"지금 당장 일어나 동쪽 길로 가 보거라. 그러면 너를 —— 182
"지금 당장 이러나 동쪽 길로 가 보거라. 그러면 너를

기다리는 색시가 있으니 장가를 들어라." —— 187
기다리는 색씨가 이쓰니 장가를 드러라."

꿈에 미륵님이 떡하고 나타나서 이렇게 말씀하시는 —— 193
꾸메 미릉니미 떠카고 나타나서 이러케 말씀하시는

거였지요. 총각은 꿈에서 깨서 미륵님이 시키는 대로 —— 200
거연찌요. 총가근 꾸메서 깨서 미릉니미 시키는 대로

했답니다. 한참을 가니 길가에 웬 색시가 서 있었지요. —— 208
핻땀니다. 한차믈 가니 길까에 웬 색씨가 서 이썯찌요.

"아니, 이 깊은 밤중에 여기서 무얼 하시오?" —— 215
"아니, 이 기픈 밤쭝에 여기서 무얼 하시오?"

"꿈속에 미륵님이 나타나 이리로 가라 해서 왔습니다." —— 222
"꿈쏘게 미릉니미 나타나 이리로 가라 해서 왇씀니다."

"나도 꿈에 미륵님이 나타나 이리로 가라 했소이다." —— 229
"나도 꾸메 미릉니미 나타나 이리로 가라 핻쏘이다."

둘은 더 생각할 것도 없이 혼인을 맺었지요. 그러고는 —— 237
두른 더 생가칼 껃또 업씨 호니늘 매젇찌요. 그러고는

아들 딸 낳아 알콩달콩 재미나게 살았답니다. —— 243
아들 딸 나아 알콩달콩 재미나게 사랃땀니다.

읽은 총 어절 수 (   ) - 틀린 어절 수 (   )

= 읽기유창성 점수 (   )

1 이야기에 나오는 인물은 누구인가요? 두 사람을 써 보세요. (아동이 하나만 대답한 경우 추가 질문을 한다.)

1점: 돌미륵, 총각

0점: 오답 또는 대답을 하지 못하였을 경우

2 언제, 어디에서 있었던 일인가요? (아동이 둘 중 하나만 대답한 경우, 추가 질문을 한다. 예를 들어, 아동이 '언제'
에 대한 것만 대답한 경우, "어디에서 있었던 일인가요?"라고 추가 질문을 한다.)

1점: 옛날, (어느) 산마을

0점: 오답 또는 대답을 하지 못하였을 경우

3 총각은 왜 마흔이 되도록 장가를 가지 못했나요?

1점: 너무 가난하여서

0점: 오답 또는 대답을 하지 못하였을 경우

4 총각이 돌미륵에게 장기 내기를 하자고 한 까닭은 무엇일까요?

1점: 장가를 가고 싶어서, (또는) 장기 내기에서 이겨 장가가려고

0점: 오답 또는 대답을 하지 못하였을 경우

5 총각은 장기 내기에서 미륵이 이기면 어떻게 한다고 하였나요?

1점: 떡을 해서 제사를 올린다고 함

0점: 오답 또는 대답을 하지 못하였을 경우

6 총각과 색시는 어떻게 만나게 되었나요?

1점: 꿈에서 미륵님이 나타나서 동쪽 길로 가라고 함, (또는) 꿈에서 미륵님이 나타나서 정한 곳으
로 가라고 하여, (또는) 미륵님이 꿈속에 가라고 하는 곳으로 가서

0점: 오답 또는 대답을 하지 못하였을 경우

7 이야기는 우리에게 어떤 교훈을 주나요? 그것을 어떻게 알 수 있는지 글에서 찾아 써 보세요.

1점: 착한 사람이 복을 받는다, 미륵이 착한 총각이 원하던 장가를 보내 주었기 때문에, (또는) 착한
일을 하면 원하는 것을 얻을 수 있다, 총각이 미륵에게 정성을 들여 장가를 가게 되었기 때
문에

0점: 오답 또는 대답을 하지 못하였을 경우

3 우리에게 정말 필요한 것

학 ◇ 습 ◇ 목 ◇ 표 ◇ 확 ◇ 인

- 글을 읽을 때, 적당한 부분에서 글을 빠르고 정확하게 끊어 읽을 수 있다.
- 글을 읽고, 글의 중심내용과 글의 주제를 파악할 수 있다.

사 ◇ 전 ◇ 평 ◇ 가

> **지시문**
>
> 앞에 있는 종이에 글이 있어요. 이제 선생님이 "시작"이라고 하면(학생용 평가지의 첫 어절을 손가락으로 가리킨 후, 계속 훑으면서) 처음부터 읽기 시작해서 "그만"이라고 할 때까지 최대한 정확하게, 그리고 최대한 빨리 읽으세요. 글을 읽다가 모르는 글자가 나오면 선생님이 어떻게 해야 할지 알려 줄게요. 최선을 다하세요. 질문 있어요? (질문이 있으면 질문에 대답한다.) 준비, 시작. (학생이 첫 어절을 말함과 동시에 타이머를 누르고 1분간 학생의 반응을 기록한 뒤 1분이 지나면 "그만"이라고 말한다.)

읽기유창성 평가
우리에게 정말 필요한 것

옛날 어느 마을에 나룻배를 모는 뱃사공이 살았습니다. —— 7
옌날 어느 마으레 나룯빼를 모는 밷싸공이 사랃씀니다.

뱃사공은 날마다 나룻배를 타고 사람들을 실어 날랐지요. —— 14
밷싸공은 날마다 나룯빼를 타고 사람드를 시러 날랃찌요.

하루는 뱃사공이 나루터에서 선비 한 사람을 태웠습니다. —— 21
하루는 밷싸공이 나루터에서 선비 한 사라믈 태월씀니다.

다른 손님은 없고 오로지 선비와 뱃사공 둘뿐이었지요. —— 28
다른 손님은 업꼬 오로지 선비와 밷싸공 둘뿌니얻찌요.

한참을 가다가 심심했던지 선비가 뱃사공에게 말을 —— 34
한차믈 가다가 심심핻떤지 선비가 밷싸공에게 마를

걸었습니다. — 35

거럳씀니다.

"여보시오, 당신은 그 유명한 논어를 읽어 보았소?" — 42

"여보시오,　당시는　그 유명한　노녀를　일거 보알쏘?"

논어라는 책은 한문으로 된 아주 어려운 책입니다. — 49

노녀라는　채근　한무느로　된 아주　어려운　채김니다.

자기는 한문책도 읽을 줄 안다고 뽐내려고 그랬답니다. — 56

자기는　한문책또　일글 쭐 안다고　뽐내려고　그랟땀니다.

그런데 뱃사공이 어려운 한문책을 읽었을 리가 없었지요. — 63

그런데 뱁싸공이　어려운　한문채글　일거쓸 리가 업썯찌요.

"아이고, 제가 어찌 그 어려운 책을 읽었겠습니까?" — 70

"아이고,　제가 어찌 그 어려운　채글　일걷껟씀니까?"

그랬더니 선비가 슬며시 비웃으며 뱃사공에게 이렇게 — 76

그랟떠니　선비가　슬며시　비우스며　뱁싸공에게　이러케

말했습니다. — 77

말핻씀니다.

"어허, 그 유명한 논어를 아직도 못 읽었다고요. 그러면 — 85

"어허,　그 유명한　노녀를　아직또　몯 일걷따고요.　그러면

사공 목숨은 반쯤은 없는 것과 같습니다. 논어를 읽을 수 — 94

사공 목쑤믄　반쯔믄　엄는 걷꽈 갇씀니다.　노녀를　일글 쑤

있다는 것은 목숨처럼 중요하니까요." — 98

읻따는　거슨　목쑴처럼　중요하니까요."

조금 있다가 선비는 거들먹거리며 또 뱃사공에게 — 104

조금 이따가　선비는　거들먹꺼리며　또 뱁싸공에게

말했습니다. — 105

말핻씀니다.

"여보시오, 그렇다면 그 유명한 통감은 읽어 보았소?" — 112

"여보시오,　그러타면　그 유명한　통가믄　일거 보알쏘?"

3 우리에게 정말 필요한 것　141

통감도 논어처럼 아주 어려운 한문으로 된 책이었지요. —— 119

통감도 노녀처럼 아주 어려운 한무느로 된 채기얼찌요.

이번에도 뱃사공이 어려운 한문책을 읽었을 리가 없었지요. —— 126

이버네도 뱉싸공이 어려운 한문채글 일거쓸 리가 업썯찌요.

"아이고, 제가 어찌 그 어려운 책을 읽었겠습니까? 저는 —— 134

"아이고, 제가 어찌 그 어려운 채글 일걷껟씀니까? 저는

나룻배를 몰면서 사람들을 실어 나를 뿐이지요." —— 140

나룯빼를 몰면서 사람드를 시러 나를 뿌니지요."

"그러면 사공 목숨은 또 반쯤 없는 셈이구려." —— 147

"그러면 사공 목쑤믄 또 반쯤 엄는 세미구려."

또 한참을 가다 선비가 뱃사공에게 거들먹거리며 —— 153

또 한차믈 가다 선비가 뱉싸공에게 거들먹꺼리며

물었습니다. —— 154

무럳씀니다.

"여보시오, 그렇다면 그 유명한 대학은 읽어 보았소?" —— 161

"여보시오, 그러타면 그 유명한 대하근 일거 보앋쏘?"

이제 슬슬 뱃사공이 화가 치밀어 오르기 시작했습니다. —— 168

이제 슬슬 뱉싸공이 화가 치미러 오르기 시자갣씀니다.

"배만 잘 몰면 되었지, 한문책이 무슨 소용입니까?" —— 175

"배만 잘 몰면 되얻찌, 한문채기 무슨 소용임니까?"

"대학도 못 읽었다면 사공 목숨은 의미가 없소이다." —— 182

"대학또 몯 일걷따면 사공 목쑤믄 의미가 업쏘이다."

뱃사공은 화를 참고 조금 있다 선비에게 말했지요. —— 189

뱉싸공은 화를 참꼬 조금 읻따 선비에게 말핻지요.

"선비님은 바다나 강에서 헤엄을 칠 줄 아십니까?" —— 196

"선비니믄 바다나 강에서 헤어믈 칠 쭐 아심니까?"

"선비가 책만 읽으면 되지 헤엄이 무슨 소용이오." —— 203

"선비가 챙만 일그면 되지 헤어미 무슨 소용이오."

"그렇다면 선비님의 목숨은 이제 죽은 목숨과도 ——— 209
"그러타면   선비니믜   목쑤믄   이제   주근   목쑴과도
                        (메)

같습니다." ——— 210
같씀니다."

뱃사공은 이렇게 말하고는 노를 버리고 강물로 ——— 216
뱉싸공은   이러케   말하고는   노를   버리고   강물로

뛰어들었습니다. 강 한가운데 선비를 남겨 두고 헤엄을 쳐서 ——— 224
뛰어드럳씀니다.   강 한가운데   선비를   남겨 두고   헤어믈   쳐서

가 버렸답니다. 선비는 놀라서 뱃사공에게 제발 살려 달라고 ——— 232
가 버럳땀니다.   선비는   놀라서   뱉싸공에게   제발 살려 달라고

큰 소리로 소리쳤습니다. 하지만 뱃사공은 들은 척도 하지 ——— 240
큰 소리로   소리쳗씀니다.   하지만   뱉싸공은   드른 척또 하지

않고 가 버렸답니다. ——— 243
안코 가 버럳땀니다.

읽은 총 어절 수 (   ) – 틀린 어절 수 (   )

= 읽기유창성 점수 (   )

🎓 교수-학습 활동

읽 ◇ 기 ◇ 유 ◇ 창 ◇ 성

1. 단어를 빠르고 정확하게 읽기

2. 어휘의 뜻 알아보기

심심하다	단어의 뜻: 하는 일이 없어 지루하고 재미가 없다. 비슷한 말: 무료하다 반대말: 재미있다
뽐내다	단어의 뜻: 자랑하다. 비슷한 말: 뻐기다, 으스대다

거들먹거리다		단어의 뜻: 잘난 체하며 거만하게 행동하다.	
		비슷한 말: 잘난 체하다	
소용		단어의 뜻: 쓸모, 쓸데, 쓸 곳	
		비슷한 말: 쓸모, 쓰임	
참고	뱃사공	배를 운전하는 사람	
	논어	공자와 그의 제자들의 가르침을 적은 책[유교 경전인 사서(四書)의 하나]	
	한문책	한자(漢字)만으로 쓰인 책	
	통감	중국의 역사책	
	대학	공자와 그의 제자들의 가르침을 적은 책[유교 경전인 사서(四書)의 하나]	

다음 보기의 단어 중, 문장에 알맞은 단어를 써 봅시다.

1│ 주말에 혼자 집에만 있어서 무척 **심심했다**.

2│ 영훈이는 학예회에서 태권도 실력을 **뽐냈다**.

3│ 수현이는 반장이 된 뒤 **거들먹거리며** 돌아다닌다.

4│ 조용히 하라고 친구들에게 부탁해도 **소용**이 없었다.

3. 어구를 빠르고 정확하게 읽기

4. 글을 빠르고 정확하게 읽기

읽 ◇ 기 ◇ 이 ◇ 해

5. 이야기 지도 알아보기

6. 이야기 지도 사용하여 글 읽고 이해하기

제목: 우리에게 정말 필요한 것

1 인물 이야기에 등장하는 인물은 누구인가요?

> 뱃사공, 선비

2 시간과 장소 언제, 어디에서 일어난 이야기인가요?

> 시간: 옛날
>
> 장소: 어느 마을

3 사건들 인물에게 어떤 일들이 일어났나요? 일이 어떠한 차례로 일어났나요?

1) 뱃사공이 나루터에서 선비 한 사람을 태웠다.
2) 선비는 거들먹거리며 뱃사공에게 (논어, 통감, 대학과 같은) 한문책을 읽어 보았는지 물었고, 사공은 선비의 질문과 무시하는 말투에 화가 나기 시작했다.
3) 뱃사공은 선비에게 강에서 헤엄을 칠 줄 아는지를 물었고 선비는 선비가 책만 읽으면 되지 헤엄이 무슨 소용이냐고 말했다.

4 끝 이야기가 어떻게 끝났나요?

> 뱃사공은 강 한가운데 선비를 혼자 남겨두고 헤엄쳐 가 버렸다.

7. 글의 주제 알기

> 주제: 자기가 안다고 잘난 척하지 말자. 다른 사람을 무시하면 안 된다.

사◇후◇평◇가

앞에 있는 종이에 글이 있어요. 이제 선생님이 "시작"이라고 하면(학생용 평가지의 첫 어절을 손가락으로 가리킨 후, 계속 훑으면서) 처음부터 읽기 시작해서 "그만"이라고 할 때까지 최대한 정확하게, 그리고 최대한 빨리 읽으세요. 글을 읽다가 모르는 글자가 나오면 선생님이 어떻게 해야 할지 알려 줄게요. 최선을 다하세요. 질문 있어요? (질문이 있으면 질문에 대답한다.) 준비, 시작. (학생이 첫 어절을 말함과 동시에 타이머를 누르고 1분간 학생의 반응을 기록한 뒤 1분이 지나면 "그만"이라고 말한다.)

■ 읽기유창성 평가
■ 우리에게 정말 필요한 것

옛날 어느 마을에 나룻배를 모는 뱃사공이 살았습니다.	7
옌날 어느 마으레 나룯빼를 모는 뺃싸공이 사랃씀니다.	
뱃사공은 날마다 나룻배를 타고 사람들을 실어 날랐지요.	14
뺃싸공은 날마다 나룯빼를 타고 사람드를 시러 날랃찌요.	
하루는 뱃사공이 나루터에서 선비 한 사람을 태웠습니다.	21
하루는 뺃싸공이 나루터에서 선비 한 사라믈 태월씀니다.	
다른 손님은 없고 오로지 선비와 뱃사공 둘뿐이었지요.	28
다른 손님은 업꼬 오로지 선비와 뺃싸공 둘뿌니얻찌요.	
한참을 가다가 심심했던지 선비가 뱃사공에게 말을	34
한차믈 가다가 심심핻떤지 선비가 뺃싸공에게 마를	
걸었습니다.	35
거럳씀니다.	
"여보시오, 당신은 그 유명한 논어를 읽어 보았소?"	42
"여보시오, 당시는 그 유명한 노너를 일거 보앋쏘?"	
논어라는 책은 한문으로 된 아주 어려운 책입니다.	49
노너라는 채근 한무느로 된 아주 어려운 채김니다.	
자기는 한문책도 읽을 줄 안다고 뽐내려고 그랬답니다.	56
자기는 한문책또 일글 쭐 안다고 뽐내려고 그랟땀니다.	

그런데 뱃사공이 어려운 한문책을 읽었을 리가 없었지요. —— 63
그런데 뱃싸공이 어려운 한문채글 일거쓸 리가 업썼찌요.

"아이고, 제가 어찌 그 어려운 책을 읽었겠습니까?" —— 70
"아이고, 제가 어찌 그 어려운 채글 일걷껟씀니까?"

그랬더니 선비가 슬며시 비웃으며 뱃사공에게 이렇게 —— 76
그랟떠니 선비가 슬며시 비우스며 뱃싸공에게 이러케

말했습니다. —— 77
말핻씀니다.

"어허, 그 유명한 논어를 아직도 못 읽었다고요. 그러면 —— 85
"어허, 그 유명한 노너를 아직또 몯 일걷따고요. 그러면

사공 목숨은 반쯤은 없는 것과 같습니다. 논어를 읽을 수 —— 94
사공 목쑤믄 반쯔믄 엄는 걷꽈 갇씀니다. 노너를 일글 쑤

있다는 것은 목숨처럼 중요하니까요." —— 98
읻따는 거슨 목쑴처럼 중요하니까요."

조금 있다가 선비는 거들먹거리며 또 뱃사공에게 —— 104
조금 이따가 선비는 거들먹꺼리며 또 뱃싸공에게

말했습니다. —— 105
말핻씀니다.

"여보시오, 그렇다면 그 유명한 통감은 읽어 보았소?" —— 112
"여보시오, 그러타면 그 유명한 통가믄 일거 보앋쏘?"

통감도 논어처럼 아주 어려운 한문으로 된 책이었지요. —— 119
통감도 노너처럼 아주 어려운 한무느로 된 채기얻찌요.

이번에도 뱃사공이 어려운 한문책을 읽었을 리가 없었지요. —— 126
이버네도 뱃싸공이 어려운 한문채글 일거쓸 리가 업썼찌요.

"아이고, 제가 어찌 그 어려운 책을 읽었겠습니까? 저는 —— 134
"아이고, 제가 어찌 그 어려운 채글 일걷껟씀니까? 저는

나룻배를 몰면서 사람들을 실어 나를 뿐이지요." —— 140
나룯빼를 몰면서 사람드를 시러 나를 뿌니지요."

"그러면 사공 목숨은 또 반쯤 없는 셈이구려." —— 147

"그러면 사공 목쑤믄 또 반쯤 엄는 세미구려."

또 한참을 가다 선비가 뱃사공에게 거들먹거리며 —— 153

또 한차믈 가다 선비가 뺀싸공에게 거들먹꺼리며

물었습니다. —— 154

무럳씀니다.

"여보시오, 그렇다면 그 유명한 대학은 읽어 보았소?" —— 161

"여보시오, 그러타면 그 유명한 대하근 일거 보앋쏘?"

이제 슬슬 뱃사공이 화가 치밀어 오르기 시작했습니다. —— 168

이제 슬슬 뺀싸공이 화가 치미러 오르기 시자캗씀니다.

"배만 잘 몰면 되었지, 한문책이 무슨 소용입니까?" —— 175

"배만 잘 몰면 되얻찌, 한문채기 무슨 소용임니까?"

"대학도 못 읽었다면 사공 목숨은 의미가 없소이다." —— 182

"대학또 몯 일걷따면 사공 목쑤믄 의미가 업쏘이다."

뱃사공은 화를 참고 조금 있다 선비에게 말했지요. —— 189

뺀싸공은 화를 참꼬 조금 읻따 선비에게 말핻찌요.

"선비님은 바다나 강에서 헤엄을 칠 줄 아십니까?" —— 196

"선비니믄 바다나 강에서 헤어믈 칠 쭐 아심니까?"

"선비가 책만 읽으면 되지 헤엄이 무슨 소용이오." —— 203

"선비가 챙만 일그면 되지 헤어미 무슨 소용이오."

"그렇다면 선비님의 목숨은 이제 죽은 목숨과도 —— 209

"그러타면 선비니믜 목쑤믄 이제 주근 목쑴과도
(메)

같습니다." —— 210

갇씀니다."

뱃사공은 이렇게 말하고는 노를 버리고 강물로 —— 216

뺀싸공은 이러케 말하고는 노를 버리고 강물로

뛰어들었습니다. 강 한가운데 선비를 남겨 두고 헤엄을 쳐서 —— 224

뛰어드럳씀니다. 강 한가운데 선비를 남겨 두고 헤어믈 쳐서

가 버렸답니다. 선비는 놀라서 뱃사공에게 제발 살려 달라고 　　　　　—— 232

가 버렫땀니다.　선비는 놀라서 뱉싸공에게　제발 살려 달라고

큰 소리로 소리쳤습니다. 하지만 뱃사공은 들은 척도 하지 　　　　—— 240

큰 소리로 소리쳗씀니다.　하지만 뱉싸공은 드른 척또 하지

않고 가 버렸답니다. 　　　　　　　　　　　　　—— 243

안코 가 버렫땀니다.

읽은 총 어절 수 (　　　) – 틀린 어절 수 (　　　)

= 읽기유창성 점수 (　　　　　　　)

▌읽기이해 평가

1 이야기에 나오는 중심인물은 누구인가요? 두 사람을 써 보세요. (아동이 하나만 대답한 경우 추가 질문을 한다.)

　　1점: 뱃사공, 선비

　　0점: 정답의 일부, 오답 또는 대답을 하지 못함

2 언제, 어디에서 있었던 일인가요? (아동이 둘 중 하나만 대답한 경우, 추가 질문을 한다. 예를 들어, 아동이 '언제'
　　에 대한 것만 대답한 경우, "어디에서 있었던 일인가요?"라고 추가 질문을 한다.)

　　1점: 옛날, (어느) 마을

　　0점: 정답의 일부, 오답 또는 대답을 하지 못함

3 선비가 무엇을 뽐내려고 했나요?

　　1점: (자기가) 한문책을 읽을 줄 아는 것 (또는) 논어(통감, 대학)를 읽을 줄 아는것

　　0점: 정답의 일부, 오답 또는 대답을 하지 못함

4 화가 난 뱃사공이 선비를 어떻게 하였나요?

　　1점: 강 한가운데 선비를 남겨 두고 (헤엄쳐서) 가 버림 (또는) 노를 버리고 강물로 뛰어듦 (또는) 선
　　　　　비만 배에 남겨 두고 헤엄쳐서 가 버림

　　0점: 정답의 일부, 오답 또는 대답을 하지 못함

5 선비의 목숨이 왜 죽은 목숨과도 같다고 하였나요?

　　1점: 강에 빠져도 헤엄칠 줄 모르니까 (또는) 강에서 혼자 살아 나올 수 없기 때문에

　　0점: 정답의 일부, 오답 또는 대답을 하지 못하였을 경우

6 뱃사공이 떠나자 선비는 어떻게 하였나요?

1점: 살려 달라고 큰소리를 침

0점: 정답의 일부, 오답 또는 대답을 하지 못함

7 우리도 선비와 같이 되지 않으려면 어떻게 하여야 할까요? 그것을 어떻게 알 수 있는지 글에서 찾아 써 보세요.

1점: 자기가 안다고 잘난 척하면 안 됨 / (선비가) 잘난 척하다가 강에 혼자 남게 되어서

　　　(또는) 다른 사람을 무시하면 안 됨 / (선비가) 강에 버려졌으니까

0점: 정답의 일부, 오답 또는 대답을 하지 못하였을 경우

4 돼지가 '꿀꿀'하고 우는 이유

학◇습◇목◇표◇확◇인

● 글을 읽을 때, 적당한 부분에서 글을 빠르고 정확하게 끊어 읽을 수 있다.
● 글을 읽고, 글의 중심내용과 글의 주제를 파악할 수 있다.

사◇전◇평◇가

> **지시문**
>
> 앞에 있는 종이에 글이 있어요. 이제 선생님이 "시작"이라고 하면(학생용 평가지의 첫 어절을 손가락으로 가리킨 후, 계속 훑으면서) 처음부터 읽기 시작해서 "그만"이라고 할 때까지 최대한 정확하게, 그리고 최대한 빨리 읽으세요. 글을 읽다가 모르는 글자가 나오면 선생님이 어떻게 해야 할지 알려 줄게요. 최선을 다하세요. 질문 있어요? (질문이 있으면 질문에 대답한다.) 준비, 시작. (학생이 첫 어절을 말함과 동시에 타이머를 누르고 1분간 학생의 반응을 기록한 뒤 1분이 지나면 "그만"이라고 말한다.)

읽기유창성 평가
돼지가 '꿀꿀'하고 우는 이유

옛날 옛적 호랑이 담배 피울 적에 있었던 일이야. —— 8
옌날 옐쩍 호랑이 담배 피울 쩌게 이썯떤 이리야.

하루는 배고픈 여우가 산길을 어슬렁거리고 있었어. —— 14
하루는 배고픈 여우가 산끼를 어슬렁거리고 이썯써.

산모퉁이를 막 돌아서는데 눈앞에 사과나무가 나타났네. —— 20
산모퉁이를 막 도라서는데 누나페 사과나무가 나타난네.

그것도 주먹만 한 사과가 주렁주렁 매달린 나무였지. —— 27
그걷또 주멍만 한 사과가 주렁주렁 매달린 나무엳찌.

그런데 사과가 죄다 높은 곳에 달려 있어. 그래서 여우가 —— 36
그런데 사과가 죄다 노픈 고세 달려 이써. 그래서 여우가

궁리를 하다 돼지 친구를 찾아갔지. —— 41

궁니를 하다 돼지 친구를 차자갇찌.

"돼지야, 돼지야, 사과가 주렁주렁 매달렸는데 같이 —— 47

"돼지야, 돼지야, 사과가 주렁주렁 매달련는데 가치

먹으러 가자." —— 49

머그러 가자."

"정말? 그래 같이 가자." —— 53

"정말? 그래 가치 가자."

욕심 많은 돼지는 좋다고 여우를 따라 갔어. 힘 좋은 —— 62

욕씸 마는 돼지는 조타고 여우를 따라 가써. 힘 조은

돼지가 사과나무를 머리로 쿵쿵 박았지. 그랬더니 사과가 —— 69

돼지가 사과나무를 머리로 쿵쿵 바갇찌. 그랟떠니 사과가

와르르 떨어져 내린 거야. 그런데 못된 돼지 친구는 —— 77

와르르 떠러져 내린 거야. 그런데 몯뙨 돼지 친구는

사과를 주워서 혼자만 먹어. 여우가 못 먹게 등을 돌리고 —— 86

사과를 주워서 혼자만 머거. 여우가 몯 먹께 등을 돌리고

사과를 품고 먹었지. 그러니 여우가 얼마나 화가 나겠어. —— 94

사과를 품꼬 머걷찌. 그러니 여우가 얼마나 화가 나게써.

"흥, 욕심쟁이 같으니라고. 어디 한번 두고 보자." —— 101

"흥, 욕씸쟁이 가트니라고. 어디 한번 두고 보자."

그러고 며칠 뒤에 여우가 산길을 가다 벌집을 봤어. —— 109

그러고 며칠 뒤에 여우가 산끼를 가다 벌찌블 봐써.

여우가 꾀가 생겨 얼른 돼지 친구를 찾아갔지. —— 116

여우가 꾀가 생겨 얼른 돼지 친구를 차자갇찌.

"돼지야, 돼지야, 벌집에 꿀이 가득한데 같이 먹으러 —— 123

"돼지야, 돼지야, 벌찌베 꾸리 가드칸데 가치 머그러

가자." —— 124

가자."

"정말? 그래 같이 가자." —— 128

"정말? 그래 가치 가자."

욕심 많은 돼지는 이번에도 좋다고 따라갔지. 여우가 —— 135

욕씸 마는 돼지는 이버네도 조타고 따라갇찌. 여우가

봐 둔 벌집까지 가서 여우가 먼저 말했어. —— 142

봐 둔 벌찝까지 가서 여우가 먼저 말해써.

"꿀은 말이야, 인절미에 발라 먹어야 제 맛이거든. —— 149

"꾸른 마리야, 인절미에 발라 머거야 제 마시거든.

마을에서 인절미를 얻어 올 테니 꿀을 지키렴." —— 156

마으레서 인절미를 어더 올 테니 꾸를 지키렴."

그러고는 마을로 가는 척하다 큰 나무 뒤에 숨었지. —— 164

그러고는 마을로 가는 처카다 큰 나무 뒤에 수멀찌.

돼지가 생각하니 여우를 기다렸다가는 꿀을 나눠 —— 170

돼지가 생가카니 여우를 기다렫따가는 꾸를 나눠

먹어야겠거든. —— 171

머거야겓꺼든.

'안 되겠다, 여우가 오기 전에 혼자서 다 먹어야지.' —— 179

'안 되겓따, 여우가 오기 저네 혼자서 다 머거야지.'

이렇게 생각하고는 주둥이를 벌집에 디밀고 빨아 —— 185

이러케 생가카고는 주둥이를 벌찌베 디밀고 빠라

먹었어. 그러니 어찌 됐겠어? 벌들이 우르르 나와서 —— 192

머거써. 그러니 어찌 됃께써? 벌드리 우르르 나와서

돼지를 마구 쏘아 댔지. 돼지는 혼이 다 빠지도록 앞도 —— 201

돼지를 마구 쏘아 댇찌. 돼지는 호니 다 빠지도록 압또

안 보고 달렸어. 겨우 도망을 쳤지만 벌에 쏘여 몸이 —— 210

안 보고 달려써. 겨우 도망을 첟찌만 버레 쏘여 모미

퉁퉁 부었지. —— 212

퉁퉁 부얻찌.

"꿀, 꿀, 꿀이 원수지. 꿀, 꿀, 꿀이 원수야." —— 220

"꿀, 꿀, 꾸리 원수지, 꿀, 꿀, 꾸리 원수야."

틈만 나면 이렇게 말하다 버릇이 돼서 '꿀꿀'한다는 거야. —— 228

틈만 나면 이러케 말하다 버르시 돼서 '꿀꿀'한다는 거야.

읽은 총 어절 수 (   ) – 틀린 어절 수 (   )

= 읽기유창성 점수 (   )

 교수-학습 활동

읽 ◇ 기 ◇ 유 ◇ 창 ◇ 성

1. 단어를 빠르고 정확하게 읽기

2. 어휘의 뜻 알아보기

궁리	단어의 뜻: 마음속으로 이리저리 따져 깊이 생각함 비슷한 말: 생각
혼	단어의 뜻: 사람의 몸과 정신을 다스리는 영혼이나 마음 비슷한 말: 정신
가득하다	단어의 뜻: 양이나 수가 꽉 찬 상태에 있다. 비슷한 말: 그득하다, 풍성하다 반대말: 모자라다, 부족하다
매달리다	단어의 뜻: 어떤 것을 붙잡고 늘어지다. 비슷한 말: 달리다

🔖 다음 보기의 단어 중, 문장에 알맞은 단어를 써 봅시다.

1│ 멋진 그림에 예술가의 **혼**이 보였다.

2│ 꽃향기가 방 안에 **가득했다**.

3│ 답을 찾기 위해 **궁리** 끝에 생각해 낸 방법이 있다.

4│ 열매가 가지 끝에 대롱대롱 **매달렸다**.

3. 어구를 빠르고 정확하게 읽기

4. 글을 빠르고 정확하게 읽기

읽 ◇ 기 ◇ 이 ◇ 해

5. 이야기 지도 알아보기

6. 이야기 지도 사용하여 글 읽고 이해하기

제목: 돼지가 '꿀꿀'하고 우는 이유

1 인물 이야기에 등장하는 인물은 누구인가요?

돼지, 여우

2 시간과 장소 언제, 어디에서 일어난 이야기인가요?

시간: 옛날 옛적 호랑이 담배 피울 적에

장소: 산속

3 사건들 인물에게 어떤 일들이 일어났나요? 일이 어떠한 차례로 일어났나요?

1) 여우가 사과나무에 높이 매달린 사과를 먹으려고 돼지를 찾아가서 같이 먹으러 가자고 했다.
2) 돼지는 머리로 사과나무를 박아 떨어뜨린 사과를 혼자만 먹었다.
3) 화가 난 여우는 꾀를 내어 돼지에게 꿀을 같이 먹으러 가자고 하였다.
4) 돼지는 혼자서 꿀을 다 먹으려다 벌에 쏘여 몸이 퉁퉁 부었다.

4	**끝**	이야기가 어떻게 끝났나요?

> 돼지는 꿀을 원망하며 되뇌이다 '꿀꿀'하는 버릇이 생겼다.

7. 글의 주제 알기

> 주제: 욕심을 부리지 말자.

사◇후◇평◇가

지시문

앞에 있는 종이에 글이 있어요. 이제 선생님이 "시작"이라고 하면(학생용 평가지의 첫 어절을 손가락으로 가리킨 후, 계속 훑으면서) 처음부터 읽기 시작해서 "그만"이라고 할 때까지 최대한 정확하게, 그리고 최대한 빨리 읽으세요. 글을 읽다가 모르는 글자가 나오면 선생님이 어떻게 해야 할지 알려 줄게요. 최선을 다하세요. 질문 있어요? (질문이 있으면 질문에 대답한다.) 준비, 시작. (학생이 첫 어절을 말함과 동시에 타이머를 누르고 1분간 학생의 반응을 기록한 뒤 1분이 지나면 "그만"이라고 말한다.)

읽기유창성 평가
돼지가 '꿀꿀'하고 우는 이유

옛날 옛적 호랑이 담배 피울 적에 있었던 일이야.	—— 8
옌날 옐쩍 호랑이 담배 피울 쩌게 이썰떤 이리야.	
하루는 배고픈 여우가 산길을 어슬렁거리고 있었어.	— 14
하루는 배고픈 여우가 산끼를 어슬렁거리고 이썰써.	
산모퉁이를 막 돌아서는데 눈앞에 사과나무가 나타났네.	— 20
산모퉁이를 막 도라서는데 누나페 사과나무가 나타난네.	
그것도 주먹만 한 사과가 주렁주렁 매달린 나무였지.	— 27
그걷또 주멍만 한 사과가 주렁주렁 매달린 나무엳찌.	

그런데 사과가 죄다 높은 곳에 달려 있어. 그래서 여우가 —— 36
그런데 사과가 죄다 노픈 고세 달려 이써. 그래서 여우가

궁리를 하다 돼지 친구를 찾아갔지. —— 41
궁니를 하다 돼지 친구를 차자갇찌.

"돼지야, 돼지야, 사과가 주렁주렁 매달렸는데 같이 —— 47
"돼지야, 돼지야, 사과가 주렁주렁 매달련는데 가치

먹으러 가자." —— 49
머그러 가자."

"정말? 그래 같이 가자." —— 53
"정말? 그래 가치 가자."

욕심 많은 돼지는 좋다고 여우를 따라 갔어. 힘 좋은 —— 62
욕씸 마는 돼지는 조타고 여우를 따라 가써. 힘 조은

돼지가 사과나무를 머리로 쿵쿵 박았지. 그랬더니 사과가 —— 69
돼지가 사과나무를 머리로 쿵쿵 바갇찌. 그랟떠니 사과가

와르르 떨어져 내린 거야. 그런데 못된 돼지 친구는 —— 77
와르르 떠러져 내린 거야. 그런데 몯뙨 돼지 친구는

사과를 주워서 혼자만 먹어. 여우가 못 먹게 등을 돌리고 —— 86
사과를 주워서 혼자만 머거. 여우가 몯 먹께 등을 돌리고

사과를 품고 먹었지. 그러니 여우가 얼마나 화가 나겠어. —— 94
사과를 품꼬 머걷찌. 그러니 여우가 얼마나 화가 나게써.

"흥, 욕심쟁이 같으니라고. 어디 한번 두고 보자." ——101
"흥, 욕씸쟁이 가트니라고. 어디 한번 두고 보자."

그러고 며칠 뒤에 여우가 산길을 가다 벌집을 봤어. ——109
그러고 며칠 뒤에 여우가 산끼를 가다 벌찌블 봐써.

여우가 꾀가 생겨 얼른 돼지 친구를 찾아갔지. ——116
여우가 꾀가 생겨 얼른 돼지 친구를 차자갇찌.

"돼지야, 돼지야, 벌집에 꿀이 가득한데 같이 먹으러 ——123
"돼지야, 돼지야, 벌찌베 꾸리 가드칸데 가치 머그러

가자."
가자."

"정말? 그래 같이 가자." —— 128
"정말? 그래 가치 가자."

욕심 많은 돼지는 이번에도 좋다고 따라갔지. 여우가 —— 135
욕씸 마는 돼지는 이버네도 조타고 따라갇찌. 여우가

봐 둔 벌집까지 가서 여우가 먼저 말했어. —— 142
봐 둔 벌찝까지 가서 여우가 먼저 말해써.

"꿀은 말이야, 인절미에 발라 먹어야 제 맛이거든. —— 149
"꾸른 마리야, 인절미에 발라 머거야 제 마시거든.

마을에서 인절미를 얻어 올 테니 꿀을 지키렴." —— 156
마으레서 인절미를 어더 올 테니 꾸를 지키렴."

그러고는 마을로 가는 척하다 큰 나무 뒤에 숨었지. —— 164
그러고는 마을로 가는 처카다 큰 나무 뒤에 수멷찌.

돼지가 생각하니 여우를 기다렸다가는 꿀을 나눠 —— 170
돼지가 생가카니 여우를 기다렫따가는 꾸를 나눠

먹어야겠거든. —— 171
머거야겓꺼든.

'안 되겠다, 여우가 오기 전에 혼자서 다 먹어야지.' —— 179
'안 되겓따, 여우가 오기 저네 혼자서 다 머거야지.'

이렇게 생각하고는 주둥이를 벌집에 디밀고 빨아 —— 185
이러케 생가카고는 주둥이를 벌찌베 디밀고 빠라

먹었어. 그러니 어찌 됐겠어? 벌들이 우르르 나와서 —— 192
머거써. 그러니 어찌 됃께써? 벌드리 우르르 나와서

돼지를 마구 쏘아 댔지. 돼지는 혼이 다 빠지도록 앞도 —— 201
돼지를 마구 쏘아 댇찌. 돼지는 호니 다 빠지도록 압또

안 보고 달렸어. 겨우 도망을 쳤지만 벌에 쏘여 몸이 —— 210
안 보고 달려써. 겨우 도망을 철찌만 버레 쏘여 모미

통통 부었지.   —— 212

통통 부얻찌.

"꿀, 꿀, 꿀이 원수지. 꿀, 꿀, 꿀이 원수야."   —— 220

"꿀, 꿀, 꾸리 원수지, 꿀, 꿀, 꾸리 원수야."

틈만 나면 이렇게 말하다 버릇이 돼서 '꿀꿀'한다는 거야.   —— 228

틈만 나면 이러케 말하다 버르시 돼서 '꿀꿀'한다는 거야.

읽은 총 어절 수 (   ) – 틀린 어절 수 (   )

= 읽기유창성 점수 (   )

읽기이해 평가

1 이야기에 나오는 중심인물은 누구인가요? 두 인물을 써 보세요. (아동이 하나만 대답한 경우 추가 질문을 한다.)

1점: 돼지, 여우

0점: 오답 또는 대답을 하지 못함

2 언제 있었던 일인가요?

1점: 옛날(옛적 호랑이 담배 피울 적에)

0점: 오답 또는 대답을 하지 못함

3 여우는 왜 스스로 사과를 먹지 못하였나요?

1점: 사과가 너무 높이 달려 있어서, (또는) 사과나무가 너무 높아서 사과를 따지 못해서

0점: 오답 또는 대답을 하지 못함

4 여우가 돼지에게 화가 난 까닭은 무엇일까요?

1점: (돼지가) 사과를 주워서 혼자만 먹어서, (또는) 여우가 못 먹게 등을 돌리고 사과를 품고 먹어서

0점: 오답 또는 대답을 하지 못함

5 돼지는 어떻게 하다가 벌에게 쏘이게 되었나요?

1점: 주둥이를 벌집에 디밀고 빨아 먹다가

0점: 오답 또는 대답을 하지 못함

6 돼지가 어떻게 '꿀꿀'하고 울게 되었나요?

1점: (혼자 꿀을 빨아 먹다가 벌에게 쏘여) 꿀 꿀 꿀 때문이라고 계속 말하다가, (또는) (혼자 꿀을 빨아 먹다가 벌에게 쏘여) 꿀 꿀 꿀이 원수라고 계속 말하다가, (또는) (혼자 꿀을 빨아 먹다가 벌에게 쏘여) 꿀 때문이라고 꿀꿀꿀 계속 하다가

0점: 오답 또는 대답을 하지 못함

7 이야기에 나오는 여우는 어떤 인물일까요? 그것을 어떻게 알 수 있는지 글에서 찾아 써 보세요.

1점: 꾀가 많은 인물 또는 다른 사람을 잘 속이는 인물, 돼지를 속여서 벌집에 데려가서 벌에 쏘이도록 하였기 때문에

0점: 오답 또는 대답을 하지 못함

5 신비한 약과 욕심

학◇습◇목◇표◇확◇인

- 글을 읽을 때, 적당한 부분에서 글을 빠르고 정확하게 끊어 읽을 수 있다.
- 글을 읽고, 글의 중심내용과 글의 주제를 파악할 수 있다.

사◇전◇평◇가

지시문

앞에 있는 종이에 글이 있어요. 이제 선생님이 "시작"이라고 하면(학생용 평가지의 첫 어절을 손가락으로 가리킨 후, 계속 훑으면서) 처음부터 읽기 시작해서 "그만"이라고 할 때까지 최대한 정확하게, 그리고 최대한 빨리 읽으세요. 글을 읽다가 모르는 글자가 나오면 선생님이 어떻게 해야 할지 알려 줄게요. 최선을 다하세요. 질문 있어요? (질문이 있으면 질문에 대답한다.) 준비, 시작. (학생이 첫 어절을 말함과 동시에 타이머를 누르고 1분간 학생의 반응을 기록한 뒤 1분이 지나면 "그만"이라고 말한다.)

읽기유창성 평가
신비한 약과 욕심

옛날 어느 마을에 병을 고치는 의원이 살았지요. 실력이	—— 8
옌날 어느 마으레 병을 고치는 의워니 사랃찌요. 실려기	
어찌나 좋은지 못 고치는 병이 없었다지요. 그렇지만	—— 15
어찌나 조은지 몯 꼬치는 병이 업썯따지요. 그러치만	
의원은 자만하지 않고 연구를 계속하였지요. 그리하여	—— 21
의워는 자만하지 안코 연구를 계소카엳지요. 그리하여	
의원이 신비로운 약 하나를 드디어 만들었답니다.	—— 27
의워니 신비로운 약 하나를 드디어 만드럳땀니다.	
그 약은 죽은 사람을 다시 살리는 약이었습니다.	—— 34
그 야근 주근 사라믈 다시 살리는 야기얻씀니다.	

옛날이나 지금이나 죽지 않고 살려는 욕심은 같았나 —— 41
옌나리나　지그미나　죽찌 안코 살려는　욕씨믄 가탄나

봅니다. 의원은 이 약을 환자들에게 절대 쓰지 않았지요. —— 49
봄니다.　의워는　이 야글 환자드레게　절때 쓰지 아낟찌요.

더욱이 약을 만드는 비법을 제자에게조차 알리지 —— 55
더우기 야글 만드는 비뻐블　제자에게조차　알리지

않았습니다. 그러고는 약병을 벽장 속에 꼭꼭 숨겨 —— 62
아낟씀니다.　그러고는　약뼝을　벽짱 소게 꼭꼭 숨겨

두었지요. —— 63
두얻찌요.

그렇게 시간이 흐르고 흘러 의원도 노인이 되었습니다. —— 70
그러케　시가니 흐르고　흘러 의원도　노이니 되얻씀니다.

죽을 때가 다가오자 가장 아끼는 제자를 불렀습니다. —— 77
주글 때가 다가오자　가장 아끼는　제자를 불럳씀니다.

"세상에서 가장 아끼는 나의 제자야 잘 들어라. 사실은 —— 85
"세상에서　가장 아끼는　나의 제자야　잘 드러라.　사시른

내가 죽은 사람을 살리는 약을 만들었느니라." —— 91
내가 주근 사라믈　살리는　야글 만드런느니라."

의원은 지난 세월 동안 연구에 힘썼던 이야기들을 —— 98
의워는　지난 세월 똥안 연구에　힘썯떤 이야기드를

말했지요. 제자는 침을 꿀꺽 삼키면서 스승의 말씀을 —— 105
말핻찌요.　제자는 치믈 꿀꺽 삼키면서　스승의 말쓰믈

들었습니다. —— 106
드럳씀니다.

"그러니 제자야, 내가 죽거든 벽장 속의 약병을 찾아라. —— 114
"그러니　제자야,　내가 죽꺼든 벽짱 소긔 약뼝을　차자라.

그리고 그 약을 내 온몸에 빠짐없이 발라라. 싸늘하게 —— 122
그리고　그 야글 내 온모메　빠지멉씨　발라라.　싸늘하게

죽었던 내가 온기를 되찾아 살아날 것이니라." —— 128
주걷떤 내가 온기를　되차자 사라날 꺼시니라."

의원은 제자에게 마지막 유언을 남기고 세상을 —— 134

의워는 제자에게 마지막 유어늘 남기고 세상을

떠났습니다. —— 135

떠낟씀니다.

제자는 유언대로 약병을 찾아 스승의 몸에 발랐지요. —— 142

제자는 유언대로 약뼝을 차자 스승의 모메 발랃찌요.

그랬더니 약을 바른 곳에 온기가 돌기 시작했습니다. —— 149

그랟떠니 야글 바른 고세 온기가 돌기 시자캗씀니다.

하지만 제자는 약을 더 이상 바르지 않았지요. 그러고는 그 —— 158

하지만 제자는 야글 더 이상 바르지 아낟찌요. 그러고는 그

약병을 자신의 집 벽장에 숨겼습니다. —— 163

약뼝을 자시늬 집 벽짱에 숨겯씀니다.
　　　　　　(네)

또 세월이 흘러 제자도 죽음을 눈앞에 두었습니다. —— 170

또 세워리 흘러 제자도 주그믈 누나페 두얻씀니다.

제자는 아들에게 스승의 유언과 똑같은 유언을 —— 176

제자는 아드레게 스승의 유언과 똑까튼 유어늘

했습니다. 제자가 죽자 아들은 약병을 찾아 약을 —— 183

핻씀니다. 제자가 죽짜 아드른 약뼝을 차자 야글

발랐지요. 그랬더니 제자의 몸에 온기가 돌며 살아나기 —— 190

발랃찌요. 그랟떠니 제자의 모메 온기가 돌며 사라나기

시작했습니다. 아들은 너무 놀라고 기뻐서 약을 모두 —— 197

시자캗씀니다. 아드른 너무 놀라고 기뻐서 야글 모두

발랐습니다. 하지만 목까지 바르고 나자 약이 모두 —— 204

발랃씀니다. 하지만 목까지 바르고 나자 야기 모두

떨어졌습니다. 안타깝게도 제자의 몸은 다시 싸늘하게 —— 210

떠러젿씀니다. 안타깝께도 제자의 모믄 다시 싸늘하게

식어 갔습니다. —— 212

시거 갇씀니다.

읽은 총 어절 수 (　　　) - 틀린 어절 수 (　　　)

= 읽기유창성 점수 (　　　)

III

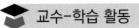

읽 ◇ 기 ◇ 유 ◇ 창 ◇ 성

1. 단어를 빠르고 정확하게 읽기

2. 어휘의 뜻 알아보기

자만하다	단어의 뜻: 스스로 자랑하며 뽐내다. 비슷한 말: 과시하다 반대말: 겸손하다
실력	단어의 뜻: 힘이나 능력 비슷한 말: 능력, 역량
유언	단어의 뜻: 죽기 전에 남기는 말 비슷한 말: 유서
온기	단어의 뜻: 따뜻한 기운 반대말: 한기, 냉기

✍ 다음 보기의 단어 중, 문장에 알맞은 단어를 써 봅시다.

__1__ 온기의 반대말은 한기입니다.

__2__ 자만하다의 반대말은 겸손하다입니다.

__3__ 능력의 비슷한 말은 실력입니다.

__4__ 유서의 비슷한 말은 유언입니다.

3. 어구를 빠르고 정확하게 읽기

4. 글을 빠르고 정확하게 읽기

5. 이야기 지도 알아보기

6. 이야기 지도 사용하여 글 읽고 이해하기

제목: 신비한 약과 욕심

| **1** | **인물** | 이야기에 등장하는 인물은 누구인가요? |

의원, 제자, 제자의 아들

| **2** | **시간과 장소** | 언제, 어디에서 일어난 이야기인가요? |

시간: 옛날

장소: 어느 마을 (또는) 어느 고을

| **3** | **사건들** | 인물에게 어떤 일들이 일어났나요? 일이 어떠한 차례로 일어났나요? |

1) 의원은 죽은 사람을 다시 살리는 약을 만든 후, 약병을 벽장에 숨겨 놓았다.
2) 의원은 죽기 전에 제자에게 자기가 죽거든 약병의 약을 자기 온몸에 빠짐없이 발라 달라고 말했다.
3) 제자는 스승의 몸에 약을 바르다가 말고, 약병을 자신의 벽장에 숨겨 놓았다.
4) 제자는 죽기 전에 자기 아들에게 똑같은 유언을 했고, 아들은 제자가 죽은 뒤에 제자의 몸에 약을 발랐다.

| **4** | **끝** | 이야기가 어떻게 끝났나요? |

목까지 바르자 약이 떨어져서, 제자의 몸은 다시 식어 갔다.

7. 글의 주제 알기

> 주제: 욕심을 부리지 말자.

사 ◇ 후 ◇ 평 ◇ 가

지시문

앞에 있는 종이에 글이 있어요. 이제 선생님이 "시작"이라고 하면(학생용 평가지의 첫 어절을 손가락으로 가리킨 후, 계속 훑으면서) 처음부터 읽기 시작해서 "그만"이라고 할 때까지 최대한 정확하게, 그리고 최대한 빨리 읽으세요. 글을 읽다가 모르는 글자가 나오면 선생님이 어떻게 해야 할지 알려 줄게요. 최선을 다하세요. 질문 있어요? (질문이 있으면 질문에 대답한다.) 준비, 시작. (학생이 첫 어절을 말함과 동시에 타이머를 누르고 1분간 학생의 반응을 기록한 뒤 1분이 지나면 "그만"이라고 말한다.)

▌읽기유창성 평가
▌신비한 약과 욕심

옛날 어느 마을에 병을 고치는 의원이 살았지요. 실력이	—— 8
옛날 어느 마으레 병을 고치는 의워니 사랃찌요. 실려기	
어찌나 좋은지 못 고치는 병이 없었다지요. 그렇지만	— 15
어찌나 조은지 몯 꼬치는 병이 업썯따요. 그러치만	
의원은 자만하지 않고 연구를 계속하였지요. 그리하여	— 21
의워는 자만하지 안코 연구를 계소카엳찌요. 그리하여	
의원이 신비로운 약 하나를 드디어 만들었답니다.	— 27
의워니 신비로운 약 하나를 드디어 만드럳땀니다.	
그 약은 죽은 사람을 다시 살리는 약이었습니다.	— 34
그 야근 주근 사라믈 다시 살리는 야기얻씀니다.	
옛날이나 지금이나 죽지 않고 살려는 욕심은 같았나	— 41
옌나리나 지그미나 죽찌 안코 살려는 욕씨믄 가탄나	
봅니다. 의원은 이 약을 환자들에게 절대 쓰지 않았지요.	— 49
봄니다. 의워는 이 야글 환자드레게 절때 쓰지 아낟찌요.	

더욱이 약을 만드는 비법을 제자에게조차 알리지　　　—— 55
더우기　야글　만드는　비뻐블　제자에게조차　알리지

않았습니다. 그러고는 약병을 벽장 속에 꼭꼭 숨겨　　　—— 62
아낟씀니다.　그러고는　약뼝을　벽짱　소게　꼭꼭　숨겨

두었지요.　　　—— 63
두얻찌요.

그렇게 시간이 흐르고 흘러 의원도 노인이 되었습니다.　　　—— 70
그러케　시가니　흐르고　흘러　의원도　노이니　되얻씀니다.

죽을 때가 다가오자 가장 아끼는 제자를 불렀습니다.　　　—— 77
주글　때가　다가오자　가장　아끼는　제자를　불럳씀니다.

"세상에서 가장 아끼는 나의 제자야 잘 들어라. 사실은　　　—— 85
"세상에서　가장　아끼는　나의　제자야　잘　드러라.　사시른

내가 죽은 사람을 살리는 약을 만들었느니라."　　　—— 91
내가　주근　사라믈　살리는　야글　만드런느니라."

의원은 지난 세월 동안 연구에 힘썼던 이야기들을　　　—— 98
의워는　지난　세월　똥안　연구에　힘썯떤　이야기드를

말했지요. 제자는 침을 꿀꺽 삼키면서 스승의 말씀을　　　—— 105
말핻찌요.　제자는　치믈　꿀꺽　삼키면서　스승의　말쓰믈

들었습니다.　　　—— 106
드럳씀니다.

"그러니 제자야, 내가 죽거든 벽장 속의 약병을 찾아라.　　　—— 114
"그러니　제자야,　내가　죽꺼든　벽짱　소긔　약뼝을　차자라.

그리고 그 약을 내 온몸에 빠짐없이 발라라. 싸늘하게　　　—— 122
그리고　그　야글　내　온모메　빠지멉씨　발라라.　싸늘하게

죽었던 내가 온기를 되찾아 살아날 것이니라."　　　—— 128
주걷떤　내가　온기를　되차자　사라날　꺼시니라."

의원은 제자에게 마지막 유언을 남기고 세상을　　　—— 134
의워는　제자에게　마지막　유어늘　남기고　세상을

떠났습니다.　　　　　　　　　　　　　　　　　　　　　　　　　—— 135
떠낟씀니다.

제자는 유언대로 약병을 찾아 스승의 몸에 발랐지요.　　　　　—— 142
제자는　유언대로　약뼝을　차자　스승의　모메　발랃찌요.

그랬더니 약을 바른 곳에 온기가 돌기 시작했습니다.　　　　　—— 149
그랟떠니　야글 바른 고세 온기가　돌기 시자캗씀니다.

하지만 제자는 약을 더 이상 바르지 않았지요. 그러고는 그　　—— 158
하지만　제자는　야글 더 이상　바르지　아낟찌요.　그러고는　그

약병을 자신의 집 벽장에 숨겼습니다.　　　　　　　　　　　—— 163
약뼝을　자시늬　집 벽짱에　숨겯씀니다.
　　　　　　　　　(네)
또 세월이 흘러 제자도 죽음을 눈앞에 두었습니다.　　　　　　—— 170
또 세워리　흘러 제자도　주그믈 누나페　두얻씀니다.

제자는 아들에게 스승의 유언과 똑같은 유언을　　　　　　　　—— 176
제자는 아드레게　스승의 유언과 똑까튼 유어늘

했습니다. 제자가 죽자 아들은 약병을 찾아 약을　　　　　　　—— 183
핻씀니다.　제자가 죽짜 아드른 약뼝을　차자 야글

발랐지요. 그랬더니 제자의 몸에 온기가 돌며 살아나기　　　　—— 190
발랃찌요.　그랟떠니　제자의 모메 온기가　돌며 사라나기

시작했습니다. 아들은 너무 놀라고 기뻐서 약을 모두　　　　　—— 197
시자캗씀니다.　　아드른 너무 놀라고 기뻐서 야글 모두

발랐습니다. 하지만 목까지 바르고 나자 약이 모두　　　　　　—— 204
발랃씀니다.　하지만 목찌 바르고 나자 야기 모두

떨어졌습니다. 안타깝게도 제자의 몸은 다시 싸늘하게　　　　—— 210
떠러젇씀니다.　안타깝께도　제자의 모믄 다시 싸늘하게

식어 갔습니다.　　　　　　　　　　　　　　　　　　　　　—— 212
시거 갇씀니다.

읽은 총 어절 수 (　　　) – 틀린 어절 수 (　　　)
= 읽기유창성 점수 (　　　　　　　　　　)

1 이야기에 나오는 중심인물은 누구인가요? 세 명을 써 보세요. (아동이 하나만 대답한 경우 추가 질문을 한다.)

    1점: 의원, 제자, 제자의 아들

    0점: 오답 또는 대답을 하지 못함

2 언제, 어디에서 있었던 일인가요? (아동이 둘 중 하나만 대답한 경우, 추가 질문을 한다. 예를 들어, 아동이 '언제'에 대한 것만 대답한 경우, "어디에서 있었던 일인가요?"라고 추가 질문을 한다.)

    1점: 옛날, (어느) 마을 (또는) 고을

    0점: 오답 또는 대답을 하지 못함

3 왜 신비로운 약이라고 하였나요?

    1점: 죽은 사람을 다시 살리는 약이기 때문에 (또는) 죽은 사람을 살리기 때문에

    0점: 오답 또는 대답을 하지 못함

4 의원이 죽기 전에 제자에게 어떤 유언을 하였나요?

    1점: (벽장 속에 있는) 약병을 찾아서 그 약을 자기의 몸에 (빠짐없이) 바르라고 함

    0점: 오답 또는 대답을 하지 못함

5 의원이 다시 살아날 수 없었던 까닭은 무엇일까요?

    1점: 제자가 의원의 몸에 약을 모두(또는 다, 또는 전부) 바르지 않았기 때문에

    0점: 오답 또는 대답을 하지 못함

6 사람을 다시 살리는 약이라는 것을 어떻게 알 수 있나요?

    1점: 약을 바르는 곳에 온기가 돌아서 (또는) 약을 바르자 몸에 온기가 돌고 살아나기 시작해서

    0점: 오답 또는 대답을 하지 못하였을 경우

7 이야기에 나오는 제자의 아들은 어떤 사람일까요? 그것을 어떻게 알 수 있는지 글에서 찾아 써 보세요.

    1점: 착한 사람, 욕심이 없는 사람 (또는) 효심이 깊은 사람 (또는) 효자, 아버지 몸에 약을 모두 발 랐기 때문에

    0점: 오답 또는 대답을 하지 못하였을 경우

6 장님과 앉은뱅이의 우정

● 글을 읽을 때, 적당한 부분에서 글을 바르고 정확하게 끊어 읽을 수 있다.
● 글을 읽고, 글의 중심내용과 글의 주제를 파악할 수 있다.

사 ◇ 전 ◇ 평 ◇ 가

> **지시문**
>
> 앞에 있는 종이에 글이 있어요. 이제 선생님이 "시작"이라고 하면(학생용 평가지의 첫 어절을 손가락으로 가리킨 후, 계속 훑으면서) 처음부터 읽기 시작해서 "그만"이라고 할 때까지 최대한 정확하게, 그리고 최대한 빨리 읽으세요. 글을 읽다가 모르는 글자가 나오면 선생님이 어떻게 해야 할지 알려 줄게요. 최선을 다하세요. 질문 있어요? (질문이 있으면 질문에 대답한다.) 준비, 시작. (학생이 첫 어절을 말함과 동시에 타이머를 누르고 1분간 학생의 반응을 기록한 뒤 1분이 지나면 "그만"이라고 말한다.)

읽기유창성 평가
장님과 앉은뱅이의 우정

옛날 옛날 어느 마을에 두 아이가 살았습니다. 한 아이 ——— 9
옌날 옌날 어느 마으레 두 아이가 사랃씀니다. 한 아이

이름이 '지성'이고, 다른 하나는 '감천'이었지요. 지성이는 ——— 15
이르미 '지성'이고, 다른 하나는 '감천'이얻찌요. 지성이는

장님이고 감천이는 걸을 수 없는 앉은뱅이였답니다. ——— 21
장님이고 감처니는 거를 수 엄는 안즌뱅이얻땀니다.

지성이와 감천이는 마을에서 둘도 없는 친한 친구였습니다. ——— 28
지성이와 감처니는 마으레서 둘도 엄는 친한 친구엳씀니다.

어느 날 두 아이의 부모님이 모두 돌아가셨어요. 같은 ——— 36
어느 날 두 아이의 부모니미 모두 도라가셔써요. 가튼

날에 지성이와 감천이는 모두 고아가 되어 버렸지요. —— 43

나레 지성이와 감처니는 모두 고아가 되어 버렫찌요.

살 길이 막막해진 둘은 결국 구걸을 하였습니다. —— 50

살 끼리 망마캐진 두른 결국 구거를 하엳씀니다.

지성이가 감천이를 업고, 감천이는 지성이에게 길을 —— 56

지성이가 감처니를 업꼬, 감처니는 지성이에게 기를

가르쳐 주었지요. 마을 사람들은 불쌍한 두 아이에게 —— 63

가르쳐 주얻찌요. 마을 사람드른 불쌍한 두 아이에게

음식을 나눠 주었습니다. —— 66

음시글 나눠 주얻씀니다.

하루는 어느 고개 밑에 있는 옹달샘에 이르렀지요. —— 73

하루는 어느 고개 미테 인는 옹달새메 이르럳찌요.

그런데 샘 속에 커다란 금덩이가 하나 있었습니다. —— 80

그런데 샘 소게 커다란 금떵이가 하나 이썯씀니다.

"지성아, 여기에 엄청 큰 금덩이가 하나 있어." —— 87

"지성아, 여기에 엄청 큰 금떵이가 하나 이써."

하지만 금덩이가 하나뿐이니 누가 가질지 문제가 —— 93

하지만 금떵이가 하나뿌니니 누가 가질찌 문제가

되었습니다. —— 94

되얻씀니다.

"감천아, 네가 본 것이니 네가 가져라." —— 100

"감처나, 네가 본 거시니 네가 가져라."

"아니야, 지성이 네가 아니면 이리로 오지도 못했어. —— 107

"아니야, 지성이 네가 아니면 이리로 오지도 모태써.

그러니 나보다는 지성이 네가 가지는 게 옳아." —— 114

그러니 나보다는 지성이 네가 가지는 게 오라."

한참을 다투며 서로에게 양보하다 둘은 지쳤습니다. —— 120

한차믈 다투며 서로에게 양보하다 두른 지첟씀니다.

"이것 때문에 우리 사이가 멀어지겠으니 그냥 가자." —— 127
"이걸 때무네 우리 사이가 머러지게쓰니 그냥 가자."

지성이와 감천이는 금덩이를 그냥 두고 고갯길을 —— 133
지성이와 감처니는 금떵이를 그냥 두고 고갣끼를

걸었습니다. 그런데 그만 고갯마루를 넘다 산적을 만나고 —— 140
거럳씀니다. 그런데 그만 고갠마루를 넘따 산저글 만나고

말았지요. —— 141
마랃찌요.

"이놈들아, 가진 것을 모두 내어 놓아라." —— 147
"이놈드라, 가진 거슬 모두 내어 노아라."

"우리는 가진 게 없고, 옹달샘에 금덩이가 있소." —— 154
"우리는 가진 게 업꼬, 옹달샘에 금떵이가 읻쏘."

산적은 지성이와 감천이를 나무에 묶고 옹달샘으로 —— 160
산저근 지성이와 감처니를 나무에 묵꼬 옹달새므로

내려갔습니다. 하지만 금덩이 대신 구렁이 한 마리가 —— 167
내려갇씀니다. 하지만 금떵이 대신 구렁이 한 마리가

있었어요. 산적은 놀라서 구렁이를 칼로 베어 두 —— 174
이써써요. 산저근 놀라서 구렁이를 칼로 베어 두

동강 냈습니다. 그러고는 묶어 놓은 지성이와 감천이를 —— 181
동강 낻씀니다. 그러고는 무꺼 노은 지성이와 감처니를

두들겨 팼답니다. —— 183
두들겨 팯땀니다.

산적에게 풀려난 둘은 이상해서 다시 옹달샘으로 —— 189
산저게게 풀려난 두른 이상해서 다시 옹달새므로

갔습니다. 그랬더니 금덩이가 하나가 아니라 두 개가 —— 196
갇씀니다. 그랟떠니 금떵이가 하나가 아니라 두 개가

있었지요. 산신령이 일부러 금덩이를 구렁이로 보이게 —— 202
이썯찌요. 산실령이 일부러 금떵이를 구렁이로 보이게

만들었던 거랍니다. 산적 눈에 구렁이로 보였던 것이 —— 209

만드럳떤　거람니다.　산적　누네　구렁이로　보엳떤　거시

사실은 금덩이였지요. —— 211

사시른　금떵이엳찌요.

그래서 지성이와 감천이는 금덩이를 하나씩 사이좋게 —— 217

그래서　지성이와　감처니는　금떵이를　하나씩　사이조케

나누었지요. 그러고는 금덩이를 내다 팔아 큰 부자가 —— 224

나누얻찌요.　그러고는　금떵이를　내다　파라　큰　부자가

되었습니다. 부자가 되고 나서도 서로 양보하면서 행복하게 —— 231

되얻씀니다.　부자가　되고　나서도　서로　양보하면서　행보카게

살았답니다. —— 232

사랃땀니다.

읽은 총 어절 수 (　　　) – 틀린 어절 수 (　　　)

= 읽기유창성 점수 (　　　)

🎓 교수-학습 활동

읽 ◦ 기 ◦ 유 ◦ 창 ◦ 성

1. 단어를 빠르고 정확하게 읽기

2. 어휘의 뜻 알아보기

우정	단어의 뜻: 친구 사이의 정 비슷한 말: 우애, 우의
양보하다	단어의 뜻: 남을 위하여 자신의 이익을 희생하다. 비슷한 말: 넘기다
지치다	단어의 뜻: 어떤 일에 시달려 기운이 빠지다.
구걸	단어의 뜻: 돈이나 곡식, 물건 따위를 거저 달라고 빎 비슷한 말: 동냥

📖 다음 보기의 단어 중, 문장에 알맞은 단어를 써 봅시다.

1 | 아빠가 사 준 장난감을 동생에게 **양보했다**.

2 | 그 동네 거지들은 **구걸**을 하여 끼니를 해결했다.

3 | 남매는 서로 먼저 게임을 하겠다고 싸우다가 **지쳤다**.

4 | 상현이와 나의 **우정**은 오래됐다.

3. 어구를 빠르고 정확하게 읽기

4. 글을 빠르고 정확하게 읽기

읽 ◇ 기 ◇ 이 ◇ 해

5. 이야기 지도 알아보기

6. 이야기 지도 사용하여 글 읽고 이해하기

제목: 장님과 앉은뱅이의 우정

1 인물 이야기에 등장하는 인물은 누구인가요?
장님, 앉은뱅이, 산적

2 시간과 장소 언제, 어디에서 일어난 이야기인가요?
시간: 옛날 옛적 장소: 어느 마을, 옹달샘, 고갯마루

3	사건들	인물에게 어떤 일들이 일어났나요? 일이 어떠한 차례로 일어났나요?

1) 지성이와 감천이는 고아가 되어서 구걸을 하며 살았다.
2) 지성이와 감천이는 옹달샘에서 금덩이를 발견하여, 서로 양보하다가 그냥 놓고
   왔다.
3) 산적에게 금덩이가 있는 곳을 알려 주었는데, 산적이 가 보니 구렁이가 있어서 구
   렁이를 칼로 두 동강 냈다.
4) 지성이와 감천이가 다시 옹달샘으로 가 보니 금덩이 두 개가 있었다.

4	끝	이야기가 어떻게 끝났나요?

금덩이를 하나씩 나누어 갖고 부자가 되었다.

7. 글의 주제 알기

주제: 욕심을 부리지 말자.

사◇후◇평◇가

옛날 옛날 어느 마을에 두 아이가 살았습니다. 한 아이 —— 9
옌날 옌날 어느 마으레 두 아이가 사랃씀니다. 한 아이

이름이 '지성'이고, 다른 하나는 '감천'이었지요. 지성이는 —— 15
이르미 '지성'이고, 다른 하나는 '감천'이얻찌요. 지성이는

장님이고 감천이는 걸을 수 없는 앉은뱅이였답니다. —— 21
장님이고 감처니는 거를 수 엄는 안즌뱅이엳땀니다.

지성이와 감천이는 마을에서 둘도 없는 친한 친구였습니다. —— 28
지성이와 감처니는 마으레서 둘도 엄는 친한 친구엳씀니다.

어느 날 두 아이의 부모님이 모두 돌아가셨어요. 같은 —— 36
어느 날 두 아이의 부모니미 모두 도라가셔써요. 가튼

날에 지성이와 감천이는 모두 고아가 되어 버렸지요. —— 43
나레 지성이와 감처니는 모두 고아가 되어 버렫찌요.

살 길이 막막해진 둘은 결국 구걸을 하였습니다. —— 50
살 끼리 망마캐진 두른 결국 구거를 하엳씀니다.

지성이가 감천이를 업고, 감천이는 지성이에게 길을 —— 56
지성이가 감처니를 업꼬, 감처니는 지성이에게 기를

가르쳐 주었지요. 마을 사람들은 불쌍한 두 아이에게 —— 63
가르쳐 주얻찌요. 마을 사람드른 불쌍한 두 아이에게

음식을 나눠 주었습니다. —— 66
음시글 나눠 주얻씀니다.

하루는 어느 고개 밑에 있는 옹달샘에 이르렀지요. —— 73
하루는 어느 고개 미테 인는 옹달새메 이르럳찌요.

그런데 샘 속에 커다란 금덩이가 하나 있었습니다. —— 80
그런데 샘 소게 커다란 금떵이가 하나 이썯씀니다.

"지성아, 여기에 엄청 큰 금덩이가 하나 있어." —— 87
"지성아, 여기에 엄청 큰 금떵이가 하나 이써."

하지만 금덩이가 하나뿐이니 누가 가질지 문제가 —— 93
하지만 금떵이가　하나뿌니니　누가 가질찌 문제가

되었습니다. —— 94
되얻씀니다.

"감천아, 네가 본 것이니 네가 가져라." —— 100
"감처나,　네가 본 거시니　네가 가져라."

"아니야, 지성이 네가 아니면 이리로 오지도 못했어. —— 107
"아니야,　지성이 네가 아니면 이리로　오지도 모태써.

그러니 나보다는 지성이 네가 가지는 게 옳아." —— 114
그러니 나보다는　지성이 네가 가지는 게 오라."

한참을 다투며 서로에게 양보하다 둘은 지쳤습니다. —— 120
한차믈 다투며 서로에게　양보하다 두른 지쳗씀니다.

"이것 때문에 우리 사이가 멀어지겠으니 그냥 가자." —— 127
"이걷 때무네 우리 사이가 머러지게쓰니　그냥 가자."

지성이와 감천이는 금덩이를 그냥 두고 고갯길을 —— 133
지성이와　감처니는 금떵이를　그냥 두고 고갣끼를

걸었습니다. 그런데 그만 고갯마루를 넘다 산적을 만나고 —— 140
거럳씀니다.　그런데 그만 고갣마루를　넘따 산저글 만나고

말았지요. —— 141
마랃찌요.

"이놈들아, 가진 것을 모두 내어 놓아라." —— 147
"이놈드라,　가진 거슬 모두 내어 노아라."

"우리는 가진 게 없고, 옹달샘에 금덩이가 있소." —— 154
"우리는　가진 게 업꼬, 옹달샘에　금떵이가　읻쏘."

산적은 지성이와 감천이를 나무에 묶고 옹달샘으로 —— 160
산저근 지성이와　감처니를　나무에 묵꼬 옹달새므로

내려갔습니다. 하지만 금덩이 대신 구렁이 한 마리가 —— 167
내려갇씀니다.　하지만 금떵이 대신 구렁이 한 마리가

있었어요. 산적은 놀라서 구렁이를 칼로 베어 두 —— 174

이써써요.   산저근   놀라서   구렁이를   칼로   베어   두

동강 냈습니다. 그러고는 묶어 놓은 지성이와 감천이를 —— 181

동강   낻씀니다.   그러고는   무꺼   노은   지성이와   감처니를

두들겨 팼답니다. —— 183

두들겨   팯땀니다.

산적에게 풀려난 둘은 이상해서 다시 옹달샘으로 —— 189

산저게게   풀려난   두른   이상해서   다시   옹달새므로

갔습니다. 그랬더니 금덩이가 하나가 아니라 두 개가 —— 196

갇씀니다.   그랟떠니   금떵이가   하나가   아니라   두   개가

있었지요. 산신령이 일부러 금덩이를 구렁이로 보이게 —— 202

이썯찌요.   산실령이   일부러   금떵이를   구렁이로   보이게

만들었던 거랍니다. 산적 눈에 구렁이로 보였던 것이 —— 209

만드럳떤   거람니다.   산적   누네   구렁이로   보엳떤   거시

사실은 금덩이였지요. —— 211

사시른   금떵이엳찌요.

그래서 지성이와 감천이는 금덩이를 하나씩 사이좋게 —— 217

그래서   지성이와   감처니는   금떵이를   하나씩   사이조케

나누었지요. 그러고는 금덩이를 내다 팔아 큰 부자가 —— 224

나누얻찌요.   그러고는   금떵이를   내다   파라   큰   부자가

되었습니다. 부자가 되고 나서도 서로 양보하면서 행복하게 —— 231

되얻씀니다.   부자가   되고   나서도   서로   양보하면서   행보카게

살았답니다. —— 232

사랃땀니다.

읽은 총 어절 수 (   ) - 틀린 어절 수 (   )

= 읽기유창성 점수 (   )

1 이야기에 나오는 중심인물은 누구인가요? 모두 써 보세요. (아동이 하나만 대답한 경우 추가 질문을 한다.)

1점: 지성이, 감천이

0점: 오답 또는 대답을 하지 못함

2 언제, 어디에서 있었던 일인가요? (아동이 둘 중 하나만 대답한 경우, 추가 질문을 한다. 예를 들어, 아동이 '언제'에 대한 것만 대답한 경우, "어디에서 있었던 일인가요?"라고 추가 질문을 한다.)

1점: 옛날, (어느) 마을 (또는) 옹달샘 혹은 고갯길 혹은 고갯마루

0점: 오답 또는 대답을 하지 못함

3 지성이와 감천이는 왜 구걸을 하게 되었나요?

1점: 부모님이 돌아가셔서 (또는) 고아가 되어서 (혹은) 살길이 막막해서

0점: 오답 또는 대답을 하지 못함

4 첫 번째 옹달샘에 갔을 때 어떤 일이 일어났나요?

1점: 샘 속에 (커다란) 금덩이가 있었음

0점: 오답 또는 대답을 하지 못함

5 금덩이를 그냥 두고 떠난 까닭은 무엇일까요?

1점: 친구 사이가 멀어질까 봐

0점: 오답 또는 대답을 하지 못함

6 지성이와 감천이는 어떻게 부자가 되었나요?

1점: (자기들이 가진) 금덩이를 (내다) 팔아서

0점: 오답 또는 대답을 하지 못함

7 우리도 지성이와 감천이처럼 부자가 되려면 어떻게 하여야 할까요? 그것을 어떻게 알 수 있는지 글에서 찾아 써 보세요.

1점: 양보하는 마음을 가져야 함, 지성이와 감천이가 금덩이를 서로에게 양보하려다가 부자가 되었으므로

0점: 오답 또는 대답을 하지 못함

IV 수준

읽기유창성 및 읽기이해 프로그램

1 나라를 구한 스님

학 ◇ 습 ◇ 목 ◇ 표 ◇ 확 ◇ 인

- 글을 읽을 때, 적당한 부분에서 글을 빠르고 정확하게 끊어 읽을 수 있다.
- 글을 읽고, 글의 중심내용과 글의 주제를 파악할 수 있다.

사 ◇ 전 ◇ 평 ◇ 가

지시문

앞에 있는 종이에 글이 있어요. 이제 선생님이 "시작"이라고 하면(학생용 평가지의 첫 어절을 손가락으로 가리킨 후, 계속 훑으면서) 처음부터 읽기 시작해서 "그만"이라고 할 때까지 최대한 정확하게, 그리고 최대한 빨리 읽으세요. 글을 읽다가 모르는 글자가 나오면 선생님이 어떻게 해야 할지 알려 줄게요. 최선을 다하세요. 질문 있어요? (질문이 있으면 질문에 대답한다.) 준비, 시작. (학생이 첫 어절을 말함과 동시에 타이머를 누르고 1분간 학생의 반응을 기록한 뒤 1분이 지나면 "그만"이라고 말한다.)

읽기유창성 평가
나라를 구한 스님

옛날에 우리나라와 이웃 나라가 사이가 좋지 않았습니다.	—— 7
엔나레 우리나라와 이욷 나라가 사이가 조치 아낟씀니다.	
이웃 나라가 틈만 나면 쳐들어와서는 우리를 괴롭혔지요.	—— 14
이욷 나라가 틈만 나면 쳐드러와서는 우리를 괴로펻찌요.	
해마다 처녀 총각 오백 명씩 잡아가서 노예처럼 부렸답니다.	—— 22
해마다 처녀 총각 오뱅 명씩 자바가서 노예처럼 부렫땀니다.	
하지만 안타깝게도 우리나라는 힘없이 당하고만 있었지요.	—— 28
하지만 안타깝께도 우리나라는 히멉씨 당하고만 이썯찌요.	
그런데 드디어 금강산에서 조용히 도를 닦던 스님이	—— 35
그런데 드디어 금강사네서 조용히 도를 닥떤 스니미	

나섰습니다. 스님은 오랫동안 도를 닦아 도술을 부릴 줄 —— 43
나섣씀니다.   스니믄 오랟똥안   도를 다까 도수를 부릴 쭐

알았지요. —— 44
아랃찌요.

"더 이상 참을 수가 없으니 내가 사람들을 구하겠소." —— 52
"더 이상 차믈 쑤가 업쓰니 내가 사람드를   구하겓쏘."

스님은 혼자서 배를 타고 바다를 건너 이웃 나라로 갔습니다. —— 61
스니믄 혼자서 배를 타고 바다를 건너 이욷 나라로   갇씀니다.

스님이 이웃 나라로 가서 배에서 내리려니까 화살을 쏘아 —— 69
스니미 이욷 나라로 가서 배에서 내리려니까   화사를   쏘아

댔지요. 스님은 비 오듯 쏟아지는 화살을 손으로 모두 —— 77
댇찌요. 스니믄 비 오듣 쏘다지는 화사를 소느로 모두

막아냈어요. 이 모습을 본 이웃 나라 사람들은 깜짝 놀랐지요. —— 86
마가내써요.   이 모스블 본 이욷 나라 사람드른   깜짝 놀랃찌요.

이번에는 길바닥에다 불에 벌겋게 달군 쇠못을 거꾸로 —— 93
이버네는 길빠다게다   부레 벌거케 달군 쇠모슬 거꾸로

꽂았어요. 하지만 스님은 아무렇지도 않게 맨발로 쇠못 —— 100
꼬자써요.   하지만 스니믄 아무러치도   안케 맨발로 쇠몯

위를 걸어갔지요. 그런데도 발에 피 한 방울 나기는커녕 —— 108
위를 거러갇찌요.   그런데도   바레 피 한 방울 나기는커녕

홈집도 없었답니다. —— 110
흠찝또   업썯땀니다.

"저 스님을 그냥 두었다가는 이 나라가 남아나질 않겠다." —— 118
"저 스니믈 그냥 두얻따가는   이 나라가 나마나질 안켇따."

이웃 나라 사람들은 벌벌 떨면서 스님을 죽이기로 했답니다. —— 126
이욷 나라 사람드른 벌벌 떨면서 스니믈 주기기로 핸땀니다.

그래서 스님을 모시는 척하면서 쇠로 만든 방에 가두었지요. —— 134
그래서 스니믈 모시는 처카면서 쇠로 만든 방에 가두얻찌요.

그러고는 아궁이에다 나무를 잔뜩 쌓아 놓고 마구 장작불을 ——— 142
그러고는   아궁이에다   나무를   잔뜩   싸아 노코 마구   장작뿌를

땠습니다. 사흘 낮밤 동안 불을 때니 방이 시뻘겋게 ——— 150
땓씀니다.   사흘 낟빰 동안 부를 때니 방이   시뻘거케

달아올랐지요. 이웃 나라 사람들은 스님이 불에 타 죽었다고 ——— 158
다라올랃찌요.   이욷 나라 사람드른   스니미   부레   타 주걷따고

생각했답니다. 나흘째 되는 날 이웃 나라 사람들이 방문을 ——— 166
생가캗땀니다.   나흘째   되는 날 이욷 나라 사람드리   방무늘

열었지요. 그런데 스님이 죽지 않고 아랫목에서 책상다리를 ——— 173
여럳찌요.   그런데   스니미   죽찌 안코 아랜모게서   책쌍다리를

하고 있었어요. 더군다나 스님의 온 몸에는 고드름이 주렁주렁 ——— 181
하고 이써써요.   더군다나   스니믜 온 모메는   고드르미   주렁주렁

매달려 있었답니다. ——— 183
매달려   이썯땀니다.

"몸이 얼어 죽을 지경이니 어서 불을 더 때어라." ——— 191
"모미   어러 주글 찌경이니   어서   부를 더 때어라."

스님이 이렇게 말을 하니 지켜보던 사람들이 모두 놀라 ——— 199
스니미   이러케 마를 하니 지켜보던   사람드리   모두 놀라

자빠졌지요. 이웃 나라 사람들은 스님을 얼음집에 다시 ——— 206
자빠젇찌요.   이욷 나라 사람드른 스니믈   어름찌베   다시

가뒀습니다. 불에서도 얼어 죽겠다고 하니 진짜로 얼어 죽일 ——— 214
가뒫씀니다.   부레서도   어러 죽껟따고 하니 진짜로   어러 주길

생각이었지요. 그러고는 밤새도록 찬물을 계속 끼얹으며 꽁꽁 ——— 221
생가기얻찌요.   그러고는   밤새도록   찬무를 계속 끼언즈며 꽁꽁

얼기를 기다렸어요. 사흘 낮밤을 찬물을 끼얹고 얼음을 얼리고 ——— 229
얼기를 기다려써요.   사흘 낟빠믈 찬무를   끼언꼬 어르믈 얼리고

하였지요. 사람들은 이번에는 정말로 스님이 얼어 죽었을 거라 ——— 237
하엳찌요.   사람드른 이버네는 정말로   스니미 어러 주거쓸 꺼라

생각했습니다. 그러고는 나흘째 되는 날 사람들이 다시 방문을 ——— 245
생가캘씀니다.　　그러고는　나흘째　되는　날　사람드리　다시　방무늘

열었지요. 그랬더니 스님이 땀을 뻘뻘 흘리면서 부채질을 하고 ——— 253
여럳찌요.　그랟떠니　스니미　따믈　뻘뻘　흘리면서　부채지를　하고

있었어요. 얼음집 안에는 고드름이 열렸지만 스님은 겉옷을 ——— 260
이써써요.　어름찝　아네는　고드르미　열럳찌만　스니믄　거도슬

벗고 있었답니다. ——— 262
벋꼬　이썯땀니다.

"야, 이놈들아, 이제는 날 데워 죽일 작정이냐!" ——— 269
"야, 이놈드라,　이제는　날　데워　주길　짝쩡이냐!"

스님은 껄껄껄 웃으며 이웃 나라 병사들을 향해 소리쳤지요. ——— 277
스니믄　껄껄껄　우스며　이욷　나라　병사드를　향해　소리첟찌요.

아무리 해도 스님을 죽일 수 없으니 이웃 나라는 항복을 ——— 286
아무리　해도　스니믈　주길　쑤　업쓰니　이욷　나라는　항보글
　　　　　　　　　　　　(수)

했답니다. 그러고는 지금까지 잡아갔던 처녀 총각들을 모두 ——— 293
핻땀니다.　그러고는　지금까지　자바갇떤　처녀　총각뜨를　모두

풀어 주었어요. 그 뒤로는 이웃 나라가 우리를 절대로 괴롭히지 ——— 302
푸러　주어써요.　그　뒤로는　이욷　나라가　우리를　절때로　괴로피지

않았답니다. ——— 303
아낟땀니다.

읽은 총 어절 수 (　　　　) - 틀린 어절 수 (　　　　)
= 읽기유창성 점수 (　　　　　　　　　)

🎓 교수-학습 활동

읽◇기◇유◇창◇성

1. 단어를 빠르고 정확하게 읽기

2. 어휘의 뜻 알아보기

노예	단어의 뜻: 남의 소유물로 부림을 당하는 사람 비슷한 말: 노비, 종 반대말: 주인, 상전
항복	단어의 뜻: 적이나 상대편의 힘에 눌리어 굴복함 비슷한 말: 투항, 굴복 반대말: 저항
지경	단어의 뜻: '경우'나 '형편', '정도'의 뜻을 나타내는 말 비슷한 말: 정도 ※ 도전문제: 1), 2)
닦다	단어의 뜻: 학문이나 기술을 배우고 익히다. 비슷한 말: 갈고닦다 ※ 도전문제: 3)

IV

📖 **다음 단어를 읽어 봅시다. 서로 반대인 말끼리 연결해 봅시다.**

1 ┃ 노예, 주인

2 ┃ 항복, 저항

📖 **다음 단어를 읽어 봅시다. 서로 뜻이 비슷한 말끼리 연결해 봅시다.**

1 ┃ 흠집, 상처

2 ┃ 지경, 정도

3. 어구를 빠르고 정확하게 읽기

4. 글을 빠르고 정확하게 읽기

읽 ◇ 기 ◇ 이 ◇ 해

5. 이야기 지도 알아보기

1 **다음 그림은 무엇인가요?** 지도

2 **지도는 우리에게 어떤 도움을 주는지요?**

모르는 곳을 찾아갈 때 사용하면, 길을 찾는 데 도움을 줍니다.

3 **이야기 지도 소개하기: 이야기 지도 구성 요소를 알아봅시다.**

① 지도가 우리가 길을 찾도록 도움을 주는 것처럼, 이야기 지도는 이야기 글의 내용을 모를 때, 글의 내용을 잘 이해하기 위해 사용하는 지도입니다.

② 이야기 지도에는 인물(이야기에 등장하는 인물), 시장(이야기가 일어난 시간과 장소), 사건들(인물들에게 일어난 사건들), 끝(이야기의 끝)이 있습니다. 여기서 '인물, 시장, 사건들, 끝'은 기억 전략입니다. 이 기억 전략은 이야기 지도를 잘 기억하는 데 도움을 줍니다.

③ 이야기 지도의 기억 전략인 인물(이야기에 등장하는 인물), 시장(시간과 장소), 사건들(인물들에게 일어난 사건들), 끝(이야기의 끝)을 알면, 글의 내용을 잘 이해할 수 있습니다. 이야기를 읽을 때, '인물, 시장, 사건들, 끝'을 기억하도록 합시다.

6. 이야기 지도 사용하여 글 읽고 이해하기

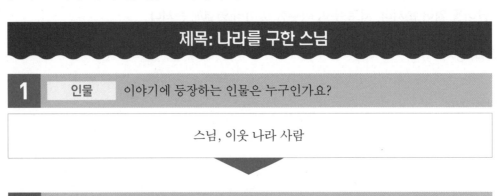

3 　사건들　인물에게 어떤 일들이 일어났나요? 일이 어떠한 차례로 일어났나요?

1) 이웃 나라가 쳐들어와서 처녀 총각을 잡아가 노예처럼 부렸다.

2) 스님이 우리나라 사람을 구하러 이웃 나라로 갔다.

3) 스님은 화살을 손으로 막고, 맨발로 쇠 못 위를 걸었다.

4) 이웃 나라 사람들은 스님을 죽이려고 쇠로 만든 방에 가두고 불을 땠지만, 스님 몸에 고드름이 맺히고 스님은 죽지 않았다.

5) 이웃 나라 사람들은 스님을 죽이려고 얼음집에 가두고 찬물을 끼얹었지만, 스님은 땀을 흘리고 있었고 죽지 않았다.

4 　끝　이야기가 어떻게 끝났나요?

이웃 나라 사람들은 항복하고, 그 뒤로 우리나라를 괴롭히지 않았다.

7. 글의 주제 알기

주제: 어려움에 처한 사람을 용기내어 도와주자.

사 ◇ 후 ◇ 평 ◇ 가

지시문

앞에 있는 종이에 글이 있어요. 이제 선생님이 "시작"이라고 하면(학생용 평가지의 첫 어절을 손가락으로 가리킨 후, 계속 훑으면서) 처음부터 읽기 시작해서 "그만"이라고 할 때까지 최대한 정확하게, 그리고 최대한 빨리 읽으세요. 글을 읽다가 모르는 글자가 나오면 선생님이 어떻게 해야 할지 알려 줄게요. 최선을 다하세요. 질문 있어요? (질문이 있으면 질문에 대답한다.) 준비, 시작. (학생이 첫 어절을 말함과 동시에 타이머를 누르고 1분간 학생의 반응을 기록한 뒤 1분이 지나면 "그만"이라고 말한다.)

옛날에 우리나라와 이웃 나라가 사이가 좋지 않았습니다. —— 7

옌나레 우리나라와 이웉 나라가 사이가 조치 안낟씀니다.

이웃 나라가 틈만 나면 쳐들어와서는 우리를 괴롭혔지요. —— 14

이웉 나라가 틈만 나면 쳐드러와서는 우리를 괴로펻찌요.

해마다 처녀 총각 오백 명씩 잡아가서 노예처럼 부렸답니다. —— 22

해마다 처녀 총각 오뱅 명씩 자바가서 노예처럼 부렫딴니다.

하지만 안타깝게도 우리나라는 힘없이 당하고만 있었지요. —— 28

하지만 안타깝께도 우리나라는 히멉씨 당하고만 이썯찌요.

그런데 드디어 금강산에서 조용히 도를 닦던 스님이 —— 35

그런데 드디어 금강사네서 조용히 도를 닥떤 스니미

나섰습니다. 스님은 오랫동안 도를 닦아 도술을 부릴 줄 —— 43

나섣씀니다. 스니믄 오랟똥안 도를 다까 도수를 부릴 쭐

알았지요. —— 44

아랃찌요.

"더 이상 참을 수가 없으니 내가 사람들을 구하겠소." —— 52

"더 이상 차믈 쑤가 업쓰니 내가 사람드를 구하겓쏘."

스님은 혼자서 배를 타고 바다를 건너 이웃 나라로 갔습니다. —— 61

스니믄 혼자서 배를 타고 바다를 건너 이웉 나라로 갇씀니다.

스님이 이웃 나라로 가서 배에서 내리려니까 화살을 쏘아 —— 69

스니미 이웉 나라로 가서 배에서 내리려니까 화사를 쏘아

댔지요. 스님은 비 오듯 쏟아지는 화살을 손으로 모두 —— 77

댇찌요. 스니믄 비 오듣 쏘다지는 화사를 소느로 모두

막아냈어요. 이 모습을 본 이웃 나라 사람들은 깜짝 놀랐지요. —— 86

마가내써요. 이 모스블 본 이웉 나라 사람드른 깜짝 놀랃찌요.

이번에는 길바닥에다 불에 벌겋게 달군 쇠못을 거꾸로 —— 93

이버네는 길빠다게다 부레 벌거케 달군 쇠모슬 거꾸로

꽂았어요. 하지만 스님은 아무렇지도 않게 맨발로 쇠못 —— 100

꼬자써요. 하지만 스니믄 아무러치도 안케 맨발로 쇠몯

위를 걸어갔지요. 그런데도 발에 피 한 방울 나기는커녕 —— 108

위를 거러갇찌요.   그런데도   바레 피 한 방울 나기는커녕

흠집도 없었답니다. —— 110

흠찝또   업썯땀니다.

"저 스님을 그냥 두었다가는 이 나라가 남아나질 않겠다." —— 118

"저 스니믈 그냥 두얻따가는   이 나라가 나마나질 안켇따."

이웃 나라 사람들은 벌벌 떨면서 스님을 죽이기로 했답니다. —— 126

이욷 나라 사람드른 벌벌 떨면서   스니믈 주기기로   핻땀니다.

그래서 스님을 모시는 척하면서 쇠로 만든 방에 가두었지요. —— 134

그래서 스니믈 모시는 처카면서   쇠로 만든 방에 가두얻찌요.

그러고는 아궁이에다 나무를 잔뜩 쌓아 놓고 마구 장작불을 —— 142

그러고는   아궁이에다   나무를 잔뜩 싸아 노코 마구 장작뿌를

땠습니다. 사흘 낮밤 동안 불을 때니 방이 시뻘겋게 —— 150

땓씀니다.   사흘 낟빰 동안 부를 때니 방이 시뻘거케

달아올랐지요. 이웃 나라 사람들은 스님이 불에 타 죽었다고 —— 158

다라올랃찌요.   이욷 나라 사람드른   스니미 부레 타 주걷따고

생각했답니다. 나흘째 되는 날 이웃 나라 사람들이 방문을 —— 166

생가캗땀니다.   나흘째   되는 날 이욷 나라 사람드리   방무늘

열었지요. 그런데 스님이 죽지 않고 아랫목에서 책상다리를 —— 173

여럳찌요.   그런데 스니미 죽찌 안코 아랜모게서   책쌍다리를

하고 있었어요. 더군다나 스님의 온 몸에는 고드름이 주렁주렁 —— 181

하고 이써써요.   더군다나 스니믜 온 모메는 고드르미   주렁주렁

매달려 있었답니다. —— 183

매달려   이썯땀니다.

"몸이 얼어 죽을 지경이니 어서 불을 더 때어라." —— 191

"모미 어러 주글 찌경이니   어서 부를 더 때어라."

스님이 이렇게 말을 하니 지켜보던 사람들이 모두 놀라 ——199

스니미 이러케 마를 하니 지켜보던 사람드리 모두 놀라

자빠졌지요. 이웃 나라 사람들은 스님을 얼음집에 다시 ——206

자빠젿찌요. 이욷 나라 사람드른 스니믈 어름찌베 다시

가뒀습니다. 불에서도 얼어 죽겠다고 하니 진짜로 얼어 죽일 ——214

가뒫씀니다. 부레서도 어러 죽껟따고 하니 진짜로 어러 주길

생각이었지요. 그러고는 밤새도록 찬물을 계속 끼얹으며 꽁꽁 ——221

생가기얻찌요. 그러고는 밤새도록 찬무를 계속 끼언즈며 꽁꽁

얼기를 기다렸어요. 사흘 낮밤을 찬물을 끼얹고 얼음을 얼리고 ——229

얼기를 기다려써요. 사흘 낟빠믈 찬무를 끼언꼬 어르믈 얼리고

하였지요. 사람들은 이번에는 정말로 스님이 얼어 죽었을 거라 ——237

하엳찌요. 사람드른 이버네는 정말로 스니미 어러 주거쓸 꺼라

생각했습니다. 그러고는 나흘째 되는 날 사람들이 다시 방문을 ——245

생가캗씀니다. 그러고는 나흘째 되는 날 사람드리 다시 방무늘

열었지요. 그랬더니 스님이 땀을 뻘뻘 흘리면서 부채질을 하고 ——253

여럳찌요. 그랟떠니 스니미 따믈 뻘뻘 흘리면서 부채지를 하고

있었어요. 얼음집 안에는 고드름이 열렸지만 스님은 겉옷을 ——260

이써써요. 어름찝 아네는 고드르미 열럳찌만 스니믄 거도슬

벗고 있었답니다. ——262

벋꼬 이썯땀니다.

"야, 이놈들아, 이제는 날 데워 죽일 작정이냐!" ——269

"야, 이놈드라, 이제는 날 데워 주길 짝쩡이냐!"

스님은 껄껄껄 웃으며 이웃 나라 병사들을 향해 소리쳤지요. ——277

스니믄 껄껄껄 우스며 이욷 나라 병사드를 향해 소리천찌요.

아무리 해도 스님을 죽일 수 없으니 이웃 나라는 항복을 ——286

아무리 해도 스니믈 주길 쑤 업쓰니 이욷 나라는 항보글
(수)

했답니다. 그러고는 지금까지 잡아갔던 처녀 총각들을 모두 ——293

핻땀니다. 그러고는 지금까지 자바갇떤 처녀 총각뜨를 모두

풀어 주었어요. 그 뒤로는 이웃 나라가 우리를 절대로 괴롭히지 ——302

푸러 주어써요.   그 뒤로는 이웃 나라가 우리를 절때로 괴로피지

않았답니다. ——303

아날땀니다.

읽은 총 어절 수 (   ) – 틀린 어절 수 (   )

= 읽기유창성 점수 (   )

█ 읽기이해 평가

1 │ 이야기의 주인공은 누구인가요? (아동이 하나만 대답한 경우 추가 질문을 한다.)

1점: (나라를 구한 또는 도를 닦은) 스님

0점: 오답 또는 대답을 하지 못함

2 │ 언제 있었던 일인가요?

1점: 옛날에 (또는) 우리나라와 이웃 나라가 사이가 좋지 않았을 때

0점: 오답 또는 대답을 하지 못함

3 │ 이웃 나라가 우리나라 사람들을 어떻게 괴롭혔나요?

1점: 해마다 처녀 총각(오백 명씩)을 잡아가 노예처럼 부려서

0점: 오답 또는 대답을 하지 못함

4 │ 스님이 배를 타고 이웃 나라로 간 까닭은 무엇일까요?

1점: 우리나라 (처녀 총각) 사람을 구하려고

0점: 오답 또는 대답을 하지 못함

5 │ 이웃 나라 사람들은 왜 스님을 죽이려고 하였나요?

1점: 자기 나라가 남아나지 않을까 봐

0점: 오답 또는 대답을 하지 못함

6 이웃나라는 스님에게 항복한 후에 어떻게 하였나요?

1점: (지금까지 잡아갔던) 처녀 총각을(사람들을) 모두 풀어 주었다.

0점: 오답 또는 대답을 하지 못하였을 경우

7 이야기에 나온 스님은 어떤 사람일까요? 그것을 어떻게 알 수 있는지 글에서 찾아 써 보세요.

1점: (나라를 구한) 용감한 사람, 이웃 나라에 가서 우리나라 사람(처녀, 총각)을 구해 왔으니까

0점: 오답 또는 대답을 하지 못하였을 경우

2 늑대와 여우

- 글을 읽을 때, 적당한 부분에서 글을 바르고 정확하게 끊어 읽을 수 있다.
- 글을 읽고, 글의 중심내용과 글의 주제를 파악할 수 있다.

사 ◇ 전 ◇ 평 ◇ 가

지시문

앞에 있는 종이에 글이 있어요. 이제 선생님이 "시작"이라고 하면(학생용 평가지의 첫 어절을 손가락으로 가리킨 후, 계속 훑으면서) 처음부터 읽기 시작해서 "그만"이라고 할 때까지 최대한 정확하게, 그리고 최대한 빨리 읽으세요. 글을 읽다가 모르는 글자가 나오면 선생님이 어떻게 해야 할지 알려 줄게요. 최선을 다하세요. 질문 있어요? (질문이 있으면 질문에 대답한다.) 준비, 시작. (학생이 첫 어절을 말함과 동시에 타이머를 누르고 1분간 학생의 반응을 기록한 뒤 1분이 지나면 "그만"이라고 말한다.)

읽기유창성 평가
늑대와 여우

옛날 옛적 호랑이가 담배 피고 말을 하던 때였지요. **옌날 옐쩍 호랑이가 담배 피고 마를 하던 때옐찌요.**	8
동물의 왕인 백두산 호랑이가 심한 병으로 앓아누웠습니다. **동무릐 왕인 백뚜산 호랑이가 심한 병으로 아라누월씀니다.** (레)	15
대왕이 앓아누웠으니 주변의 온갖 동물들이 문병을 오기 **대왕이 아라누워쓰니 주벼늬 온갇 동물드리 문병을 오기** (네)	22
시작했답니다. **시자캗땀니다.**	23
소백산 사슴은 눈물을 흘리며 자신의 뿔을 잘라 바쳤지요. **소백싼 사스믄 눈무를 흘리며 자시늬 뿌를 잘라 바첟찌요.** (네)	31

지리산 반달곰은 돌아가신 할아버지의 쓸개를 바쳤지요. —— 37

지리산 반달고믄 도라가신 하라버지의 쓸개를 바쳗찌요.

태백산 고라니는 천 년 묵은 산삼을 바쳤답니다. 이렇게 —— 45

태백싼 고라니는 천 년 무근 산사믈 바쳗땀니다.   이러케

전국에 퍼져 사는 동물들이 약을 들고 모였습니다. —— 52

전구게 퍼져 사는 동물드리 야글 들고 모엳씀니다.

그런데 늑대는 호랑이 굴 앞에서 마치 문지기처럼 —— 59

그런데 늑때는 호랑이 굴 아페서 마치 문지기처럼

있었어요. 한참 동안 지켜보다가 여우가 오지 않은 걸 보고 —— 68

이써써요.   한참 동안 지켜보다가 여우가 오지 아는 걸 보고

생각했지요. —— 69

생가캗찌요.

'이 놈의 여우 녀석, 이번에는 혼쭐을 내줄 테다.' —— 77

'이 노믜 여우 녀석, 이버네는 혼쭈를 내줄 테다.'
    (에)

늑대와 여우는 아주 오랫동안 서로 사이가 좋지 않았지요. —— 85

늑때와 여우는 아주 오랟똥안 서로 사이가 조치 아낟찌요.

늘 마주치기만 하면 서로 약점을 찾아 헐뜯고 싸웠답니다. —— 93

늘 마주치기만 하면 서로 약쩌믈 차자 헐뜯꼬 싸월땀니다.

동물들이 늑대와 여우를 보면 고개를 절레절레 흔들 ——100

동물드리 늑때와 여우를 보면 고개를 절레절레 흔들

정도였지요. 백두산 호랑이도 이 사실을 아주 잘 알고 ——108

정도엳찌요.   백뚜산 호랑이도 이 사시를 아주 잘 알고

있었답니다. 늑대는 호랑이 굴속으로 들어가 호랑이에게 ——114

이썯땀니다.   늑때는 호랑이 굴소그로 드러가 호랑이에게

이렇게 말했습니다. ——116

이러케 말핻씀니다.

"나의 임금님이시여, 어서 빨리 병이 나으시어 저희를 ——123

"나의 임금니미시여,   어서 빨리 병이 나으시어 저히를
    (에)

돌보아 주소서. 임금님이시여, 모든 동물들이 문병을 왔는데 —— 130
돌보아 주소서. 임금니미시여, 모든 동물드리 문병을 완는데

여우만 오지 않았습니다. 들리는 소문에는 여우가 왕이 될 —— 138
여우만 오지 아낟씀니다. 들리는 소무네는 여우가 왕이 될

계획을 세운다고 하옵니다. 더욱이 수천 마리의 여우 군대가 —— 146
계회글 세운다고 하옴니다. 더우기 수천 마리의 여우 군대가

이미 백두산에 있습니다." —— 149
이미 백뚜사네 읻씀니다."

여우를 놀리고 싶은 늑대는 터무니없는 거짓말을 했지요. —— 156
여우를 놀리고 시픈 늑때는 터무니엄는 거진마를 핻찌요.

"무엇이라고? 지금 당장 그놈의 여우를 잡아 오너라." —— 163
"무어시라고? 지금 당장 그노믜 여우를 자바 오너라."
(메)
백두산 호랑이는 화가 머리끝까지 치밀어 올라 고래고래 —— 170
백뚜산 호랑이는 화가 머리끋까지 치미러 올라 고래고래

외쳤습니다. 늑대는 호랑이에게 넙죽 엎드려 절을 하고는 —— 177
외쳗씀니다. 늑때는 호랑이에게 넙쭉 업뜨려 저를 하고는

쏜살같이 사라졌습니다. 늑대가 사라지자마자 호랑이 굴 앞에 —— 184
쏜살가치 사라젇씀니다. 늑때가 사라지자마자 호랑이 굴 아페

있는 나무에서 여우가 내려왔습니다. 여우는 나무 위에서 —— 191
인는 나무에서 여우가 내려왇씀니다. 여우는 나무 위에서

늑대가 지어내는 거짓말을 모조리 들었지요. —— 196
늑때가 지어내는 거진마를 모조리 드럳찌요.

'천하의 못된 늑대 같으니라고! 감히 나를 죄인으로 —— 203
'천하의 몯뙨 늑때 가트니라고! 감히 나를 죄이느로

만들다니.' —— 204
만들다니.'

여우는 먹이를 잡아먹듯이 날카롭게 눈을 빛내며 호랑이 굴로 —— 212
여우는 머기를 자바먹뜨시 날카롭께 누늘 빈내며 호랑이 굴로

들어섰습니다.　　　　　　　　　　　　　　　　　　　　—— 213
드러섣씀니다.

여우는 잡아먹을 듯이 노려보는 호랑이를 보고 먼저 말을　—— 221
여우는 자바머글 뜨시 노려보는 호랑이를 보고 먼저 마를

했습니다.　　　　　　　　　　　　　　　　　　　　—— 222
핻씀니다.

"오, 은혜로우신 나의 임금님이시여, 문병이 늦어 진심으로　—— 229
"오, 은혜로우신 나의 임금니미시여, 문병이 느저 진시므로

죄송합니다. 다름이 아니라 임금님의 병에 좋은 약을 구해　—— 237
죄송합니다. 다르미 아니라 임금니믜 병에 조은 야글 구해
　　　　　　　　　　　　　　　　(메)

오느라 늦었습니다."　　　　　　　　　　　　　　—— 239
오느라 느젇씀니다."

여우를 잡아먹으려고 했던 호랑이는 여우의 말을 듣고는　—— 246
여우를 자바머그려고 핻떤 호랑이는 여우의 마를 듣꼬는

물었습니다.　　　　　　　　　　　　　　　　　　—— 247
무럳씀니다.

"오호라, 천하의 간사한 여우야 네가 구해 온 약이　　—— 255
"오호라, 천하의 간사한 여우야 네가 구해 온 야기

무엇이더냐?"　　　　　　　　　　　　　　　　　—— 256
무어시더냐?"

"그것은 중국의 의사가 처방한 약인데, 바로 늑대의　　—— 263
"그거슨 중구긔 의사가 처방한 야긴데, 바로 늑때의
　　　　　　　　　　　　　　　　(게)

간입니다."　　　　　　　　　　　　　　　　　　—— 264
가님니다."

호랑이는 잠시 생각하다 무엇인가 알았다는 웃음을 지으며　—— 271
호랑이는 잠시 생가카다 무어신가 아랃따는 우스믈 지으며

말했습니다.　　　　　　　　　　　　　　　　　　—— 272
말핻씀니다.

"여봐라, 지금 당장 여우를 잡으러 간 늑대를 찾아오너라."　　　—— 280

"여봐라, 지금 당장 여우를 자브러 간 늑때를 차자오너라."

늑대가 돌아오자 백두산 호랑이는 늑대와 여우를 함께　　　—— 287

늑때가 도라오자 백뚜산 호랑이는 늑때와 여우를 함께

묶어 버렸습니다.　　　—— 289

무꺼 버렫씀니다.

"네 놈들이 감히 왕인 나를 속이며 거짓말을 했겠다.　　　—— 297

"네 놈드리 감히 왕인 나를 소기며 거진마를 핻껟따.

여봐라, 저 두 놈을 평생 동안 같은 감옥에 가두어라."　　　—— 306

여봐라, 저 두 노믈 평생 동안 가튼 가모게 가두어라."

그리하여 늑대와 여우는 죽는 날까지 같은 감옥에서　　　—— 313

그리하여 늑때와 여우는 중는 날까지 가튼 가모게서

살았답니다.　　　—— 314

사랃땀니다.

읽은 총 어절 수 (　　　) – 틀린 어절 수 (　　)

= 읽기유창성 점수 (　　　　　　)

 교수-학습 활동

읽 ◇ 기 ◇ 유 ◇ 창 ◇ 성　　　

1. 단어를 빠르고 정확하게 읽기

2. 어휘의 뜻 알아보기

처방하다	단어의 뜻: 병을 치료하기 위하여 증상에 따라 약을 짓다.
문병	단어의 뜻: 앓는 사람을 찾아가 위로함 비슷한 말: 병문안

터무니없다	단어의 뜻: 허황하여 전혀 근거가 없다.
	비슷한 말: 얼토당토않다, 허황하다
	반대말: 진실하다
약점	단어의 뜻: 모자라서 남에게 뒤떨어지거나 떳떳하지 못한 점
	비슷한 말: 단점, 결점
	반대말: 장점, 강점
묶다	단어의 뜻: 사람이나 사물을 한데 붙어 있도록 끈 따위로 동이다.
	비슷한 말: 매다, 엮다
	반대말: 풀다, 끄르다
	※ 도전문제: 1. 묵다, 2. 묶다

다음 보기의 단어 중, 문장에 알맞은 단어를 써 봅시다.

1 | 안과 의사의 <u>처방</u>이 있어야 안약을 살 수 있다.

2 | 병원에 입원한 민희에게 <u>문병</u>을 다녀왔다.

3 | 후보자들은 서로의 <u>약점</u>을 들추어내기에 바빴다.

4 | 너구리의 <u>간사한</u> 꾀에 모든 동물이 넘어가고 말았다.

5 | 명수는 <u>터무니없는</u> 억지를 잘 부린다.

3. 어구를 빠르고 정확하게 읽기

4. 글을 빠르고 정확하게 읽기

읽 ◇ 기 ◇ 이 ◇ 해

5. 이야기 지도 알아보기

6. 이야기 지도 사용하여 글 읽고 이해하기

제목: 늑대와 여우

1 인물 이야기에 등장하는 인물은 누구인가요?

호랑이, 늑대, 여우

2 시간과 장소 언제 일어난 이야기인가요?

시간: 옛날 호랑이가 담배를 피우고 말을 하던 때

3 사건들 인물에게 어떤 일들이 일어났나요? 일이 어떠한 차례로 일어났나요?

1) 백두산 호랑이가 병에 걸리자 여러 동물이 약을 들고 문병을 왔다.
2) 늑대는 여우가 오지 않자 혼쭐을 내 줄 생각으로 호랑이에게 찾아갔다.
3) 늑대는 호랑이에게 여우가 왕이 될 계획을 세우느라 문병을 오지 않았다고 거짓말을 하였고 호랑이는 화를 내며 여우를 잡아 오라고 하였다.
4) 늑대의 거짓말을 듣고 있던 여우는 화가 나 호랑이를 찾아갔고 임금님의 병에 좋은 약이 늑대의 간이라고 거짓말을 하였다.
5) 호랑이는 늑대를 찾아와 둘을 같은 감옥에 가두라고 하였다.

4 끝 이야기가 어떻게 끝났나요?

늑대와 여우는 죽는 날까지 같은 감옥에서 살았다.

7. 글의 주제 알기

주제: 남을 괴롭히려고 거짓말을 하지 말자.

사◇후◇평◇가

지시문

앞에 있는 종이에 글이 있어요. 이제 선생님이 "시작"이라고 하면(학생용 평가지의 첫 어절을 손가락으로 가리킨 후, 계속 훑으면서) 처음부터 읽기 시작해서 "그만"이라고 할 때까지 최대한 정확하게, 그리고 최대한 빨리 읽으세요. 글을 읽다가 모르는 글자가 나오면 선생님이 어떻게 해야 할지 알려 줄게요. 최선을 다하세요. 질문 있어요? (질문이 있으면 질문에 대답한다.) 준비, 시작. (학생이 첫 어절을 말함과 동시에 타이머를 누르고 1분간 학생의 반응을 기록한 뒤 1분이 지나면 "그만"이라고 말한다.)

읽기유창성 평가
늑대와 여우

옛날 옛적 호랑이가 담배 피고 말을 하던 때였지요. —— 8
옌날 옐쩍 호랑이가 담배 피고 마를 하던 때옐찌요.

동물의 왕인 백두산 호랑이가 심한 병으로 앓아누웠습니다. —— 15
동무릐 왕인 백뚜산 호랑이가 심한 병으로 아라누웙씀니다.
　　　(레)

대왕이 앓아누웠으니 주변의 온갖 동물들이 문병을 오기 —— 22
대왕이 아라누워쓰니 주벼늬 온갇 동물드리 문병을 오기
　　　　　　　　　　(네)

시작했답니다. —— 23
시자캗땀니다.

소백산 사슴은 눈물을 흘리며 자신의 뿔을 잘라 바쳤지요. —— 31
소백싼 사스믄 눈무를 흘리며 자시늬 뿌를 잘라 바첟찌요.
　　　　　　　　　　　　　(네)

지리산 반달곰은 돌아가신 할아버지의 쓸개를 바쳤지요. —— 37
지리산 반달고믄 도라가신 하라버지의 쓸개를 바첟찌요.

태백산 고라니는 천 년 묵은 산삼을 바쳤답니다. 이렇게 —— 45
태백싼 고라니는 천 년 무근 산사믈 바첟땀니다. 이러케

전국에 퍼져 사는 동물들이 약을 들고 모였습니다. —— 52
전구게 퍼져 사는 동물드리 야글 들고 모엳씀니다.

그런데 늑대는 호랑이 굴 앞에서 마치 문지기처럼 —— 59
그런데 늑때는 호랑이 굴 아페서 마치 문지기처럼

있었어요. 한참 동안 지켜보다가 여우가 오지 않은 걸 보고 —— 68

이써써요. 한참 동안 지켜보다가 여우가 오지 아는 걸 보고

생각했지요. —— 69

생가캗찌요.

'이 놈의 여우 녀석, 이번에는 혼쭐을 내줄 테다.' —— 77

'이 노믜 여우 녀석, 이버네는 혼쭈를 내줄 테다.'
　　(메)

늑대와 여우는 아주 오랫동안 서로 사이가 좋지 않았지요. —— 85

늑때와 여우는 아주 오랟똥안 서로 사이가 조치 아낟찌요.

늘 마주치기만 하면 서로 약점을 찾아 헐뜯고 싸웠답니다. —— 93

늘 마주치기만 하면 서로 약쩌믈 차자 헐뜯꼬 싸월땀니다.

동물들이 늑대와 여우를 보면 고개를 절레절레 흔들 ——100

동물드리 늑때와 여우를 보면 고개를 절레절레 흔들

정도였지요. 백두산 호랑이도 이 사실을 아주 잘 알고 ——108

정도엳찌요. 백뚜산 호랑이도 이 사시를 아주 잘 알고

있었답니다. 늑대는 호랑이 굴속으로 들어가 호랑이에게 ——114

이썯땀니다. 늑때는 호랑이 굴소그로 드러가 호랑이에게

이렇게 말했습니다. ——116

이러케 말핻씀니다.

"나의 임금님이시여, 어서 빨리 병이 나으시어 저희를 ——123

"나의 임금니미시여, 어서 빨리 병이 나으시어 저히를
　　(에)

돌보아 주소서. 임금님이시여, 모든 동물들이 문병을 왔는데 ——130

돌보아 주소서. 임금니미시여, 모든 동물드리 문병을 완는데

여우만 오지 않았습니다. 들리는 소문에는 여우가 왕이 될 ——138

여우만 오지 아낟씀니다. 들리는 소무네는 여우가 왕이 될

계획을 세운다고 하옵니다. 더욱이 수천 마리의 여우 군대가 ——146

계회글 세운다고 하옴니다. 더우기 수천 마리의 여우 군대가

이미 백두산에 있습니다." ——149

이미 백뚜사네 읻씀니다."

여우를 놀리고 싶은 늑대는 터무니없는 거짓말을 했지요. —— 156
여우를 놀리고 시픈 늑때는 터무니엄는 거진마를 핻찌요.

"무엇이라고? 지금 당장 그놈의 여우를 잡아 오너라." —— 163
"무어시라고? 지금 당장 그노믜 여우를 자바 오너라."
　　　　　　　　　　(메)

백두산 호랑이는 화가 머리끝까지 치밀어 올라 고래고래 —— 170
백뚜산 호랑이는 화가 머리끋까지 치미러 올라 고래고래

외쳤습니다. 늑대는 호랑이에게 넙죽 엎드려 절을 하고는 —— 177
외쳗씀니다. 늑때는 호랑이에게 넙쭉 업뜨려 저를 하고는

쏜살같이 사라졌습니다. 늑대가 사라지자마자 호랑이 굴 앞에 —— 184
쏜살가치 사라젿씀니다. 늑때가 사라지자마자 호랑이 굴 아페

있는 나무에서 여우가 내려왔습니다. 여우는 나무 위에서 —— 191
인는 나무에서 여우가 내려왇씀니다. 여우는 나무 위에서

늑대가 지어내는 거짓말을 모조리 들었지요. —— 196
늑때가 지어내는 거진마를 모조리 드럳찌요.

'천하의 못된 늑대 같으니라고! 감히 나를 죄인으로 —— 203
'천하의 몯뙨 늑때 가트니라고! 감히 나를 죄이느로

만들다니.' —— 204
만들다니.'

여우는 먹이를 잡아먹듯이 날카롭게 눈을 빛내며 호랑이 굴로 —— 212
여우는 머기를 자바먹뜨시 날카롭게 누늘 빈내며 호랑이 굴로

들어섰습니다. —— 213
드러섣씀니다.

여우는 잡아먹을 듯이 노려보는 호랑이를 보고 먼저 말을 —— 221
여우는 자바머글 뜨시 노려보는 호랑이를 보고 먼저 마를

했습니다. —— 222
핻씀니다.

"오, 은혜로우신 나의 임금님이시여, 문병이 늦어 진심으로 —— 229
"오, 은혜로우신 나의 임금니미시여, 문병이 느저 진시므로

죄송합니다. 다름이 아니라 임금님의 병에 좋은 약을 구해 —— 237

죄송함니다.　다르미　아니라　임금니믜　병에　조은　야글　구해
(메)

오느라 늦었습니다." —— 239

오느라　느젇씀니다."

여우를 잡아먹으려고 했던 호랑이는 여우의 말을 듣고는 —— 246

여우를　자바머그려고　핻떤　호랑이는　여우의　마를　듣꼬는

물었습니다. —— 247

무럳씀니다.

"오호라, 천하의 간사한 여우야 네가 구해 온 약이 —— 255

"오호라,　천하의　간사한　여우야　네가　구해　온　야기

무엇이더냐?" —— 256

무어시더냐?"

"그것은 중국의 의사가 처방한 약인데, 바로 늑대의 —— 263

"그거슨　중구긔　의사가　처방한　야긴데,　바로　늑때의
(게)

간입니다." —— 264

가님니다."

호랑이는 잠시 생각하다 무엇인가 알았다는 웃음을 지으며 —— 271

호랑이는　잠시　생가카다　무어신가　아랃따는　우스믈　지으며

말했습니다. —— 272

말핻씀니다.

"여봐라, 지금 당장 여우를 잡으러 간 늑대를 찾아오너라." —— 280

"여봐라,　지금　당장　여우를　자브러　간　늑때를　차자오너라."

늑대가 돌아오자 백두산 호랑이는 늑대와 여우를 함께 —— 287

늑때가　도라오자　백뚜산　호랑이는　늑때와　여우를　함께

묶어 버렸습니다. —— 289

무꺼　버렫씀니다.

"네 놈들이 감히 왕인 나를 속이며 거짓말을 했겠다. —— 297

"네　놈드리　감히　왕인　나를　소기며　거진마를　핻껟따.

여봐라, 저 두 놈을 평생 동안 같은 감옥에 가두어라." —— 306

여봐라, 저 두 노믈 평생 동안 가튼 가모게 가두어라."

그리하여 늑대와 여우는 죽는 날까지 같은 감옥에서 —— 313

그리하여 늑때와 여우는 중는 날까지 가튼 가모게서

살았답니다. —— 314

사랕땀니다.

읽은 총 어절 수 (   ) – 틀린 어절 수 (   )

= 읽기유창성 점수 (   )

■ 읽기이해 평가

1 | 이야기에 나오는 중심인물은 누구인가요? 세 인물을 써 보세요. (아동이 하나만 대답한 경우 추가 질문을 한다.)

    1점: 호랑이, 늑대, 여우

    0점: 오답 또는 대답을 하지 못함

2 | 언제 있었던 일인가요?

    1점: 옛날 호랑이가 담배를 피우고 말을 하던 때

    0점: 오답 또는 대답을 하지 못함

3 | 전국에 퍼져 살던 동물들이 모여든 까닭은 무엇일까요?

    1점: 동물의 왕인 호랑이가 (심하게) 앓아 누워서 (또는) 호랑이가 병이 나서 문병하려고

    0점: 오답 또는 대답을 하지 못함

4 | 늑대와 여우는 어떤 사이였나요? (아동이 좋지 않은 사이라고 이야기한 경우, "좀 더 자세히 써 볼래요?"라고 추가 질문을 한다.)

    1점: (마주치기만 하면) 늘 서로의 약점을 헐뜯고 싸우는 사이

    0점: 오답 또는 대답을 하지 못함

5 늑대와 여우는 각각 호랑이에게 어떤 거짓말을 하였나요? (아동이 둘 중 하나만 대답한 경우, 추가 질문을 한다. 예를 들어, 아동이 '늑대가 한 거짓말'에 대한 것만 대답한 경우, "여우는 어떤 거짓말을 하였나요?"라고 추가 질문을 한다.)

1점: 늑대는 (소문에) 여우가 왕이 될 계획을 세운다고 하고, 여우는 늑대의 간을 구해 오느라 늦었다고 함 (또는) 호랑이의 병에 좋은 약을 구해 오느라고 늦었다고 함

0점: 오답 또는 대답을 하지 못함

6 여우와 늑대는 왜 평생 동안 감옥에 갇히게 되었나요?

1점: 동물의 왕인 호랑이를 속여서 (또는) 거짓말을 하여

0점: 오답 또는 대답을 하지 못함

7 사슴, 반달곰, 고라니는 어떤 마음으로 호랑이를 문병하러 왔을까요? 그것을 어떻게 알 수 있는지 글에서 찾아 써 보세요.

1점: 호랑이가 아픈 것을 진심으로 걱정하는 마음으로, 자신들에게 너무 소중한 것(뿔, 돌아가신 할아버지의 쓸개로 만든 웅담, 천 년 묵은 산삼)들을 호랑이에게 바쳤기 때문에

0점: 오답 또는 대답을 하지 못함

3 신기한 땅속 세상 이야기

학 ◇ 습 ◇ 목 ◇ 표 ◇ 확 ◇ 인

- 글을 읽을 때, 적당한 부분에서 글을 빠르고 정확하게 끊어 읽을 수 있다.
- 글을 읽고, 글의 중심내용과 글의 주제를 파악할 수 있다.

사 ◇ 전 ◇ 평 ◇ 가

지시문

앞에 있는 종이에 글이 있어요. 이제 선생님이 "시작"이라고 하면(학생용 평가지의 첫 어절을 손가락으로 가리킨 후, 계속 훑으면서) 처음부터 읽기 시작해서 "그만"이라고 할 때까지 최대한 정확하게, 그리고 최대한 빨리 읽으세요. 글을 읽다가 모르는 글자가 나오면 선생님이 어떻게 해야 할지 알려 줄게요. 최선을 다하세요. 질문 있어요? (질문이 있으면 질문에 대답한다.) 준비, 시작. (학생이 첫 어절을 말함과 동시에 타이머를 누르고 1분간 학생의 반응을 기록한 뒤 1분이 지나면 "그만"이라고 말한다.)

읽기유창성 평가
신기한 땅속 세상 이야기

옛날 옛적 어느 산골 마을에 한 젊은이가 살았습니다. —— 8
옌날 옏쩍 어느 산꼴 마으레 한 절므니가 사랃씀니다.

하루는 산길을 내려오다 비탈길에서 발을 헛디뎌 굴러 —— 15
하루는 산끼를 내려오다 비탈끼레서 바를 헏띠뎌 굴러

떨어졌어요. 떼굴떼굴 굴러가다 평평한 곳에 이르러서야 —— 21
떠러져써요. 떼굴떼굴 굴러가다 평평한 고세 이르러서야

멈춰서 정신을 차렸습니다. —— 24
멈춰서 정시늘 차렫씀니다.

그런데 정신을 차리고 보니 땅속에서 소리가 들리더랍니다. —— 31
그런데 정시늘 차리고 보니 땅쏘게서 소리가 들리더람니다.

208

귀를 땅에 대고 들어 보았더니 별소리가 다 들렸지요. 닭 우는 ——— 41

귀를 땅에 대고 드러 보앋떠니 별소리가 다 들렏찌요. 닥 우는

소리도 들리고, 개 짖는 소리도 들렸답니다. 아니 그뿐만 ——— 49

소리도 들리고, 개 진는 소리도 들렫땀니다. 아니 그뿐만

아니라 사람들끼리 싸우는 소리도 들렸습니다. ——— 54

아니라 사람들끼리 싸우는 소리도 들렫씀니다.

하도 이상해서 젊은이는 손으로 땅을 파기 시작했습니다. ——— 61

하도 이상해서 절므니는 소느로 땅을 파기 시자캗씀니다.

한참을 파니까 갑자기 구멍이 뚫리면서 안이 훤히 보이더랍니다. ——— 69

한차믈 파니까 갑짜기 구멍이 뚤리면서 아니 훤히 보이더람니다.

그 안에는 또 다른 사람 사는 세상이 있었지요. ——— 77

그 아네는 또 다른 사람 사는 세상이 이썯찌요.

집들도 많고, 산도 있고, 강도 흐르고 있었지요. 젊은이는 ——— 85

집뜰도 만코, 산도 읻꼬, 강도 흐르고 이썯찌요. 절므니는

하도 신기해서 입김을 후 불어 봤습니다. 그랬더니 땅속 ——— 93

하도 신기해서 입끼믈 후 부러 받씀니다. 그랟떠니 땅쏙

사람들이 큰 바람이 분다고 난리가 났어요. 이번에는 그 ——— 101

사람드리 큰 바라미 분다고 날리가 나써요. 이버네는 그

구멍에다 대고 오줌을 눠 봤어요. 그랬더니 땅속 사람들이 ——— 109

구멍에다 대고 오주믈 눠 봐써요. 그랟떠니 땅쏙 사람드리

비가 온다고 난리가 났답니다. ——— 113

비가 온다고 날리가 낟땀니다.

젊은이는 너무 웃기고 재미있어서 그 구멍 속으로 ——— 120

절므니는 너무 욷끼고 재미이써서 그 구멍 소그로

내려갔습니다. 둘레에 있는 칡넝쿨을 꼬아서 동아줄을 ——— 126

내려갇씀니다. 둘레에 인는 칭넝쿠를 꼬아서 동아주를

만들어 타고 내려갔지요. 내려가니 땅 위 세상하고 다른 게 ——— 135

만드러 타고 내려갇찌요. 내려가니 땅 위 세상하고 다른 게

IV

하나도 없었어요. 마을에는 농사짓는 사람들도 있고,　　　　── 141

하나도　업써써요.　마으레는　농사진는　사람들도　읻꼬,

시장은 많은 사람들로 북적였답니다.　　　　　　　　　── 145

시장은　마는　사람들로　북쩌겯땀니다.

그런데 이상하게도 사람들이 젊은이를 보고 아는 체를　　── 152

그런데　이상하게도　사람드리　절므니를　보고　아는　체를

안 했답니다. 젊은이를 쳐다보는 사람도 없고, 젊은이에게　── 159

안　핻땀니다.　절므니를　쳐다보는　사람도　업꼬,　절므니에게

말을 거는 사람도 없었지요. 구경을 하다 배가 고파 밥을　── 168

마를　거는　사람도　업썯찌요.　구경을　하다　배가　고파　바블

달래도 반응이 없었어요. 땅속 사람들에게는 젊은이가 보이지도　── 175

달래도　바능이　업써써요.　땅쏙　사람드레게는　절므니가　보이지도

않고 말소리도 들리지 않았습니다. 그러니 젊은이는 한마디로　── 182

안코　말쏘리도　들리지　아낟씀니다.　그러니　절므니는　한마디로

투명인간이 되어 버린 거지요.　　　　　　　　　　　── 186

투명인가니　되어　버린　거지요.

지치고 배도 고프니 젊은이가 심통이 나서 장난을　　　── 193

지치고　배도　고프니　절므니가　심통이　나서　장나늘

쳤습니다. 아무 집에나 들어가 문도 열었다 닫고 사람도 툭　── 202

첟씀니다.　아무　지베나　드러가　문도　여럳따　닫꼬　사람도　툭

쳤지요. 그랬더니 그 집에 귀신이 들었다고 사람들이 난리가　── 210

첟찌요.　그랟떠니　그　지베　귀시니　드럳따고　사람드리　날리가

났어요. 용하다는 무당을 부르고 상을 차려놓고는 굿판을　── 217

낟써요.　용하다는　무당을　부르고　상을　차려노코는　굳파늘

벌였지요. 젊은이는 차려놓은 굿판 음식을 집어 먹고 허기를　── 225

버렫찌요.　절므니는　차려노은　굳판　음시글　지버　먹꼬　허기를

면했답니다. 젊은이는 무당이 굿하는 모습이 재미있었는지　── 231

면핻땀니다.　절므니는　무당이　구타는　모스비　재미이썬는지

계속 장난을 쳤지요. 만일 여러분이 투명인간으로 변한다면 —— 238
계속 장나늘 처찌요. 마닐 여러부니 투명인가느로 변한다면

무엇을 제일 하고 싶으세요? —— 242
무어슬 제일 하고 시프세요?

어쨌든 젊은이는 계속 장난을 치다 싫증이 나기 —— 249
어짿뜬 절므니는 계속 장나늘 치다 실쯩이 나기

시작했습니다. 그래서 다시 칡넝쿨 동아줄을 타고 땅 위로 —— 257
시자캗씀니다. 그래서 다시 칭넝쿨 동아주를 타고 땅 위로

나왔지요. 젊은이는 다시 땅 위로 올라와 보통 때처럼 —— 265
나왇찌요. 절므니는 다시 땅 위로 올라와 보통 때처럼

지냈답니다. 한참을 지내다 갑자기 땅속이 궁금해져서 —— 271
지낻땀니다. 한차믈 지내다 갑짜기 땅쏘기 궁금해져서

구멍으로 갔어요. 그런데 땅속으로 내려가는 구멍이 어디론가 —— 278
구멍으로 가써요. 그런데 땅쏘그로 내려가는 구멍이 어디론가

사라지고 없어졌더랍니다. 아무리 산속을 뒤지고 땅을 —— 284
사라지고 업써젿떠람니다. 아무리 산쏘글 뒤지고 땅을

파 보아도 찾지 못했지요. 땅속으로 내려가는 구멍을 찾으러 —— 292
파 보아도 찯찌 모탣찌요. 땅쏘그로 내려가는 구멍을 차즈러

여러분도 산속으로 가 보실래요? —— 296
여러분도 산쏘그로 가 보실래요?

읽은 총 어절 수 (　　　) - 틀린 어절 수 (　　　)
= 읽기유창성 점수 (　　　)

교수-학습 활동

읽 ◇ 기 ◇ 유 ◇ 창 ◇ 성

1. 단어를 빠르고 정확하게 읽기

2. 어휘의 뜻 알아보기

뚫리다	단어의 뜻: 막힌 것을 통하게 하다.
	비슷한 말: 관통하다
	반대말: 막히다
헛디디다	단어의 뜻: 발을 잘못 디디다.
북적이다	단어의 뜻: 많은 사람이 한곳에 모여 매우 수선스럽게 들끓다.
허기	단어의 뜻: 몹시 굶어서 배고픈 느낌
	비슷한 말: 공복, 배고픔
싫증	단어의 뜻: 싫은 생각이나 느낌, 또는 그런 반응
	비슷한 말: 염증, 식상

🔖 **다음 보기의 단어 중, 문장에 알맞은 단어를 써 봅시다.**

 1 │ 예솔이는 계단을 내려가다 발을 <u>헛디뎌</u> 다리를 다쳤다.

 2 │ 경복궁은 외국인 관광객들로 <u>북적였다</u>.

 3 │ 준택이는 주먹밥으로 <u>허기</u>를 채웠다.

 4 │ 같은 게임을 계속하니 <u>싫증</u>이 났습니다.

3. 어구를 빠르고 정확하게 읽기

4. 글을 빠르고 정확하게 읽기

읽 ◇ 기 ◇ 이 ◇ 해

5. 이야기 지도 알아보기

6. 이야기 지도 사용하여 글 읽고 이해하기

제목: 신기한 땅속 세상 이야기

1 인물 이야기에 등장하는 인물은 누구인가요?

(투명인간으로 변한) 젊은이 또는 젊은 사람

2 시간과 장소 언제, 어디에서 일어난 이야기인가요?

시간: 옛날

장소: (어느) 산골 마을 또는 산마을 또는 땅속

3 사건들 인물에게 어떤 일들이 일어났나요? 일이 어떠한 차례로 일어났나요?

1) 한 젊은이가 산길을 내려오다 발을 헛디뎌 평평한 곳까지 굴러 떨어졌다.
2) 땅속에서 여러 소리가 들려 젊은이는 손으로 땅을 파기 시작했더니 또 다른 사람 사는 세상이 보였다.
3) 젊은이는 자신이 친 장난에 땅속 사람들이 난리가 난 모습이 웃기고 재미있어 구멍 속으로 내려갔다.
4) 땅속 사람들에게는 젊은이가 안 보였고 젊은이는 장난을 쳤다.
5) 장난을 치다 싫증이 난 젊은이는 다시 땅 위로 올라와 보통 때처럼 지냈다.

4 끝 이야기가 어떻게 끝났나요?

한참 뒤 갑자기 땅속이 궁금해진 젊은이는 땅속으로 내려가는 구멍을
다시 찾았는데 구멍은 사라지고 없었다.

7. 글의 주제 알기

주제: 새로운 일에 도전해 보자.

앞에 있는 종이에 글이 있어요. 이제 선생님이 "시작"이라고 하면(학생용 평가지의 첫 어절을 손가락으로 가리킨 후, 계속 훑으면서) 처음부터 읽기 시작해서 "그만"이라고 할 때까지 최대한 정확하게, 그리고 최대한 빨리 읽으세요. 글을 읽다가 모르는 글자가 나오면 선생님이 어떻게 해야 할지 알려 줄게요. 최선을 다하세요. 질문 있어요? (질문이 있으면 질문에 대답한다.) 준비, 시작. (학생이 첫 어절을 말함과 동시에 타이머를 누르고 1분간 학생의 반응을 기록한 뒤 1분이 지나면 "그만"이라고 말한다.)

▌읽기유창성 평가
▌신기한 땅속 세상 이야기

옛날 옛적 어느 산골 마을에 한 젊은이가 살았습니다. —— 8
옌날 옐쩍 어느 산꼴 마으레 한 절므니가 사랃씀니다.

하루는 산길을 내려오다 비탈길에서 발을 헛디뎌 굴러 — 15
하루는 산끼를 내려오다 비탈끼레서 바를 헏띠뎌 굴러

떨어졌어요. 떼굴떼굴 굴러가다 평평한 곳에 이르러서야 — 21
떠러져써요. 떼굴떼굴 굴러가다 평평한 고세 이르러서야

멈춰서 정신을 차렸습니다. — 24
멈춰서 정시늘 차렫씀니다.

그런데 정신을 차리고 보니 땅속에서 소리가 들리더랍니다. — 31
그런데 정시늘 차리고 보니 땅쏘게서 소리가 들리더람니다.

귀를 땅에 대고 들어 보았더니 별소리가 다 들렸지요. 닭 우는 — 41
귀를 땅에 대고 드러 보앋떠니 별소리가 다 들렫찌요. 닥 우는

소리도 들리고, 개 짖는 소리도 들렸답니다. 아니 그뿐만 — 49
소리도 들리고, 개 진는 소리도 들렫땀니다. 아니 그뿐만

아니라 사람들끼리 싸우는 소리도 들렸습니다. — 54
아니라 사람들끼리 싸우는 소리도 들렫씀니다.

하도 이상해서 젊은이는 손으로 땅을 파기 시작했습니다. — 61
하도 이상해서 절므니는 소느로 땅을 파기 시자캗씀니다.

한참을 파니까 갑자기 구멍이 뚫리면서 안이 훤히 보이더랍니다. —— 69
한차믈 파니까 갑짜기 구멍이 뚤리면서 아니 훤히 보이더람니다.

그 안에는 또 다른 사람 사는 세상이 있었지요. —— 77
그 아네는 또 다른 사람 사는 세상이 이썰찌요.

집들도 많고, 산도 있고, 강도 흐르고 있었지요. 젊은이는 —— 85
집뜰도 만코, 산도 읻꼬, 강도 흐르고 이썰찌요. 절므니는

하도 신기해서 입김을 후 불어 봤습니다. 그랬더니 땅속 —— 93
하도 신기해서 입끼믈 후 부러 봗씀니다. 그랟떠니 땅쏙

사람들이 큰 바람이 분다고 난리가 났어요. 이번에는 그 —— 101
사람드리 큰 바라미 분다고 날리가 나써요. 이버네는 그

구멍에다 대고 오줌을 눠 봤어요. 그랬더니 땅속 사람들이 —— 109
구멍에다 대고 오주믈 눠 봐써요. 그랟떠니 땅쏙 사람드리

비가 온다고 난리가 났답니다. —— 113
비가 온다고 날리가 낟땀니다.

젊은이는 너무 웃기고 재미있어서 그 구멍 속으로 —— 120
절므니는 너무 욷끼고 재미이써서 그 구멍 소그로

내려갔습니다. 둘레에 있는 칡넝쿨을 꼬아서 동아줄을 —— 126
내려갇씀니다. 둘레에 인는 칭넝쿠를 꼬아서 동아주를

만들어 타고 내려갔지요. 내려가니 땅 위 세상하고 다른 게 —— 135
만드러 타고 내려갇찌요. 내려가니 땅 위 세상하고 다른 게

하나도 없었어요. 마을에는 농사짓는 사람들도 있고, —— 141
하나도 업써써요. 마으레는 농사진는 사람들도 읻꼬,

시장은 많은 사람들로 북적였답니다. —— 145
시장은 마는 사람들로 북쩌겯땀니다.

그런데 이상하게도 사람들이 젊은이를 보고 아는 체를 —— 152
그런데 이상하게도 사람드리 절므니를 보고 아는 체를

안 했답니다. 젊은이를 쳐다보는 사람도 없고, 젊은이에게 —— 159
안 핻땀니다. 절므니를 쳐다보는 사람도 업꼬, 절므니에게

말을 거는 사람도 없었지요. 구경을 하다 배가 고파 밥을 —— 168

마를 거는 사람도 업썰찌요. 구경을 하다 배가 고파 바블

달래도 반응이 없었어요. 땅속 사람들에게는 젊은이가 보이지도 —— 175

달래도 바능이 업써써요. 땅쏙 사람드레게는 절므니가 보이지도

않고 말소리도 들리지 않았습니다. 그러니 젊은이는 한마디로 —— 182

안코 말쏘리도 들리지 아낟씀니다. 그러니 절므니는 한마디로

투명인간이 되어 버린 거지요. —— 186

투명인가니 되어 버린 거지요.

지치고 배도 고프니 젊은이가 심통이 나서 장난을 —— 193

지치고 배도 고프니 절므니가 심통이 나서 장나늘

쳤습니다. 아무 집에나 들어가 문도 열었다 닫고 사람도 툭 —— 202

첟씀니다. 아무 지베나 드러가 문도 여럳따 닫꼬 사람도 툭

쳤지요. 그랬더니 그 집에 귀신이 들었다고 사람들이 난리가 —— 210

첟찌요. 그랟떠니 그 지베 귀시니 드럳따고 사람드리 날리가

났어요. 용하다는 무당을 부르고 상을 차려놓고는 굿판을 —— 217

나써요. 용하다는 무당을 부르고 상을 차려노코는 굳파늘

벌였지요. 젊은이는 차려놓은 굿판 음식을 집어 먹고 허기를 —— 225

버렫찌요. 절므니는 차려노은 굳판 음시글 지버 먹꼬 허기를

면했답니다. 젊은이는 무당이 굿하는 모습이 재미있었는지 —— 231

면핻땀니다. 절므니는 무당이 구타는 모스비 재미이썬는지

계속 장난을 쳤지요. 만일 여러분이 투명인간으로 변한다면 —— 238

계속 장나늘 첟찌요. 마닐 여러부니 투명인가느로 변한다면

무엇을 제일 하고 싶으세요? —— 242

무어슬 제일 하고 시프세요?

어쨌든 젊은이는 계속 장난을 치다 싫증이 나기 —— 249

어짿뜬 절므니는 계속 장나늘 치다 실쯩이 나기

시작했습니다. 그래서 다시 칡넝쿨 동아줄을 타고 땅 위로 —— 257

시자캗씀니다. 그래서 다시 칭넝쿨 동아주를 타고 땅 위로

나왔지요. 젊은이는 다시 땅 위로 올라와 보통 때처럼 —— 265

나왈찌요. 절므니는 다시 땅 위로 올라와 보통 때처럼

지냈답니다. 한참을 지내다 갑자기 땅속이 궁금해져서 —— 271

지낻땀니다. 한차믈 지내다 갑짜기 땅쏘기 궁금해져서

구멍으로 갔어요. 그런데 땅속으로 내려가는 구멍이 어디론가 —— 278

구멍으로 가써요. 그런데 땅쏘그로 내려가는 구멍이 어디론가

사라지고 없어졌더랍니다. 아무리 산속을 뒤지고 땅을 —— 284

사라지고 업써젇떠람니다. 아무리 산쏘글 뒤지고 땅을

파 보아도 찾지 못했지요. 땅속으로 내려가는 구멍을 찾으러 —— 292

파 보아도 찯찌 모탣찌요. 땅쏘그로 내려가는 구멍을 차즈러

여러분도 산속으로 가 보실래요? —— 296

여러분도 산쏘그로 가 보실래요?

읽은 총 어절 수 (　　　　) – 틀린 어절 수 (　　　　)
= 읽기유창성 점수 (　　　　)

읽기이해 평가

1　이야기에 나오는 중심인물은 누구인가요?

1점: 젊은이 (또는) 젊은 사람 (또는) 투명인간으로 변한 젊은이
0점: 정답의 일부, 오답 또는 대답을 하지 못함

2　언제, 어디에서 있었던 일인가요? (아동이 둘 중 하나만 대답한 경우, 추가 질문을 한다. 예를 들어, 아동이 '언제'에 대한 것만 대답한 경우, "어디에서 있었던 일인가요?"라고 추가 질문을 한다.)

1점: 옛날, (어느) (산골)마을 (또는) 산마을 (또는) 땅속
0점: 정답의 일부, 오답 또는 대답을 하지 못함

3　젊은이가 손으로 땅을 판 까닭은 무엇일까요?

1점: 땅속에서 (별)(이상한) 소리가 들려서
0점: 정답의 일부, 오답 또는 대답을 하지 못함

4 땅속 사람들이 왜 젊은이를 보고 아는 척하지 않았나요?

1점: (젊은이가) 투명 인간이었기 때문에 (또는) 보이지도 않고 말소리도 안 들렸기 때문에

0점: 정답의 일부, 오답 또는 대답을 하지 못함

5 젊은이가 장난을 치자 땅속 사람들이 어떻게 하였나요?

1점: 귀신인 줄 알고 굿을 함 (또는) 집에 귀신이 들었다고 굿판을 벌임

0점: 정답의 일부, 오답 또는 대답을 하지 못함

6 젊은이가 다시 구멍에 갔을 때 어떤 일이 일어났나요?

1점: 구멍이 어디론가 사라져 버림 (또는) 구멍을 찾을 수가 없었음

0점: 정답의 일부, 오답 또는 대답을 하지 못함

7 젊은이가 또다시 땅속에 들어갔더라면 무엇을 했을 것 같나요? 그것을 어떻게 알 수 있는지 글에서 찾아 써 보세요.

1점: 투명인간이 되어 또 장난을 쳤을 것 같음 / 지난번 땅속에서 장난을 쳤기 때문에 (또는) (장난 치는 것이 싫증이 나서 땅 위로 올라갔지만) 땅속이 궁금한 것을 보면 땅 위 생활이 지루해졌을 것 같기 때문에

0점: 정답의 일부, 오답 또는 대답을 하지 못함

4 청개구리 점쟁이

- 글을 읽을 때, 적당한 부분에서 글을 빠르고 정확하게 끊어 읽을 수 있다.
- 글을 읽고, 글의 중심내용과 글의 주제를 파악할 수 있다.

사 ◇ 전 ◇ 평 ◇ 가

> **지시문**
>
> 앞에 있는 종이에 글이 있어요. 이제 선생님이 "시작"이라고 하면(학생용 평가지의 첫 어절을 손가락으로 가리킨 후, 계속 훑으면서) 처음부터 읽기 시작해서 "그만"이라고 할 때까지 최대한 정확하게, 그리고 최대한 빨리 읽으세요. 글을 읽다가 모르는 글자가 나오면 선생님이 어떻게 해야 할지 알려 줄게요. 최선을 다하세요. 질문 있어요? (질문이 있으면 질문에 대답한다.)
> 준비, 시작. (학생이 첫 어절을 말함과 동시에 타이머를 누르고 1분간 학생의 반응을 기록한 뒤 1분이 지나면 "그만"이라고 말한다.)

읍기유창성 평가
청개구리 점쟁이

옛날 옛적에 어느 마을에 청개구리라는 이름을 가진	—— 7
옌날 옏쩌게 어느 마으레 청개구리라는 이르믈 가진	
아이가 살았어. 겉모습은 멀쩡한데 미련해서 할 수 있는	—— 15
아이가 사라써. 건모스븐 멀쩡한데 미련해서 할 쑤 인는	
일이 하나도 없었지. 갓난아기 때부터 밥 먹다가 똥 싸던	—— 24
이리 하나도 업썯찌. 간나나기 때부터 밥 먹따가 똥 싸던	
것이 열일곱이 되도록 바뀌지 않아. 그러니 그 아이의	—— 32
거시 여릴고비 되도록 바뀌지 아나. 그러니 그 아이의	
어머니가 그만 견디다 못해 청개구리를 내쫓았지.	—— 38
어머니가 그만 견디다 모태 청개구리를 내쪼찯찌.	

"이놈의 자식아, 당장 집 밖을 나가 돈이나 벌어라!" —— 46
"이노믜 자시가, 당장 집 바끌 나가 도니나 버러라!"
　　(메)

이렇게 청개구리는 집에서 쫓겨났지만 무슨 일을 할 수 —— 54
이러케 청개구리는 지베서 쫃껴낟찌만 무슨 이를 할 수
　　　　　　　　　　　　　　　　(쑤)

있겠어. 워낙 미련퉁이라서 그냥 길가에 우두커니 서 있기만 —— 62
읻께써. 워낙 미련퉁이라서 그냥 길까에 우두커니 서 읻끼만

했지. 하루 종일 멍하니 서 있는데 누군가 청개구리를 보더니 —— 71
핻찌. 하루 종일 멍하니 서 인는데 누군가 청개구리를 보더니

소리쳤어. —— 72
소리처써.

"네가 바로 그 용하다는 점쟁이가 틀림이 없구나. 어서 —— 80
"네가 바로 그 용하다는 점쟁이가 틀리미 업꾸나. 어서

가자." —— 81
가자."

청개구리는 영문도 모르고 끌려가듯이 그 사람의 집에 —— 88
청개구리는 영문도 모르고 끌려가드시 그 사라믜 지베
　　　　　　　　　　　　　　　　　　　　(메)

들어갔지. 알고 보니 그 집에서 큰돈을 잃어버려서 —— 95
드러갇찌. 알고 보니 그 지베서 큰도늘 이러버려서

점쟁이를 찾았어. 용하다는 점쟁이를 찾아다니다 청개구리를 —— 101
점쟁이를 차자써. 용하다는 점쟁이를 차자다니다 청개구리를

점쟁이로 안 거야. 그렇게 엉뚱하게 끌려 들어가 보니 —— 109
점쟁이로 안 거야. 그러케 엉뚱하게 끌려 드러가 보니

마당에 멍석을 깔고 음식을 차려 놨지. 청개구리가 멍석 —— 117
마당에 멍서글 깔고 음시글 차려 날찌 청개구리가 멍석

위에 앉긴 앉았는데 뭘 알아야 점을 치지 않겠어. 아무것도 —— 126
위에 안낀 안잔는데 뭘 아라야 저믈 치지 안케써. 아무걷또

모르니까 그냥 눈앞에 보이는 대로 중얼거렸지. —— 132
모르니까 그냥 누나페 보이는 대로 중얼거럳찌.

"얼기설기 백설기, 무럭무럭 김무럭." —— 136

"얼기설기　백썰기,　무렁무럭　김무럭."

마침 눈앞에 백설기가 얼기설기 잔뜩 있고, 김이 무럭무럭 —— 144

마침　누나페　백썰기가　얼기설기　잔뜩　읻꼬,　기미　무렁무럭

올라왔거든. 다른 건 할 수 있는 게 없으니까 계속 그 말만 했어. —— 156

올라왇꺼든.　다른 건 할 수 인는 게 업쓰니까　계속 그 말만 해써.
　　　　　　　　　　　(쑤)

"얼기설기 백설기, 무럭무럭 김무럭." —— 160

"얼기설기　백썰기,　무렁무럭　김무럭."

그런데 돈을 훔쳐 간 도둑이 마침 그 자리에 왔던 거야. —— 170

그런데　도늘 훔쳐 간 도두기 마침 그 자리에 왇떤 거야.

도둑이 둘이었는데, 그 이름이 하나는 백설기고 다른 하나는 —— 178

도두기　두리언는데,　그 이르미　하나는 백썰기고　다른 하나는

김무럭이야. 이 도둑들이 들어 보니까 다른 말이 아니라 —— 186

김무러기야.　이 도둑뜨리　드러 보니까　다른 마리 아니라

자기들 이름을 부르고 있으니까 가슴이 뜨끔한 거야. —— 193

자기들　이르믈 부르고 이쓰니까　가스미 뜨끔한 거야.

'아이쿠, 저 용한 점쟁이가 우리 이름을 벌써 알아 —— 201

'아이쿠,　저 용한 점쟁이가　우리 이르믈 벌써 아라

버렸구나. 돈을 가지고 여기에 있다가는 바로 잡혀서 —— 208

버렫꾸나.　도늘 가지고 여기에 읻따가는　바로 자펴서

호되게 혼나겠구나.' —— 210

호되게 혼나겓꾸나.'

이렇게 생각하고는 훔쳤던 돈을 집어던지고 걸음아 날 —— 217

이러케 생가카고는　훔쳗떤 도늘 지버던지고 거르마 날

살려라 하고 도망을 쳤지. 잃어버렸던 돈이 눈앞에 —— 224

살려라 하고 도망을 첟찌. 이러버렫떤　도니 누나페

나타나니 돈 주인이 좋아서 청개구리에게 반을 주었어. —— 231

나타나니　돈 주이니 조아서 청개구리에게　바늘 주어써.

청개구리는 많은 돈을 만지작거리며 기분 좋게 집으로 —— 238

청개구리는　　마는 도늘 만지작꺼리며　기분 조케 지브로

향했지. 그런데 이번에는 난데없는 산적 떼가 나타나 —— 245

향핻찌.　그런데 이버네는　난데엄는　산적 떼가 나타나

청개구리의 길을 막고 섰어. —— 249

청개구리의　기를 막꼬 서써.

"네가 바로 그 용하다는 점쟁이렷다. 이 주먹 안에 들어 —— 258

"네가 바로 그 용하다는　점쟁이럳따.　이 주먹 아네 드러

있는 게 무엇인지 당장 알아맞혀라. 만약에 알아맞히지 —— 265

인는 게 무어신지　당장 아라마쳐라.　마냐게　아라마치지

못한다면 너는 살아 돌아가지 못할 것이다." —— 271

모탄다면　너는 사라 도라가지　모탈 꺼시다."

청개구리가 점을 잘 친다는 소문이 쫙 퍼졌던 거야. —— 279

청개구리가　저믈 잘 친다는 소무니 쫙 퍼젿떤 거야.

청개구리가 이제는 죽었다 생각하니까 눈앞이 깜깜해져서 —— 285

청개구리가　이제는 주걷따 생가카니까　누나피 깜깜해져서

이렇게 중얼거렸어. —— 287

이러케 중얼거려써.

"아이고 어찌해야 하나, 이제는 꼼짝없이 청개구리가 —— 293

"아이고 어찌해야　하나, 이제는 꼼짜겁씨 청개구리가

죽게 생겼구나." —— 295

죽께 생견꾸나."

아니 그런데 산적 두목이 손을 펴며 잘 맞혔다고 하는 —— 304

아니 그런데 산적 두모기 소늘 펴며 잘 마쳗따고　하는

거야. 손바닥 안을 보니 거기에 청개구리 한 마리가 있지 —— 313

거야. 손빠닥 아늘 보니 거기에 청개구리　한 마리가 읻찌

뭐야. 청개구리를 손안에 꼭 쥐고 있었으니 죽게 생겼다는 —— 321

뭐야. 청개구리를　소나네 꼭 쥐고 이써쓰니　죽께 생견따는

말도 맞힌 거잖아. 그렇게 청개구리는 점을 잘 치고 무사히 ——— 330

말도 마친 거자나. 그러케 청개구리는 저믈 잘 치고 무사히

집으로 돌아와 잘 살았단다. ——— 334

지브로 도라와 잘 사람딴다.

읽은 총 어절 수 (   ) – 틀린 어절 수 (   )
= 읽기유창성 점수 (   )

 교수-학습 활동

읽◇기◇유◇창◇성

1. 단어를 빠르고 정확하게 읽기

2. 어휘의 뜻 알아보기

미련하다	단어의 뜻: 매우 어리석고 둔하다. 비슷한 말: 아둔하다, 우둔하다
용하다	단어의 뜻: 재주가 뛰어나고 특이하다. 비슷한 말: 훌륭하다 반대말: 별로이다
엉뚱하다	단어의 뜻: 상식적으로 생각하는 것과 전혀 다르다. 비슷한 말: 괴이하다, 생뚱맞다 반대말: 평범하다
난데없다	단어의 뜻: 갑자기 불쑥 나타나 어디서 왔는지 알 수 없다. 비슷한 말: 갑작스럽다 ※ 도전문제: 갑작스럽다, 갑자기 불쑥 나타나다
영문	단어의 뜻: 왜 그러는지에 대한 까닭 비슷한 말: 사정, 이유 ※ 도전문제: 1) 예, 2) 예
훔치다	단어의 뜻: 남의 물건을 남몰래 가져다가 자기 것으로 하다. 비슷한 말: 도둑질하다, 슬쩍하다

📖 밑줄 친 단어를 대신할 수 있는 단어를 찾아 동그라미를 표시하세요.

1 그 점쟁이는 재주가 <u>용해서</u> 무엇이든 척척 맞힌다.

1) 신통해서   2) 엉뚱해서   3) 미련해서   4) 어눌해서

2 갑자기 그가 찾아온 <u>영문</u>을 알 수 없다.

1) 영향   2) 소용   3) 정도   4) 까닭

3 아침부터 <u>난데없는</u> 고함 소리에 깜짝 놀라 일어났다.

1) 엉뚱한   2) 신통한   3) 갑작스러운   4) 어눌한

4 일부러 <u>엉뚱한</u> 질문을 해서 수업 시간을 방해했다.

1) 멀쩡한   2) 쌩뚱맞은   3) 뜨끔한   4) 용한

3. 어구를 빠르고 정확하게 읽기

4. 글을 빠르고 정확하게 읽기

읽 ◇ 기 ◇ 이 ◇ 해

5. 이야기 지도 알아보기

6. 이야기 지도 사용하여 글 읽고 이해하기

제목: 청개구리 점쟁이

1	인물	이야기에 등장하는 인물은 누구인가요?

청개구리(라는 이름을 가진 아이), 어머니, 돈을 훔쳐 간 사람,

돈을 잃어버린 사람, 산적 떼(두목)

| 2 | 시간과 장소 | 언제, 어디에서 일어난 이야기인가요? |

시간: 옛날 옛적에

장소: (어느) 마을

| 3 | 사건들 | 인물에게 어떤 일들이 일어났나요? 일이 어떠한 차례로 일어났나요? |

1) 청개구리라는 이름을 가진 아이는 어머니에게 쫓겨났다.
2) 돈을 잃어버린 사람이 청개구리를 용한 점쟁이로 착각하고 자신의 집으로 데리고 갔다.
3) 청개구리는 차려진 상을 보며 중얼거렸는데 그게 도둑의 이름이어서 도둑이 돈을 집어던지고 도망갔다.
4) 청개구리는 산적 떼를 만나게 되었는데, 산적 두목이 자신의 주먹 안에 들어 있는 것을 맞히지 못하면 살아 돌아가지 못한다고 하였다.
5) 청개구리는 자신(청개구리)이 죽게 생겼다고 중얼거렸는데 그것이 바로 산적 두목 손에 있는 것이었다.

| 4 | 끝 | 이야기가 어떻게 끝났나요? |

청개구리는 무사히 집에 돌아올 수 있었다.

7. 글의 주제 알기

주제: 그때그때 처한 뜻밖의 일에 알맞게 대처하자.

읽기유창성 평가
청개구리 점쟁이

옛날 옛적에 어느 마을에 청개구리라는 이름을 가진 —— 7
옌날 옐쩌게 어느 마으레 청개구리라는 이르믈 가진

아이가 살았어. 겉모습은 멀쩡한데 미련해서 할 수 있는 —— 15
아이가 사라써. 건모스븐 멀쩡한데 미련해서 할 쑤 인는

일이 하나도 없었지. 갓난아기 때부터 밥 먹다가 똥 싸던 —— 24
이리 하나도 업썯찌. 간나나기 때부터 밥 먹따가 똥 싸던

것이 열일곱이 되도록 바뀌지 않아. 그러니 그 아이의 —— 32
거시 여릴고비 되도록 바뀌지 아나. 그러니 그 아이의

어머니가 그만 견디다 못해 청개구리를 내쫓았지. —— 38
어머니가 그만 견디다 모태 청개구리를 내쪼찬찌.

"이놈의 자식아, 당장 집 밖을 나가 돈이나 벌어라!" —— 46
"이노믜 자시가, 당장 집 바끌 나가 도니나 버러라!"
    (메)

이렇게 청개구리는 집에서 쫓겨났지만 무슨 일을 할 수 —— 54
이러케 청개구리는 지베서 쫃껴낟찌만 무슨 이를 할 수
                                     (쑤)

있겠어. 워낙 미련퉁이라서 그냥 길가에 우두커니 서 있기만 —— 62
읻께써. 워낙 미련퉁이라서 그냥 길까에 우두커니 서 읻끼만

했지. 하루 종일 멍하니 서 있는데 누군가 청개구리를 보더니 —— 71
핻찌. 하루 종일 멍하니 서 인는데 누군가 청개구리를 보더니

소리쳤어. — 72
소리처써.

"네가 바로 그 용하다는 점쟁이가 틀림이 없구나. 어서 — 80
"네가 바로 그 용하다는 점쟁이가 틀리미 업꾸나. 어서

가자." — 81
가자."

청개구리는 영문도 모르고 끌려가듯이 그 사람의 집에 — 88
청개구리는 영문도 모르고 끌려가드시 그 사라믜 지베
(메)

들어갔지. 알고 보니 그 집에서 큰돈을 잃어버려서 — 95
드러갇찌. 알고 보니 그 지베서 큰도늘 이러버려서

점쟁이를 찾았어. 용하다는 점쟁이를 찾아다니다 청개구리를 — 101
점쟁이를 차자써. 용하다는 점쟁이를 차자다니다 청개구리를

점쟁이로 안 거야. 그렇게 엉뚱하게 끌려 들어가 보니 — 109
점쟁이로 안 거야. 그러케 엉뚱하게 끌려 드러가 보니

마당에 멍석을 깔고 음식을 차려 놨지. 청개구리가 멍석 — 117
마당에 멍서글 깔고 음시글 차려 낟찌 청개구리가 멍석

위에 앉긴 앉았는데 뭘 알아야 점을 치지 않겠어. 아무것도 — 126
위에 안낀 안잔는데 뭘 아라야 저믈 치지 안케써. 아무걷또

모르니까 그냥 눈앞에 보이는 대로 중얼거렸지. — 132
모르니까 그냥 누나페 보이는 대로 중얼거럳찌.

"얼기설기 백설기, 무럭무럭 김무럭." — 136
"얼기설기 백썰기, 무렁무럭 김무럭."

마침 눈앞에 백설기가 얼기설기 잔뜩 있고, 김이 무럭무럭 — 144
마침 누나페 백썰기가 얼기설기 잔뜩 읻꼬, 기미 무렁무럭

올라왔거든. 다른 건 할 수 있는 게 없으니까 계속 그 말만 했어. — 156
올라왇꺼든. 다른 건 할 수 인는 게 업쓰니까 계속 그 말만 해써.
(쑤)

"얼기설기 백설기, 무럭무럭 김무럭." — 160
"얼기설기 백썰기, 무렁무럭 김무럭."

그런데 돈을 훔쳐 간 도둑이 마침 그 자리에 왔던 거야. —— 170

그런데 도늘 훔쳐 간 도두기 마침 그 자리에 왇떤 거야.

도둑이 둘이었는데, 그 이름이 하나는 백설기고 다른 하나는 —— 178

도두기 두리언는데,   그 이르미   하나는 백썰기고   다른 하나는

김무럭이야. 이 도둑들이 들어 보니까 다른 말이 아니라 —— 186

김무러기야.   이 도둑뜨리   드러 보니까   다른 마리 아니라

자기들 이름을 부르고 있으니까 가슴이 뜨끔한 거야. —— 193

자기들 이르믈 부르고 이쓰니까   가스미 뜨끔한 거야.

'아이쿠, 저 용한 점쟁이가 우리 이름을 벌써 알아 —— 201

'아이쿠, 저 용한 점쟁이가   우리 이르믈 벌써 아라

버렸구나. 돈을 가지고 여기에 있다가는 바로 잡혀서 —— 208

버렫꾸나.   도늘 가지고 여기에 읻따가는   바로 자펴서

호되게 혼나겠구나.' —— 210

호되게   혼나겓꾸나.'

이렇게 생각하고는 훔쳤던 돈을 집어던지고 걸음아 날 —— 217

이러케 생가카고는   훔쳗떤 도늘 지버던지고   거르마 날

살려라 하고 도망을 쳤지. 잃어버렸던 돈이 눈앞에 —— 224

살려라 하고 도망을 쳗찌. 이러버렫떤   도니 누나페

나타나니 돈 주인이 좋아서 청개구리에게 반을 주었어. —— 231

나타나니   돈 주이니 조아서 청개구리에게   바늘 주어써.

청개구리는 많은 돈을 만지작거리며 기분 좋게 집으로 —— 238

청개구리는   마는 도늘 만지작꺼리며   기분 조케 지브로

향했지. 그런데 이번에는 난데없는 산적 떼가 나타나 —— 245

향핻찌.   그런데 이버네는   난데엄는   산적 떼가 나타나

청개구리의 길을 막고 섰어. —— 249

청개구리의   기를 막꼬 서써.

"네가 바로 그 용하다는 점쟁이렷다. 이 주먹 안에 들어 —— 258

"네가 바로 그 용하다는   점쟁이렫따.   이 주먹 아네 드러

228 | IV 수준

있는 게 무엇인지 당장 알아맞혀라. 만약에 알아맞히지 —— 265

인는 게 무어신지 당장 아라마쳐라.   마냐게 아라마치지

못한다면 너는 살아 돌아가지 못할 것이다." —— 271

모탄다면   너는 사라 도라가지 모탈 꺼시다."

청개구리가 점을 잘 친다는 소문이 쫙 퍼졌던 거야. —— 279

청개구리가   저믈 잘 친다는 소무니 쫙 퍼젼떤 거야.

청개구리가 이제는 죽었다 생각하니까 눈앞이 깜깜해져서 —— 285

청개구리가   이제는 주걷따 생가카니까 누나피 깜깜해져서

이렇게 중얼거렸어. —— 287

이러케 중얼거려써.

"아이고 어찌해야 하나, 이제는 꼼짝없이 청개구리가 —— 293

"아이고 어찌해야 하나, 이제는 꼼짜겁씨 청개구리가

죽게 생겼구나." —— 295

죽께 생겯꾸나."

아니 그런데 산적 두목이 손을 펴며 잘 맞혔다고 하는 —— 304

아니 그런데 산적 두모기 소늘 펴며 잘 마쳗따고 하는

거야. 손바닥 안을 보니 거기에 청개구리 한 마리가 있지 —— 313

거야. 손빠닥 아늘 보니 거기에 청개구리 한 마리가 읻찌

뭐야. 청개구리를 손안에 꼭 쥐고 있었으니 죽게 생겼다는 —— 321

뭐야. 청개구리를   소나네 꼭 쥐고 이써쓰니 죽께 생겯따는

말도 맞힌 거잖아. 그렇게 청개구리는 점을 잘 치고 무사히 —— 330

말도 마친 거자나. 그러케 청개구리는 저믈 잘 치고 무사히

집으로 돌아와 잘 살았단다. —— 334

지브로 도라와 잘 사람딴다.

읽은 총 어절 수 (   ) – 틀린 어절 수 (   )

= 읽기유창성 점수 (   )

■ 읽기이해 평가

1 이야기에 등장하는 인물은 누구인가요? 세 사람만 써 보세요. (아동이 하나만 대답한 경우 추가 질문을 한다.)

1점: 청개구리(라는 이름을 가진 아이), 어머니, 돈을 훔쳐 간 사람, 돈을 잃어버린 사람, 산적 떼(두
목) 중에서 세 명

0점: 오답 또는 대답을 하지 못함

2 언제, 어디에서 있었던 일인가요? (아동이 둘 중 하나만 대답한 경우, 추가 질문을 한다. 예를 들어, 아동이 '언제'
에 대한 것만 대답한 경우, "어디에서 있었던 일인가요?"라고 추가 질문을 한다.)

1점: 옛날 옛적에, (어느) 마을에서

0점: 오답 또는 대답을 하지 못함

3 어머니가 청개구리를 내쫓은 까닭은 무엇인가요?

1점: 겉모습은 멀쩡한데 미련해서 할 수 있는 일이 없었기 때문에 (또는) 열일곱이 되도록(늦도록)
똥을 싸서

0점: 오답 또는 대답을 하지 못함

4 어떤 사람이 왜 청개구리를 자기 집으로 끌고 갔나요?

1점: 청개구리가 용한 점쟁이라고 생각하여 (또는) 청개구리가 용한 점쟁이로 알아서

0점: 오답 또는 대답을 하지 못함

5 청개구리가 어떻게 많은 돈을 벌 수 있었나요?

1점: 도둑의 이름을 맞혀 주인이 돈을 찾게 되어서
또는 도둑의 이름을 점치자 도둑이 돈을 버리고 도망을 가게 되어서

0점: 오답 또는 대답을 하지 못함

6 산적 떼에게 잡혀갔을 때 청개구리는 왜 '죽었구나.'라고 생각했나요?

1점: (산적 떼의 손에 무엇이 있는지) 알아맞히지 못하면 살아서 돌아갈 수 없다고 했기 때문에

0점: 오답 또는 대답을 하지 못함

7 청개구리는 어떤 아이라고 생각하나요? 그것을 어떻게 알 수 있는지 글에서 찾아 써 보세요. (만약에 아동
이 "미련한 아이"라고 대답 한 경우 "또 어떤 아이일까요?"라고 추가 질문을 하도록 한다.)

1점: 운이 좋은 사람, 점을 잘 치지 못하는데도 도둑의 이름을 맞히고, 청개구리 손에 있는 것도 맞
혔기 때문에

0점: 오답 또는 대답을 하지 못함

5 큰아들을 구한 천덕꾸러기 작은아들

학 ◇ 습 ◇ 목 ◇ 표 ◇ 확 ◇ 인

- 글을 읽을 때, 적당한 부분에서 글을 빠르고 정확하게 끊어 읽을 수 있다.
- 글을 읽고, 글의 중심내용과 글의 주제를 파악할 수 있다.

사 ◇ 전 ◇ 평 ◇ 가

지시문

앞에 있는 종이에 글이 있어요. 이제 선생님이 "시작"이라고 하면(학생용 평가지의 첫 어절을 손가락으로 가리킨 후, 계속 훑으면서) 처음부터 읽기 시작해서 "그만"이라고 할 때까지 최대한 정확하게, 그리고 최대한 빨리 읽으세요. 글을 읽다가 모르는 글자가 나오면 선생님이 어떻게 해야 할지 알려 줄게요. 최선을 다하세요. 질문 있어요? (질문이 있으면 질문에 대답한다.) 준비, 시작. (학생이 첫 어절을 말함과 동시에 타이머를 누르고 1분간 학생의 반응을 기록한 뒤 1분이 지나면 "그만"이라고 말한다.)

▌읽기유창성 평가
▌큰아들을 구한 천덕꾸러기 작은아들

옛날 어느 마을에 한 부부가 아들 형제를 두었습니다. ——— 8
옌날 어느 마으레 한 부부가 아들 형제를 두얻씀니다.

그런데 부부는 이상하게도 큰아들만 귀여워하고 작은아들은 ——— 14
그런데 부부는 이상하게도 크나들만 귀여워하고 자그나드른

천덕꾸러기로 키웠어요. 큰아들은 고운 옷 입혀 서당에 보내서 ——— 22
천덕꾸러기로 키워써요. 크나드른 고운 옫 이펴 서당에 보내서

글공부를 시켰지요. 하지만 작은아들은 허름한 옷을 입혀 ——— 29
글꽁부를 시켣찌요. 하지만 자그나드른 허르만 오슬 이펴

힘든 일만 시켰답니다. 그래서 큰아들은 말도 똑 부러지게 ——— 37
힘든 일만 시켣땀니다. 그래서 크나드른 말도 똑 부러지게

하고 몸가짐도 야무졌답니다. 반대로 작은아들은 말도 잘 —— 44

하고 몸가짐도 야무졀땀니다. 반대로 자그나드른 말도 잘

못하고 몸가짐도 어눌하고 지저분했지요. —— 48

모타고 몸가짐도 어눌하고 지저분핻찌요.

그러던 어느 날 마을에 소문 하나가 쫘악 퍼졌습니다. —— 56

그러던 어느 날 마으레 소문 하나가 쫘악 퍼젿씀니다.

옆 마을에 사는 정승이 수수께끼 내기를 한다는 거였지요. —— 64

엽 마으레 사는 정승이 수수께끼 내기를 한다는 거엳찌요.

그리고 수수께끼에서 답을 맞히면 천 냥을 준다고 했답니다. —— 72

그리고 수수께끼에서 다블 마치면 천 냥을 준다고 핻땀니다.

만일 못 알아맞히면 반대로 천 냥을 받는다는 거였지요. —— 80

마닐 몯 아라마치면 반대로 천 냥을 받는다는 거엳찌요.

아버지는 소문을 듣고 천 냥을 벌고 싶은 욕심이 생겼답니다. —— 89

아버지는 소무늘 듣꼬 천 냥을 벌고 시픈 욕씨미 생겯땀니다.

"큰아들아, 내일은 지겨운 글공부 대신 돈 벌러 가자." —— 97

"크나드라, 내이른 지겨운 글꽁부 대신 돈 벌러 가자."

이튿날 아버지와 큰아들은 옆 마을 정승 댁에 갔답니다. ——105

이튿날 아버지와 크나드른 엽 마을 정승 대게 갇땀니다.

수수께끼 내기를 하러 왔다고 하니 정승이 문제를 내었지요. ——113

수수께끼 내기를 하러 왇따고 하니 정승이 문제를 내얻찌요.

"우리 집에 오다가 집 앞에 있는 느티나무를 보았느냐?" ——121

"우리 지베 오다가 집 아페 인는 느티나무를 보안느냐?"

"예, 보았습니다." ——123

"예, 보앋씀니다."

"그 느티나무의 잎이 모두 몇 개나 되겠는지 알겠느냐?" ——131

"그 느티나무의 이피 모두 멷 깨나 되겐는지 알겐느냐?"

수수께끼를 들은 큰아들은 그만 꿀 먹은 벙어리가 되었지요. ——139

수수께끼를 드른 크나드른 그만 꿀 머근 벙어리가 되얻찌요.

이 수수께끼는 누가 들어도 풀 수가 없는 문제였답니다.   —147
이 수수께끼는   누가 드러도   풀 쑤가 엄는 문제열땀니다.

"아니, 똑똑한 자네가 왜 답을 말하지 못하는고?"   —154
"아니, 똑또칸   자네가 왜 다블 말하지   모타는고?"

"잘 모르겠습니다."   —156
"잘 모르겓씀니다."

"그러면 어쩔 수 없이 돈 천 냥을 내놓아라."   —164
"그러면 어쩔 쑤 업씨 돈 천 냥을 내노아라."

"수수께끼를 풀 거라 생각하고 돈은 미처 가져오지 못했습니다."   —172
"수수께끼를   풀 꺼라 생가카고   도는 미처 가져오지   모탣씀니다."

"그러면 우리 집에서 삼 년 머슴살이를 해야만 하느니라."   —180
"그러면 우리 지베서 삼 년 머슴사리를   해야만 하느니라."

아버지는 꼼짝없이 정승에게 아끼는 큰아들을 머슴으로   —186
아버지는   꼼짜겁씨   정승에게   아끼는 크나드를   머스므로

보내야만 했지요. 집으로 돌아온 아버지가 큰아들 걱정에   —193
보내야만   핻찌요. 지브로   도라온   아버지가   크나들 걱쩡에

시름시름 앓게 되었습니다. 그러자 옆에서 지켜보던   —199
시름시름   알케 되얻씀니다.   그러자   여페서 지켜보던

작은아들이 자기가 수수께끼를 풀겠다고 졸랐답니다. 아버지는   —205
자그나드리   자기가 수수께끼를   풀겓따고 졸랃땀니다.   아버지는

작은아들이 부득부득 졸라서 다시 정승 댁으로 갔지요.   —212
자그나드리   부득뿌득   졸라서 다시 정승 대그로   갇찌요.

수수께끼 내기를 하러 왔다고 하니 정승이 문제를 내었습니다.   —220
수수께끼   내기를 하러 왇따고 하니 정승이 문제를   내얻씀니다.

"집 앞에 있는 느티나무의 잎이 몇 개나 되느냐?"   —228
"집 아페 인는 느티나무의   이피 멷 깨나 되느냐?"

정승이 수수께끼를 내자 작은아들이 골똘히 생각하더니   —234
정승이 수수께끼를   내자 자그나드리   골똘히   생가카더니

이렇게 대답했습니다. ——— 236

이러케 대다팯씀니다.

"그렇다면 대감 머리카락은 모두 몇 올이나 되는지 아십니까?" ——— 244

"그러타면 대감 머리카라근 모두 몓 오리나 되는지 아심니까?"

"아니, 이놈아! 내가 그 많은 머리카락이 몇 올인지 어찌 ——— 253

"아니, 이노마! 내가 그 마는 머리카라기 멷 오린지 어찌

알겠느냐?" ——— 254

알겐느냐?"

"집 앞의 느티나무는 제가 오늘 처음 본 것입니다. 하지만 ——— 263

"집 아픠 느티나무는 제가 오늘 처음 본 거심니다.   하지만
      (페)

대감 머리카락은 한평생 머리에 얹고 다니지 않았습니까? ——— 270

대감 머리카라근 한평생 머리에 언꼬 다니지 아낟씀니까?

한평생 머리에 얹고 다니는 머리카락 수도 모르는데, ——— 277

한평생 머리에 언꼬 다니는 머리카락 수도 모르는데,

오늘 본 나뭇잎의 수를 어찌 알겠습니까?" ——— 283

오늘 본 나무니픠 수를 어찌 알겓씀니까?"

"네 놈이 나보다 한 수 위로구나, 내가 졌다." ——— 291

"네 노미 나보다 한 수 위로구나,   내가 젇따."

"저는 천 냥 대신에 머슴살이하는 형을 집으로 데려가겠습니다." ——— 299

"저는 천 냥 대시네 머슴사리하는   형을 지브로 데려가겓씀니다."

이렇게 큰아들을 구한 작은아들은 아버지의 사랑을 받게 ——— 306

이러케 크나드를 구한 자그나드른   아버지의   사랑을 받께

되었답니다. ——— 307

되얻땀니다.

읽은 총 어절 수 (   ) – 틀린 어절 수 (   )

= 읽기유창성 점수 (   )

교수-학습 활동

읽◦기◦유◦창◦성

1. 단어를 빠르고 정확하게 읽기

2. 어휘의 뜻 알아보기

앓다	단어의 뜻: 병에 걸려 고통을 겪다. 비슷한 말: 병들다, 끙끙거리다
야무지다	단어의 뜻: 사람의 성질이나 행동, 생김새 따위가 빈틈이 없이 꽤 단단하고 굳세다. 비슷한 말: 당차다, 빈틈없다
어눌하다	단어의 뜻: 말을 유창하게 하지 못하고 떠듬떠듬하는 면이 있다.
골똘히	단어의 뜻: 한 가지 일에 온 정신을 쏟아 딴 생각이 없이
얹다	단어의 뜻: 위에 올려놓다. 비슷한 말: 이다, 지다
허름하다	단어의 뜻: 좀 헌 듯하다. 비슷한 말: 낡다

다음 보기의 단어 중, 문장에 알맞은 단어를 써 봅시다.

1│ 몸살로 며칠간 되게 **앓았다.**

2│ 산호는 언제나 **야무지게** 일을 잘한다.

3│ 그렇게 **어눌하게** 이야기하지 말고, 똑바로 이야기하렴.

4│ 무엇을 그렇게 **골똘히** 생각하고 있니?

5│ 재원이는 창고처럼 **허름한** 집에서 살고 있다.

3. 어구를 빠르고 정확하게 읽기

4. 글을 빠르고 정확하게 읽기

읽 ◇ 기 ◇ 이 ◇ 해

5. 이야기 지도 알아보기

6. 이야기 지도 사용하여 글 읽고 이해하기

제목: 큰아들을 구한 천덕꾸러기 작은아들

1	**인물**	이야기에 등장하는 인물은 누구인가요?

아버지, 큰아들, 작은아들, 정승

2	**시간과 장소**	언제, 어디에서 일어난 이야기인가요?

시간: 옛날

장소: (어느) 마을 또는 고을

3	**사건들**	인물에게 어떤 일들이 일어났나요? 일이 어떠한 차례로 일어났나요?

1) 부부가 큰아들은 귀여워하고 작은아들은 천덕꾸러기로 키웠다.
2) 어느 날 정승이 수수께끼를 맞히면 천 냥을 준다고 하자 아버지는 큰아들을 데리고 정승 댁으로 갔다.
3) 큰아들은 정승의 (느티나무의 잎이 몇 개냐는) 수수께끼를 풀지 못하였고 돈 천 냥이 없어 정승 댁 머슴으로 보내졌다.
4) 큰아들 걱정에 아버지가 아프시자, 작은아들이 수수께끼를 풀겠다고 졸라서 아버지와 다시 정승 댁으로 갔다.
5) 작은아들은 (느티나무의 잎이 몇 개냐는 질문에 정승에게 정승 머리카락이 몇 올인지 아냐고 물으면서) 정승을 놀라게 하여 형을 집으로 데려올 수 있었다.

4	끝	이야기가 어떻게 끝났나요?

> 큰아들을 구한 작은아들은 아버지의 사랑을 받게 되었다.

7. 글의 주제 알기

> 주제: 모든 사람을 귀하게 여기자.

사◇후◇평◇가

읽기유창성 평가
큰아들을 구한 천덕꾸러기 작은아들

옛날 어느 마을에 한 부부가 아들 형제를 두었습니다.	—— 8
옌날 어느 마으레 한 부부가 아들 형제를 두얻씀니다.	
그런데 부부는 이상하게도 큰아들만 귀여워하고 작은아들은	—— 14
그런데 부부는 이상하게도 크나들만 귀여워하고 자그나드른	
천덕꾸러기로 키웠어요. 큰아들은 고운 옷 입혀 서당에 보내서	—— 22
천덕꾸러기로 키워써요. 크나드른 고운 옫 이펴 서당에 보내서	
글공부를 시켰지요. 하지만 작은아들은 허름한 옷을 입혀	—— 29
글꽁부를 시켠찌요. 하지만 자그나드른 허름한 오슬 이펴	

힘든 일만 시켰답니다. 그래서 큰아들은 말도 똑 부러지게 —— 37
힘든 일만 시켣땀니다.　그래서 크나드른 말도 똑 부러지게

하고 몸가짐도 야무졌답니다. 반대로 작은아들은 말도 잘 —— 44
하고 몸가짐도 야무젇땀니다.　반대로 자그나드른 말도 잘

못하고 몸가짐도 어눌하고 지저분했지요. —— 48
모타고 몸가짐도 어눌하고 지저분핻찌요.

그러던 어느 날 마을에 소문 하나가 쫘악 퍼졌습니다. —— 56
그러던 어느 날 마으레 소문 하나가 쫘악 퍼젇씀니다.

옆 마을에 사는 정승이 수수께끼 내기를 한다는 거였지요. —— 64
엽 마으레 사는 정승이 수수께끼 내기를 한다는 거엳찌요.

그리고 수수께끼에서 답을 맞히면 천 냥을 준다고 했답니다. —— 72
그리고 수수께끼에서 다블 마치면 천 냥을 준다고 핻땀니다.

만일 못 알아맞히면 반대로 천 냥을 받는다는 거였지요. —— 80
마닐 몯 아라마치면 반대로 천 냥을 받는다는 거엳찌요.

아버지는 소문을 듣고 천 냥을 벌고 싶은 욕심이 생겼답니다. —— 89
아버지는 소무늘 듣꼬 천 냥을 벌고 시픈 욕씨미 생겯땀니다.

"큰아들아, 내일은 지겨운 글공부 대신 돈 벌러 가자." —— 97
"크나드라, 내이른 지겨운 글꽁부 대신 돈 벌러 가자."

이튿날 아버지와 큰아들은 옆 마을 정승 댁에 갔답니다. —— 105
이튼날 아버지와 크나드른 엽 마을 정승 대게 갇땀니다.

수수께끼 내기를 하러 왔다고 하니 정승이 문제를 내었지요. —— 113
수수께끼 내기를 하러 왇따고 하니 정승이 문제를 내얻찌요.

"우리 집에 오다가 집 앞에 있는 느티나무를 보았느냐?" —— 121
"우리 지베 오다가 집 아페 인는 느티나무를 보안느냐?"

"예, 보았습니다." —— 123
"예, 보앋씀니다."

"그 느티나무의 잎이 모두 몇 개나 되겠는지 알겠느냐?" —— 131
"그 느티나무의 이피 모두 멷 깨나 되겐는지 알겐느냐?"

수수께끼를 들은 큰아들은 그만 꿀 먹은 벙어리가 되었지요. —— 139

수수께끼를   드른 크나드른   그만 꿀 머근 벙어리가   되얻찌요.

이 수수께끼는 누가 들어도 풀 수가 없는 문제였답니다. —— 147

이 수수께끼는   누가 드러도   풀 쑤가 엄는 문제열땀니다.

"아니, 똑똑한 자네가 왜 답을 말하지 못하는고?" —— 154

"아니, 똑또칸   자네가 왜 다블 말하지   모타는고?"

"잘 모르겠습니다." —— 156

"잘 모르겓씀니다."

"그러면 어쩔 수 없이 돈 천 냥을 내놓아라." —— 164

"그러면   어쩔 쑤 업씨 돈 천 냥을   내노아라."

"수수께끼를 풀 거라 생각하고 돈은 미처 가져오지 못했습니다." —— 172

"수수께끼를   풀 꺼라 생가카고   도는 미처 가져오지   모탣씀니다."

"그러면 우리 집에서 삼 년 머슴살이를 해야만 하느니라." —— 180

"그러면 우리 지베서   삼 년 머슴사리를   해야만 하느니라."

아버지는 꼼짝없이 정승에게 아끼는 큰아들을 머슴으로 —— 186

아버지는   꼼짜겁씨 정승에게   아끼는 크나드를   머스므로

보내야만 했지요. 집으로 돌아온 아버지가 큰아들 걱정에 —— 193

보내야만   핻찌요. 지브로   도라온 아버지가   크나들 걱쩡에

시름시름 앓게 되었습니다. 그러자 옆에서 지켜보던 —— 199

시름시름   알케 되얻씀니다.   그러자 여페서 지켜보던

작은아들이 자기가 수수께끼를 풀겠다고 졸랐답니다. 아버지는 —— 205

자그나드리   자기가 수수께끼를   풀겓따고 졸랃땀니다.   아버지는

작은아들이 부득부득 졸라서 다시 정승 댁으로 갔지요. —— 212

자그나드리   부득뿌득   졸라서 다시 정승 대그로 갇찌요.

수수께끼 내기를 하러 왔다고 하니 정승이 문제를 내었습니다. —— 220

수수께끼   내기를 하러 왇따고 하니 정승이 문제를   내얻씀니다.

"집 앞에 있는 느티나무의 잎이 몇 개나 되느냐?" —— 228

"집 아페 인는 느티나무의   이피 멷 깨나 되느냐?"

정승이 수수께끼를 내자 작은아들이 골똘히 생각하더니 —— 234

정승이　수수께끼를　내자 자그나드리　골똘히　생가카더니

이렇게 대답했습니다. —— 236

이러케　대다팯씀니다.

"그렇다면 대감 머리카락은 모두 몇 올이나 되는지 아십니까?" —— 244

"그러타면　대감　머리카라근　모두 몓 오리나　되는지　아심니까?"

"아니, 이놈아! 내가 그 많은 머리카락이 몇 올인지 어찌 —— 253

"아니, 이노마!　내가 그 마는 머리카라기　멷 오린지 어찌

알겠느냐?" —— 254

알겐느냐?"

"집 앞의 느티나무는 제가 오늘 처음 본 것입니다. 하지만 —— 263

"집 아픠 느티나무는　제가 오늘　처음 본 거심니다.　하지만
　　　(페)

대감 머리카락은 한평생 머리에 얹고 다니지 않았습니까? —— 270

대감 머리카라근　한평생　머리에　언꼬　다니지 아낟씀니까?

한평생 머리에 얹고 다니는 머리카락 수도 모르는데, —— 277

한평생　머리에　언꼬　다니는 머리카락　수도 모르는데,

오늘 본 나뭇잎의 수를 어찌 알겠습니까?" —— 283

오늘 본 나무니픠　수를 어찌 알겓씀니까?"

"네 놈이 나보다 한 수 위로구나, 내가 졌다." —— 291

"네 노미 나보다　한 수 위로구나,　내가 젇따."

"저는 천 냥 대신에 머슴살이하는 형을 집으로 데려가겠습니다." —— 299

"저는 천 냥 대시네　머슴사리하는　형을 지브로　데려가겓씀니다."

이렇게 큰아들을 구한 작은아들은 아버지의 사랑을 받게 —— 306

이러케　크나드를　구한　자그나드른　아버지의　사랑을　받께

되었답니다. —— 307

되얻땀니다.

읽은 총 어절 수 (　　　) - 틀린 어절 수 (　　　)

= 읽기유창성 점수 (　　　)

1 이야기에 등장하는 인물은 누구인가요? 네 사람을 써 보세요. (아동이 하나만 대답한 경우 추가 질문을 한다.)

　1점: 아버지, 큰아들, 작은아들, 정승
　0점: 오답 또는 대답을 하지 못함

2 언제, 어디에서 있었던 일인가요? (아동이 둘 중 하나만 대답한 경우, 추가 질문을 한다. 예를 들어, 아동이 '언제'에 대한 것만 대답한 경우, "어디에서 있었던 일인가요?"라고 추가 질문을 한다.)

　1점: 옛날, (어느) 마을
　0점: 오답 또는 대답을 하지 못함

3 형이 머슴살이를 하게 된 까닭은 무엇일까요?

　1점: 정승이 낸 수수께끼를 맞히지(풀지) 못해서 (또는) 돈 천 냥이 없어서, (또는) 돈 천 냥을 준비해 오지 않아서
　0점: 정답 중 일부, 오답 또는 대답을 하지 못함

4 아버지는 왜 시름시름 앓게 되었나요?

　1점: (자기가 아끼는) 큰아들이 머슴살이를 하게 되어 (또는) 큰아들이 머슴살이 하며 고생할 것을 걱정하여
　0점: 오답 또는 대답을 하지 못함

5 동생이 수수께끼를 풀겠다고 조른 까닭은 무엇일까요?

　1점: 아버지가 형 걱정 때문에 시름시름 앓게 되어
　0점: 오답 또는 대답을 하지 못함

6 동생은 형을 어떻게 구하였나요?

　1점: 정승에게 수수께끼를 내고 정승이 대답을 하지 못해서 (또는) 정승보다 한 수 위여서 (또는) 정승이 수수께끼에서 져서
　0점: 정답 중 일부, 오답 또는 대답을 하지 못함

7 이야기에 나오는 동생은 어떤 마음씨를 가진 사람일까요? 그것을 어떻게 알 수 있는지 글에서 찾아 써 보세요.

　1점: 착한 마음씨, 아버지를 걱정하여 형을 구해 왔기 때문에 (또는) 효심이 가득한 사람, 아버지를 걱정하여 형을 구해 왔기 때문에
　0점: 정답 중 일부, 오답 또는 대답을 하지 못함

6 호랑이 인간

학◇습◇목◇표◇확◇인

- 글을 읽을 때, 적당한 부분에서 글을 빠르고 정확하게 끊어 읽을 수 있다.
- 글을 읽고, 글의 중심내용과 글의 주제를 파악할 수 있다.

사◇전◇평◇가

앞에 있는 종이에 글이 있어요. 이제 선생님이 "시작"이라고 하면(학생용 평가지의 첫 어절을 손가락으로 가리킨 후, 계속 훑으면서) 처음부터 읽기 시작해서 "그만"이라고 할 때까지 최대한 정확하게, 그리고 최대한 빨리 읽으세요. 글을 읽다가 모르는 글자가 나오면 선생님이 어떻게 해야 할지 알려 줄게요. 최선을 다하세요. 질문 있어요? (질문이 있으면 질문에 대답한다.) 준비, 시작. (학생이 첫 어절을 말함과 동시에 타이머를 누르고 1분간 학생의 반응을 기록한 뒤 1분이 지나면 "그만"이라고 말한다.)

▌ 읽기유창성 평가
▌ 호랑이 인간

옛날 어느 마을에 젊은 부부가 어머니를 모시고 살았습니다.	—— 8
옌날 어느 마으레 절믄 부부가 어머니를 모시고 사람씀니다.	
그런데 갑자기 어머니가 병이 들어 시름시름 앓기	—— 15
그런데 갑짜기 어머니가 병이 드러 시름시름 알키	
시작했습니다. 좋다는 약도 쓰고 용하다는 의원도 불렀지만	—— 22
시자캔씀니다. 조타는 약또 쓰고 용하다는 의원도 불럳찌만	
소용이 없었지요. 약을 쓰면 쓸수록 좋아지기는커녕 점점	—— 29
소용이 업썯찌요. 야글 쓰면 쓸수록 조아지기는커녕 점점	
병이 깊어져만 갔답니다.	—— 32
병이 기퍼져만 갇땀니다.	

242

하루는 한 스님이 이 집에 동냥을 하러 들렀습니다. —— 40
하루는 한 스니미 이 지베 동냥을 하러 들럳씀니다.

그래서 젊은 부부는 쌀을 정성껏 씻어 스님에게 주었지요. —— 48
그래서 절믄 부부는 싸를 정성껃 씨서 스니메게 주얻찌요.

스님이 쌀을 받아들고는 집 안을 살펴보고 나서 말했습니다. —— 56
스니미 싸를 바다들고는 집 아늘 살펴보고 나서 말핻씀니다.

"산짐승 백 마리를 고아 먹어야만 어머니 병을 고칠……." —— 64
"산찜승 뱅 마리를 고아 머거야만 어머니 병을 고칠……."

스님은 말끝을 흐리면서 뒤도 돌아보지 않고 바람같이 —— 71
스니믄 말끄틀 흐리면서 뒤도 도라보지 안코 바람가치

사라졌습니다. 부부는 스님을 쫓아갔지만 도저히 따라잡을 —— 77
사라젿씀니다. 부부는 스니믈 쪼차갇찌만 도저히 따라자블

수 없었답니다. —— 79
수 업썯땀니다.
(쑤)

"여보, 스님께서 말씀하신 게 어머니 병을 고치는 —— 86
"여보, 스님께서 말씀하신 게 어머니 병을 고치는

방법일까요?" —— 87
방버빌까요?"

"글쎄요, 우리가 할 수 있는 일이라면 무엇이든지 —— 94
"글쎄요, 우리가 할 수 인는 이리라면 무어시든지
          (쑤)

해 봐야지요." —— 96
해 봐야지요."

그날부터 부부는 산에 가서 산짐승을 열심히 잡기 —— 103
그날부터 부부는 사네 가서 산찜승을 열씸히 잡끼

시작했습니다. 어머니 병을 고치려고 애썼지만, 산짐승 —— 109
시자캗씀니다. 어머니 병을 고치려고 애썯찌만, 산찜승

잡기가 쉽지 않았지요. ——112
잡끼가 쉽찌 아낟찌요.

산돼지를 잡으려고 하면 산돼지가 너무 사나워서 잡기가 —— 119
산뙈지를   자브려고   하면 산뙈지가   너무 사나워서   잡끼가

어려웠지요. 노루를 잡으려고 하면 노루가 너무 재빨라서 —— 126
어려월찌요.   노루를   자브려고   하면 노루가   너무 재빨라서

잡기가 어려웠지요. 산토끼를 잡으려고 하면 산토끼가 꾀가 —— 133
잡끼가 어려월찌요.   산토끼를   자브려고   하면 산토끼가   꾀가

많아 잡기가 어려웠답니다. 그러니 제대로 잡는 날보다는 —— 140
마나 잡끼가 어려월땀니다.   그러니 제대로   잠는 날보다는

허탕치는 날이 더 많았습니다. —— 144
허탕치는   나리 더 마낟씀니다.

하루는 산짐승을 잡다 지친 남편이 꿈속에서 산신령을 —— 151
하루는   산찜승을   잡따 지친 남펴니   꿈쏘게서   산실령을

만났습니다. —— 152
만낟씀니다.

"네 정성이 지극하여 하늘을 감동시켰으니 방법을 하나 —— 159
"네 정성이   지그카여   하느를 감동시켜쓰니   방버블   하나

가르쳐 주겠다. 꿈에서 깨거든 뒷산 커다란 바위 밑을 파도록 —— 168
가르쳐   주겓따. 꾸메서   깨거든 뒫싼 커다란   바위 미틀   파도록

하여라." —— 169
하여라."

잠에서 깨자마자 남편은 뒷산으로 달려가 바위 밑을 —— 176
자메서   깨자마자   남펴는 뒫싸느로   달려가 바위 미틀

팠습니다. 그랬더니 아주 아주 오래된 책 한 권이 나왔지요. —— 185
팓씀니다.   그랟떠니   아주 아주 오래된   책 한 궈니 나왇찌요.

남편은 책을 요리조리 돌려 보고 책장을 넘겨보다 앞쪽을 —— 193
남펴는   채글 요리조리   돌려 보고 책짱을   넘겨보다   압쪼글

읽었습니다. 갑자기 남편 몸이 스르르 커지더니 호랑이로 —— 200
일걷씀니다.   갑짜기 남편 모미 스르르 커지더니 호랑이로

변하는 거였어요. 이번에는 책 뒤쪽을 읽었더니 몸이 다시 ——— 208
변하는 거여써요. 이버네는 책 뒤쪼글 일걷떠니 모미 다시

사람으로 되돌아왔답니다. ——— 210
사라므로 되도라왈땀니다.

이렇게 호랑이로 변할 수 있으니 산짐승 잡기가 ——— 217
이러케 호랑이로 변할 수 이쓰니 산찜승 잡끼가
                    (쑤)

쉬워졌지요. 남편은 날마다 산짐승을 많이 잡아서 어머니께 ——— 224
쉬워졀찌요. 남펴는 날마다 산찜승을 마니 자바서 어머니께

고아 드렸습니다. 스님의 말씀대로 정말 어머니의 병이 점점 ——— 232
고아 드렫씀니다. 스니믜 말씀대로 정말 어머니의 병이 점점

나아지기 시작했답니다. ——— 234
나아지기 시자캔땀니다.

부지런히 산짐승을 잡아 곧 백 마리를 채울 판이었지요. ——— 242
부지런히 산찜승을 자바 곧 뱅 마리를 채울 파니얻찌요.

그런데 아내는 새벽마다 일찍 일어나는 남편을 이상하게 ——— 249
그런데 아내는 새병마다 일찍 이러나는 남펴늘 이상하게

생각했습니다. 그래서 하루는 아내가 일찍 일어나 남편을 ——— 256
생가캔씀니다. 그래서 하루는 아내가 일찍 이러나 남펴늘

뒤따라 가 보았답니다. 그랬더니 남편이 낡은 책을 읽고는 ——— 264
뒤따라 가 보앋땀니다. 그랟떠니 남펴니 날근 채글 일꼬는

호랑이가 되는 게 아니겠어요? 아내는 사랑하는 남편이 ——— 271
호랑이가 되는 게 아니게써요? 아내는 사랑하는 남펴니

무서운 호랑이로 변한다는 게 두려워졌습니다. 그래서 ——— 277
무서운 호랑이로 변한다는 게 두려워젇씀니다. 그래서

남편이 호랑이로 변해 나간 사이에 책을 태워 버렸지요. ——— 285
남펴니 호랑이로 변해 나간 사이에 채글 태워 버렫찌요

남편은 열심히 산짐승을 잡아 드디어 백 마리를 채우고 ——— 293
남펴는 열씸히 산찜승을 자바 드디어 뱅 마리를 채우고

돌아왔습니다. 남편이 사람으로 변하려고 책을 찾았지만,   —— 299

도라왈씀니다.   남펴니   사라므로   변하려고   채글 차잗찌만,

책은 이미 타 버렸지요.   —— 303

채근 이미 타 버럳찌요

남편은 "어홍 어홍" 슬피 울면서 평생 호랑이로 살아야   —— 311

남펴는 "어흥 어흥" 슬피 울면서 평생 호랑이로   사라야

했답니다.   —— 312

핻땀니다.

읽은 총 어절 수 (   ) – 틀린 어절 수 (   )
= 읽기유창성 점수 (   )

 교수–학습 활동

읽 ◇ 기 ◇ 유 ◇ 창 ◇ 성

1. 단어를 빠르고 정확하게 읽기

2. 어휘의 뜻 알아보기

앓다	단어의 뜻: 병에 걸려 고통을 겪다. 비슷한 말: 병들다
소용	단어의 뜻: 쓸모, 쓸데, 쓸 곳 비슷한 말: 쓸모
동냥	단어의 뜻: 돌아다니며 돈이나 물건 따위를 거저 달라고 비는 일 비슷한 말: 구걸
지극하다	단어의 뜻: 정성을 다하다. 더할 수 없이 극진하다. 비슷한 말: 극진하다
감동시키다	단어의 뜻: 크게 느끼어 마음이 움직이게 하다. 비슷한 말: 감명시키다, 감복시키다
채우다	단어의 뜻: 정한 수만큼 가득하게 하다. 반대말: 비우다 ※ 도전문제: 4)
낡다	단어의 뜻: 물건 따위가 오래되어 헐다. 비슷한 말: 닳다, 해지다

📖 다음 밑줄 친 단어 중, 문장의 의미에 맞게 쓰인 것을 고르세요.

1 2) 그는 이틀 동안 집에서 혼자 **앓고** 있었다.

2 1) 범인을 잡으려고 열흘 동안 집에도 안 갔으나 **허탕**이었다.

3 1) 그녀는 아이들에 대한 사랑이 **지극하였다**.

4 2) 너의 진심을 담은 편지가 나를 **감동시켰다**.

5 1) **동냥**은 못 줘도 쪽박은 깨지 마라.

3. 어구를 빠르고 정확하게 읽기

4. 글을 빠르고 정확하게 읽기

읽 ◇ 기 ◇ 이 ◇ 해

5. 이야기 지도 알아보기

6. 이야기 지도 사용하여 글 읽고 이해하기

제목: 호랑이 인간

1	인물	이야기에 등장하는 인물은 누구인가요?

젊은 부부, 어머니, 스님

| **2** | **시간과 장소** | 언제, 어디에서 일어난 이야기인가요? |

시간: 옛날

장소: 어느 마을

| **3** | **사건들** | 인물에게 어떤 일들이 일어났나요? 일이 어떠한 차례로 일어났나요? |

1) 젊은 부부가 모시던 어머니가 갑자기 병이 들어 낫지 않았다.
2) 스님이 산짐승 백 마리를 고아 먹어야만 어머니 병을 고칠 수 있다고 말하였다.
3) 부부는 산짐승을 열심히 잡기 시작했지만 산짐승을 잡기가 쉽지 않았다.
4) 남편의 꿈속에 산신령이 나타나 뒷산 바위 밑을 파라고 하였고, 남편은 바위 밑에 있던 책을 찾아 호랑이로 변할 수 있었다.
5) 호랑이로 변한 남편은 산짐승을 잡기가 쉬워졌고 어머니의 병이 점점 나아졌다.
6) 아내는 새벽마다 일찍 일어나는 남편이 이상해 뒤따라갔고 호랑이로 변하는 남편을 보고 두려워서 책을 태워 버렸다.

| **4** | **끝** | 이야기가 어떻게 끝났나요? |

백 마리의 산짐승을 다 잡고 사람으로 변하려던 남편은
책이 이미 타 버려 평생 호랑이로 살게 되었다.

7. 글의 주제 알기

주제: 행동하기 전에 한번 더 생각하자.

사 ◇ 후 ◇ 평 ◇ 가

읽기유창성 평가
호랑이 인간

옛날 어느 마을에 젊은 부부가 어머니를 모시고 살았습니다. —— 8
옌날 어느 마으레 절믄 부부가 어머니를 모시고 사랃씀니다.

그런데 갑자기 어머니가 병이 들어 시름시름 앓기 —— 15
그런데 갑짜기 어머니가 병이 드러 시름시름 알키

시작했습니다. 좋다는 약도 쓰고 용하다는 의원도 불렀지만 —— 22
시자캗씀니다.   조타는 약또 쓰고 용하다는 의원도 불럳찌만

소용이 없었지요. 약을 쓰면 쓸수록 좋아지기는커녕 점점 —— 29
소용이 업썯찌요.   야글 쓰면 쓸수록 조아지기는커녕   점점

병이 깊어져만 갔답니다. —— 32
병이 기퍼져만   갇땀니다.

하루는 한 스님이 이 집에 동냥을 하러 들렀습니다. —— 40
하루는 한 스니미 이 지베 동냥을 하러 들럳씀니다.

그래서 젊은 부부는 쌀을 정성껏 씻어 스님에게 주었지요. —— 48
그래서 절믄 부부는 싸를 정성껃 씨서 스니메게 주얻찌요.

스님이 쌀을 받아들고는 집 안을 살펴보고 나서 말했습니다. —— 56
스니미 · 싸를 바다들고는   집 아늘 살펴보고   나서 말핻씀니다.

"산짐승 백 마리를 고아 먹어야만 어머니 병을 고칠……." —— 64
"산찜승 뱅 마리를 고아 머거야만   어머니 병을 고칠……."

스님은 말끝을 흐리면서 뒤도 돌아보지 않고 바람같이 —— 71
스니믄 말끄틀 흐리면서 뒤도 도라보지 안코 바람가치

사라졌습니다. 부부는 스님을 쫓아갔지만 도저히 따라잡을 —— 77
사라젿씀니다. 부부는 스니믈 쪼차갇찌만 도저히 따라자블

수 없었답니다. —— 79
수 업썯땀니다.
(쑤)

"여보, 스님께서 말씀하신 게 어머니 병을 고치는 —— 86
"여보, 스님께서 말씀하신 게 어머니 병을 고치는

방법일까요?" —— 87
방버빌까요?"

"글쎄요, 우리가 할 수 있는 일이라면 무엇이든지 —— 94
"글쎄요, 우리가 할 수 인는 이리라면 무어시든지
        (쑤)

해 봐야지요." —— 96
해 봐야지요."

그날부터 부부는 산에 가서 산짐승을 열심히 잡기 —— 103
그날부터 부부는 사네 가서 산찜승을 열씸히 잡끼

시작했습니다. 어머니 병을 고치려고 애썼지만, 산짐승 —— 109
시자캗씀니다. 어머니 병을 고치려고 애썯찌만, 산찜승

잡기가 쉽지 않았지요. —— 112
잡끼가 쉽찌 아낟찌요.

산돼지를 잡으려고 하면 산돼지가 너무 사나워서 잡기가 —— 119
산뙈지를 자브려고 하면 산뙈지가 너무 사나워서 잡끼가

어려웠지요. 노루를 잡으려고 하면 노루가 너무 재빨라서 —— 126
어려워찌요. 노루를 자브려고 하면 노루가 너무 재빨라서

잡기가 어려웠지요. 산토끼를 잡으려고 하면 산토끼가 꾀가 —— 133
잡끼가 어려워찌요. 산토끼를 자브려고 하면 산토끼가 꾀가

많아 잡기가 어려웠답니다. 그러니 제대로 잡는 날보다는 —— 140
마나 잡끼가 어려워땀니다. 그러니 제대로 잠는 날보다는

허탕치는 날이 더 많았습니다. —— 144
허탕치는 나리 더 마낟씀니다.

250 | IV 수준

하루는 산짐승을 잡다 지친 남편이 꿈속에서 산신령을 ──151
하루는 산찜승을 잡따 지친 남펴니 꿈쏘게서 산실령을

만났습니다. ──152
만낟씀니다.

"네 정성이 지극하여 하늘을 감동시켰으니 방법을 하나 ──159
"네 정성이 지그카여 하느를 감동시켜쓰니 방버블 하나

가르쳐 주겠다. 꿈에서 깨거든 뒷산 커다란 바위 밑을 파도록 ──168
가르쳐 주겓따. 꾸메서 깨거든 뒫싼 커다란 바위 미틀 파도록

하여라." ──169
하여라."

잠에서 깨자마자 남편은 뒷산으로 달려가 바위 밑을 ──176
자메서 깨자마자 남펴는 뒫싸느로 달려가 바위 미틀

팠습니다. 그랬더니 아주 아주 오래된 책 한 권이 나왔지요. ──185
팓씀니다. 그랟떠니 아주 아주 오래된 책 한 궈니 나왇찌요.

남편은 책을 요리조리 돌려 보고 책장을 넘겨보다 앞쪽을 ──193
남펴는 채글 요리조리 돌려 보고 책짱을 넘겨보다 압쪼글

읽었습니다. 갑자기 남편 몸이 스르르 커지더니 호랑이로 ──200
일걷씀니다. 갑짜기 남편 모미 스르르 커지더니 호랑이로

변하는 거였어요. 이번에는 책 뒤쪽을 읽었더니 몸이 다시 ──208
변하는 거여써요. 이버네는 책 뒤쪼글 일걷떠니 모미 다시

사람으로 되돌아왔답니다. ──210
사라므로 되도라왇땀니다.

이렇게 호랑이로 변할 수 있으니 산짐승 잡기가 ──217
이러케 호랑이로 변할 수 이쓰니 산찜승 잡끼가
                              (쑹)
쉬워졌지요. 남편은 날마다 산짐승을 많이 잡아서 어머니께 ──224
쉬워졀찌요. 남펴는 날마다 산찜승을 마니 자바서 어머니께

고아 드렸습니다. 스님의 말씀대로 정말 어머니의 병이 점점 ──232
고아 드렫씀니다. 스니믜 말씀대로 정말 어머니의 병이 점점

나아지기 시작했답니다. ──234
나아지기 시자캗땀니다.

부지런히 산짐승을 잡아 곧 백 마리를 채울 판이었지요. —— 242

부지런히   산찜승을   자바 곧 뱅 마리를   채울 파니얻찌요.

그런데 아내는 새벽마다 일찍 일어나는 남편을 이상하게 —— 249

그런데   아내는 새병마다   일찍 이러나는   남펴늘 이상하게

생각했습니다. 그래서 하루는 아내가 일찍 일어나 남편을 —— 256

생가캗씀니다.   그래서   하루는   아내가   일찍 이러나   남펴늘

뒤따라 가 보았답니다. 그랬더니 남편이 낡은 책을 읽고는 —— 264

뒤따라   가 보앋땀니다.   그랟떠니   남펴니   날근 채글 일꼬는

호랑이가 되는 게 아니겠어요? 아내는 사랑하는 남편이 —— 271

호랑이가   되는 게 아니게써요?   아내는   사랑하는   남펴니

무서운 호랑이로 변한다는 게 두려워졌습니다. 그래서 —— 277

무서운   호랑으로   변한다는   게 두려워젇씀니다.   그래서

남편이 호랑이로 변해 나간 사이에 책을 태워 버렸지요. —— 285

남펴니   호랑으로   변해 나간 사이에   채글 태워 버렫찌요

남편은 열심히 산짐승을 잡아 드디어 백 마리를 채우고 —— 293

남펴는   열씸히 산찜승을   자바 드디어   뱅 마리를   채우고

돌아왔습니다. 남편이 사람으로 변하려고 책을 찾았지만, —— 299

도라왇씀니다.   남펴니   사라므로   변하려고   채글 차잗찌만,

책은 이미 타 버렸지요. —— 303

채근   이미   타 버럳찌요

남편은 "어흥 어흥" 슬피 울면서 평생 호랑이로 살아야 —— 311

남펴는   "어흥 어흥" 슬피 울면서   평생 호랑이로   사라야

했답니다. —— 312

핻땀니다.

읽은 총 어절 수 (   ) – 틀린 어절 수 (   )

= 읽기유창성 점수 (   )

읽기이해 평가

1 이야기에 나오는 중심인물은 누구인가요? 모두 써 보세요. (아동이 하나만 대답한 경우 추가 질문을 한다.)

    1점: (젊은) 부부(남편과 아내), 어머니(기타 다른 등장인물을 말하여도 정답으로 간주)

    0점: 정답의 일부, 오답 또는 대답을 하지 못함

2 언제, 어디에서 있었던 일인가요? (아동이 둘 중 하나만 대답한 경우, 추가 질문을 한다. 예를 들어, 아동이 '언제'에 대한 것만 대답한 경우, "어디에서 있었던 일인가요?"라고 추가 질문을 한다.)

    1점: 옛날, 어느 마을

    0점: 정답의 일부, 오답 또는 대답을 하지 못함

3 어머니에게 어떤 일이 일어났나요?

    1점: 병이 들게 됨, 시름시름 (또는) 갑자기 병이 듦, 또는 병이 점점 깊어짐

    0점: 정답의 일부, 오답 또는 대답을 하지 못함

4 남편이 어떻게 짐승을 쉽게 잡을 수 있었나요? (아동이 "산신령이 도와주어서요."라고 대답한 경우, "좀 더 구체적으로 써 볼래요?"라고 추가 질문을 한다.)

    1점: (몸이) 호랑이로 변할 수 있어서 또는 호랑이로 변해서

    0점: 정답의 일부, 오답 또는 대답을 하지 못함

5 아내가 책을 태운 까닭은 무엇일까요?

    1점: 책을 읽고 남편이 호랑이가 되는 것을 봐서 (또는) 남편이 무서운 호랑이로 변하는 게 두려워서

    0점: 정답의 일부, 오답 또는 대답을 하지 못함

6 남편이 왜 평생 호랑이로 살아야 했나요?

    1점: 아내가 책을 태워 버려서 (또는) 책이 이미 타 버려서 (또는) 책을 읽을 수가 없어서 (또는) 책을 태워 버려 사람으로 되돌아갈 수 없어서

    0점: 정답의 일부, 오답 또는 대답을 하지 못함

7 내가 만약 남편이었다면 마음이 어땠을까요? 그것을 어떻게 알 수 있는지 글에서 찾아 써 보세요.

    1점: 마음이 몹시 상했을 것임 (또는) 슬펐을 것 같음, 평생 호랑이로 살게 돼서 (또는) 화가 났을 것 같음, 아내가 책을 태워 버려서

    0점: 정답의 일부, 오답 또는 대답을 하지 못함

V 수준

읽기유창성 및
읽기이해 프로그램

1 투명인간

학 ◇ 습 ◇ 목 ◇ 표 ◇ 확 ◇ 인

● 글을 읽을 때, 적당한 부분에서 글을 빠르고 정확하게 끊어 읽을 수 있다.
● 글을 읽고, 글의 중심내용과 글의 주제를 파악할 수 있다.

사 ◇ 전 ◇ 평 ◇ 가

지시문

앞에 있는 종이에 글이 있어요. 이제 선생님이 "시작"이라고 하면(학생용 평가지의 첫 어절을 손가락으로 가리킨 후, 계속 훑으면서) 처음부터 읽기 시작해서 "그만"이라고 할 때까지 최대한 정확하게, 그리고 최대한 빨리 읽으세요. 글을 읽다가 모르는 글자가 나오면 선생님이 어떻게 해야 할지 알려 줄게요. 최선을 다하세요. 질문 있어요? (질문이 있으면 질문에 대답한다.) 준비, 시작. (학생이 첫 어절을 말함과 동시에 타이머를 누르고 1분간 학생의 반응을 기록한 뒤 1분이 지나면 "그만"이라고 말한다.)

읽기유창성 평가
투명인간

옛날 옛날에 호랑이가 담배 피던 그 옛날의 이야기입니다. —— 8
옌날 옌나레 호랑이가 담배 피던 그 옌나릐 이야기임니다.
(레)

어느 마을에 사는 젊은 청년이 산길을 가다 도깨비를 —— 16
어느 마으레 사는 절믄 청녀니 산끼를 가다 도깨비를

만났습니다. 청년은 그 마을에서도 제일 기운이 세고 용기가 —— 24
만낟씀니다. 청녀는 그 마으레서도 제일 기우니 세고 용기가

많은 젊은이였지요. —— 26
마는 절므니엳찌요.

"이런, 말로만 듣던 도깨비를 여기서 다 만나게 되는구나." —— 34
"이런, 말로만 듣떤 도깨비를 여기서 다 만나게 되는구나."

그런데 도깨비를 하나만 만난 게 아니라 자그마치 셋을 —— 42
그런데 도깨비를 하나만 만난 게 아니라 자그마치 세슬

한꺼번에 만났답니다. 기운이 세고 용기가 많은 청년이라도 —— 49
한꺼버네 만날땀니다. 기우니 세고 용기가 마는 청녀니라도

사실 조금은 겁이 났습니다. 그래서 청년은 큰 나무 뒤에 —— 58
사실 조그믄 거비 낟씀니다. 그래서 청녀는 큰 나무 뒤에

숨어서 도깨비들이 무얼 하는지 지켜보았지요. —— 63
수머서 도깨비드리 무얼 하는지 지켜보앋찌요.

"이건 내 거란 말이야, 저리 가!" —— 69
"이건 내 거란 마리야, 저리 가!"

"아니야, 그게 어째서 네 것이야, 내 거야, 내 거!" —— 78
"아니야, 그게 어째서 네 거시야, 내 거야, 내 거!"

"전부 웃기지들 마라, 이건 원래부터 내 거였어!" —— 85
"전부 욷끼지들 마라, 이건 월래부터 내 거여써!"

청년이 살펴보니 도깨비 셋이서 무얼 가지고 싸움을 하고 —— 93
청녀니 살펴보니 도깨비 세시서 무얼 가지고 싸우믈 하고

있었어요. 청년은 왜 싸우는지 너무 궁금해서 자기도 모르게 —— 101
이써써요. 청녀는 왜 싸우는지 너무 궁금해서 자기도 모르게

말을 걸었습니다. —— 103
마를 거럳씀니다.

"동에 번쩍 서에 번쩍하는 도깨비 친구들아, 대체 왜 싸우니?" —— 112
"동에 번쩍 서에 번쩌카는 도깨비 친구드라, 대체 왜 싸우니?"

도깨비들은 스스로 해결하지 못할 것 같아 청년에게 재판을 —— 120
도깨비드른 스스로 해결하지 모탈 껃 가타 청녀네게 재파늘

부탁했어요. 청년이 도깨비들의 설명을 잘 들어 보니, 세 명은 —— 129
부타캐써요. 청녀니 도깨비드릐(레) 설명을 잘 드러 보니, 세 명은

같은 형제였지요. 얼마 전에 아버지께서 돌아가시면서 유산을 —— 136
가튼 형제엳찌요. 얼마 저네 아버지께서 도라가시면서 유사늘

남겼는데, 그걸 서로 가지려고 싸움이 났다지요. —— 142
남견는데, 그걸 서로 가지려고 싸우미 낟따지요.

"유산으로 남긴 게 도대체 어떤 물건인데 그렇게 서로

"유사느로 남긴 게 도대체 어떤 물거닌데 그러케 서로

싸우니?" ——151

싸우니?"

그러자 감투를 내놓으며 "이건 머리에 쓰면 머리가 안 ——159

그러자 감투를 내노으며 "이건 머리에 쓰면 머리가 안

보이지." ——160

보이지."

또 꾀죄죄한 도포를 내놓으며 "이건 입으면 몸통이 안 ——168

또 꾀죄죄한 도포를 내노으며 "이건 이브면 몸통이 안

보이지." ——169

보이지."

이번에는 해진 짚신을 내놓으며 "이건 신으면 발이 안 ——177

이버네는 해진 집씨늘 내노으며 "이건 시느면 바리 안

보이지." ——178

보이지."

마지막으로 낡은 지팡이를 내놓으며 "이건 짚으면 손이 안 ——186

마지마그로 날근 지팡이를 내노으며 "이건 지프면 소니 안

보이지." ——187

보이지."

청년은 도깨비들이 내놓은 물건들이 너무 허름해서 믿을 ——194

청녀는 도깨비드리 내노은 물건드리 너무 허름해서 미들

수가 없었답니다. ——196

쑤가 업썯땀니다.

"너희 말을 도대체 믿을 수가 없으니 한번 시험을 해야겠다." ——205

"너히 마를 도대체 미들 쑤가 업쓰니 한번 시허믈 해야겓따."

청년이 이렇게 말하면서 도깨비들이 내놓은 물건을 하나씩 ——212

청녀니 이러케 말하면서 도깨비드리 내노은 물거늘 하나씩

몸에 걸쳤어요. 청년이 머리에 감투를 쏙 쓰니까 청년의 ——220

모메 걸쳐써요. 청녀니 머리에 감투를 쏙 쓰니까 청녀늬
(네)

머리가 슝 하고 사라졌지요. 이번에는 몸에 도포를 턱 걸치니까 —— 229

머리가 슝 하고 사라젿찌요. 이버네는 모메 도포를 턱 걸치니까

청년의 몸통이 슝 하고 사라졌지요. 또 발에 짚신을 척 —— 238

청녀늬 몸통이 슝 하고 사라젿찌요. 또 바레 집씨늘 척
　　(네)

신으니까 청년의 발이 슝 하고 사라졌지요. 마지막으로 손에 —— 246

시느니까 청녀늬 바리 슝 하고 사라젿찌요. 마지마그로 소네
　　(네)

지팡이를 딱 짚으니까 청년의 손이 슝 하고 사라졌지요. —— 254

지팡이를 딱 지프니까 청녀늬 소니 슝 하고 사라젿찌요.
　　(네)

"아니, 이 사람이 방금까지도 여기 있었는데 어디로 사라진 —— 262

"아니, 이 사라미 방금까지도 여기 이썬는데 어디로 사라진

거야." —— 263

거야."

청년의 모습이 갑자기 사라지니까 도깨비들이 찾는다고 —— 269

청녀늬 모스비 갑짜기 사라지니까 도깨비드리 찬는다고
　　(네)

난리가 났지요. —— 271

날리가 낟찌요.

"옳지, 이때다." —— 273

"올치, 이때다."

청년은 도깨비들이 자신을 못 찾는 틈을 타 도망을 —— 281

청녀는 도깨비드리 자시늘 몯 찬는 트믈 타 도망을

쳤답니다. 청년은 그 길로 내달려서 구경거리가 많은 대궐로 —— 289

쳗땀니다. 청녀는 그 길로 내달려서 구경꺼리가 마는 대궐로

갔습니다. —— 290

갇씀니다.

마침 그날이 임금과 신하들이 모여 잔치를 하는 날이었지요. —— 298

마침 그나리 임금과 신하드리 모여 잔치를 하는 나리얻찌요.

사람들 눈에 보이지 않는 청년은 마음대로 음식을 마구 —— 306

사람들 누네 보이지 안는 청녀는 마음대로 음시글 마구

먹었어요. 갑자기 음식이 공중으로 날아가서는 슝 하고 —— 313

머거써요.　갑짜기　음시기　공중으로　나라가서는　슝 하고

사라지니까 사람들이 모두 놀랐지요. 그래서 한 신하가 음식이 —— 321

사라지니까　사람드리　모두　놀랃찌요.　그래서　한 신하가　음시기

날아가는 곳을 향해 막대기를 휘둘렀답니다. —— 326

나라가는　고슬　향해　막때기를　휘둘럳땀니다.

그러니까 공중에서 지팡이가 툭 떨어지면서 청년의 손이 쑥 하고 —— 335

그러니까　공중에서　지팡이가　툭 떠러지면서　청녀늬　소니　쑤 카고
　　　　　　　　　　　　　　　　　　　　　　　　　　　(네)

나타났지요. 신하가 바닥을 턱 밟으니까 짚신이 벗겨지면서 —— 342

나타낟찌요.　신하가　바다글　턱 발브니까　집씨니　벋껴지면서

발이 쑥 나타났지요. 이번에는 신하가 지팡이로 휘두르니까 —— 349

바리 쑹 나타낟찌요.　이버네는　신하가　지팡이로　휘두르니까

감투가 떨어지면서 머리가 쑥 나타났지요. —— 354

감투가 떠러지면서　머리가 쑹 나타낟찌요.

"아이쿠야, 저게 도대체 사람이냐 귀신이냐, 저 이상한 놈을 —— 362

"아이쿠야,　저게　도대체　사라미냐　귀시니냐,　저 이상한　노믈

잡아라!" —— 363

자바라!"

잔치판에 모여든 사람이 모두 달려드니까 청년은 냅다 도망을 —— 371

잔치파네　모여든　사라미　모두　달려드니까　청녀는　냅따 도망을

갔답니다. 그런데 도망치다가 그만 혼이 빠져 버려서 —— 378

갇땀니다.　그런데 도망치다가　그만 호니 빠져 버려서

아직까지도 도망치고 있다고 하네요. —— 382

아직까지도　도망치고　읻따고　하네요.

읽은 총 어절 수 (　　　) – 틀린 어절 수 (　　　)

= 읽기유창성 점수 (　　　　　　　　　)

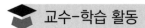

읽◇기◇유◇창◇성

1. 단어를 빠르고 정확하게 읽기

2. 어휘의 뜻 알아보기

기운	단어의 뜻: 생물이 살아 움직이는 힘 비슷한 말: 힘
재판	단어의 뜻: 옳고 그름을 따져 판단함
유산	단어의 뜻: 죽은 사람이 남겨 놓은 재산
도포	단어의 뜻: 예전에 입던 남자의 겉옷
허름하다	단어의 뜻: 좀 헌 듯하다. 비슷한 말: 낡다
시험	단어의 뜻: 어떤 일을 실지로 해 보거나 경험해 봄 비슷한 말: 테스트

다음 보기의 단어 중, 문장에 알맞은 단어를 써 봅시다.

1│ 이 가방은 너무 오래된 것이어서 **허름해** 보인다.

2│ 수영이는 **시험**을 앞두고 벼락치기를 하는 습관이 있다.

3│ 이제는 겨울이 지나 봄의 따사로운 **기운**이 느껴진다.

4│ 조상들의 귀중한 **유산**을 잘 보존해야 한다.

3. 어구를 빠르고 정확하게 읽기

4. 글을 빠르고 정확하게 읽기

읽 ◇ 기 ◇ 이 ◇ 해

5. 이야기 지도 알아보기

① **다음 그림은 무엇인가요?** 지도

② **지도는 우리에게 어떤 도움을 주나요?**

모르는 곳을 찾아갈 때 사용하면, 길을 찾는 데 도움을 줍니다.

③ **이야기 지도 소개하기: 이야기 지도 구성 요소를 알아봅시다.**

① 지도가 우리가 길을 찾도록 도움을 주는 것처럼, 이야기 지도는 <u>이야기 글의 내용을 모를 때, 글의 내용을 잘 이해하기 위해</u> 사용하는 지도입니다.

② 이야기 지도에는 <u>인물</u>(이야기에 등장하는 인물), <u>시장</u>(이야기가 일어난 시간과 장소), <u>사건들</u>(인물들에게 일어난 사건들), <u>끝</u>(이야기의 끝)이 있습니다. 여기서 '인물, 시장, 사건들, 끝'은 기억 전략입니다. 이 기억 전략은 이야기 지도를 잘 기억하는 데 도움을 줍니다.

③ 이야기 지도의 기억 전략인 <u>인물</u>(이야기에 등장하는 인물), <u>시장</u>(시간과 장소), <u>사건들</u>(인물들에게 일어난 사건들), <u>끝</u>(이야기의 끝)을 알면, 글의 내용을 잘 이해할 수 있습니다. 이야기를 읽을 때, '인물, 시장, 사건들, 끝'을 기억하도록 합시다.

6. 이야기 지도 사용하여 글 읽고 이해하기

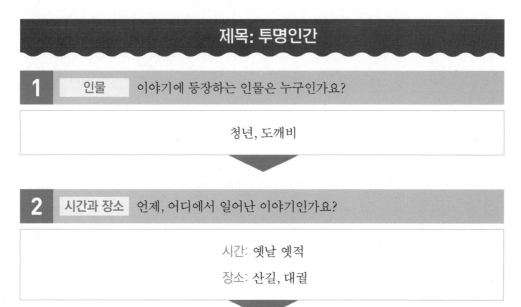

제목: 투명인간

1 인물 이야기에 등장하는 인물은 누구인가요?

청년, 도깨비

2 시간과 장소 언제, 어디에서 일어난 이야기인가요?

시간: 옛날 옛적
장소: 산길, 대궐

3 　**사건들**　인물에게 어떤 일들이 일어났나요? 일이 어떠한 차례로 일어났나요?

1) 청년이 산길을 가다 도깨비 셋을 만났다.
2) 도깨비들은 쓰면 머리가 안 보이는 감투, 입으면 몸통이 안 보이는 도포, 신으면 발이 안 보이는 짚신을 서로 가지려고 싸우고 있었다.
3) 청년이 도깨비의 물건을 하나씩 몸에 걸치니 머리, 몸통, 발이 사라졌고, 청년은 도망을 갔다.
4) 투명인간이 된 청년은 대궐로 가서 잔치에서 음식을 먹는데, 놀란 신하가 지팡이를 휘두르니 손과 머리, 발이 다시 나타나서 도망갔다.

4 　**끝**　이야기가 어떻게 끝났나요?

청년은 도망치다가 혼이 빠져서 아직도 도망치고 있다.

7. 글의 주제 알기

주제: 다른 사람의 물건에 욕심을 내지 말자.

상황이 어렵더라도 용기를 내어 어려움에 처한 사람을 도와주자.

(이 글에서는 주제가 다소 명확하지 않으니 들어서 괜찮으면 맞는 주제로 간주해 주세요.)

읽기유창성 평가
투명인간

옛날 옛날에 호랑이가 담배 피던 그 옛날의 이야기입니다. —— 8
옌날 옌나레 호랑이가 담배 피던 그 옌나릐 이야기임니다.
　　　　　　　　　　　　　　　　　(레)

어느 마을에 사는 젊은 청년이 산길을 가다 도깨비를 —— 16
어느 마으레 사는 절믄 청녀니 산끼를 가다 도깨비를

만났습니다. 청년은 그 마을에서도 제일 기운이 세고 용기가 —— 24
만낟씀니다. 청녀는 그 마으레서도 제일 기우니 세고 용기가

많은 젊은이였지요. —— 26
마는 절므니엳찌요.

"이런, 말로만 듣던 도깨비를 여기서 다 만나게 되는구나." —— 34
"이런, 말로만 듣떤 도깨비를 여기서 다 만나게 되는구나."

그런데 도깨비를 하나만 만난 게 아니라 자그마치 셋을 —— 42
그런데 도깨비를 하나만 만난 게 아니라 자그마치 세슬

한꺼번에 만났답니다. 기운이 세고 용기가 많은 청년이라도 —— 49
한꺼버네 만낟땀니다. 기우니 세고 용기가 마는 청녀니라도

사실 조금은 겁이 났습니다. 그래서 청년은 큰 나무 뒤에 —— 58
사실 조그믄 거비 낟씀니다. 그래서 청녀는 큰 나무 뒤에

숨어서 도깨비들이 무얼 하는지 지켜보았지요. —— 63
수머서 도깨비드리 무얼 하는지 지켜보앋찌요.

"이건 내 거란 말이야, 저리 가!" —— 69
"이건 내 거란 마리야,   저리 가!"

"아니야, 그게 어째서 네 것이야, 내 거야, 내 거!" —— 78
"아니야, 그게 어째서 네 거시야, 내 거야, 내 거!"

"전부 웃기지들 마라, 이건 원래부터 내 거였어!" —— 85
"전부 욷끼지들 마라, 이건 월래부터 내 거여써!"

청년이 살펴보니 도깨비 셋이서 무얼 가지고 싸움을 하고 —— 93
청녀니 살펴보니 도깨비 세시서 무얼 가지고 싸우믈 하고

있었어요. 청년은 왜 싸우는지 너무 궁금해서 자기도 모르게 —— 101
이써써요. 청녀는 왜 싸우는지 너무 궁금해서 자기도 모르게

말을 걸었습니다. —— 103
마를 거럳씀니다.

"동에 번쩍 서에 번쩍하는 도깨비 친구들아, 대체 왜 싸우니?" —— 112
"동에 번쩍 서에 번쩌카는 도깨비 친구드라, 대체 왜 싸우니?"

도깨비들은 스스로 해결하지 못할 것 같아 청년에게 재판을 —— 120
도깨비드른   스스로 해결하지 모탈 껃 가타 청녀네게 재파늘

부탁했어요. 청년이 도깨비들의 설명을 잘 들어 보니, 세 명은 —— 129
부타캐써요. 청녀니 도깨비드릐 설명을 잘 드러 보니, 세 명은
                                    (례)

같은 형제였지요. 얼마 전에 아버지께서 돌아가시면서 유산을 —— 136
가튼 형제엳찌요. 얼마 저네 아버지께서 도라가시면서 유사늘

남겼는데, 그걸 서로 가지려고 싸움이 났다지요. —— 142
남견는데, 그걸 서로 가지려고 싸우미 낟따지요.

"유산으로 남긴 게 도대체 어떤 물건인데 그렇게 서로 —— 150
"유사느로 남긴 게 도대체 어떤 물거닌데 그러케 서로

싸우니?" —— 151
싸우니?"

그러자 감투를 내놓으며 "이건 머리에 쓰면 머리가 안 —— 159
그러자 감투를 내노으며 "이건 머리에 쓰면 머리가 안

보이지."   ——160

보이지.

또 꾀죄죄한 도포를 내놓으며 "이건 입으면 몸통이 안   ——168

또 꾀죄죄한 도포를 내노으며 "이건 이브면 몸통이 안

보이지."   ——169

보이지.

이번에는 해진 짚신을 내놓으며 "이건 신으면 발이 안   ——177

이버네는 해진 집씨늘 내노으며 "이건 시느면 바리 안

보이지."   ——178

보이지."

마지막으로 낡은 지팡이를 내놓으며 "이건 짚으면 손이 안   ——186

마지마그로 날근 지팡이를 내노으며 "이건 지프면 소니 안

보이지."   ——187

보이지."

청년은 도깨비들이 내놓은 물건들이 너무 허름해서 믿을   ——194

청녀는 도깨비드리 내노은 물건드리 너무 허름해서 미들

수가 없었답니다.   ——196

쑤가 업썯땀니다.

"너희 말을 도대체 믿을 수가 없으니 한번 시험을 해야겠다."   ——205

"너히 마를 도대체 미들 쑤가 업쓰니 한번 시허믈 해야겥따."

청년이 이렇게 말하면서 도깨비들이 내놓은 물건을 하나씩   ——212

청녀니 이러케 말하면서 도깨비드리 내노은 물거늘 하나씩

몸에 걸쳤어요. 청년이 머리에 감투를 쓱 쓰니까 청년의   ——220

모메 걸쳐써요. 청녀니 머리에 감투를 쓱 쓰니까 청녀늬
              (네)

머리가 슝 하고 사라졌지요. 이번에는 몸에 도포를 턱 걸치니까   ——229

머리가 슝 하고 사라젿찌요. 이버네는 모메 도포를 턱 걸치니까

청년의 몸통이 슝 하고 사라졌지요. 또 발에 짚신을 척   ——238

청녀늬 몸통이 슝 하고 사라젿찌요. 또 바레 집씨늘 척
  (네)

신으니까 청년의 발이 슝 하고 사라졌지요. 마지막으로 손에 —— 246

시느니까　청녀늬　바리　슝 하고 사라젿찌요.　마지마그로　소네
　　　　　　(네)

지팡이를 딱 짚으니까 청년의 손이 슝 하고 사라졌지요. —— 254

지팡이를　딱 지프니까　청녀늬　소니 슝 하고 사라젇찌요.
　　　　　　(네)

"아니, 이 사람이 방금까지도 여기 있었는데 어디로 사라진 —— 262

"아니, 이 사라미　방금까지도　여기 이썬는데　어디로　사라진

거야." —— 263

거야."

청년의 모습이 갑자기 사라지니까 도깨비들이 찾는다고 —— 269

청녀늬　모스비 갑짜기 사라지니까　도깨비드리　찬는다고
　　　(네)

난리가 났지요. —— 271

날리가　낟찌요.

"옳지, 이때다." —— 273

"올치,　이때다."

청년은 도깨비들이 자신을 못 찾는 틈을 타 도망을 —— 281

청녀는 도깨비드리　자시늘 몯 찬는 트믈 타 도망을

쳤답니다. 청년은 그 길로 내달려서 구경거리가 많은 대궐로 —— 289

쳗땀니다.　청녀는 그 길로 내달려서 구경꺼리가　마는 대궐로

갔습니다. —— 290

갇씀니다.

마침 그날이 임금과 신하들이 모여 잔치를 하는 날이었지요. —— 298

마침 그나리 임금과 신하드리　모여 잔치를　하는 나리얻찌요.

사람들 눈에 보이지 않는 청년은 마음대로 음식을 마구 —— 306

사람들 누네 보이지 안는 청녀는 마음대로 음시글 마구

먹었어요. 갑자기 음식이 공중으로 날아가서는 슝 하고 —— 313

머거써요.　갑짜기 음시기 공중으로　나라가서는　슝 하고

사라지니까 사람들이 모두 놀랐지요. 그래서 한 신하가 음식이 —— 321

사라지니까　사람드리 모두 놀랃찌요.　그래서 한 신하가 음시기

날아가는 곳을 향해 막대기를 휘둘렀답니다. —— 326

나라가는 고슬 향해 막때기를 휘둘럳땀니다.

그러니까 공중에서 지팡이가 툭 떨어지면서 청년의 손이 쑥 하고 —— 335

그러니까 공중에서 지팡이가 툭 떠러지면서 청녀늬 소니 쑤 카고
                                                    (네)

나타났지요. 신하가 바닥을 턱 밟으니까 짚신이 벗겨지면서 —— 342

나타낟찌요. 신하가 바다글 턱 발브니까 집씨니 벋껴지면서

발이 쑥 나타났지요. 이번에는 신하가 지팡이로 휘두르니까 —— 349

바리 쑹 나타낟찌요. 이버네는 신하가 지팡이로 휘두르니까

감투가 떨어지면서 머리가 쑥 나타났지요. —— 354

감투가 떠러지면서 머리가 쑹 나타낟찌요.

"아이쿠야, 저게 도대체 사람이냐 귀신이냐, 저 이상한 놈을 —— 362

"아이쿠야, 저게 도대체 사라미냐 귀시니냐, 저 이상한 노믈

잡아라!" —— 363

자바라!"

잔치판에 모여든 사람이 모두 달려드니까 청년은 냅다 도망을 —— 371

잔치파네 모여든 사라미 모두 달려드니까 청녀는 냅따 도망을

갔답니다. 그런데 도망치다가 그만 혼이 빠져 버려서 —— 378

갇땀니다. 그런데 도망치다가 그만 호니 빠져 버려서

아직까지도 도망치고 있다고 하네요. —— 382

아직까지도 도망치고 읻따고 하네요.

읽은 총 어절 수 (   ) – 틀린 어절 수 (   )

= 읽기유창성 점수 (   )

▌읽기이해 평가

__1__ 이야기에 나오는 중심인물은 누구인가요? 두 인물을 써 보세요. (아동이 하나만 대답한 경우 추가 질문을 한다.)

1점: (젊은) 청년, 도깨비들

0점: 오답 또는 대답을 하지 못함

2 언제, 어디에서 있었던 일인가요? (아동이 둘 중 하나만 대답한 경우, 추가 질문을 한다. 예를 들어, 아동이 '언제'에 대한 것만 대답한 경우, "어디에서 있었던 일인가요?"라고 추가 질문을 한다.)

1점: 옛날 (옛적) 호랑이가 담배 피던 때, (어느) 마을

0점: 오답 또는 대답을 하지 못함

3 도깨비들이 싸운 까닭은 무엇일까요?

1점: 아버지가 남긴 유산을 서로 가지려고

0점: 오답 또는 대답을 하지 못함

4 청년이 왜 도깨비들의 말을 믿지 못하였나요?

1점: 도깨비들이 내놓은 물건들이 너무 허름해서

0점: 오답 또는 대답을 하지 못함

5 도깨비 아버지가 남긴 유산을 몸에 걸치면 어떻게 되나요?

1점: 쓴 부분이 (눈에) 보이지 않게 됨

0점: 오답 또는 대답을 하지 못함

6 청년이 시험해 보고 싶었던 것이 무엇일까요?

1점: (도깨비의 아버지가 유산으로 남긴) 허름한 물건이 정말 몸을 보이지 않게 하는지

0점: 오답 또는 대답을 하지 못함

7 이야기에 나오는 청년은 어떤 사람일까요? 그것을 어떻게 알 수 있는지 글에서 찾아 써 보세요.

1점: 나쁜 사람, 도깨비들이 물려받은 유산을 가로채 도망갔기 때문에

0점: 오답 또는 대답을 하지 못함

2 과거에 급제한 바보

학 ◇ 습 ◇ 목 ◇ 표 ◇ 확 ◇ 인

- 글을 읽을 때, 적당한 부분에서 글을 빠르고 정확하게 끊어 읽을 수 있다.
- 글을 읽고, 글의 중심내용과 글의 주제를 파악할 수 있다.

사 ◇ 전 ◇ 평 ◇ 가

V

> **지시문**
>
> 앞에 있는 종이에 글이 있어요. 이제 선생님이 "시작"이라고 하면(학생용 평가지의 첫 어절을 손가락으로 가리킨 후, 계속 훑으면서) 처음부터 읽기 시작해서 "그만"이라고 할 때까지 최대한 정확하게, 그리고 최대한 빨리 읽으세요. 글을 읽다가 모르는 글자가 나오면 선생님이 어떻게 해야 할지 알려 줄게요. 최선을 다하세요. 질문 있어요? (질문이 있으면 질문에 대답한다.) 준비, 시작. (학생이 첫 어절을 말함과 동시에 타이머를 누르고 1분간 학생의 반응을 기록한 뒤 1분이 지나면 "그만"이라고 말한다.)

읽기유창성 평가
과거에 급제한 바보

옛날 옛적에 어느 마을에 참 어수룩하고 고지식한 아이가 —— 8
옌날 옐쩌게 어느 마으레 참 어수루카고 고지시칸 아이가

살았습니다. 마을 사람들은 이 아이가 너무 고지식해서 —— 15
사랃씀니다. 마을 사람드른 이 아이가 너무 고지시캐서

바보라고 부를 정도였지요. 누가 무슨 일을 시키면 시킨 —— 23
바보라고 부를 쩡도옏찌요. 누가 무슨 이를 시키면 시킨

그대로만 할 줄 알았답니다. 그래서 사람들은 말귀를 못 —— 31
그대로만 할 쭐 아랃땀니다. 그래서 사람드른 말뀌를 몯

알아듣는 이 아이를 무시하기 일쑤였어요. 하지만 이 아이의 —— 39
아라든는 이 아이를 무시하기 일쑤여써요. 하지만 이 아이의
(에)

아버지만큼은 아이의 모습을 있는 그대로 받아들였답니다. —— 45

아버지만크믄　　아이의 모스블 인는 그대로 바다드렫땀니다.
　　　　　　　　　　(에)

하루는 아이 옷에 벌레 한 마리가 붙어 기어 다녔습니다. —— 54

하루는 아이 오세 벌레 한 마리가 부터 기어 다녇씀니다.

그런데도 벌레를 어떻게 해야 할지 몰라 가만히 보고만 —— 62

그런데도 벌레를 어떠케 해야 할찌 몰라 가만히 보고만

있었지요. 그걸 옆에서 보고 있던 아이 아버지가 아이에게 —— 70

이썯찌요. 그걸 여페서 보고 읻떤 아이 아버지가 아이에게

이렇게 가르쳤답니다. —— 72

이러케 가르철땀니다.

"얘야, 벌레가 옷에 붙으면 손으로 탁 때려서 잡는 —— 80

"얘야, 벌레가 오세 부트면 소느로 탁 때려서 잡는

법이란다." —— 81

버비란다."

아이는 아버지의 소중한 가르침을 마음 깊숙한 곳에 잘 —— 89

아이는 아버지의 소중한 가르치믈 마음 깁쑤칸 고세 잘
　　　　　　　　　　　　　　　　　　　(에)

새겨두었지요. —— 90

새겨두얻찌요.

며칠 뒤에 아이는 아버지 등에 파리가 앉은 걸 보았습니다. —— 99

며칠 뒤에 아이는 아버지 등에 파리가 안즌 걸 보앋씀니다.

아이는 아버지가 일러주신 대로 파리가 붙은 곳을 손바닥으로 —— 107

아이는 아버지가 일러주신 대로 파리가 부튼 고슬 손빠다그로

때렸지요. 어찌나 아프게 후려쳤던지 등에 손바닥 자국이 날 —— 115

때렫찌요. 어찌나 아프게 후려첟떤지 등에 손빠닥 자구기 날

정도였어요. 잠자던 아버지가 기겁하고 일어났지만 절대 화를 —— 122

쩡도여써요. 잠자던 아버지가 기거파고 이러날찌만 절때 화를

내지 않았답니다. 보통 어른 같았으면 아무리 자기 아들이라고 —— 130

내지 아낟땀니다. 보통 어른 가타쓰면 아무리 자기 아드리라고

해도 화를 냈겠지요. —— 133

해도 화를 낻껟찌요.

"애야, 그럴 때는 부채로 살랑살랑 바람을 내어 쫓는 —— 141
"얘야 그럴 때는 부채로 살랑살랑 바라믈 내어 쫀는

법이란다." —— 142
버비란다."

아이는 이번에도 아버지의 소중한 가르침을 마음 깊이 잘 —— 150
아이는 이버네도 아버지의 소중한 가르치믈 마음 기피 잘
                   (에)

새겨두었습니다. —— 151
새겨두얻씀니다.

며칠 뒤 이웃집에 큰불이 나서 사람들이 많이 모였습니다. —— 159
며칠 뒤 이욷찌베 큰부리 나서 사람드리 마니 모엳씀니다.

아이도 어른들 옆에서 지켜보니 불 속에 검은 불티가 —— 167
아이도 어른들 여페서 지켜보니 불 소게 거믄 불티가

날아다녔지요. 아이는 그게 파리 날아다니는 것처럼 보였는지 —— 174
나라다녇찌요. 아이는 그게 파리 나라다니는 걷처럼 보연는지

부채로 살랑살랑 부쳤답니다. 아버지 가르침대로 부채로 —— 180
부채로 살랑살랑 부쳗땀니다. 아버지 가르침대로 부채로

살랑살랑 부쳐서 파리를 쫓아내고 싶었던 거였지요. 말 그대로 —— 188
살랑살랑 부쳐서 파리를 쪼차내고 시펃떤 거엳찌요. 말 그대로

불난 집에 부채질을 하였으니 사람들에게 혼이 났습니다. —— 195
불란 지베 부채지를 하여쓰니 사람드레게 호니 낟씀니다.

하지만 이번에도 아버지는 화를 내지 않고 좋은 말로 —— 203
하지만 이버네도 아버지는 화를 내지 안코 조은 말로

타일렀습니다. —— 204
타일럳씀니다.

"애야, 불이 났을 때는 물을 길어 와서 끼얹는 법이란다." —— 213
"얘야, 부리 나쓸 때는 무를 기러 와서 끼언는 버비란다."

아이는 이번에도 아버지의 소중한 가르침을 마음 깊이 잘 —— 221
아이는 이버네도 아버지의 소중한 가르치믈 마음 기피 잘
                   (에)

새겨두었습니다. —— 222
새겨두얻씀니다.

며칠 뒤에 아이가 이웃집을 지나가다 아궁이에 있는 불을 —— 230
며칠 뒤에 아이가 이욷찌블 지나가다 아궁이에 인는 부를

보았습니다. 이웃집에서 저녁밥을 짓기 위해서 아궁이에 불을 —— 237
보앋씀니다. 이욷찌베서 저녁빠블 짇끼 위해서 아궁이에 부를

때고 있던 거였지요. —— 240
때고 읻떤 거엳찌요.

'아니, 저기 불이 났으니 아버지 말씀대로 빨리 물을 —— 248
'아니, 저기 부리 나쓰니 아버지 말씀대로 빨리 무를

길어와야겠다.' —— 249
기러와야겓따.'

아이는 이렇게 생각하고는 물을 길어와 부엌 아궁이에 물을 —— 257
아이는 이러케 생가카고는 무를 기러와 부억 아궁이에 무를

끼얹었답니다. 저녁밥을 짓는 아궁이에 물을 끼얹었으니 주인은 —— 264
끼언전땀니다. 저녁빠블 진는 아궁이에 무를 끼언저쓰니 주이는

노발대발 난리가 났습니다. 이웃집 주인은 당장 아이와 아이 —— 272
노발대발 날리가 낟씀니다. 이욷찝 주이는 당장 아이와 아이

아버지를 불러 욕을 해댔습니다. 하지만 아이 아버지는 그 —— 280
아버지를 불러 요글 해댇씀니다. 하지만 아이 아버지는 그

꼴을 보고서도 허허 웃으면서 말했습니다. —— 285
꼬를 보고서도 허허 우스면서 말핻씀니다.

"얘야, 너처럼 하기도 쉽지 않으니 남이 없는 재주를 —— 293
"얘야, 너처럼 하기도 쉽찌 아느니 나미 엄는 재주를

가졌구나." —— 294
가젇꾸나."

저녁밥을 짓던 이웃집 주인은 이 모습을 보고는 어이없어 —— 302
저녁빠블 짇떤 이욷찝 주이는 이 모스블 보고는 어이업써

했답니다. —— 303
핻땀니다.

아이 아버지는 이 날부터 아들을 앉혀놓고 글을 부지런히 —— 311

아이 아버지는 이 날부터 아드를 안쳐노코 그를 부지런히

가르쳤습니다. 아이는 잠시라도 한눈을 팔지 않고 매일 —— 318

가르쳔씀니다. 아이는 잠시라도 한누늘 팔지 안코 매일

부지런히 글공부를 하였지요. 절대 아버지 말을 흘려듣지 않고 —— 326

부지런히 글꽁부를 하엳찌요. 절때 아버지 마를 흘려듣찌 안코

마음 깊이 새겼습니다. 몇 해가 지나니까 더 이상 배울 글공부가 —— 336

마음 기피 새겯씀니다. 멷 해가 지나니까 더 이상 배울 글꽁부가

없을 정도였답니다. 그래서 과거를 보았는데, 남들은 수차례 —— 343

업쓸 쩡도엳땀니다. 그래서 과거를 보안는데, 남드른 수차례

떨어지는 과거를 한 번에 붙었습니다. 사람들이 바보라고 —— 350

떠러지는 과거를 한 버네 부텉씀니다. 사람드리 바보라고

놀리던 아이가 과거 급제를 하였으니 마을 사람들 모두 깜짝 —— 359

놀리던 아이가 과거 급쩨를 하여쓰니 마을 사람들 모두 깜짝

놀랐지요. —— 360

놀랃찌요.

옛날부터 전해오는 중국 이야기에도 이와 비슷한 이야기가 —— 367

옌날부터 전해오는 중국 이야기에도 이와 비스탄 이야기가

하나 있습니다. 어리석은 사람이 산을 옮긴다 하는 —— 374

하나 읻씀니다. 어리서근 사라미 사늘 옴긴다 하는

'우공이산'이라는 고사성어가 바로 그것이지요. 남들 눈에는 —— 380

'우공이사'니라는 고사성어가 바로 그거시지요. 남들 누네는

바보처럼 보여도 꾸준히 하면 무엇이든지 해낼 수 있답니다. —— 388

바보처럼 보여도 꾸준히 하면 무어시든지 해낼 쑤 읻땀니다.

읽은 총 어절 수 (   ) - 틀린 어절 수 (   )

= 읽기유창성 점수 (   )

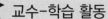

읽 ◇ 기 ◇ 유 ◇ 창 ◇ 성

1. 단어를 빠르고 정확하게 읽기

2. 어휘의 뜻 알아보기

고지식하다	단어의 뜻: 융통성이 없다. 비슷한 말: 답답하다, 우직하다
무시하다	단어의 뜻: 사람을 깔보다. 비슷한 말: 경시하다, 멸시하다 반대말: 중시하다, 존경하다
기겁하다	단어의 뜻: 갑작스럽게 겁을 내며 놀라다.
끼얹다	단어의 뜻: 무언가를 내던지듯 뿌리다. 비슷한 말: 뿌리다
어이없다	단어의 뜻: 일이 너무 뜻밖이어서 기가 막히다. 비슷한 말: 어처구니없다, 놀랍다
과거	단어의 뜻: 옛날에 관리를 뽑을 때 실시하던 시험 비슷한 말: 과

다음 네 개의 단어 중, 다른 뜻을 지닌 단어 하나를 골라서 X 표시를 하세요.

1 무시하다, 경시하다, <u>존경하다</u>, 멸시하다

왜 해당 단어에 × 표시를 하였나요? <u>다양한 답변 가능</u>

2 고지식하다, <u>융통성 있다</u>, 답답하다, 우직하다

왜 해당 단어에 × 표시를 하였나요? <u>다양한 답변 가능</u>

3 어이없다, 놀랍다, 어처구니없다, <u>어여쁘다</u>

왜 해당 단어에 × 표시를 하였나요? <u>다양한 답변 가능</u>

3. 어구를 빠르고 정확하게 읽기

4. 글을 빠르고 정확하게 읽기

읽 ◇ 기 ◇ 이 ◇ 해

5. 이야기 지도 알아보기

6. 이야기 지도 사용하여 글 읽고 이해하기

제목: 과거에 급제한 바보

| 1 | 인물 | 이야기에 등장하는 인물은 누구인가요? |

아이, 아버지

| 2 | 시간과 장소 | 언제, 어디에서 일어난 이야기인가요? |

시간: 옛날 옛적

장소: 어느 마을

| 3 | 사건들 | 인물에게 어떤 일들이 일어났나요? 일이 어떠한 차례로 일어났나요? |

1) 어느 마을에 시킨 대로만 하는 고지식한 아이가 있었다.

2) 하루는 아버지가 아이에게 벌레가 옷에 붙으면 손으로 때려잡는 거라고 가르쳤다.

3) 아이는 아버지 등에 붙은 파리를 손으로 때려잡자, 그럴 때는 부채로 바람을 내어 쫓는 거라고 가르쳤다.

4) 이웃집에 불이나 불티가 날아다니는 것을 파리로 보고 아이가 부채를 부치자, 아버지는 불이 났을 때는 물을 끼얹는 거라고 타일렀다.

5) 이웃집 아궁이의 불을 보고 아이가 물을 끼얹자, 아버지는 재주를 가졌다며 아들에게 글을 가르쳤다.

4	끝	이야기가 어떻게 끝났나요?

> 아이는 부지런히 공부하여 한번에 과거 급제를 하였다.

7. 글의 주제 알기

> 주제: 꾸준히 하면 무엇이든 해낼 수 있다.

사 ◇ 후 ◇ 평 ◇ 가

지시문

앞에 있는 종이에 글이 있어요. 이제 선생님이 "시작"이라고 하면(학생용 평가지의 첫 어절을 손가락으로 가리킨 후, 계속 훑으면서) 처음부터 읽기 시작해서 "그만"이라고 할 때까지 최대한 정확하게, 그리고 최대한 빨리 읽으세요. 글을 읽다가 모르는 글자가 나오면 선생님이 어떻게 해야 할지 알려 줄게요. 최선을 다하세요. 질문 있어요? (질문이 있으면 질문에 대답한다.) 준비, 시작. (학생이 첫 어절을 말함과 동시에 타이머를 누르고 1분간 학생의 반응을 기록한 뒤 1분이 지나면 "그만"이라고 말한다.)

읽기유창성 평가
과거에 급제한 바보

옛날 옛적에 어느 마을에 참 어수룩하고 고지식한 아이가	—— 8
옌날 옏쩌게 어느 마으레 참 어수루카고 고지시칸 아이가	
살았습니다. 마을 사람들은 이 아이가 너무 고지식해서	— 15
사랃씀니다. 마을 사람드른 이 아이가 너무 고지시캐서	
바보라고 부를 정도였지요. 누가 무슨 일을 시키면 시킨	—— 23
바보라고 부를 쩡도엳찌요. 누가 무슨 이를 시키면 시킨	
그대로만 할 줄 알았답니다. 그래서 사람들은 말귀를 못	—— 31
그대로만 할 쭐 아랃땀니다. 그래서 사람드른 말뀌를 몯	

알아듣는 이 아이를 무시하기 일쑤였어요. 하지만 이 아이의 — 39

아라든는 이 아이를 무시하기 일쑤여써요. 하지만 이 아이의
(에)

아버지만큼은 아이의 모습을 있는 그대로 받아들였답니다. — 45

아버지만크믄 아이의 모스블 인는 그대로 바다드렫땀니다.
(에)

하루는 아이 옷에 벌레 한 마리가 붙어 기어 다녔습니다. — 54

하루는 아이 오세 벌레 한 마리가 부터 기어 다녇씀니다.

그런데도 벌레를 어떻게 해야 할지 몰라 가만히 보고만 — 62

그런데도 벌레를 어떠케 해야 할찌 몰라 가만히 보고만

있었지요. 그걸 옆에서 보고 있던 아이 아버지가 아이에게 — 70

이썯찌요. 그걸 여페서 보고 읻떤 아이 아버지가 아이에게

이렇게 가르쳤답니다. — 72

이러케 가르쳗땀니다.

"애야, 벌레가 옷에 붙으면 손으로 탁 때려서 잡는 — 80

"얘야, 벌레가 오세 부트면 소느로 탁 때려서 잡는

법이란다." — 81

버비란다."

아이는 아버지의 소중한 가르침을 마음 깊숙한 곳에 잘 — 89

아이는 아버지의 소중한 가르치믈 마음 깁쑤칸 고세 잘
(에)

새겨두었지요. — 90

새겨두얻찌요.

며칠 뒤에 아이는 아버지 등에 파리가 앉은 걸 보았습니다. — 99

며칠 뒤에 아이는 아버지 등에 파리가 안즌 걸 보앋씀니다.

아이는 아버지가 일러주신 대로 파리가 붙은 곳을 손바닥으로 — 107

아이는 아버지가 일러주신 대로 파리가 부튼 고슬 손빠다그로

때렸지요. 어찌나 아프게 후려쳤던지 등에 손바닥 자국이 날 — 115

때렫찌요. 어찌나 아프게 후려쳗떤지 등에 손바닥 자구기 날

정도였어요. 잠자던 아버지가 기겁하고 일어났지만 절대 화를 — 122

쩡도여써요. 잠자던 아버지가 기거파고 이러낟찌만 절때 화를

내지 않았답니다. 보통 어른 같았으면 아무리 자기 아들이라고 —— 130

내지 아낟땀니다.　보통 어른 가타쓰면　아무리　자기 아드리라고

해도 화를 냈겠지요. —— 133

해도 화를 낻껟찌요.

"얘야, 그럴 때는 부채로 살랑살랑 바람을 내어 쫓는 —— 141

"얘야　그럴 때는 부채로　살랑살랑　바라믈 내어 쫀는

법이란다." —— 142

버비란다."

아이는 이번에도 아버지의 소중한 가르침을 마음 깊이 잘 —— 150

아이는 이버네도　아버지의　소중한 가르치믈 마음 기피 잘

　　　　　　　　　　　　(에)

새겨두었습니다. —— 151

새겨두얻씀니다.

며칠 뒤 이웃집에 큰불이 나서 사람들이 많이 모였습니다. —— 159

며칠 뒤 이욷찌베　큰부리　나서 사람드리　마니 모엳씀니다.

아이도 어른들 옆에서 지켜보니 불 속에 검은 불티가 —— 167

아이도　어른들　여페서　지켜보니　불 소게 거믄 불티가

날아다녔지요. 아이는 그게 파리 날아다니는 것처럼 보였는지 —— 174

나라다녇찌요.　아이는 그게 파리 나라다니는　걷처럼 보연는지

부채로 살랑살랑 부쳤답니다. 아버지 가르침대로 부채로 —— 180

부채로　살랑살랑　부쳗땀니다.　아버지 가르침대로　부채로

살랑살랑 부쳐서 파리를 쫓아내고 싶었던 거였지요. 말 그대로 —— 188

살랑살랑　부쳐서　파리를　쪼차내고　시펃떤　거엳찌요.　말 그대로

불난 집에 부채질을 하였으니 사람들에게 혼이 났습니다. —— 195

불란 지베 부채지를　하여쓰니　사람드레게　호니 낟씀니다.

하지만 이번에도 아버지는 화를 내지 않고 좋은 말로 —— 203

하지만 이버네도　아버지는　화를 내지 안코 조은 말로

타일렀습니다. —— 204

타일럳씀니다.

"얘야, 불이 났을 때는 물을 길어 와서 끼얹는 법이란다." —— 213

"얘야, 부리 나쓸 때는 무를 기러 와서 끼언는 버비란다."

아이는 이번에도 아버지의 소중한 가르침을 마음 깊이 잘   —— 221
아이는 이버네도   아버지의 소중한 가르치믈 마음 기피 잘
        (에)

새겨두었습니다.   —— 222
새겨두얻씀니다.

며칠 뒤에 아이가 이웃집을 지나가다 아궁이에 있는 불을   —— 230
며칠 뒤에 아이가 이욷찌블   지나가다 아궁이에 인는 부를

보았습니다. 이웃집에서 저녁밥을 짓기 위해서 아궁이에 불을   —— 237
보앋씀니다.   이욷찌베서   저녁빠블 짇끼 위해서 아궁이에 부를

때고 있던 거였지요.   —— 240
때고 읻떤 거엳찌요.

'아니, 저기 불이 났으니 아버지 말씀대로 빨리 물을   —— 248
'아니, 저기 부리 나쓰니 아버지 말씀대로   빨리 무를

길어와야겠다.'   —— 249
기러와야겓따.'

아이는 이렇게 생각하고는 물을 길어와 부엌 아궁이에 물을   —— 257
아이는 이러케 생가카고는   무를 기러와 부억 아궁이에 무를

끼얹었답니다. 저녁밥을 짓는 아궁이에 물을 끼얹었으니 주인은   —— 264
끼언젇땀니다.   저녁빠블 짇는 아궁이에 무를 끼언저쓰니 주이는

노발대발 난리가 났습니다. 이웃집 주인은 당장 아이와 아이   —— 272
노발대발 날리가 낟씀니다. 이욷찝 주이는 당장 아이와 아이

아버지를 불러 욕을 해댔습니다. 하지만 아이 아버지는 그   —— 280
아버지를 불러 요글 해댇씀니다. 하지만 아이 아버지는   그

꼴을 보고서도 허허 웃으면서 말했습니다.   —— 285
꼬를 보고서도 허허 우스면서 말핻씀니다.

"얘야, 너처럼 하기도 쉽지 않으니 남이 없는 재주를   —— 293
"얘야, 너처럼 하기도 쉽찌 아느니 나미 엄는 재주를

가졌구나."   —— 294
가젇꾸나."

저녁밥을 짓던 이웃집 주인은 이 모습을 보고는 어이없어   —— 302
저녁빠블 짇떤 이욷찝 주이는 이 모스블 보고는 어이업써

했답니다.   —— 303
핻땀니다.

아이 아버지는 이 날부터 아들을 앉혀놓고 글을 부지런히   —— 311
아이 아버지는 이 날부터 아드를 안쳐노코 그를 부지런히

가르쳤습니다. 아이는 잠시라도 한눈을 팔지 않고 매일   —— 318
가르쳗씀니다.   아이는 잠시라도 한누늘 팔지 안코 매일

부지런히 글공부를 하였지요. 절대 아버지 말을 흘려듣지 않고   —— 326
부지런히 글꽁부를 하엳찌요. 절때 아버지 마를 흘려듣찌 안코

마음 깊이 새겼습니다. 몇 해가 지나니까 더 이상 배울 글공부가   —— 336
마음 기피 새겯씀니다.   멷 해가 지나니까   더 이상 배울 글꽁부가

없을 정도였답니다. 그래서 과거를 보았는데, 남들은 수차례   —— 343
업쓸 쩡도엳땀니다.   그래서 과거를 보안는데, 남드른 수차례

떨어지는 과거를 한 번에 붙었습니다. 사람들이 바보라고   —— 350
떠러지는 과거를 한 버네 부턷씀니다.   사람드리 바보라고

놀리던 아이가 과거 급제를 하였으니 마을 사람들 모두 깜짝   —— 359
놀리던 아이가 과거 급쩨를 하여쓰니 마을 사람들 모두 깜짝

놀랐지요.   —— 360
놀랃찌요.

옛날부터 전해오는 중국 이야기에도 이와 비슷한 이야기가   —— 367
옌날부터 전해오는 중국 이야기에도 이와 비스탄 이야기가

하나 있습니다. 어리석은 사람이 산을 옮긴다 하는   —— 374
하나 읻씀니다.   어리서근 사라미 사늘 옴긴다 하는

'우공이산'이라는 고사성어가 바로 그것이지요. 남들 눈에는   —— 380
'우공이사'니라는   고사성어가 바로 그거시지요.   남들 누네는

바보처럼 보여도 꾸준히 하면 무엇이든지 해낼 수 있답니다.   —— 388
바보처럼 보여도 꾸준히 하면 무어시든지   해낼 쑤 읻땀니다.

읽은 총 어절 수 (   ) – 틀린 어절 수 (   )
= 읽기유창성 점수 (   )

1 이야기에 나오는 중심인물은 누구인가요? 모두 써 보세요. (아동이 하나만 대답한 경우 추가 질문을 한다.)

1점: (고지식한) 아이, 아버지(기타 다른 등장인물을 말하여도 정답으로 간주)

0점: 정답의 일부, 오답 또는 대답을 하지 못함

2 언제, 어디에서 있었던 일인가요? (아동이 둘 중 하나만 대답한 경우, 추가 질문을 한다. 예를 들어, 아동이 '언제' 에 대한 것만 대답한 경우, "어디에서 있었던 일인가요?"라고 추가 질문을 한다.)

1점: 옛날, (어느) 마을

0점: 정답의 일부, 오답 또는 대답을 하지 못함

3 마을 사람들이 아이를 왜 바보라고 불렀나요?

1점: (너무) 고지식해서 (또는) 시키는 대로만 해서 (또는) 사람들의 말귀를 잘 알아듣지 못해서

0점: 정답의 일부, 오답 또는 대답을 하지 못함

4 아이가 무슨 일이든 시키는 대로 했다는 것을 어떻게 알 수 있나요?

1점: 파리를 잡으려고 아버지 등을 세게 때린 일 (또는) 불난 집에 부채질을 한 일 (또는) 밥을 짓고 있는 부엌 아궁이에 물을 끼얹은 일(셋 중 하나를 대답하였을 경우, 정답으로 간주)

0점: 정답의 일부, 오답 또는 대답을 하지 못함

5 아버지는 아들의 어떤 점을 좋아하였나요?

1점: (아들이) 남이 없는 재주를 가진 점 (또는) 아버지 말을 마음 깊이 새기는 점 (또는) 아버지 말을 귀담아듣는 점 (또는) 아버지 말을 새겨듣는 점

0점: 정답의 일부, 오답 또는 대답을 하지 못하였을 경우

6 마을 사람들이 왜 깜짝 놀랐나요? (아동이 "과거 급제를 하여서요."라고 대답할 경우, "좀 더 자세히 말해 볼래 요?"라고 추가 질문을 한다.)

1점: 바보 같던 아이가 과거 급제를 하여서 (또는) 놀림을 당하던 아이가 과거에 급제를 하여서

0점: 정답의 일부, 오답 또는 대답을 하지 못함

7 좋은 결과를 얻으려면 어떻게 해야 할까요? 그것을 어떻게 알 수 있는지 글에서 찾아 써 보세요.

1점: 꾸준히 노력하기, 바보 같던 아이도 꾸준히 노력하여 과거에 급제를 하였으므로, (또는) 아버 지 말씀을 잘 듣기, 바보 같던 아이도 아버지 말씀을 새겨듣고 과거에 급제를 하였으므로, (또 는) 부지런히 노력하기, 아이도 부지런히 글공부를 하여 과거에 급제를 하였으므로

0점: 정답의 일부, 오답 또는 대답을 하지 못함

3 나비가 된 처녀와 총각

학◇습◇목◇표◇확◇인

- 글을 읽을 때, 적당한 부분에서 글을 빠르고 정확하게 끊어 읽을 수 있다.
- 글을 읽고, 글의 중심내용과 글의 주제를 파악할 수 있다.

사◇전◇평◇가

앞에 있는 종이에 글이 있어요. 이제 선생님이 "시작"이라고 하면(학생용 평가지의 첫 어절을 손가락으로 가리킨 후, 계속 훑으면서) 처음부터 읽기 시작해서 "그만"이라고 할 때까지 최대한 정확하게, 그리고 최대한 빨리 읽으세요. 글을 읽다가 모르는 글자가 나오면 선생님이 어떻게 해야 할지 알려 줄게요. 최선을 다하세요. 질문 있어요? (질문이 있으면 질문에 대답한다.) 준비, 시작. (학생이 첫 어절을 말함과 동시에 타이머를 누르고 1분간 학생의 반응을 기록한 뒤 1분이 지나면 "그만"이라고 말한다.)

읽기유창성 평가
나비가 된 처녀와 총각

옛날 옛날 어느 마을에 마음씨 고운 처녀가 살았습니다. 옌날 옌날 어느 마으레 마음씨 고운 처녀가 사랃씀니다.	—— 8
처녀는 어린 나이에 어머니를 여의고 아버지와 오빠와 함께 처녀는 어린 나이에 어머니를 여이고 아버지와 오빠와 함께	—— 16
살았지요. 어머니가 없는 집안에 여자가 처녀뿐이니 집안일을 사랃찌요. 어머니가 엄는 지바네 여자가 처녀뿌니니 지반니를	—— 23
모두 도맡아 했답니다. 물 길어 밥하기와 청소하기, 빨래하기는 모두 도마타 핻땀니다. 물 기러 바파기와 청소하기, 빨래하기는	—— 31
물론 계절마다 옷까지 만들었습니다. 그러니 바깥 구경을 하는 건 물론 계절마다 옫까지 만드럳씀니다. 그러니 바깥 구경을 하는 건	—— 40

284

물 길으러 갈 때뿐이었지요. —— 44

물 기르러 갈 때뿌니얻찌요.

하루는 처녀가 혼자 물동이를 이고 우물에 물을 길으러 —— 52

하루는 처녀가 혼자 물똥이를 이고 우무레 무를 기르러

갔습니다. 그런데 그 마을 부잣집에서 머슴살이하는 총각을 —— 59

갇씀니다. 그런데 그 마을 부잗찌베서 머슴사리하는 총가글

우물가에서 딱 마주쳤지요. 총각도 물지게를 지고 물을 길으러 —— 67

우물까에서 딱 마주쳗찌요. 총각또 물찌게를 지고 무를 기르러

왔다가 처녀를 만나게 되었어요. 처녀와 총각은 이것저것 —— 74

왇따가 처녀를 만나게 되어써요. 처녀와 총가근 이걷쩌걷

도와주면서 서로에게 마음이 쏙 끌려 버렸답니다. 하루가 —— 81

도와주면서 서로에게 마으미 쏙 끌려 버렫땀니다. 하루가

멀다 하고 둘은 우물가에서 만나 깊은 정을 쌓았어요. 그래서 —— 90

멀다 하고 두른 우물까에서 만나 기픈 정을 싸아써요. 그래서

처녀와 총각은 결혼을 하기로 서로 굳은 약속을 했답니다. —— 98

처녀와 총가근 결호늘 하기로 서로 구든 약쏘글 핻땀니다.

그러던 어느 하루 처녀가 아파서 우물가에 못 나가게 —— 106

그러던 어느 하루 처녀가 아파서 우물까에 몯 나가게

되었습니다. 총각은 처녀가 나오지 않자 걱정이 돼서 처녀의 —— 114

되얻씀니다. 총가근 처녀가 나오지 안차 걱쩡이 돼서 처녀의

집까지 찾아갔지요. 하지만 집 안으로는 차마 못 들어가고 —— 122

집까지 차자갇찌요. 하지만 집 아느로는 차마 몯 드러가고

밖에서만 기웃기웃 넘겨봤어요. —— 125

바께서만 기욷끼욷 넘겨봐써요.

"처녀가 사는 집을 감히 머슴 주제에 기웃거리다니 썩 —— 133

"처녀가 사는 지블 감히 머슴 주제에 기욷꺼리다니 썩

꺼지거라." —— 134

꺼지거라."

총각은 처녀의 오빠에게 딱 잡혀 흠씬 두들겨 맞고 —— 142

총가근 처녀의 오빠에게 딱 자펴 흠씬 두들겨 맏꼬
(에)

내쫓겼답니다. —— 143

내쫃껻땀니다.

그 이후로는 아버지가 처녀를 집 밖으로 절대 내보내지 —— 151

그 이후로는 아버지가 처녀를 집 바끄로 절때 내보내지

않았습니다. 처녀는 꼼짝없이 집 안에 갇혀서 늘 총각 걱정만 —— 160

아낟씀니다. 처녀는 꼼짜겁씨 집 아네 가쳐서 늘 총각 걱쩡만

생각했답니다. 그렇게 지내다 처녀는 아버지에게서 하늘이 —— 166

생가캗땀니다. 그러케 지내다 처녀는 아버지에게서 하느리

무너지는 소리를 들어야만 했지요. —— 170

무너지는 소리를 드러야만 핻찌요.

"건넛마을 부잣집 아들과 혼약을 맺었으니 너는 혼인 준비를 —— 178

"건넌마을 부잗찝 아들과 호냐글 매저쓰니 너는 호닌 준비를

해라." —— 179

해라."

처녀는 원하지도 않는 시집을 가게 되어 밤낮을 울면서 —— 187

처녀는 원하지도 안는 시지블 가게 되어 밤나즐 울면서

지냈습니다. 그런데 더 기가 막힌 건 총각이 죽었다는 소문이 —— 196

지냗씀니다. 그런데 더 기가 마킨 건 총가기 주걷따는 소무니

들렸답니다. 처녀가 부잣집으로 시집을 간다는 소식에 총각이 —— 203

들렫땀니다. 처녀가 부잗찌브로 시지블 간다는 소시게 총가기

스스로 목숨을 끊었어요. 처녀는 사랑하는 총각을 잃은 슬픔에 —— 211

스스로 목쑤믈 끄너써요. 처녀는 사랑하는 총가글 이른 슬프메

날이 갈수록 야위어만 갔지요. —— 215

나리 갈쑤록 야위어만 갇찌요.

하지만 정해진 혼인날이 되자 원치 않는 시집을 가야만 —— 223

하지만 정해진 호닌나리 되자 원치 안는 시지블 가야만

했습니다. 창백한 얼굴과 야윈 몸에 새색시 옷을 차려입고 —— 231
핸씀니다.   창배칸   얼굴과   야윈   모메   새색씨   오슬   차려입꼬

가마를 탔답니다. 구경 나온 사람들도 처녀의 속사정을 아는지 —— 239
가마를   탇땀니다.   구경   나온   사람들도   처녀의   속싸정을   아는지
                                                    (에)

슬픈 표정을 지었지요. 처녀가 가마에서 울먹이니 둘레 사람들도 —— 247
슬픈 표정을   지얻찌요.   처녀가   가마에서   울머기니   둘레   사람들도

훌쩍이고 눈물바다가 따로 없었어요. —— 251
훌쩌기고   눈물빠다가   따로   업써써요.

한참을 가다 보니 총각이 묻힌 무덤 옆을 지나게 되었습니다. —— 260
한차믈   가다   보니 총가기   무친   무덤   여플   지나게   되얻씀니다.

처녀는 가마꾼에게 잠깐만 가마를 세워 달라고 간절하게 —— 267
처녀는   가마꾸네게   잠깐만   가마를   세워   달라고   간절하게

부탁을 했지요. 가마꾼들이 가마를 세우자 처녀는 무덤 앞에 —— 275
부타글   핻찌요.   가마꾼드리   가마를   세우자   처녀는   무덤   아페

앉아 하염없이 울었습니다. —— 278
안자   하여멉씨   우럳씀니다.

"아이고, 어찌 하여 나를 버려두고 스스로 목숨을 끊었단 —— 286
"아이고,   어찌   하여   나를   버려두고   스스로   목쑤믈   끄널딴

말입니까. 저를 이대로 보내지 않고 잡으시려거든 무덤 문을 —— 294
마림니까.   저를   이대로   보내지   안코   자브시려거든   무덤   무늘

열어 주세요." —— 296
여러   주세요."

처녀가 간절하게 기도를 하자 무덤이 정말로 반으로 갈라져 —— 304
처녀가   간절하게   기도를   하자   무더미   정말로   바느로   갈라져

열렸습니다. 가마꾼들은 무덤에서 쏟아져 나오는 환한 빛을 —— 311
열렫씀니다.   가마꾼드른   무더메서   쏘다져   나오는   환한   비츨

보고 깜짝 놀랐지요. 처녀가 뒤도 돌아보지 않고 무덤으로 —— 319
보고   깜짝   놀랃찌요.   처녀가   뒤도   도라보지   안코   무더므로

뛰어들자 무덤이 다시 닫혔습니다. 가마꾼들이 처녀를 잡으려고 —— 326

뛰어들자　무더미　다시　다쳤씁니다.　　가마꾼드리　처녀를　자브려고

옷을 붙잡았지만 옷만 죽죽 찢어질 뿐이었지요. 무덤 전체가 —— 334

오슬　붇짜받찌만　온만　죽죽　찌저질　뿌니얻찌요.　　무덤　전체가

환한 빛에 휩싸이더니 무덤 위로 나비들이 날아올랐습니다. —— 341

환한　비체　휩싸이더니　무덤　위로　나비드리　나라올랃씁니다.

흰 나비들과 노랑 나비들이 서로를 감싸 안듯이 하늘하늘 —— 349

힌　나비들과　노랑　나비드리　서로를　감싸　안뜨시　하늘하늘

날았지요. 사람들은 흰 나비는 처녀의 넋이고 노랑 나비는 —— 357

나랃찌요.　사람드른　힌　나비는　처녀의　넉씨고　노랑　나비는
　　　　　　　　　　　　　　　　　　　　　　　　(에)

총각의 넋이라고 믿었습니다. —— 360

총가긔　넉씨라고　미덛씁니다.
　(게)

읽은 총 어절 수 (　　　　) – 틀린 어절 수 (　　　　)

= 읽기유창성 점수 (　　　　　　　　)

 교수-학습 활동

읽◇기◇유◇창◇성

1. 단어를 빠르고 정확하게 읽기

2. 어휘의 뜻 알아보기

여의다	단어의 뜻: 부모나 사랑하는 사람이 죽어서 이별하다. 비슷한 말: 보내다
하염없다	단어의 뜻: 어떤 행동이나 심리 상태 따위가 자신의 의지와는 상관없이 계속되는 상태이다. 비슷한 말: 끝없다
혼인	단어의 뜻: 남자와 여자가 부부가 되는 일 비슷한 말: 결혼

야위다	단어의 뜻: 몸의 살이 빠지다.
	비슷한 말: 수척하다, 마르다
	반대말: 살찌다
창백하다	단어의 뜻: 얼굴빛이 안 좋고 해쓱하다.
	비슷한 말: 핼쑥하다, 하얗다
간절하게	단어의 뜻: 무언가를 바라는 마음이 절실하게
	비슷한 말: 절실하게

✍ **다음의 다음 보기의 단어 중, 문장에 알맞은 단어를 써 봅시다.**

1│ 자식을 잃어버린 진돗개는 **하염없이** 눈물을 흘렸다.

2│ 갓 **혼인**한 그 부부는 너무 행복해 보였다.

3│ 사랑하는 둘은 서로를 보고 싶은 마음이 **간절하다**.

4│ 독감을 앓아서 그런지 얼굴이 **창백해** 보인다.

5│ 오랜 병으로 고생을 하신 할머니가 많이 **야위었다**.

6│ 그는 일찍이 부모를 **여의고** 고아로 힘들게 자랐다.

3. 어구를 빠르고 정확하게 읽기

4. 글을 빠르고 정확하게 읽기

읽 ◇ 기 ◇ 이 ◇ 해

5. 이야기 지도 알아보기

6. 이야기 지도 사용하여 글 읽고 이해하기

제목: 나비가 된 처녀와 총각

1 인물 이야기에 등장하는 인물은 누구인가요?

처녀와 총각

2 시간과 장소 언제, 어디에서 일어난 이야기인가요?

시간: 옛날

장소: 어느 마을

3 사건들 인물에게 어떤 일들이 일어났나요? 일이 어떠한 차례로 일어났나요?

1) 하루는 처녀가 우물에 물을 길으러 갔다가 총각을 만났다.
2) 처녀와 총각은 서로에게 마음이 끌려 결혼을 하기로 약속했다.
3) 처녀가 아파서 우물가에 나오지 못하자, 총각은 처녀의 집으로 찾아갔지만 처녀의 오빠에게 내쫓겼다.
4) 처녀는 집 안에 갇혔고 처녀가 원치 않는 시집을 가게 되었다는 소식에 총각은 스스로 목숨을 끊었다.
5) 정해진 혼인 날, 처녀는 총각이 묻힌 무덤 옆을 지나게 되었고, 무덤 문을 열어 달라며 간절히 기도하였다.
6) 무덤이 열리자, 처녀는 뛰어들었고 무덤은 다시 닫혔다.

4 끝 이야기가 어떻게 끝났나요?

무덤 위로 흰 나비들과 노랑 나비들이 날아올랐고,
사람들은 그것이 처녀와 총각의 넋이라고 믿었다.

7. 글의 주제 알기

주제: 편견을 가지고 사람을 차별하지 말자.

사 ◇ 후 ◇ 평 ◇ 가

지시문

앞에 있는 종이에 글이 있어요. 이제 선생님이 "시작"이라고 하면(학생용 평가지의 첫 어절을 손가락으로 가리킨 후, 계속 훑으면서) 처음부터 읽기 시작해서 "그만"이라고 할 때까지 최대한 정확하게, 그리고 최대한 빨리 읽으세요. 글을 읽다가 모르는 글자가 나오면 선생님이 어떻게 해야 할지 알려 줄게요. 최선을 다하세요. 질문 있어요? (질문이 있으면 질문에 대답한다.) 준비, 시작. (학생이 첫 어절을 말함과 동시에 타이머를 누르고 1분간 학생의 반응을 기록한 뒤 1분이 지나면 "그만"이라고 말한다.)

읽기유창성 평가
나비가 된 처녀와 총각

옛날 옛날 어느 마을에 마음씨 고운 처녀가 살았습니다. —— 8
옌날 옌날 어느 마으레 마음씨 고운 처녀가 사랃씀니다.

처녀는 어린 나이에 어머니를 여의고 아버지와 오빠와 함께 —— 16
처녀는 어린 나이에 어머니를 여이고 아버지와 오빠와 함께

살았지요. 어머니가 없는 집안에 여자가 처녀뿐이니 집안일을 —— 23
사랃찌요. 어머니가 엄는 지바네 여자가 처녀뿌니니 지반니를

모두 도맡아 했답니다. 물 길어 밥하기와 청소하기, 빨래하기는 —— 31
모두 도마타 핻땀니다. 물 기러 바파기와 청소하기, 빨래하기는

물론 계절마다 옷까지 만들었습니다. 그러니 바깥 구경을 하는 건 —— 40
물론 계절마다 옫까지 만드럳씀니다. 그러니 바깓 구경을 하는 건

물 길으러 갈 때뿐이었지요. —— 44
물 기르러 갈 때뿌니얻찌요.

하루는 처녀가 혼자 물동이를 이고 우물에 물을 길으러 — 52
하루는 처녀가 혼자 물똥이를 이고 우무레 무를 기르러

갔습니다. 그런데 그 마을 부잣집에서 머슴살이하는 총각을 — 59
갇씀니다. 그런데 그 마을 부잗찌베서 머슴사리하는 총가글

우물가에서 딱 마주쳤지요. 총각도 물지게를 지고 물을 길으러 — 67
우물까에서 딱 마주첟찌요. 총각또 물찌게를 지고 무를 기르러

왔다가 처녀를 만나게 되었어요. 처녀와 총각은 이것저것 — 74
왇따가 처녀를 만나게 되어써요. 처녀와 총가근 이걷쩌걷

도와주면서 서로에게 마음이 쏙 끌려 버렸답니다. 하루가 — 81
도와주면서 서로에게 마으미 쏙 끌려 버렫땀니다. 하루가

멀다 하고 둘은 우물가에서 만나 깊은 정을 쌓았어요. 그래서 — 90
멀다 하고 두른 우물까에서 만나 기픈 정을 싸아써요. 그래서

처녀와 총각은 결혼을 하기로 서로 굳은 약속을 했답니다. — 98
처녀와 총가근 결호늘 하기로 서로 구든 약쏘글 핻땀니다.

그러던 어느 하루 처녀가 아파서 우물가에 못 나가게 — 106
그러던 어느 하루 처녀가 아파서 우물까에 몯 나가게

되었습니다. 총각은 처녀가 나오지 않자 걱정이 돼서 처녀의 — 114
되얻씀니다. 총가근 처녀가 나오지 안차 걱쩡이 돼서 처녀의

집까지 찾아갔지요. 하지만 집 안으로는 차마 못 들어가고 — 122
집까지 차자갇찌요. 하지만 집 아느로는 차마 몯 드러가고

밖에서만 기웃기웃 넘겨봤어요. — 125
바께서만 기욷끼욷 넘겨봐써요.

"처녀가 사는 집을 감히 머슴 주제에 기웃거리다니 썩 — 133
"처녀가 사는 지블 감히 머슴 주제에 기욷꺼리다니 썩

꺼지거라." — 134
꺼지거라."

총각은 처녀의 오빠에게 딱 잡혀 흠씬 두들겨 맞고 — 142
총가근 처녀의 오빠에게 딱 자펴 흠씬 두들겨 맏꼬
        (에)

내쫓겼답니다.　　　　　　　　　　　　　　　　　　　　—— 143

내쫃껻땀니다.

그 이후로는 아버지가 처녀를 집 밖으로 절대 내보내지　　—— 151

그 이후로는　아버지가　처녀를　집 바끄로　절때 내보내지

않았습니다. 처녀는 꼼짝없이 집 안에 갇혀서 늘 총각 걱정만　—— 160

아낟씀니다.　처녀는　꼼짜겁씨　집 아네 가쳐서 늘 총각 걱쩡만

생각했답니다. 그렇게 지내다 처녀는 아버지에게서 하늘이　—— 166

생가캔땀니다.　그러케　지내다　처녀는 아버지에서　하느리

무너지는 소리를 들어야만 했지요.　　　　　　　　　　—— 170

무너지는　소리를　드러야만　핻찌요.

"건넛마을 부잣집 아들과 혼약을 맺었으니 너는 혼인 준비를　—— 178

"건넌마을　부잗찝　아들과　호냐글 매저쓰니　너는 호닌 준비를

해라."　　　　　　　　　　　　　　　　　　　　　　—— 179

해라."

처녀는 원하지도 않는 시집을 가게 되어 밤낮을 울면서　　—— 187

처녀는　원하지도　안는　시지블　가게 되어 밤나즐 울면서

지냈습니다. 그런데 더 기가 막힌 건 총각이 죽었다는 소문이　—— 196

지낻씀니다.　그런데　더 기가　마킨 건 총가기 주걷따는 소무니

들렸답니다. 처녀가 부잣집으로 시집을 간다는 소식에 총각이　—— 203

들렫땀니다.　처녀가　부잗찌브로　시지블 간다는 소시게 총가기

스스로 목숨을 끊었어요. 처녀는 사랑하는 총각을 잃은 슬픔에　—— 211

스스로　목쑤믈　끄너써요.　처녀는 사랑하는 총가글 이른 슬프메

날이 갈수록 야위어만 갔지요.　　　　　　　　　　　　—— 215

나리 갈쑤록　야위어만　갇찌요.

하지만 정해진 혼인날이 되자 원치 않는 시집을 가야만　　—— 223

하지만　정해진　호닌나리　되자 원치 안는 시지블 가야만

했습니다. 창백한 얼굴과 야윈 몸에 새색시 옷을 차려입고　—— 231

핻씀니다.　창배칸　얼굴과　야윈 모메 새색씨 오슬 차려입꼬

가마를 탔답니다. 구경 나온 사람들도 처녀의 속사정을 아는지 —— 239

가마를 탇땀니다. 구경 나온 사람들도 처녀의 속싸정을 아는지
　　　　　　　　　　　　　　　　　　　　　　　(에)

슬픈 표정을 지었지요. 처녀가 가마에서 울먹이니 둘레 사람들도 —— 247

슬픈 표정을 지얻찌요. 처녀가 가마에서 울머기니 둘레 사람들도

홀쩍이고 눈물바다가 따로 없었어요. —— 251

홀쩌기고 눈물빠다가 따로 업써써요.

한참을 가다 보니 총각이 묻힌 무덤 옆을 지나게 되었습니다. —— 260

한차믈 가다 보니 총가기 무친 무덤 여플 지나게 되얻씀니다.

처녀는 가마꾼에게 잠깐만 가마를 세워 달라고 간절하게 —— 267

처녀는 가마꾸네게 잠깐만 가마를 세워 달라고 간절하게

부탁을 했지요. 가마꾼들이 가마를 세우자 처녀는 무덤 앞에 —— 275

부타글 핻찌요. 가마꾼드리 가마를 세우자 처녀는 무덤 아페

앉아 하염없이 울었습니다. —— 278

안자 하여멉씨 우럳씀니다.

"아이고, 어찌 하여 나를 버려두고 스스로 목숨을 끊었단 —— 286

"아이고, 어찌 하여 나를 버려두고 스스로 목쑤믈 끄넏딴

말입니까. 저를 이대로 보내지 않고 잡으시려거든 무덤 문을 —— 294

마림니까. 저를 이대로 보내지 안코 자브시려거든 무덤 무늘

열어 주세요." —— 296

여러 주세요."

처녀가 간절하게 기도를 하자 무덤이 정말로 반으로 갈라져 —— 304

처녀가 간절하게 기도를 하자 무더미 정말로 바느로 갈라져

열렸습니다. 가마꾼들은 무덤에서 쏟아져 나오는 환한 빛을 —— 311

열렫씀니다. 가마꾼드른 무더메서 쏘다져 나오는 환한 비츨

보고 깜짝 놀랐지요. 처녀가 뒤도 돌아보지 않고 무덤으로 —— 319

보고 깜짝 놀랃찌요. 처녀가 뒤도 도라보지 안코 무더므로

뛰어들자 무덤이 다시 닫혔습니다. 가마꾼들이 처녀를 잡으려고 —— 326

뛰어들자 무더미 다시 다쳗씀니다. 가마꾼드리 처녀를 자브려고

옷을 붙잡았지만 옷만 죽죽 찢어질 뿐이었지요. 무덤 전체가 —— 334

오슬 붙짜받찌만 온만 죽죽 찌저질 뿌니얻찌요.   무덤 전체가

환한 빛에 휩싸이더니 무덤 위로 나비들이 날아올랐습니다. —— 341

환한 비체 휩싸이더니   무덤 위로 나비드리   나라올랃씀니다.

흰 나비들과 노랑 나비들이 서로를 감싸 안듯이 하늘하늘 —— 349

힌 나비들과   노랑 나비드리   서로를 감싸 안뜨시 하늘하늘

날았지요. 사람들은 흰 나비는 처녀의 넋이고 노랑 나비는 —— 357

나랃찌요. 사람드른   힌 나비는 처녀의 넉씨고 노랑 나비는
                                        (에)

총각의 넋이라고 믿었습니다. —— 360

총가긔 넉씨라고   미덛씀니다.
  (게)

읽은 총 어절 수 (   ) – 틀린 어절 수 (   )

= 읽기유창성 점수 (   )

읽기이해 평가

1 이 이야기에 나오는 중심인물은 누구입니까? 두 인물을 써 보세요. (아동이 하나만 대답한 경우 추가 질문을 한다.)

1점: (마음씨 고운) 처녀, 총각

0점: 오답 또는 대답을 하지 못함

2 언제, 어디에서 있었던 일인가요? (아동이 둘 중 하나만 대답한 경우, 추가 질문을 한다. 예를 들어, 아동이 '언제'에 대한 것만 대답한 경우, "어디에서 있었던 일인가요?"라고 추가 질문을 한다.)

1점: 옛날, (어느) 마을

0점: 오답 또는 대답을 하지 못함

3 처녀와 총각은 어떻게 만났나요?

1점: 우물가에 물을 길으러 갔다가

0점: 오답 또는 대답을 하지 못함

4│ 처녀가 밤낮을 울면서 지낸 까닭은 무엇일까요?

1점: 원하지 않는 시집을 가게 되어서

0점: 오답 또는 대답을 하지 못함

5│ 처녀가 간절히 기도하자 어떤 일이 일어났나요?

1점: 무덤이 반으로 갈라짐

0점: 오답 또는 대답을 하지 못함

6│ 사람들은 흰 나비와 노랑나비를 무엇이라고 믿었나요?

1점: 흰 나비는 처녀의 넋, 노랑나비는 총각의 넋

0점: 오답 또는 대답을 하지 못하였을 경우

7│ 처녀의 아버지는 어떤 사람이었을까요? 그것을 어떻게 알 수 있는지 글에서 찾아 써 보세요.

1점: 권위적인 사람, 딸을 강제로 혼인시키려 하였으니까 (또는) 신분을 차별하는 사람, 딸이 머슴
인 총각을 만나는 것을 용납하지 않았기 때문에 (또는) 신분을 차별하는 사람, 딸이 머슴 총각
을 만나는 것을 알고 집 밖으로 내보내지 않았기 때문에

0점: 오답 또는 대답을 하지 못하였을 경우

4 도깨비와 나무꾼

학 ◇ 습 ◇ 목 ◇ 표 ◇ 확 ◇ 인

- 글을 읽을 때, 적당한 부분에서 글을 빠르고 정확하게 끊어 읽을 수 있다.
- 글을 읽고, 글의 중심내용과 글의 주제를 파악할 수 있다.

사 ◇ 전 ◇ 평 ◇ 가

지시문

앞에 있는 종이에 글이 있어요. 이제 선생님이 "시작"이라고 하면(학생용 평가지의 첫 어절을 손가락으로 가리킨 후, 계속 훑으면서) 처음부터 읽기 시작해서 "그만"이라고 할 때까지 최대한 정확하게, 그리고 최대한 빨리 읽으세요. 글을 읽다가 모르는 글자가 나오면 선생님이 어떻게 해야 할지 알려 줄게요. 최선을 다하세요. 질문 있어요? (질문이 있으면 질문에 대답한다.) 준비, 시작. (학생이 첫 어절을 말함과 동시에 타이머를 누르고 1분간 학생의 반응을 기록한 뒤 1분이 지나면 "그만"이라고 말한다.)

▌ 읽기유창성 평가
▌ 도깨비와 나무꾼

옛날 옛날, 무서운 도깨비랑 사람이 함께 살아가던 시절의 ——— 8
옌날 옌날, 무서운 도깨비랑 사라미 함께 사라가던 시저릐
(레)

이야기랍니다. 어느 날 산마을에 사는 나무꾼이 나무를 팔러 —— 16
이야기람니다. 어느 날 산마으레 사는 나무꾸니 나무를 팔러

시장에 나갔지요. 그런데 이상하게 흥정이 안 돼서 나무를 하나도 —— 25
시장에 나감찌요. 그런데 이상하게 흥정이 안 돼서 나무를 하나도

팔지 못했답니다. 돈을 벌지 못해서 어깨가 축 늘어져 터벅터벅 —— 34
팔지 모탣땀니다. 도늘 벌지 모태서 어깨가 축 느러저 터벅터벅

산길을 걸었지요. 나무꾼이 산모퉁이를 돌아서는 순간 시커먼 —— 41
산끼를 거럳찌요. 나무꾸니 산모퉁이를 도라서는 순간 시커먼

것이 앞을 탁 가로막더랍니다. — 45
거시 아플 탁 가로막떠람니다.

깜짝 놀랐던 나무꾼이 뚫어져라 다시 살펴봤더니 글쎄 도깨비가 — 53
깜짝 놀랃떤 나무꾸니 뚜러저라 다시 살펴봗떠니 글쎄 도깨비가

있었지요. 처음에는 너무 놀라 뒤로 자빠질 뻔했지만 정신을 — 61
이썯찌요. 처으메는 너무 놀라 뒤로 자빠질 뻔핻찌만 정시늘

차리고 말했답니다. — 63
차리고 말핻땀니다.

"너는 대체 무엇인데 감히 남이 가는 길을 막고 섰느냐!" — 72
"너는 대체 무어신데 감히 나미 가는 기를 막꼬 선느냐!"

"나는 김서방이라고 하고, 자네와 씨름 한판을 하려고 왔소." — 80
"나는 김서방이라고 하고, 자네와 씨름 한파늘 하려고 왇쏘."

옛날부터 도깨비는 자기더러 누구냐고 물으면 '나는 — 86
옏날부터 도깨비는 자기더러 누구냐고 무르면 '나는

김서방이다' 하고 대답한다고 그랬지요. 또 길에서 사람을 만나면 — 94
김서방이다' 하고 대다판다고 그랟찌요. 또 기레서 사라믈 만나면

무조건 씨름을 하자고 말한다고 전해졌답니다. 만약에 그때 — 101
무조껀 씨르믈 하자고 말한다고 전해젇땀니다. 마냐게 그때

씨름을 안 하고 도망가면 끝까지 쫓아간다지요. 그래서 나무꾼은 — 109
씨르믈 안 하고 도망가면 끝까지 쪼차간다지요. 그래서 나무꾸는

나도 모르겠다고 생각하며 무시무시한 도깨비와 씨름을 했답니다. — 116
나도 모르겓따고 생가카며 무시무시한 도깨비와 씨르믈 핻땀니다.

하지만 도깨비를 보고 놀랐던 나무꾼이 힘을 제대로 쓸 수 — 125
하지만 도깨비를 보고 놀랃떤 나무꾸니 히믈 제대로 쓸 쑤

있었을까요? 씨름을 시작하자 힘 한 번 쓰지 못하고 나무꾼이 — 134
이써쓸까요? 씨르믈 시자카자 힘 한 번 쓰지 모타고 나무꾸니

나동그라졌지요. 도깨비가 또 한 판 하자고 해서 했는데 금방 — 143
나동그라젇찌요. 도깨비가 또 한 판 하자고 해서 핻는데 금방

져 버렸답니다. 또 다시 도깨비가 하자고 해서 했는데 이번에도 ——152
저 버렫땀니다.　　또 다시 도깨비가　하자고　해서　핸는데　이버네도

져 버렸어요. 이렇게 계속해서 세 판을 지고 나니 나무꾼도 오기가 ——162
저 버려써요.　이러케　계소캐서　세 파늘 지고 나니　나무꾼도　오기가

생겼답니다. ——163
생겯땀니다.

"어이, 김서방! 이번이 진짜 마지막이니까 우리 딱 한 판만 더 ——173
"어이,　김서방!　이버니　진짜　마지마기니까　우리 딱 한 판만 더

하자!" ——174
하자!"

그런데 나무꾼이 이번 판에는 오른쪽이 아니라 왼쪽으로 힘을 ——182
그런데 나무꾸니 이번 파네는 오른쪼기 아니라 왼쪼그로 히믈

썼지요. 허리를 꽉 붙잡고 왼쪽 엉덩이로 당기면서 왼 다리를 탁 ——192
썯찌요. 허리를 꽉 뿓짭꼬 왼쪽 엉덩이로 당기면서 왼 다리를 탁

걸었답니다. 아니 그랬더니, 그 무시무시했던 도깨비가 썩은 ——199
거럳땀니다.　아니 그랟떠니,　그 무시무시핻떤 도깨비가 써근

나무처럼 털썩 쓰러졌어요. 옛날부터 도깨비랑 씨름을 할 때 ——207
나무처럼 털썩 쓰러져써요.　옌날부터 도깨비랑 씨르믈 할 때

왼 다리를 걸면 이긴다고 전해졌답니다. ——212
왼 다리를 걸면 이긴다고　전해젇땀니다.

나무꾼이 도깨비를 쓰러트리니까 이 녀석이 넙죽 엎드려 절을 ——220
나무꾸니 도깨비를 쓰러트리니까　이 녀서기 넙쭉 업뜨려 저를

했어요. 그러고는 가슴 속에 넣었던 두꺼운 책 하나를 꺼내 ——229
해써요. 그러고는　가슴 소게 너얻떤 두꺼운 책 하나를 꺼내

바쳤답니다. 뜬금없이 책을 선물 받은 나무꾼이 황당한 표정으로 ——237
바첟땀니다.　뜬그멉씨 채글 선물 바든 나무꾸니 황당한 표정으로

책장을 넘겼어요. ——239
책짱을 넘겨써요.

"임금님의 충실한 종이 여기 있으니 무엇이든지 분부만 —— 246

"임금니믜 충실한 종이 여기 이쓰니 무어시든지 분부만
　　　(메)

내리십시오." —— 247

내리십씨오."

아니, 이러면서 책장 사이에서 도깨비가 튀어나와 절을 —— 254

아니, 이러면서 책짱 사이에서 도깨비가 튀어나와 저를

했답니다. 나무꾼이 너무 신기해서 책장을 또 넘겼더니 이번에도 —— 262

핻땀니다. 나무꾸니 너무 신기해서 책짱을 또 넘겯떠니 이버네도

도깨비가 나왔어요. —— 264

도깨비가 나와써요.

"임금님의 충실한 종이 여기 있으니 무엇이든지 분부만 —— 271

"임금니믜 충실한 종이 여기 이쓰니 무어시든지 분부만
　　　(메)

내리십시오." —— 272

내리십씨오."

책장을 다 넘겼더니 길바닥에 도깨비가 새까맣게 깔렸지요. —— 279

책짱을 다 넘겯떠니 길빠다게 도깨비가 새까마케 깔렫찌요.

그중에 한 놈이 번쩍거리는 금 모자를 나무꾼에게 씌워 —— 287

그중에 한 노미 번쩍꺼리는 금 모자를 나무꾸네게 씨워

주었답니다. —— 288

주얻땀니다.

"임금님, 임금님, 오늘은 임금님을 모시고 서울 구경을 —— 295

"임금님, 임금님, 오느른 임금니믈 모시고 서울 구경을

떠나도록 하겠습니다." —— 297

떠나도록 하겓씀니다."

이러면서 나무꾼을 등에 업더니 하늘로 둥둥 떠서 서울로 —— 305

이러면서 나무꾸늘 등에 업떠니 하늘로 둥둥 떠서 서울로

갔어요. 눈 깜짝할 새에 서울에 온 나무꾼은 여기저기 실컷 —— 314

가써요. 눈 깜짜칼 쌔에 서우레 온 나무꾸는 여기저기 실컫

구경했지요. 서울 구경이 다 끝나니까 도깨비가 또 등에 업고 ——— 323
구경핻찌요.　　서울 구경이　다 끈나니까　도깨비가　또 등에 업꼬

돌아왔답니다. ——— 324
도라왇땀니다.

다음 날에도 나무꾼이 시장에 나무를 팔고 돌아오다가 ——— 331
다음　나레도　나무꾸니　시장에　나무를　팔고　도라오다가

도깨비를 만났어요. 이번에도 똑같이 도깨비가 씨름을 하자고 ——— 338
도깨비를　만나써요.　이버네도　똑까치　도깨비가　씨르믈　하자고

해서 왼 다리를 걸어 이겼답니다. 그랬더니 또 책을 주고 책장을 ——— 348
해서　왼 다리를　거러　이겯땀니다.　　그랟떠니　또 채글 주고　책짱을

넘기니까 도깨비들이 쏟아져 나왔지요. 어제처럼 금 모자를 씌워 ——— 356
넘기니까　도깨비드리　쏘다저 나왇찌요.　어제처럼 금 모자를　씨워

주고는 평양 구경을 하자며 날아갔답니다. 다음 날에도 나무꾼은 ——— 364
주고는 평양 구경을　하자며　나라갇땀니다.　　다음 나레도　나무꾸는

도깨비를 만나 씨름을 하고 이겨서 금강산 구경을 했어요. ——— 372
도깨비를　만나 씨르믈　하고 이겨서 금강산 구경을　해써요.

그리고 그 다음 날에도 도깨비를 이겨서 백두산 구경을 했지요. ——— 381
그리고　그 다음 나레도　도깨비를　이겨서 백뚜산 구경을 핻찌요.

이렇게 해서 나무꾼은 죽을 때까지 세상 구경을 하면서 ——— 389
이러케　해서 나무꾸는　주글 때까지 세상 구경을　하면서

살았답니다. ——— 390
사랃땀니다.

읽은 총 어절 수 (　　　) – 틀린 어절 수 (　　　)
= 읽기유창성 점수 (　　　　　)

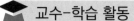

읽 ◇ 기 ◇ 유 ◇ 창 ◇ 성

1. 단어를 빠르고 정확하게 읽기

2. 어휘의 뜻 알아보기

흥정	단어의 뜻: 물건을 사고팖 비슷한 말: 거래, 매매
분부	단어의 뜻: 윗사람이 아랫사람에게 명령이나 지시를 내림 비슷한 말: 지시, 명령
오기	단어의 뜻: 능력은 부족하면서도 남에게 지기 싫어하는 마음 비슷한 말: 고집
황당하다	단어의 뜻: 말이나 행동 따위가 참되지 않고 터무니없다. 반대말: 진실하다
전해지다	단어의 뜻: 후대나 당대에 이어지거나 남겨지다. 비슷한 말: 전승되다

👆 다음 단어를 읽어 봅시다. 서로 뜻이 비슷한 말끼리 연결해 봅시다.

　　지시-분부

　　오기-고집

👆 다음 문장을 읽어 봅시다. 문장에서 서로 비슷한 말인 두 단어를 찾아서 동그라미 치세요.

　　소문이 너무 (황당하고) (어이없어서) 웃음이 나왔다.

3. 어구를 빠르고 정확하게 읽기

4. 글을 빠르고 정확하게 읽기

읽◇기◇이◇해

5. 이야기 지도 알아보기

6. 이야기 지도 사용하여 글 읽고 이해하기

제목: 도깨비와 나무꾼

1 인물   이야기에 등장하는 인물은 누구인가요?

도깨비, 나무꾼

2 시간과 장소   언제, 어디에서 일어난 이야기인가요?

시간: 옛날 무서운 도깨비랑 사람이 함께 살아가던 시절

장소: 산마을

3 사건들   인물에게 어떤 일들이 일어났나요? 일이 어떠한 차례로 일어났나요?

1) 어느 날 나무를 하나도 팔지 못한 나무꾼 앞에 도깨비가 나타나 씨름을 하자고 하였다.
2) 나무꾼은 도깨비에게 세 판을 계속해서 졌다.
3) 오기가 생긴 나무꾼은 도깨비의 왼쪽 다리를 걸어서 이겼고 도깨비는 두꺼운 책을 나무꾼에게 선물하였다.
4) 나무꾼이 책장을 넘기자 도깨비들이 튀어나왔고 나무꾼에게 금 모자를 씌워 주고 서울 구경을 시켜 주었다.
5) 다음 날에도 씨름을 이긴 나무꾼은 금 모자를 쓰고 평양을 구경하였고 그 다음 날에는 백두산을 구경하였다.

4 끝   이야기가 어떻게 끝났나요?

나무꾼은 죽을 때까지 세상 구경을 하면서 살았다.

7. 글의 주제 알기

> 주제: 포기하지 않으면 좋은 결과를 얻을 수 있다.

사 ◇ 후 ◇ 평 ◇ 가

지시문

앞에 있는 종이에 글이 있어요. 이제 선생님이 "시작"이라고 하면(학생용 평가지의 첫 어절을 손가락으로 가리킨 후, 계속 훑으면서) 처음부터 읽기 시작해서 "그만"이라고 할 때까지 최대한 정확하게, 그리고 최대한 빨리 읽으세요. 글을 읽다가 모르는 글자가 나오면 선생님이 어떻게 해야 할지 알려 줄게요. 최선을 다하세요. 질문 있어요? (질문이 있으면 질문에 대답한다.) 준비, 시작. (학생이 첫 어절을 말함과 동시에 타이머를 누르고 1분간 학생의 반응을 기록한 뒤 1분이 지나면 "그만"이라고 말한다.)

▌읽기유창성 평가
▌도깨비와 나무꾼

옛날 옛날, 무서운 도깨비랑 사람이 함께 살아가던 시절의 —— 8
옌날 옌날, 무서운 도깨비랑 사라미 함께 사라가던 시저릐
　　　　　　　　　　　　　　　　　　　　　　　　(레)

이야기랍니다. 어느 날 산마을에 사는 나무꾼이 나무를 팔러 —— 16
이야기람니다. 　어느 날 산마으레 사는 나무꾸니 나무를 팔러

시장에 나갔지요. 그런데 이상하게 흥정이 안 돼서 나무를 하나도 —— 25
시장에 나갇찌요. 그런데 이상하게 흥정이 안 돼서 나무를 하나도

팔지 못했답니다. 돈을 벌지 못해서 어깨가 축 늘어져 터벅터벅 —— 34
팔지 모탣땀니다. 　도늘 벌지 모태서 어깨가 축 느러저 터벅터벅

산길을 걸었지요. 나무꾼이 산모퉁이를 돌아서는 순간 시커먼 —— 41
산끼를 거럳찌요. 나무꾸니 산모퉁이를 　도라서는 순간 시커먼

것이 앞을 탁 가로막더랍니다. —— 45
거시 아플 탁 가로막떠람니다.

깜짝 놀랐던 나무꾼이 뚫어져라 다시 살펴봤더니 글쎄 도깨비가 —— 53
깜짝 놀랃떤 나무꾸니 뚜러저라 다시 살펴받떠니 글쎄 도깨비가

있었지요. 처음에는 너무 놀라 뒤로 자빠질 뻔했지만 정신을 —— 61
이썯찌요. 처으메는 너무 놀라 뒤로 자빠질 뻔핻찌만 정시늘

차리고 말했답니다. —— 63
차리고 말핻땀니다.

"너는 대체 무엇인데 감히 남이 가는 길을 막고 섰느냐!" —— 72
"너는 대체 무어신데 감히 나미 가는 기를 막꼬 선느냐!"

"나는 김서방이라고 하고, 자네와 씨름 한판을 하려고 왔소." —— 80
"나는 김서방이라고 하고, 자네와 씨름 한파늘 하려고 왇쏘."

옛날부터 도깨비는 자기더러 누구냐고 물으면 '나는 —— 86
옌날부터 도깨비는 자기더러 누구냐고 무르면 '나는

김서방이다' 하고 대답한다고 그랬지요. 또 길에서 사람을 만나면 —— 94
김서방이다' 하고 대다판다고 그랟찌요. 또 기레서 사라믈 만나면

무조건 씨름을 하자고 말한다고 전해졌답니다. 만약에 그때 —— 101
무조껀 씨르믈 하자고 말한다고 전해젇땀니다. 마냐게 그때

씨름을 안 하고 도망가면 끝까지 쫓아간다지요. 그래서 나무꾼은 —— 109
씨르믈 안 하고 도망가면 끋까지 쪼차간다지요. 그래서 나무꾸는

나도 모르겠다고 생각하며 무시무시한 도깨비와 씨름을 했답니다. —— 116
나도 모르겓따고 생가카며 무시무시한 도깨비와 씨르믈 핻땀니다.

하지만 도깨비를 보고 놀랐던 나무꾼이 힘을 제대로 쓸 수 —— 125
하지만 도깨비를 보고 놀랃떤 나무꾸니 히믈 제대로 쓸 쑤

있었을까요? 씨름을 시작하자 힘 한 번 쓰지 못하고 나무꾼이 —— 134
이써쓸까요? 씨르믈 시자카자 힘 한 번 쓰지 모타고 나무꾸니

나동그라졌지요. 도깨비가 또 한 판 하자고 해서 했는데 금방 —— 143
나동그라젇찌요. 도깨비가 또 한 판 하자고 해서 핸는데 금방

져 버렸답니다. 또 다시 도깨비가 하자고 해서 했는데 이번에도 —— 152
저 버렫땀니다. 또 다시 도깨비가 하자고 해서 핸는데 이버네도

져 버렸어요. 이렇게 계속해서 세 판을 지고 나니 나무꾼도 오기가 —— 162

저 버려써요.   이러케   계소캐서   세 파늘 지고 나니 나무꾼도   오기가

생겼답니다. —— 163

생겯땀니다.

"어이, 김서방! 이번이 진짜 마지막이니까 우리 딱 한 판만 더 —— 173

"어이, 김서방!   이버니   진짜 마지마기니까   우리 딱 한 판만 더

하자!" —— 174

하자!"

그런데 나무꾼이 이번 판에는 오른쪽이 아니라 왼쪽으로 힘을 —— 182

그런데 나무꾸니   이번 파네는   오른쪼기   아니라 왼쪼그로   히믈

썼지요. 허리를 꽉 붙잡고 왼쪽 엉덩이로 당기면서 왼 다리를 탁 —— 192

썯찌요.   허리를 꽉 붇짭꼬 왼쪽 엉덩이로   당기면서   왼 다리를 탁

걸었답니다. 아니 그랬더니, 그 무시무시했던 도깨비가 썩은 —— 199

거럳땀니다.   아니 그랟떠니,   그 무시무시핻떤   도깨비가   써근

나무처럼 털썩 쓰러졌어요. 옛날부터 도깨비랑 씨름을 할 때 —— 207

나무처럼   털썩 쓰러져써요.   옌날부터   도깨비랑   씨르믈 할 때

왼 다리를 걸면 이긴다고 전해졌답니다. —— 212

왼 다리를   걸면 이긴다고   전해젇땀니다.

나무꾼이 도깨비를 쓰러트리니까 이 녀석이 넙죽 엎드려 절을 —— 220

나무꾸니   도깨비를   쓰러트리니까   이 녀서기 넙쭉 업뜨려 저를

했어요. 그러고는 가슴 속에 넣었던 두꺼운 책 하나를 꺼내 —— 229

해써요.   그러고는   가슴 소게 너얻떤   두꺼운 책 하나를   꺼내

바쳤답니다. 뜬금없이 책을 선물 받은 나무꾼이 황당한 표정으로 —— 237

바첟땀니다.   뜬그멉씨   채글 선물 바든 나무꾸니   황당한 표정으로

책장을 넘겼어요. —— 239

책짱을   넘겨써요.

"임금님의 충실한 종이 여기 있으니 무엇이든지 분부만 —— 246

"임금니믜   충실한 종이 여기 이쓰니   무어시든지   분부만
       (메)

내리십시오."   —— 247

내리십씨오."

아니, 이러면서 책장 사이에서 도깨비가 튀어나와 절을   —— 254

아니, 이러면서   책짱 사이에서   도깨비가   튀어나와   저를

했답니다. 나무꾼이 너무 신기해서 책장을 또 넘겼더니 이번에도   —— 262

핻땀니다.   나무꾸니   너무   신기해서   책짱을   또   넘겯떠니   이버네도

도깨비가 나왔어요.   —— 264

도깨비가   나와써요.

"임금님의 충실한 종이 여기 있으니 무엇이든지 분부만   —— 271

"임금니믜   충실한   종이   여기   이쓰니   무어시든지   분부만
          (메)

내리십시오."   —— 272

내리십씨오."

책장을 다 넘겼더니 길바닥에 도깨비가 새까맣게 깔렸지요.   —— 279

책짱을 다 넘겯떠니   길빠다게   도깨비가   새까마케   깔렫찌요.

그중에 한 놈이 번쩍거리는 금 모자를 나무꾼에게 씌워   —— 287

그중에 한 노미 번쩍꺼리는   금 모자를   나무꾸네게   씨워

주었답니다.   —— 288

주얻땀니다.

"임금님, 임금님, 오늘은 임금님을 모시고 서울 구경을   —— 295

"임금님, 임금님,   오느른 임금니믈   모시고 서울 구경을

떠나도록 하겠습니다."   —— 297

떠나도록   하겓씀니다."

이러면서 나무꾼을 등에 업더니 하늘로 둥둥 떠서 서울로   —— 305

이러면서   나무꾸늘   등에 업떠니 하늘로   둥둥 떠서 서울로

갔어요. 눈 깜짝할 새에 서울에 온 나무꾼은 여기저기 실컷   —— 314

가써요.   눈 깜짜칼 쌔에 서우레 온 나무꾸는   여기저기   실컫

구경했지요. 서울 구경이 다 끝나니까 도깨비가 또 등에 업고   —— 323

구경핻찌요.   서울 구경이 다 끈나니까   도깨비가   또 등에 업꼬

돌아왔답니다. —— 324
도라왈땀니다.

다음 날에도 나무꾼이 시장에 나무를 팔고 돌아오다가 —— 331
다음 나레도 나무꾸니 시장에 나무를 팔고 도라오다가

도깨비를 만났어요. 이번에도 똑같이 도깨비가 씨름을 하자고 —— 338
도깨비를 만나써요. 이버네도 똑까치 도깨비가 씨르믈 하자고

해서 왼 다리를 걸어 이겼답니다. 그랬더니 또 책을 주고 책장을 —— 348
해서 왼 다리를 거러 이결땀니다. 그랟떠니 또 채글 주고 책짱을

넘기니까 도깨비들이 쏟아져 나왔지요. 어제처럼 금 모자를 씌워 —— 356
넘기니까 도깨비드리 쏘다저 나왈찌요. 어제처럼 금 모자를 씨워

주고는 평양 구경을 하자며 날아갔답니다. 다음 날에도 나무꾼은 —— 364
주고는 평양 구경을 하자며 나라갇땀니다. 다음 나레도 나무꾸는

도깨비를 만나 씨름을 하고 이겨서 금강산 구경을 했어요. —— 372
도깨비를 만나 씨르믈 하고 이겨서 금강산 구경을 해써요.

그리고 그 다음 날에도 도깨비를 이겨서 백두산 구경을 했지요. —— 381
그리고 그 다음 나레도 도깨비를 이겨서 백뚜산 구경을 핻찌요.

이렇게 해서 나무꾼은 죽을 때까지 세상 구경을 하면서 —— 389
이러케 해서 나무꾸는 주글 때까지 세상 구경을 하면서

살았답니다. —— 390
사랄땀니다.

읽은 총 어절 수 (   ) – 틀린 어절 수 (   )
= 읽기유창성 점수 (   )

읽기이해 평가

1 | 이야기에 나오는 중심인물은 누구인가요? 두 사람을 써 보세요. (아동이 하나만 대답한 경우 추가 질문을 한다.)

1점: 도깨비, 나무꾼

0점: 둘 중 하나, 오답 또는 대답을 하지 못함

2 | 언제, 어디에서 있었던 일인가요? (아동이 둘 중 하나만 대답한 경우, 추가 질문을 한다. 예를 들어, 아동이 '언제'에 대한 것만 대답한 경우, "어디에서 있었던 일인가요?"라고 추가 질문을 한다.)

1점: 옛날 무서운 도깨비랑 사람이 함께 살던 때, 어느 산마을
0점: 오답 또는 대답을 하지 못함

3 | 나무꾼의 어깨가 왜 축 늘어져 있었나요?

1점: (흥정이 잘 안 되어) 나무를 하나도 팔지 못해서
0점: 오답 또는 대답을 하지 못함

4 | 나무꾼이 산길을 걷다가 깜짝 놀란 까닭은 무엇일까요?

1점: 시커먼 것이 앞을 탁 가로막아서, (또는) 도깨비가 자기 앞을 가로막아서, (또는) 도깨비를 만나서
0점: 오답 또는 대답을 하지 못함

5 | 나무꾼이 씨름에서 도깨비를 어떻게 이기게 되었나요?

1점: 왼쪽 다리를 걸어서
0점: 오답 또는 대답을 하지 못함

6 | 책 속에서 나온 도깨비들이 나무꾼에게 어떻게 하였나요? (아동이 "세상 구경을 시켜 주었어요."라고 한 경우 "좀 더 자세히 써 볼래요?"라고 추가 질문을 한다.)

1점: 나무꾼에게 금 모자를 씌워 주고 세상 구경을 시켜 줌, (또는) 나무꾼에게 절을 하고 세상 구경을 시켜 줌, (또는) 나무꾼을 임금님으로 모시고(등에 태우고) 세상 여러 곳을 구경시켜 줌
0점: 오답 또는 대답을 하지 못함

7 | 이야기에 나오는 나무꾼은 어떤 사람이었을까요? 그것을 어떻게 알 수 있는지 글에서 찾아 써 보세요.

1점: 지혜로운 사람, 도깨비와 씨름에서 왼쪽 다리를 걸어 이겼기 때문에, (또는) 용기 있는 사람, 도깨비를 만나도 정신을 번쩍 차렸기 때문에, (또는) 끈기 있는 사람, 씨름에서 지자 다시 한 번 하자고 하였기 때문에
0점: 오답 또는 대답을 하지 못함

5 멍서방이 된 강서방

- 글을 읽을 때, 적당한 부분에서 글을 빠르고 정확하게 끊어 읽을 수 있다.
- 글을 읽고, 글의 중심내용과 글의 주제를 파악할 수 있다.

사 ◇ 전 ◇ 평 ◇ 가

지시문

앞에 있는 종이에 글이 있어요. 이제 선생님이 "시작"이라고 하면(학생용 평가지의 첫 어절을 손가락으로 가리킨 후, 계속 훑으면서) 처음부터 읽기 시작해서 "그만"이라고 할 때까지 최대한 정확하게, 그리고 최대한 빨리 읽으세요. 글을 읽다가 모르는 글자가 나오면 선생님이 어떻게 해야 할지 알려 줄게요. 최선을 다하세요. 질문 있어요? (질문이 있으면 질문에 대답한다.) 준비, 시작. (학생이 첫 어절을 말함과 동시에 타이머를 누르고 1분간 학생의 반응을 기록한 뒤 1분이 지나면 "그만"이라고 말한다.)

읽기유창성 평가
멍서방이 된 강서방

옛날 옛적 어느 마을에 글공부하는 한 선비가 살았습니다. —— 8
옌날 옐쩍 어느 마으레 글꽁부하는 한 선비가 사랃씀니다.

선비는 아주 어릴 때부터 오로지 집에만 들어앉아 글만 —— 16
선비는 아주 어릴 때부터 오로지 지베만 드러안자 글만

읽었답니다. 그러니 자연스럽게 세상을 사는 이치를 알지 —— 23
일걷땀니다. 그러니 자연스럽께 세상을 사는 이치를 알지

못하는 숙맥으로 커 버렸지요. 얼마나 어수룩한지 말과 소를 —— 31
모타는 숭매그로 커 버럳찌요. 얼마나 어수루칸지 말과 소를

구별하지 못하였으니 말 다 했지요. 그래도 나이가 들어서는 —— 39
구별하지 모타여쓰니 말 다 핻찌요. 그래도 나이가 드러서는

310

어찌어찌해서 결혼을 했지만 계속해서 글공부만 했답니다. —— 45
어찌어찌해서   결호늘   핻찌만   계소캐서   글꽁부만   핻땀니다.

그렇게 하루하루 살아가는데 이웃 마을에 사는 친척이 —— 52
그러케   하루하루   사라가는데   이울   마으레   사는   친처기

죽었다는 소식을 들었지요. 하지만 선비는 문상을 가서 —— 59
주걷따는   소시글   드럳찌요.   하지만   선비는   문상을   가서

어떻게 하는지 알 턱이 없었지요. 그래서 걱정이 이만저만이 —— 67
어떠케   하는지   알   터기   업썯찌요.   그래서   걱쩡이   이만저마니

아닌 아내가 선비를 붙잡고 하나하나 가르쳤답니다. —— 73
아닌   아내가   선비를   붇짭꼬   하나하나   가르쳗땀니다.

"여보 당신, 지금부터 제가 말씀드리는 것을 잘 기억해야 —— 81
"여보   당신,   지금부터   제가   말씀드리는   거슬   잘   기어캐야

합니다. 먼저 강 건너 마을에 가서 사람들에게 물어 강서방을 —— 90
함니다.   먼저   강   건너   마으레   가서   사람드레게   무러   강서방을

찾으세요. 이번에 연락이 온 아버님의 돌아가신 친척분이 바로 —— 98
차즈세요.   이버네   열라기   온   아버니믜   도라가신   친척뿌니   바로
                                                      (메)

강서방 삼촌이랍니다. 혹시라도 강서방을 잊어버리거든 이 ——104
강서방   삼초니람니다.   혹씨라도   강서방을   이저버리거든   이

종이를 펼쳐 보면 기억할 거예요." ——109
종이를   펼쳐   보면   기어칼   꺼예요."

아내는 강아지를 보고 강서방을 떠올리라고 종이에 ——115
아내는   강아지를   보고   강서방을   떠올리라고   종이에

강아지를 하나 그렸지요. 강아지의 '강' 자와 강서방의 '강' 자를 ——124
강아지를   하나   그렫찌요.   강아지의   '강'   짜와   강서방의   '강'   짜를

연결시킬 수 있을 거라 생각했지요. ——129
연결시킬   쑤   이쓸   꺼라   생가캗찌요.

"강서방네 집에 들어가거든 강서방에게 깍듯이 인사를 하고 ——136
"강서방네   지베   드러가거든   강서방에게   깍뜨시   인사를   하고

어이곡을 하세요. 혹시 무얼 해야 할지 잊어버리면 이 종이를   —— 145
어이고글   하세요. 혹씨 무얼 해야 할찌 이저버리면   이 종이를

펼쳐 보세요."   —— 147
펼처 보세요."

아내는 어린아이를 보고 어이곡을 떠올리라고 종이에   —— 153
아내는 어리나이를   보고 어이고글 떠올리라고   종이에

어린아이를 그려 주었답니다. 초상집에서 '어이어이' 하고 우는   —— 160
어리나이를   그려 주얻땀니다.   초상찌베서   '어이어이' 하고 우는

모습이 노래 같다고 해서 어이곡이라 하지요. 마찬가지로   —— 167
모스비 노래 갇따고 해서 어이고기라   하지요.   마찬가지로

아내는 어이곡의 '어' 자와 어린아이의 '어' 자를 연결하면   —— 175
아내는 어이고긔 '어' 짜와 어리나이에 '어' 짜를 연결하면
         (게)

된다고 생각했지요. 종이에 그림까지 그려 주고 잊어버렸을   —— 182
된다고 생가캗찌요.   종이에 그림까지   그려 주고 이저버려쓸

때는 어떻게 떠올리는지 단단히 일러 주었답니다.   —— 188
때는 어떠케 떠올리는지   단단히   일러 주얻땀니다.

선비는 아내의 당부를 마음에 새겨듣고는 멋지게 말을 타고   —— 196
선비는 아내의 당부를 마으메 새겨듣꼬는 먿찌게 마를 타고
         (에)

떠났습니다. 하지만 숙맥인 선비를 보내는 아내의 마음은   —— 203
떠낟씀니다.   하지만 숭매긴 선비를 보내는 아내의 마으믄

불안과 걱정으로 가득했답니다. 말을 타고 가던 선비가   —— 210
부란과 걱쩡으로 가드캗땀니다.   마를 타고 가던 선비가

개울을 건너다 신발 하나를 떨어뜨렸지요. 당황한 선비는   —— 217
개우를 건너다 신발 하나를 떠러뜨렫찌요.   당황한 선비는

말에서 내려 떠내려가는 신발을 쫓아 한참을 뛰어갔습니다.   —— 224
마레서 내려 떠내려가는 신바를 쪼차 한차믈 뛰어갇씀니다.

하지만 선비보다 빨리 떠내려간 신발을 도저히 찾을 수가   —— 232
하지만 선비보다 빨리 떠내려간 신바를 도저히 차즐 쑤가

없었지요. 실망한 선비는 신발 한 짝만 신은 채 터덜터덜   —— 241
업썯찌요. 실망한 선비는 신발 한 짱만 시는 채 터덜터덜

올라왔습니다. 아니 그런데 이번에는 말이 그새 어디론가 가 ——249

올라왇씀니다.　아니 그런데 이버네는 마리 그새 어디론가 가

버리고 말았지요. 어쩔 수 없이 신발 한 짝만 지익지익 끌면서 ——259

버리고 마랃찌요.　어쩔 쑤 업씨 신발 한 짱만 지익지익 끌면서

건넛마을로 갔습니다. ——261

건넌마으로　갇씀니다.

건넛마을에 도착하자마자 일이 났는데, 다름이 아니라 누굴 ——268

건넌마으레　도차카자마자　이리 난는데, 다르미 아니라 누굴

찾아가야 할지 잊어버렸지요. 아무리 생각을 해도 기억나지 ——275

차자가야　할찌 이저버렫찌요.　아무리 생가글 해도 기엉나지

않자 아내가 준 종이를 펼쳤습니다. ——280

안차 아내가 준 종이를 펼첟씀니다.

'아하, 그렇구나, 강아지가 멍멍하고 짖으니까 멍서방을 ——286

'아하, 그러쿠나,　강아지가 멍멍하고 지즈니까 멍서방을

찾으라는 말이로군.' ——288

차즈라는　마리로군.'

강아지 그림을 보고 이렇게 생각한 선비는 지나가는 ——295

강아지 그리믈 보고 이러케 생가칸 선비는 지나가는

사람들에게 물었지요. ——297

사람드레게　무럳찌요.

"여보시오, 저는 이웃 마을 사람인데 사람을 찾소, 멍서방네가 ——305

"여보시오,　저는 이운 마을 사라민데　사라믈 찯쏘, 멍서방네가

어디요?" ——306

어디요?"

"예끼, 내 살다 살다 박서방 김서방은 들었어도 멍서방은 ——314

"예끼, 내 살다 살다 박써방 김서방은　드러써도 멍서방은

처음이네." ——315

처으미네."

세상에 없는 멍서방을 찾으니 지나다니는 사람들이 선비를 ——322

세상에 엄는 멍서방을　차즈니 지나다니는　사람드리 선비를

이상하게 쳐다보았지요. 그래도 어찌어찌해서 겨우 강서방네를 —— 328

이상하게 처다보앝찌요.   그래도 어찌어찌해서   겨우 강서방네를

찾아 강서방에게 공손하게 인사를 드렸습니다. 그런데 그 —— 335

차자 강서방에게 공손하게 인사를 드렫씀니다.   그런데 그

다음에 무얼 하라고 아내가 일러 주었는데 그걸 잊어버렸지요. —— 343

다으메 무얼 하라고 아내가 일러 주언는데 그걸 이저버렫찌요.

그래서 또다시 아내가 그려 준 종이를 펼쳐 보았습니다. —— 351

그래서 또다시 아내가 그려 준 종이를 펼처 보앝씀니다.

'아하, 그렇구나, 어린아이가 울 때 '응애응애' 하니까 응애곡을 —— 359

'아하, 그러쿠나, 어리나이가 울 때 '응애응애' 하니까 응애고글

하라는 거구나.' —— 361

하라는 거구나.'

이렇게 생각한 선비는 철퍼덕 주저앉아 갓난아기처럼 —— 367

이러케 생가칸 선비는 철퍼덕 주저안자 간나나기처럼

응애응애 큰 소리로 울었지요. 둘레에 있던 사람들은 황당하고 —— 375

응애응애 큰 큰소리로 우럳찌요.   둘레에 읻떤 사람드른 황당하고

우스워서 한바탕 배꼽을 잡고 웃었답니다. 선비가 애기 —— 382

우스워서 한바탕 배꼬블 잡꼬 우썯땀니다.   선비가 애기

울음소리를 멈추자 강서방은 선비를 당장 일으켜 세웠습니다. —— 389

우름쏘리를 멈추자 강서방은 선비를 당장 이르켜 세월씀니다.

그러고는 선비에게 문상을 가서는 어떻게 하는지 잘 일러 주고 —— 398

그러고는 선비에게 문상을 가서는 어떠케 하는지 잘 일러 주고

다시 집으로 보냈답니다. —— 401

다시 지브로 보낻땀니다.

읽은 총 어절 수 (   ) – 틀린 어절 수 (   )

= 읽기유창성 점수 (   )

교수-학습 활동

읽◇기◇유◇창◇성

1. 단어를 빠르고 정확하게 읽기

2. 어휘의 뜻 알아보기

숙맥	단어의 뜻: 세상 물정을 잘 모르는 사람
	비슷한 말: 바보
문상	단어의 뜻: 남의 죽음을 슬퍼하는 뜻으로 그 집에 가서 위로함
	비슷한 말: 조문
당부	단어의 뜻: 말로 단단히 부탁함
	비슷한 말: 부탁, 신신당부
당황하다	단어의 뜻: 놀라거나 다급하여 어찌할 바를 모르다.
	비슷한 말: 놀라다, 당혹하다
	반대말: 태연하다
	※ 도전문제: 1) 예, 2) 아니요
공손하다	단어의 뜻: 말이나 행동이 겸손하고 예의 바르다.
	비슷한 말: 겸손하다, 고분고분하다
	반대말: 오만하다, 불손하다

1 │ 다음 단어를 읽어 봅시다. 서로 뜻이 반대인 말끼리 연결해 봅시다.

오만하다-공손하다
태연하다-당황하다

2 │ 다음 단어를 읽어 봅시다. 서로 뜻이 비슷한 말끼리 연결해 봅시다.

당부-부탁
조문-문상

3. 어구를 빠르고 정확하게 읽기

4. 글을 빠르고 정확하게 읽기

5. 이야기 지도 알아보기

6. 이야기 지도 사용하여 글 읽고 이해하기

제목: 멍서방이 된 강서방

1 인물 　이야기에 등장하는 인물은 누구인가요?

선비, 아내, 강서방

2 시간과 장소 　언제, 어디에서 일어난 이야기인가요?

시간: 옛날

장소: 어느 마을

3 사건들 　인물에게 어떤 일들이 일어났나요? 일이 어떠한 차례로 일어났나요?

1) 글공부만 하느라 세상 사는 이치를 알지 못하는 선비는 이웃 마을에 사는 친척이 죽었다는 소식을 들었다.
2) 선비의 아내는 선비에게 문상에 가서 해야 할 일을 가르쳤다.
3) 아내는 종이에 강아지와 아이 그림을 그려 돌아가신 분과 어이곡을 떠올릴 수 있도록 하였다.
4) 선비는 건넛마을로 말을 타고 가다, 개울에서 신발과 말을 잊어버렸다.
5) 건넛마을에 도착한 선비는 누구를 찾아야 할지 몰라 그림이 그려진 종이를 펼쳐 보았지만 강서방이 아닌 멍서방을 찾게 되었다.
6) 어찌어찌 강서방네를 찾은 선비는 무얼 할지 몰라 다시 종이를 보았지만, 이번에도 어이곡 대신 응애응애 울었다.

4	끝	이야기가 어떻게 끝났나요?

강서방은 문상에서 해야 할 일을 선비에게 알려 주고 집으로 보냈다.

7. 글의 주제 알기

주제: 다양한 경험을 통해 세상을 사는 지혜를 얻자.

사 ◇ 후 ◇ 평 ◇ 가

V

지시문

앞에 있는 종이에 글이 있어요. 이제 선생님이 "시작"이라고 하면(학생용 평가지의 첫 어절을 손가락으로 가리킨 후, 계속 훑으면서) 처음부터 읽기 시작해서 "그만"이라고 할 때까지 최대한 정확하게, 그리고 최대한 빨리 읽으세요. 글을 읽다가 모르는 글자가 나오면 선생님이 어떻게 해야 할지 알려 줄게요. 최선을 다하세요. 질문 있어요? (질문이 있으면 질문에 대답한다.) 준비, 시작. (학생이 첫 어절을 말함과 동시에 타이머를 누르고 1분간 학생의 반응을 기록한 뒤 1분이 지나면 "그만"이라고 말한다.)

■ 읽기유창성 평가
■ 멍서방이 된 강서방

옛날 옛적 어느 마을에 글공부하는 한 선비가 살았습니다. —— 8
옌날 옐쩍 어느 마으레 글꽁부하는 한 선비가 사랃씀니다.

선비는 아주 어릴 때부터 오로지 집에만 들어앉아 글만 —— 16
선비는 아주 어릴 때부터 오로지 지베만 드러안자 글만

읽었답니다. 그러니 자연스럽게 세상을 사는 이치를 알지 —— 23
일걷땀니다.   그러니   자연스럽께   세상을 사는 이치를 알지

못하는 숙맥으로 커 버렸지요. 얼마나 어수룩한지 말과 소를 —— 31
모타는 숭매그로 커 버렫찌요.   얼마나 어수루칸지   말과 소를

구별하지 못하였으니 말 다 했지요. 그래도 나이가 들어서는 —— 39

구별하지 모타여쓰니 말 다 핻찌요. 그래도 나이가 드러서는

어찌어찌해서 결혼을 했지만 계속해서 글공부만 했답니다. —— 45

어찌어찌해서 결호늘 핻찌만 계소캐서 글꽁부만 핻땀니다.

그렇게 하루하루 살아가는데 이웃 마을에 사는 친척이 —— 52

그러케 하루하루 사라가는데 이욷 마으레 사는 친처기

죽었다는 소식을 들었지요. 하지만 선비는 문상을 가서 —— 59

주걷따는 소시글 드럳찌요. 하지만 선비는 문상을 가서

어떻게 하는지 알 턱이 없었지요. 그래서 걱정이 이만저만이 —— 67

어떠케 하는지 알 터기 업썯찌요. 그래서 걱쩡이 이만저마니

아닌 아내가 선비를 붙잡고 하나하나 가르쳤답니다. —— 73

아닌 아내가 선비를 붇짭꼬 하나하나 가르첟땀니다.

"여보 당신, 지금부터 제가 말씀드리는 것을 잘 기억해야 —— 81

"여보 당신, 지금부터 제가 말씀드리는 거슬 잘 기어캐야

합니다. 먼저 강 건너 마을에 가서 사람들에게 물어 강서방을 —— 90

함니다. 먼저 강 건너 마으레 가서 사람드레게 무러 강서방을

찾으세요. 이번에 연락이 온 아버님의 돌아가신 친척분이 바로 —— 98

차즈세요. 이버네 열라기 온 아버니믜 도라가신 친척뿌니 바로
(메)

강서방 삼촌이랍니다. 혹시라도 강서방을 잊어버리거든 이 —— 104

강서방 삼초니람니다. 혹씨라도 강서방을 이저버리거든 이

종이를 펼쳐 보면 기억할 거예요." —— 109

종이를 펼쳐 보면 기어칼 꺼예요."

아내는 강아지를 보고 강서방을 떠올리라고 종이에 —— 115

아내는 강아지를 보고 강서방을 떠올리라고 종이에

강아지를 하나 그렸지요. 강아지의 '강' 자와 강서방의 '강' 자를 —— 124

강아지를 하나 그럳찌요. 강아지의 '강' 짜와 강서방의 '강' 짜를

연결시킬 수 있을 거라 생각했지요. —— 129

연결시킬 쑤 이쓸 꺼라 생가캗찌요.

"강서방네 집에 들어가거든 강서방에게 깍듯이 인사를 하고 ——— 136
"강서방네 지베 드러가거든 강서방에게 깍뜨시 인사를 하고

어이곡을 하세요. 혹시 무얼 해야 할지 잊어버리면 이 종이를 ——— 145
어이고글 하세요. 혹씨 무얼 해야 할찌 이저버리면 이 종이를

펼쳐 보세요." ——— 147
펼쳐 보세요."

아내는 어린아이를 보고 어이곡을 떠올리라고 종이에 ——— 153
아내는 어리나이를 보고 어이고글 떠올리라고 종이에

어린아이를 그려 주었답니다. 초상집에서 '어이어이' 하고 우는 ——— 160
어리나이를 그려 주얻땀니다. 초상찌베서 '어이어이' 하고 우는

모습이 노래 같다고 해서 어이곡이라 하지요. 마찬가지로 ——— 167
모스비 노래 같따고 해서 어이고기라 하지요. 마찬가지로

아내는 어이곡의 '어' 자와 어린아이의 '어' 자를 연결하면 ——— 175
아내는 어이고긔 '어' 짜와 어리나이에 '어' 짜를 연결하면
                        (게)

된다고 생각했지요. 종이에 그림까지 그려 주고 잊어버렸을 ——— 182
된다고 생가캔찌요. 종이에 그림까지 그려 주고 이저버려쓸

때는 어떻게 떠올리는지 단단히 일러 주었답니다. ——— 188
때는 어떠케 떠올리는지 단단히 일러 주얻땀니다.

선비는 아내의 당부를 마음에 새겨듣고는 멋지게 말을 타고 ——— 196
선비는 아내의 당부를 마으메 새겨듣꼬는 먿찌게 마를 타고
                        (에)

떠났습니다. 하지만 숙맥인 선비를 보내는 아내의 마음은 ——— 203
떠낟씀니다. 하지만 숭매긴 선비를 보내는 아내의 마으믄

불안과 걱정으로 가득했답니다. 말을 타고 가던 선비가 ——— 210
부란과 걱쩡으로 가드캔땀니다. 마를 타고 가던 선비가

개울을 건너다 신발 하나를 떨어뜨렸지요. 당황한 선비는 ——— 217
개우를 건너다 신발 하나를 떠러뜨렫찌요. 당황한 선비는

말에서 내려 떠내려가는 신발을 쫓아 한참을 뛰어갔습니다. ——— 224
마레서 내려 떠내려가는 신바를 쪼차 한차믈 뛰어갇씀니다.

하지만 선비보다 빨리 떠내려간 신발을 도저히 찾을 수가 ——232

하지만 선비보다 빨리 떠내려간 신바를 도저히 차즐 쑤가

없었지요. 실망한 선비는 신발 한 짝만 신은 채 터덜터덜 ——241

업썰찌요. 실망한 선비는 신발 한 짱만 시는 채 터덜터덜

올라왔습니다. 아니 그런데 이번에는 말이 그새 어디론가 가 ——249

올라왈씀니다. 아니 그런데 이버네는 마리 그새 어디론가 가

버리고 말았지요. 어쩔 수 없이 신발 한 짝만 지익지익 끌면서 ——259

버리고 마랃찌요. 어쩔 쑤 업씨 신발 한 짱만 지익지익 끌면서

건넛마을로 갔습니다. ——261

건넌마을로 갇씀니다.

건넛마을에 도착하자마자 일이 났는데, 다름이 아니라 누굴 ——268

건넌마으레 도차카자마자 이리 난는데, 다르미 아니라 누굴

찾아가야 할지 잊어버렸지요. 아무리 생각을 해도 기억나지 ——275

차자가야 할찌 이저버렫찌요. 아무리 생가글 해도 기엉나지

않자 아내가 준 종이를 펼쳤습니다. ——280

안차 아내가 준 종이를 펼첟씀니다.

'아하, 그렇구나, 강아지가 멍멍하고 짖으니까 멍서방을 ——286

'아하, 그러쿠나, 강아지가 멍멍하고 지즈니까 멍서방을

찾으라는 말이로군.' ——288

차즈라는 마리로군.'

강아지 그림을 보고 이렇게 생각한 선비는 지나가는 ——295

강아지 그리믈 보고 이러케 생가칸 선비는 지나가는

사람들에게 물었지요. ——297

사람드레게 무럳찌요.

"여보시오, 저는 이웃 마을 사람인데 사람을 찾소, 멍서방네가 ——305

"여보시오, 저는 이운 마을 사라민데 사라믈 찯쏘, 멍서방네가

어디요?" ——306

어디요?"

"예끼, 내 살다 살다 박서방 김서방은 들었어도 멍서방은 ——314
"예끼, 내 살다 살다 박써방 김서방은 드러써도 멍서방은

처음이네." ——315
처으미네."

세상에 없는 멍서방을 찾으니 지나다니는 사람들이 선비를 ——322
세상에 엄는 멍서방을 차즈니 지나다니는 사람드리 선비를

이상하게 쳐다보았지요. 그래도 어찌어찌해서 겨우 강서방네를 ——328
이상하게 처다보앋찌요. 그래도 어찌어찌해서 겨우 강서방네를

찾아 강서방에게 공손하게 인사를 드렸습니다. 그런데 그 ——335
차자 강서방에게 공손하게 인사를 드렫씀니다. 그런데 그

다음에 무얼 하라고 아내가 일러 주었는데 그걸 잊어버렸지요. ——343
다으메 무얼 하라고 아내가 일러 주언는데 그걸 이저버렫찌요.

그래서 또다시 아내가 그려 준 종이를 펼쳐 보았습니다. ——351
그래서 또다시 아내가 그려 준 종이를 펼쳐 보앋씀니다.

'아하, 그렇구나, 어린아이가 울 때 '응애응애' 하니까 응애곡을 ——359
'아하, 그러쿠나, 어리나이가 울 때 '응애응애' 하니까 응애고글

하라는 거구나.' ——361
하라는 거구나.'

이렇게 생각한 선비는 철퍼덕 주저앉아 갓난아기처럼 ——367
이러케 생가칸 선비는 철퍼덕 주저안자 간나나기처럼

응애응애 큰 소리로 울었지요. 둘레에 있던 사람들은 황당하고 ——375
응애응애 큰 소리로 우럳찌요. 둘레에 읻떤 사람드른 황당하고

우스워서 한바탕 배꼽을 잡고 웃었답니다. 선비가 애기 ——382
우스워서 한바탕 배꼬블 잡꼬 우썯땀니다. 선비가 애기

울음소리를 멈추자 강서방은 선비를 당장 일으켜 세웠습니다. ——389
우름쏘리를 멈추자 강서방은 선비를 당장 이르켜 세월씀니다.

그러고는 선비에게 문상을 가서는 어떻게 하는지 잘 일러 주고 ——398
그러고는 선비에게 문상을 가서는 어떠케 하는지 잘 일러 주고

다시 집으로 보냈답니다.   ── 401

다시 지브로   보냏땀니다.

읽은 총 어절 수 (   ) – 틀린 어절 수 (   )

= 읽기유창성 점수 (   )

▌ 읽기이해 평가

1▕ 이야기에 나오는 중심인물은 누구인가요? 세 사람을 써 보세요. (아동이 하나만 대답한 경우 추가 질문을 한다.)

1점: 선비, 아내, 강서방

0점: 오답 또는 대답을 하지 못함

2▕ 언제, 어디에서 있었던 일인가요? (아동이 둘 중 하나만 대답한 경우, 추가 질문을 한다. 예를 들어, 아동이 '언제'에 대한 것만 대답한 경우, "어디에서 있었던 일인가요?"라고 추가 질문을 한다.)

1점: 옛날 (옛적), (어느) 마을

0점: 오답 또는 대답을 하지 못함

3▕ 선비는 어떤 사람인가요? (아동이 "세상 이치를 잘 모르는 사람"이라고 대답한 경우, "좀 더 자세히 써 볼래요?"라고 추가 질문을 한다.)

1점: 글공부만 하여 세상 사는 이치를 잘 모르는 사람

0점: 오답 또는 대답을 하지 못함

4▕ 아내가 선비에게 부탁한 것은 무엇무엇인가요?

1점: 강서방을 찾아가서 (인사를 하고) 어이곡을 하는 것

0점: 오답 또는 대답을 하지 못함

5▕ 아내가 종이에 강아지와 어린아이를 그려 준 까닭은 무엇일까요?

1점: 강아지를 보고 강서방을 떠올리고, (또는) 강아지의 강 자와 강서방의 강 자를 연결하고, 어린 아이를 보고 어이곡을 떠올리라고, (또는) 어린아이의 어 자와 어이곡의 어 자를 연결하라고

0점: 오답 또는 대답을 하지 못함

6 아내가 일러 준 것을 잊어버린 선비는 아내가 그려 준 종이를 펼치고 어떻게 하였나요?

1점: 강아지가 멍멍하고 짖으니 멍서방을 찾았고, 어린아이가 응애응애 우니까 응애곡을 함

0점: 오답 또는 대답을 하지 못하였을 경우

7 이야기에 나오는 아내는 어떤 사람일까요? 그것을 어떻게 알 수 있는지 글에서 찾아 써 보세요.

1점: 현명한 사람 (또는) 똑똑한 사람, 남편이 해야 할 일을 기억할 수 있는 방법을 알려 주었기 때문에(강서방을 찾고, 어이곡을 해야 하는 방법을 잘 알려 주었기 때문에) (또는) 좋은 사람(배려하는 사람), 남편을 걱정하고 하나하나 가르쳐 주었기 때문에

0점: 오답 또는 대답을 하지 못하였을 경우

6 신랑을 찾습니다

학◇습◇목◇표◇확◇인

- 글을 읽을 때, 적당한 부분에서 글을 빠르고 정확하게 끊어 읽을 수 있다.
- 글을 읽고, 글의 중심내용과 글의 주제를 파악할 수 있다.

사◇전◇평◇가

지시문

앞에 있는 종이에 글이 있어요. 이제 선생님이 "시작"이라고 하면(학생용 평가지의 첫 어절을 손가락으로 가리킨 후, 계속 훑으면서) 처음부터 읽기 시작해서 "그만"이라고 할 때까지 최대한 정확하게, 그리고 최대한 빨리 읽으세요. 글을 읽다가 모르는 글자가 나오면 선생님이 어떻게 해야 할지 알려 줄게요. 최선을 다하세요. 질문 있어요? (질문이 있으면 질문에 대답한다.) 준비, 시작. (학생이 첫 어절을 말함과 동시에 타이머를 누르고 1분간 학생의 반응을 기록한 뒤 1분이 지나면 "그만"이라고 말한다.)

읽기유창성 평가
신랑을 찾습니다

옛날 옛적에 어느 깊은 산골 마을에 한 처녀가 살았습니다.	—— 9
옌날 옏쩌게 어느 기픈 산꼴 마으레 한 처녀가 사랃씀니다.	
어렸을 때 어머니와 아버지가 병으로 돌아가셨기 때문에	—— 16
어려쓸 때 어머니와 아버지가 병으로 도라가셛끼 때무네	
처녀는 혼자였지요. 그래서 처녀는 뭐든지 스스로 할 수 있는	—— 25
처녀는 혼자엳찌요. 그래서 처녀는 뭐든지 스스로 할 쑤 인는	
재주를 익혔답니다. 마치 무인도에 갇힌 로빈슨 크루소처럼	—— 32
재주를 이켣땀니다. 마치 무인도에 가친 로빈슨 크루소처럼	
살기 위해서는 어쩔 수가 없었지요. 밥하고 빨래하는 건	—— 40
살기 위해서는 어쩔 쑤가 업썯찌요. 바파고 빨래하는 건	

물론이고 밭일과 논일도 모두 다 했습니다. 그 가운데 베 짜는 —— 50

물로니고 반닐과 노닐도 모두 다 핻씀니다. 그 가운데 베 짜는

재주는 귀신도 울고 갈 지경이었어요. 한여름 첫새벽에 베틀에 —— 58

재주는 귀신도 울고 갈 찌경이어써요. 한녀름 첟째벼게 베트레

올라앉으면 하루 만에 삼베옷 100벌을 척하고 만들었지요. —— 65

올라안즈면 하루 마네 삼베옫 백버를 처카고 만드럳찌요.

처녀는 제법 나이가 들어차 결혼을 할 때가 되었습니다. —— 73

처녀는 제법 나이가 드러차 결호늘 할 때가 되얻씀니다.

하지만 재주가 이렇게도 좋으니 아무하고나 결혼하고 싶지 —— 80

하지만 재주가 이러케도 조으니 아무하고나 결혼하고 십찌

않았지요. 그래서 자기처럼 재주 좋은 총각을 찾기 위해 소문을 —— 89

아낟찌요. 그래서 자기처럼 재주 조은 총가글 찯끼 위해 소무늘

냈습니다. —— 90

낻씀니다.

'재주 좋은 총각에게 시집갈 재주 좋은 처녀가 있습니다. —— 98

'재주 조은 총가게게 시집깔 재주 조은 처녀가 읻씀니다.

총각들은 모두 모여 재주 겨루기를 하여 처녀와 결혼하도록 ——106

총각뜨른 모두 모여 재주 겨루기를 하여 처녀와 결혼하도록

하옵소서.' ——107

하옵쏘서.'

처녀는 산 아래 마을로 내려가 이렇게 소문을 내고 ——115

처녀는 산 아래 마을로 내려가 이러케 소무늘 내고

기다렸습니다. ——116

기다렫씀니다.

그랬더니 하루는 비가 억수같이 쏟아지는데 어떤 총각 ——123

그랟떠니 하루는 비가 억쑤가치 쏘다지는데 어떤 총각

하나가 찾아왔습니다. 그런데 삿갓은 물론이고 도롱이도 쓰지 ——130

하나가 차자왇씀니다. 그런데 삳까슨 물로니고 도롱이도 쓰지

않고 그냥 맨몸으로 왔습니다. 하지만 이상하게도 흠뻑 젖어야 —— 138
안코 그냥 맨모므로 왇씀니다. 하지만 이상하게도 흠뻑 저저야

할 몸이 뽀송뽀송하였답니다. —— 141
할 모미 뽀송뽀송하엳땀니다.

"이 댁에서 재주 있는 신랑감을 구한다는 소문을 듣고 —— 149
"이 대게서 재주 인는 실랑까믈 구한다는 소무늘 듣꼬

왔소이다." —— 150
왇쏘이다."

"이렇게 비가 오는 날 찾아주셔서 고맙습니다만 어떤 재주가 —— 158
"이러케 비가 오는 날 차자주셔서 고맙씀니다만 어떤 재주가

있습니까?" —— 159
읻씀니까?"

"예, 나는 비를 맞지 않고 요리조리 피해 가는 재주가 —— 168
"예, 나는 비를 맏찌 안코 요리조리 피해 가는 재주가

있소이다." —— 169
읻쏘이다."

총각은 말이 끝나자마자 비가 쏟아지는 마당으로 나가 —— 176
총가근 마리 끈나자마자 비가 쏘다지는 마당으로 나가

요리조리 돌아다녔습니다. 아무것도 쓰지 않은 맨몸인데도 비 —— 183
요리조리 도라다녇씀니다. 아무걷또 쓰지 아는 맨모민데도 비

한 방울 안 맞았지요. 처녀도 대단한 재주라고 감탄하고는 —— 191
한 방울 안 마잗찌요. 처녀도 대단한 재주라고 감탄하고는

총각에게 시집갈 생각을 했답니다. —— 195
총가게게 시집깔 쌩가글 핻땀니다.

그런데 그때 마침 또 한 총각이 당당하게 찾아왔습니다. 이 —— 204
그런데 그때 마침 또 한 총가기 당당하게 차자왇씀니다. 이

총각은 묵직한 자루 하나를 어깨에 짊어지고 집으로 —— 211
총가근 묵찌칸 자루 하나를 어깨에 질머지고 지브로

들어왔습니다. 그러고는 묵직한 자루를 마루에 쿵하고 내려놓고 —— 218
드러왇씀니다. 그러고는 묵찌칸 자루를 마루에 쿵하고 내려노코

굵은 목소리로 말했습니다. —— 221

굵은 목쏘리로 말핻씀니다.

"이 댁에서 재주 있는 신랑감을 구한다는 소문을 듣고 —— 229

"이 대게서 재주 인는 실랑까믈 구한다는 소무늘 듣꼬

왔소이다." —— 230

왈쏘이다."

"아니 이렇게 저를 찾아주셔서 정말 고맙습니다만 어떤 —— 237

"아니 이러케 저를 차자주셔서 정말 고맙씀니다만 어떤

재주가 있습니까?" —— 239

재주가 읻씀니까?"

"나는 벼룩을 잡아서 머리카락으로 묶을 수 있는 재주가 —— 247

"나는 벼루글 자바서 머리카라그로 무끌 쑤 인는 재주가

있소이다." —— 248

읻쏘이다."

그러더니 총각은 가져온 자루를 거꾸로 들더니 마루에 탁탁 —— 256

그러더니 총가근 가져온 자루를 거꾸로 들더니 마루에 탁탁

털었어요. 그러니까 그 안에서 벼룩이 우르르 쏟아져 나와 —— 264

터러써요. 그러니까 그 아네서 벼루기 우르르 쏘다저 나와

팔딱거리며 돌아다녔지요. 총각은 그 벼룩을 다 잡아 —— 271

팔딱꺼리며 도라다녇찌요. 총가근 그 벼루글 다 자바

머리카락으로 묶었답니다. —— 273

머리카라그로 무껃땀니다.

처녀가 또 감탄을 하며 바라보자 비를 피하는 총각이 —— 281

처녀가 또 감타늘 하며 바라보자 비를 피하는 총가기

나섰습니다. —— 282

나섣씀니다.

"벼룩 그까짓 것을 잡아서 묶는 재주가 무슨 대단한 재주냐?" —— 291

"벼룩 그까짇 꺼슬 자바서 뭉는 재주가 무슨 대단한 재주냐?"

"그러는 너는, 비 피해 다니는 게 뭐 그리 대단하냐?" —— 300

"그러는 너는, 비 피해 다니는 게 뭐 그리 대단하냐?"

이러면서 두 총각이 뿔이 나서 주먹다짐을 하며 야단법석이 ——308
이러면서   두 총가기   뿌리 나서 주먹따지믈   하며 야단법써기

났습니다. 난처해진 처녀가 가운데서 말리다 그만 몸이 ——315
낟씀니다.   난처해진   처녀가 가운데서   말리다 그만 모미

공중으로 붕 떴답니다. 정신없이 싸우던 총각들이 자신도 ——322
공중으로   붕 떧땀니다.   정시넙씨   싸우던 총각뜨리   자신도

모르게 처녀를 집어던졌던 거지요. 처녀가 떨어지고 보니 웬 ——330
모르게 처녀를   지버던쪄떤   거지요.   처녀가 떠러지고   보니 웬

총각이 들고 있는 광주리 안이었답니다. ——335
총가기   들고 인는 광주리   아니얻땀니다.

"아니 당신은 대체 누구이며 내가 왜 광주리 안에 있습니까?" ——344
"아니 당시는   대체 누구이며   내가 왜 광주리   아네 읻씀니까?"

"신랑감을 구한다는 소문을 듣고 왔는데 마침 당신이 이리로 ——352
"실랑까믈   구한다는   소무늘 듣꼬   완는데 마침 당시니   이리로

날아오더이다. 그래서 내가 뒷산 대나무 밭에 가서 대나무를 ——360
나라오더이다.   그래서   내가 뒫싼 대나무   바테 가서 대나무를

베어다 광주리를 만들었지요. 그냥 받으면 다칠 것 같아 지금 ——369
베어다 광주리를   만드럳찌요.   그냥 바드면   다칠 껃 가타 지금

만든 광주리로 받았습니다." ——372
만든 광주리로   바닫씀니다."

공중에 떴다 떨어지는 사이에 대나무를 베어 광주리를 ——379
공중에 떧따 떠러지는   사이에 대나무를   베어 광주리를

만들었던 겁니다. 결국, 처녀는 자기 목숨을 살린 총각과 ——387
만드럳떤   검니다.   결국, 처녀는   자기 목쑤믈 살린 총각꽈

결혼해서 행복하게 살았답니다. ——390
결혼해서   행보카게   사랃땀니다.

읽은 총 어절 수 (   ) - 틀린 어절 수 (   )
= 읽기유창성 점수 (   )

V 수준

읽 ◇ 기 ◇ 유 ◇ 창 ◇ 성

1. 단어를 빠르고 정확하게 읽기

2. 어휘의 뜻 알아보기

무인도	단어의 뜻: 사람이 살지 않는 섬
차지하다	단어의 뜻: 자기가 소유하다, 갖다 비슷한 말: 소유하다, 갖다
윤기	단어의 뜻: 반질반질하고 매끄러운 기운 비슷한 말: 윤, 윤택, 광, 광택
난처하다	단어의 뜻: 이럴 수도 없고 저럴 수도 없어 곤란하다. 비슷한 말: 난감하다, 거북하다 ※ 도전문제: 1) 아니요, 2) 예
묵직하다	단어의 뜻: 다소 큰 물건이 보기보다 제법 무겁다. 비슷한 말: 무겁다, 육중하다 반대말: 가볍다 ※ 도전문제: 1) 예, 2) 아니요
야단법석	단어의 뜻: 많은 사람이 모여들어 떠들썩함 비슷한 말: 수선, 법석, 북새

✎ 다음 〈보기〉의 단어 중 비슷한 말끼리 묶어 봅시다.

1│ 차지하다의 비슷한 말은 <u>소유하다</u>입니다.

2│ 야단법석의 비슷한 말은 <u>북새통</u>입니다.

3│ 무겁다의 비슷한 말은 <u>묵직하다</u>입니다.

4│ 난처하다의 비슷한 말은 <u>난감하다</u>입니다.

3. 어구를 빠르고 정확하게 읽기

4. 글을 빠르고 정확하게 읽기

5. 이야기 지도 알아보기

6. 이야기 지도 사용하여 글 읽고 이해하기

제목: 신랑을 찾습니다

1 **인물** 이야기에 등장하는 인물은 누구인가요?

처녀, 신랑감(총각들)

2 **시간과 장소** 언제, 어디에서 일어난 이야기인가요?

시간: 옛날

장소: 어느 (깊은 산골)마을

3 **사건들** 인물에게 어떤 일들이 일어났나요? 일이 어떠한 차례로 일어났나요?

1) 어렸을 때 부모님이 돌아가신 처녀는 뭐든지 스스로 할 수 있는 재주를 익혔다.
2) 처녀는 결혼을 할 때가 되자, 재주 좋은 신랑감을 구한다고 소문을 냈다.
3) 하루는 비를 맞지 않고 피하는 재주가 있는 총각과 벼룩을 잡아 머리카락으로 묶을 수 있는 재주가 있는 총각이 처녀를 찾아왔다.
4) 두 총각은 서로의 재주를 깔보다 싸우게 되었고 싸움을 말리는 처녀를 실수로 집어 던졌다.
5) 처녀가 공중에 떴다 떨어지는 사이, 소문을 듣고 찾아온 다른 총각이 대나무를 베어 광주리를 만든 뒤 그 광주리로 처녀를 받았다.

4 **끝** 이야기가 어떻게 끝났나요?

결국, 처녀는 자기 목숨을 살린 총각과 결혼해서 행복하게 살았다.

7. 글의 주제 알기

주제: 내가 원하는 것을 나의 노력으로 이루자.

사 ◇ 후 ◇ 평 ◇ 가

지시문

앞에 있는 종이에 글이 있어요. 이제 선생님이 "시작"이라고 하면(학생용 평가지의 첫 어절을 손가락으로 가리킨 후, 계속 훑으면서) 처음부터 읽기 시작해서 "그만"이라고 할 때까지 최대한 정확하게, 그리고 최대한 빨리 읽으세요. 글을 읽다가 모르는 글자가 나오면 선생님이 어떻게 해야 할지 알려 줄게요. 최선을 다하세요. 질문 있어요? (질문이 있으면 질문에 대답한다.) 준비, 시작. (학생이 첫 어절을 말함과 동시에 타이머를 누르고 1분간 학생의 반응을 기록한 뒤 1분이 지나면 "그만"이라고 말한다.)

V

▌ 읽기유창성 평가
▌ 신랑을 찾습니다

옛날 옛적에 어느 깊은 산골 마을에 한 처녀가 살았습니다.	—— 9
옌날 옡쩌게 어느 기픈 산꼴 마으레 한 처녀가 사랃씀니다.	
어렸을 때 어머니와 아버지가 병으로 돌아가셨기 때문에	—— 16
어려쓸 때 어머니와 아버지가 병으로 도라가셛끼 때무네	
처녀는 혼자였지요. 그래서 처녀는 뭐든지 스스로 할 수 있는	—— 25
처녀는 혼자엳찌요. 그래서 처녀는 뭐든지 스스로 할 쑤 인는	
재주를 익혔답니다. 마치 무인도에 갇힌 로빈슨 크루소처럼	—— 32
재주를 이켵땀니다. 마치 무인도에 가친 로빈슨 크루소처럼	
살기 위해서는 어쩔 수가 없었지요. 밥하고 빨래하는 건	—— 40
살기 위해서는 어쩔 쑤가 업썯찌요. 바파고 빨래하는 건	
물론이고 밭일과 논일도 모두 다 했습니다. 그 가운데 베 짜는	—— 50
물로니고 반닐과 노닐도 모두 다 햗씀니다. 그 가운데 베 짜는	

재주는 귀신도 울고 갈 지경이었어요. 한여름 첫새벽에 베틀에 —— 58
재주는 귀신도 울고 갈 찌경이어써요.　한녀름 첟쌔벼게 베트레

올라앉으면 하루 만에 삼베옷 100벌을 척하고 만들었지요. —— 65
올라안즈면　하루 마네 삼베옫 백버를　처카고 만드럳찌요.

처녀는 제법 나이가 들어차 결혼을 할 때가 되었습니다. —— 73
처녀는 제법 나이가 드러차 결호늘 할 때가 되얻씀니다.

하지만 재주가 이렇게도 좋으니 아무하고나 결혼하고 싶지 —— 80
하지만 재주가 이러케도　조으니 아무하고나 결혼하고 십찌

않았지요. 그래서 자기처럼 재주 좋은 총각을 찾기 위해 소문을 —— 89
아낟찌요.　그래서 자기처럼 재주 조은 총가글 찯끼 위해 소무늘

냈습니다. —— 90
낻씀니다.

'재주 좋은 총각에게 시집갈 재주 좋은 처녀가 있습니다. —— 98
'재주 조은 총가게게　시집깔 재주 조은 처녀가 읻씀니다.

총각들은 모두 모여 재주 겨루기를 하여 처녀와 결혼하도록 —— 106
총각뜨른　모두 모여 재주 겨루기를　하여 처녀와 결혼하도록

하옵소서.' —— 107
하옵쏘서.'

처녀는 산 아래 마을로 내려가 이렇게 소문을 내고 —— 115
처녀는 산 아래 마을로 내려가 이러케 소무늘　내고

기다렸습니다. —— 116
기다렫씀니다.

그랬더니 하루는 비가 억수같이 쏟아지는데 어떤 총각 —— 123
그랟떠니 하루는 비가 억쑤가치　쏘다지는데　어떤 총각

하나가 찾아왔습니다. 그런데 삿갓은 물론이고 도롱이도 쓰지 —— 130
하나가 차자왇씀니다.　그런데 삳까슨 물로니고　도롱이도 쓰지

않고 그냥 맨몸으로 왔습니다. 하지만 이상하게도 흠뻑 젖어야 —— 138
안코 그냥 맨모므로 왇씀니다.　하지만 이상하게도　흠뻑 저저야

할 몸이 뽀송뽀송하였답니다. —— 141
할 모미 뽀송뽀송하엳땀니다.

"이 댁에서 재주 있는 신랑감을 구한다는 소문을 듣고　——149
"이 대게서　재주 인는 실랑까믈　구한다는　소무늘 듣꼬

왔소이다."　——150
왈쏘이다."

"이렇게 비가 오는 날 찾아주서서 고맙습니다만 어떤 재주가　——158
"이러케 비가 오는 날 차자주셔서　고맙씀니다만　어떤 재주가

있습니까?"　——159
읻씀니까?"

"예, 나는 비를 맞지 않고 요리조리 피해 가는 재주가　——168
"예, 나는 비를 맏찌 안코 요리조리　피해 가는 재주가

있소이다."　——169
읻쏘이다."

총각은 말이 끝나자마자 비가 쏟아지는 마당으로 나가　——176
총가근　마리 끈나자마자　비가 쏘다지는　마당으로　나가

요리조리 돌아다녔습니다. 아무것도 쓰지 않은 맨몸인데도 비　——183
요리조리　도라다녇씀니다.　아무걷또　쓰지 아는 맨모민데도　비

한 방울 안 맞았지요. 처녀도 대단한 재주라고 감탄하고는　——191
한 방울 안 마잗찌요.　처녀도　대단한 재주라고　감탄하고는

총각에게 시집갈 생각을 했답니다.　——195
총가게게　시집깔　쌩가글　핻땀니다.

그런데 그때 마침 또 한 총각이 당당하게 찾아왔습니다. 이　——204
그런데　그때 마침 또 한 총가기　당당하게　차자왇씀니다.　이

총각은 묵직한 자루 하나를 어깨에 짊어지고 집으로　——211
총가근　묵찌칸　자루 하나를　어깨에　질머지고　지브로

들어왔습니다. 그러고는 묵직한 자루를 마루에 쿵하고 내려놓고　——218
드러왇씀니다.　그러고는　묵찌칸　자루를 마루에 쿵하고 내려노코

굵은 목소리로 말했습니다.　——221
굴근　목쏘리로　말핻씀니다.

"이 댁에서 재주 있는 신랑감을 구한다는 소문을 듣고　——229
"이 대게서　재주 인는 실랑까믈　구한다는　소무늘 듣꼬

왔소이다." — 230

왈쏘이다."

"아니 이렇게 저를 찾아주셔서 정말 고맙습니다만 어떤 — 237

"아니 이러케 저를 차자주셔서 정말 고맙씀니다만 어떤

재주가 있습니까?" — 239

재주가 읻씀니까?"

"나는 벼룩을 잡아서 머리카락으로 묶을 수 있는 재주가 — 247

"나는 벼루글 자바서 머리카라그로 무끌 쑤 인는 재주가

있소이다." — 248

읻쏘이다."

그러더니 총각은 가져온 자루를 거꾸로 들더니 마루에 탁탁 — 256

그러더니 총가근 가져온 자루를 거꾸로 들더니 마루에 탁탁

털었어요. 그러니까 그 안에서 벼룩이 우르르 쏟아져 나와 — 264

터러써요. 그러니까 그 아네서 벼루기 우르르 쏘다저 나와

팔딱거리며 돌아다녔지요. 총각은 그 벼룩을 다 잡아 — 271

팔딱꺼리며 도라다녇찌요. 총가근 그 벼루글 다 자바

머리카락으로 묶었답니다. — 273

머리카라그로 무껃땀니다.

처녀가 또 감탄을 하며 바라보자 비를 피하는 총각이 — 281

처녀가 또 감타늘 하며 바라보자 비를 피하는 총가기

나섰습니다. — 282

나섣씀니다.

"벼룩 그까짓 것을 잡아서 묶는 재주가 무슨 대단한 재주냐?" — 291

"벼룩 그까짇 꺼슬 자바서 뭉는 재주가 무슨 대단한 재주냐?"

"그러는 너는, 비 피해 다니는 게 뭐 그리 대단하냐?" — 300

"그러는 너는, 비 피해 다니는 게 뭐 그리 대단하냐?"

이러면서 두 총각이 뿔이 나서 주먹다짐을 하며 야단법석이 — 308

이러면서 두 총가기 뿌리 나서 주먹따지믈 하며 야단법써기

났습니다. 난처해진 처녀가 가운데서 말리다 그만 몸이   —— 315
낟씀니다.   난처해진   처녀가   가운데서   말리다   그만   모미

공중으로 붕 떴답니다. 정신없이 싸우던 총각들이 자신도   —— 322
공중으로   붕   떧땀니다.   정시넙씨   싸우던   총각뜨리   자신도

모르게 처녀를 집어던졌던 거지요. 처녀가 떨어지고 보니 웬   —— 330
모르게   처녀를   지버던쪄떤   거지요.   처녀가   떠러지고   보니   웬

총각이 들고 있는 광주리 안이었답니다.   —— 335
총가기   들고   인는   광주리   아니얻땀니다.

"아니 당신은 대체 누구이며 내가 왜 광주리 안에 있습니까?"   —— 344
"아니   당시는   대체   누구이며   내가   왜   광주리   아네   읻씀니까?"

"신랑감을 구한다는 소문을 듣고 왔는데 마침 당신이 이리로   —— 352
"실랑까믈   구한다는   소무늘   듣꼬   완는데   마침   당시니   이리로

날아오더이다. 그래서 내가 뒷산 대나무 밭에 가서 대나무를   —— 360
나라오더이다.   그래서   내가   뒫싼   대나무   바테   가서   대나무를

베어다 광주리를 만들었지요. 그냥 받으면 다칠 것 같아 지금   —— 369
베어다   광주리를   만드럳찌요.   그냥   바드면   다칠   껃   가타   지금

만든 광주리로 받았습니다."   —— 372
만든   광주리로   바닫씀니다."

공중에 떴다 떨어지는 사이에 대나무를 베어 광주리를   —— 379
공중에   떧따   떠러지는   사이에   대나무를   베어   광주리를

만들었던 겁니다. 결국, 처녀는 자기 목숨을 살린 총각과   —— 387
만드럳떤   검니다.   결국,   처녀는   자기   목쑤믈   살린   총각꽈

결혼해서 행복하게 살았답니다.   —— 390
결혼해서   행보카게   사랃땀니다.

읽은 총 어절 수 (　　　　) - 틀린 어절 수 (　　　　)
= 읽기유창성 점수 (　　　　　　　　　　)

__1__ 이야기에 나오는 중심인물은 누구인가요? 모두 써 보세요. (아동이 하나만 대답한 경우 추가 질문을 한다.)

1점: 처녀, 신랑감 (또는) (처녀에게 장가를 오려는) 총각들

0점: 정답의 일부, 오답 또는 대답을 하지 못함

__2__ 언제, 어디에서 있었던 일인가요? (아동이 둘 중 하나만 대답한 경우, 추가 질문을 한다. 예를 들어, 아동이 '언제'에 대한 것만 대답한 경우, "어디에서 있었던 일인가요?"라고 추가 질문을 한다.)

1점: 옛날, (어느) (깊은 산골) 마을

0점: 정답의 일부, 오답 또는 대답을 하지 못함

__3__ 처녀는 왜 재주가 많은 총각을 찾으려고 했나요?

1점: (자기가) 재주가 많아 아무하고나 결혼하고 싶지 않아서

0점: 정답의 일부, 오답 또는 대답을 하지 못함

__4__ 처녀를 찾아 온 첫 번째, 두 번째 총각에게는 어떤 재주가 있었나요? (아동이 첫 번째나 두 번째 총각에 대해서만 대답한 경우, "또 다른 (첫 번째/두 번째) 총각에게는 어떤 재주가 있었나요?"라고 추가 질문을 한다.)

1점: 비를 피하는 재주, 벼룩을 머리카락으로 묶는 재주

0점: 정답의 일부, 오답 또는 대답을 하지 못함

__5__ 처녀가 어떻게 광주리 속으로 들어가게 되었나요?

1점: (처음 두) 총각들이 싸우다가 처녀를 집어 던져서

0점: 정답의 일부, 오답 또는 대답을 하지 못하였을 경우

__6__ 처녀가 광주리를 만든 총각과 결혼한 까닭은 무엇일까요?

1점: (자기의) 목숨을 구해 주었기 때문에

0점: 정답의 일부, 오답 또는 대답을 하지 못함

__7__ 우리도 목표한 바를 이루려면 어떻게 해야 할까요? 그것을 어떻게 알 수 있는지 글에서 찾아 써 보세요.

1점: 스스로 노력하면 됨, (또는) 처녀가 스스로 노력하여 원하는 신랑감을 얻었기 때문에

0점: 정답의 일부, 오답 또는 대답을 하지 못함

VI 수준

읽기유창성 및
읽기이해 프로그램

1 가짜 사주팔자

학◇습◇목◇표◇확◇인

- 글을 읽을 때, 적당한 부분에서 글을 빠르고 정확하게 끊어 읽을 수 있다.
- 글을 읽고, 글의 중심내용과 글의 주제를 파악할 수 있다.

사◇전◇평◇가

읽기유창성 평가
가짜 사주팔자

옛날 어느 마을에 한 아버지가 부인 없이 아들 하나를 —— 9
옌날 어느 마으레 한 아버지가 부인 업씨 아들 하나를

키우며 살았습니다. 사랑하는 부인은 아들을 낳자마자 큰 병이 —— 17
키우며 사랃씀니다. 사랑하는 부이는 아드를 나차마자 큰 병이

나서 그만 죽고 말았지요. 그러니 이 사람에게는 아들이 —— 25
나서 그만 죽꼬 마랃찌요. 그러니 이 사라메게는 아드리

세상에서 가장 소중한 보물과도 같았답니다. 그야말로 눈에 —— 32
세상에서 가장 소중한 보물과도 가탇땀니다. 그야말로 누네

넣어도 아프지 않을 정도로 아끼고 챙기고 사랑하며 키웠지요. —— 40
너어도 아프지 아늘 쩡도로 아끼고 챙기고 사랑하며 키웓찌요.

VI

아들이 열 살이 되었을 때, 아버지는 점쟁이에게 가서 —— 48
아드리 열 싸리 되어쓸 때, 아버지는 점쟁이에게 가서

사주팔자를 보았답니다. 소중한 아들이 앞으로 잘 살게 될지 —— 56
사주팔짜를 보았땀니다. 소중한 아드리 아프로 잘 살게 될찌

못 살게 될지 궁금했지요. 점쟁이가 사주팔자를 딱하고 —— 63
몯 쌀게 될찌 궁금핻찌요. 점쟁이가 사주팔짜를 따카고

뽑았는데, 아니 글쎄 평생 빌어먹는 팔자라고 나왔답니다. —— 70
뽀반는데, 아니 글쎄 평생 비러멍는 팔짜라고 나왇땀니다.

한번 타고난 사주팔자는 사람의 힘으로는 바꿀 수 없다고 —— 78
한번 타고난 사주팔짜는 사라믜 히므로는 바꿀 쑤 업따고
(메)

전해져 내려왔지요. 그러니 아버지는 아들 걱정에 기가 막히고 —— 86
전해져 내려왇찌요. 그러니 아버지는 아들 걱쩡에 기가 마키고

코가 막히고 가슴이 막혀 왔답니다. 아버지는 집에 돌아와서도 —— 94
코가 마키고 가스미 마켜 왇땀니다. 아버지는 지베 도라와서도

밥도 안 먹고 드러누워 끙끙 앓기 시작했지요. 건강하시던 —— 102
밥또 안 먹꼬 드러누워 끙끙 알키 시작핻찌요. 건강하시던

아버지가 드러누워 앓기 시작하니 아들이 걱정이 되어 당장 —— 110
아버지가 드러누워 알키 시작하니 아드리 걱쩡이 되어 당장

물었지요. —— 111
무럳찌요.

"아들아, 오늘 점쟁이에게 네 사주팔자를 보았는데, 평생 —— 118
"아드라, 오늘 점쟁이에게 네 사주팔짜를 보안는데, 평생

빌어먹을 신세라는구나." —— 120
비러머글 신세라는구나."

아버지의 설명을 듣고 아들이 골똘히 생각에 잠겼다가 다시 —— 128
아버지의 설명을 듣꼬 아드리 골똘히 생가게 잠견따가 다시

말문을 열었습니다. —— 130
말무늘 여럳씀니다.

"그렇다면 아버지, 제가 이 길로 집을 나가 팔자땜을 하고 —— 139

"그러타면 아버지, 제가 이 길로 지블 나가 팔짜때믈 하고

돌아오겠습니다. —— 140

도라오겓씀니다.

옛날부터 액땜이라고 미리 나쁜 일을 경험하면 나중에 닥칠 —— 148

옌날부터 액때미라고 미리 나쁜 이를 경험하면 나중에 닥칠

화를 피한다고 했지요. 아들도 평생 빌어먹을 신세를 피하기 —— 156

화를 피한다고 핻찌요. 아들도 평생 비러머글 신세를 피하기

위해 미리 고생길을 나서겠다고 우겼답니다. 아들이 바득바득 —— 163

위해 미리 고생끼를 나서겓따고 우겯땀니다. 아드리 바득바득

조르니 아버지도 어쩔 수 없이 아들의 고집을 들어주었지요. —— 171

조르니 아버지도 어쩔 쑤 업씨 아드릐 고지블 드러주얻찌요.
(레)

아들은 집을 나서자마자 곧바로 점쟁이에게 달려가 엎드려 —— 178

아드른 지블 나서자마자 곧빠로 점쟁이에게 달려가 업뜨려

간곡하게 부탁을 드렸습니다. —— 181

간고카게 부타글 드렫씀니다.

"팔자땜을 하려고 집을 나섰는데, 저에게 가짜 사주팔자를 —— 188

"팔짜때믈 하려고 지블 나선는데, 저에게 가짜 사주팔짜를

하나 써 주십시오. 꼭 벼슬도 하고 돈도 많이 벌어 잘 살 —— 199

하나 써 주십씨오. 꼭 벼슬도 하고 돈도 마니 버러 잘 살

팔자라고 써 주십시오." —— 202

팔짜라고 써 주십씨오."

점쟁이가 가짜 사주팔자를 써 주니 아들은 그걸 옷소매에 —— 210

점쟁이가 가짜 사주팔짜를 써 주니 아드른 그걸 옫쏘매에

넣고 꿰맸지요. 그리고 길을 떠나 여기저기 떠돌아다니다가 —— 217

너코 꿰맨찌요. 그리고 기를 떠나 여기저기 떠도라다니다가

어느 마을 글방에 가게 되었답니다. 글방에서 마당도 쓸고 —— 225

어느 마을 글빵에 가게 되얻땀니다. 글빵에서 마당도 쓸고

부엌일도 하면서 어깨 너머로 글을 배우기 시작했지요. 글방 —— 233
부엉닐도　하면서　어깨 너머로　그를 배우기　시자캗찌요.　글빵

훈장은 이 아이가 하도 부지런히 일을 하니 내쫓지 않았답니다. —— 242
훈장은　이 아이가　하도 부지런히　이를 하니 내쫃찌 아낟땀니다.

어느 날 훈장이 가만히 보니 이 아이가 밤마다 옷소매를 —— 251
어느 날 훈장이　가만히　보니　이 아이가　밤마다　옫쏘매를

쓰다듬었지요. 아주 귀한 게 있는 것 같아 물어도 그냥 웃기만 —— 261
쓰다드먿찌요.　아주 귀한 게 인는 걷 가타 무러도　그냥 욷끼만

했어요. 훈장은 궁금해서 미칠 것 같아 아이가 잠자는 사이에 —— 270
해써요.　훈장은 궁금해서　미칠 껃 가타 아이가　잠자는　사이에

옷소매를 뜯어 봤답니다. 그러니 종이 한 장이 나오는데, 가만히 —— 279
옫쏘매를　뜨더 봗땀니다.　그러니 종이 한 장이 나오는데,　가만히

보니 사주팔자가 적힌 종이였지요. 그런데 벼슬도 하고 돈도 —— 287
보니 사주팔짜가　저킨 종이엳찌요.　그런데 벼슬도　하고 돈도

많이 번다고 적혀 있으니 깜짝 놀랐어요. —— 293
마니 번다고　저켜 이쓰니 깜짝 놀라써요.

'아니, 이 아이가 이렇게 좋은 팔자를 타고 났다니 다시 —— 302
'아니, 이 아이가 이러케 조은 팔짜를　타고 낟따니 다시

봐야겠구나.' —— 303
봐야겓꾸나.'

훈장은 이렇게 생각하고 이제부터는 이전과 다르게 아이에게 —— 310
훈장은　이러케　생가카고 이제부터는　이전과　다르게　아이에게

아주 잘 대접했답니다. 이전과 같이 종처럼 부리지도 않고 —— 318
아주 잘 대저팯땀니다.　이전과　가치 종처럼 부리지도　안코

글공부도 정말 열심히 가르치기 시작했지요. 몇 해가 지나자 —— 326
글꽁부도　정말 열씸히 가르치기　시자캗찌요.　면 해가 지나자

훈장은 더 이상 아이에게 가르칠 게 없었어요. 과거 보는 때가 —— 336
훈장은 더 이상 아이에게　가르칠 께 업써요.　과거 보는 때가

다가오자 훈장은 과거 보러 아이를 서울로 보냈답니다. —— 343

훈장이 워낙 열심히 가르쳤고 아이도 열심히 공부해서 —— 350

과거에 급제를 했지요. 거기다 벼슬까지 얻어서 돌아오니 —— 357

글방에서는 커다란 경사가 나서 잔치를 벌였답니다. —— 363

"네 옷소매에 있는 사주팔자를 몰래 보고 이렇게 될 줄 —— 372

알았단다." —— 373

훈장은 기분이 좋아 사주팔자를 몰래 뜯어 본 것을 아이에게 —— 382

실토했어요. 아이도 웃으며 가짜 사주팔자를 품고 집을 떠난 —— 390

이야기를 모두 들려주었지요. 알고 보니 결국 훈장은 가짜 —— 398

사주팔자에 속아 넘어간 꼴이 되었답니다. 사주팔자가 —— 404

거짓이었다 해도 과거에 급제하고 벼슬도 얻었으니 훈장은 —— 411

칭찬을 했답니다. —— 413

말을 타고 풍악을 울리며 집으로 돌아가니, 마을에서도 —— 420

성대한 잔치가 벌어졌지요. 아들이 건강하게 돌아온 것도 기쁜 —— 428

일인데 과거에 급제까지 했으니 말입니다. 아들은 점점 큰 —— 436

이린데 과거에 급쩨까지 해쓰니 마림니다. 아드른 점점 큰

벼슬로 올라가서 진짜로 부자가 되어 잘 살았답니다. 그러니 —— 444

벼슬로 올라가서 진짜로 부자가 되어 잘 사람땀니다.   그러니

진짜 사주팔자는 사라지고 가짜 사주팔자대로 세상을 살게 된 —— 452

진짜 사주팔짜는 사라지고 가짜 사주팔짜대로 세상을 살게 된

셈이지요. 결국 사주팔자는 타고나는 게 아니라 사람의 힘으로 —— 460

세미지요. 결국 사주팔짜는 타고나는 게 아니라 사라믜 히므로
                                              (메)

만들어 가는 거랍니다. —— 463

만드러 가는 거람니다.

읽은 총 어절 수 (   ) – 틀린 어절 수 (   )

= 읽기유창성 점수 (   )

교수-학습 활동

읽◇기◇유◇창◇성

1. 단어를 빠르고 정확하게 읽기

2. 어휘의 뜻 알아보기

사주팔자	단어의 뜻: 타고난 운, 운수 비슷한 말: 사주
빌어먹다	단어의 뜻: 남에게 구걸하여 얻어먹다. 비슷한 말: 얻어먹다, 구걸하다
신세	단어의 뜻: 주로 안 좋은 일과 관련된 나의 형편 비슷한 말: 처지
액땜	단어의 뜻: 앞으로 닥쳐올 나쁜 일을 가벼운 나쁜 일로 미리 겪음으로써 무사히 넘김
경사	단어의 뜻: 축하할 만한 기쁜 일

급제	단어의 뜻: 시험에 합격함
	비슷한 말: 합격
실토하다	단어의 뜻: 거짓 없이 사실대로 다 말하다.
	비슷한 말: 털어놓다
	반대말: 감추다, 은폐하다, 숨기다
성대하다	단어의 뜻: 행사의 규모가 크다.
	비슷한 말: 장대하다
	반대말: 초라하다, 보잘것없다

📖 다음 보기의 단어 중, 문장에 알맞은 단어를 써 봅시다.

1│ 동지에 동지팥죽을 먹어야, **액땜**한다고 여겼었죠.

2│ 이몽룡은 장원 **급제**를 하여 암행어사가 되었다.

3│ 어머니에게 잘못을 **실토**하고 용서를 구했다.

4│ 희망이가 시험에 합격한 일은 우리 집안의 **경사**이다.

5│ 하림이는 늘 **신세**를 한탄하면서 부모님을 원망한다.

3. 어구를 빠르고 정확하게 읽기

4. 글을 빠르고 정확하게 읽기

읽 ◇ 기 ◇ 이 ◇ 해

5. 이야기 지도 알아보기

  [1] **다음 그림은 무엇인가요?** 지도

② 지도는 우리에게 어떤 도움을 주나요?

모르는 곳을 찾아갈 때 사용하면, 길을 찾는 데 도움을 줍니다.

③ 이야기 지도 소개하기: 이야기 지도 구성 요소를 알아봅시다.

① 지도가 우리가 길을 찾도록 도움을 주는 것처럼, 이야기 지도는 이야기 글의 내용을 모를 때, 글의 내용을 잘 이해하기 위해 사용하는 지도입니다.

② 이야기 지도에는 인물(이야기에 등장하는 인물), 시장(이야기가 일어난 시간과 장소), 사건들(인물들에게 일어난 사건들), 끝(이야기의 끝)이 있습니다. 여기서 '인물, 시장, 사건들, 끝'은 기억 전략입니다. 이 기억 전략은 이야기 지도를 잘 기억하는 데 도움을 줍니다.

③ 이야기 지도의 기억 전략인 인물(이야기에 등장하는 인물), 시장(시간과 장소), 사건들(인물들에게 일어난 사건들), 끝(이야기의 끝)을 알면, 글의 내용을 잘 이해할 수 있습니다. 이야기를 읽을 때, '인물, 시장, 사건들, 끝'을 기억하도록 합시다.

6. 이야기 지도 사용하여 글 읽고 이해하기

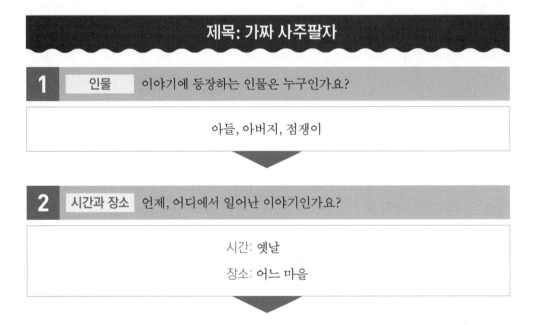

제목: 가짜 사주팔자

1 인물 이야기에 등장하는 인물은 누구인가요?

아들, 아버지, 점쟁이

2 시간과 장소 언제, 어디에서 일어난 이야기인가요?

시간: 옛날
장소: 어느 마을

3   사건들   인물에게 어떤 일들이 일어났나요? 일이 어떠한 차례로 일어났나요?

1) 아들이 평생 빌어먹을 팔자라는 점쟁이의 말에 아버지가 걱정을 하자 아들이 팔자 땜을 하고 오겠다고 하였다.

2) 아들은 점쟁이에게 가서 잘 살 팔자라는 가짜 사주팔자를 써 달라고 하였고, 가짜 사주팔자를 옷소매에 넣고 꿰맸다.

3) 아들은 글방에서 일을 하게 되었는데, 밤마다 옷소매를 쓰다듬는 걸 보고 훈장은 궁금해서 옷소매를 뜯어 보았더니 벼슬도 하고 돈도 많이 번다고 써 있었다.

4) 훈장은 아이를 다시 보고 글공부를 열심히 가르쳤고, 아이는 과거에 급제하고 벼슬을 얻었다.

5) 훈장이 사주팔자를 몰래 뜯어 본 것을 아이에게 말하자 아이는 그것이 가짜 사주팔자였다고 하였다.

4   끝   이야기가 어떻게 끝났나요?

아이는 진짜로 부자가 되어 잘 살았다.

7. 글의 주제 알기

주제: 자신이 열심히 노력하여 자신의 삶을 만들어 가자.

사 ◇ 후 ◇ 평 ◇ 가

지시문

앞에 있는 종이에 글이 있어요. 이제 선생님이 "시작"이라고 하면(학생용 평가지의 첫 어절을 손가락으로 가리킨 후, 계속 훑으면서) 처음부터 읽기 시작해서 "그만"이라고 할 때까지 최대한 정확하게, 그리고 최대한 빨리 읽으세요. 글을 읽다가 모르는 글자가 나오면 선생님이 어떻게 해야 할지 알려 줄게요. 최선을 다하세요. 질문 있어요? (질문이 있으면 질문에 대답한다.) 준비, 시작. (학생이 첫 어절을 말함과 동시에 타이머를 누르고 1분간 학생의 반응을 기록한 뒤 1분이 지나면 "그만"이라고 말한다.)

읽기유창성 평가
가짜 사주팔자

옛날 어느 마을에 한 아버지가 부인 없이 아들 하나를 —— 9
옌날 어느 마으레 한 아버지가 부인 업씨 아들 하나를

키우며 살았습니다. 사랑하는 부인은 아들을 낳자마자 큰 병이 —— 17
키우며 사랃씀니다. 사랑하는 부이는 아드를 나차마자 큰 병이

나서 그만 죽고 말았지요. 그러니 이 사람에게는 아들이 —— 25
나서 그만 죽꼬 마랃찌요. 그러니 이 사라메게는 아드리

세상에서 가장 소중한 보물과도 같았답니다. 그야말로 눈에 —— 32
세상에서 가장 소중한 보물과도 가탇땀니다. 그야말로 누네

넣어도 아프지 않을 정도로 아끼고 챙기고 사랑하며 키웠지요. —— 40
너어도 아프지 아늘 쩡도로 아끼고 챙기고 사랑하며 키월찌요.

아들이 열 살이 되었을 때, 아버지는 점쟁이에게 가서 —— 48
아드리 열 싸리 되어쓸 때, 아버지는 점쟁이에게 가서

사주팔자를 보았답니다. 소중한 아들이 앞으로 잘 살게 될지 —— 56
사주팔짜를 보앋땀니다. 소중한 아드리 아프로 잘 살게 될찌

못 살게 될지 궁금했지요. 점쟁이가 사주팔자를 딱하고 —— 63
몯 쌀게 될찌 궁금핻찌요. 점쟁이가 사주팔짜를 따카고

뽑았는데, 아니 글쎄 평생 빌어먹는 팔자라고 나왔답니다. —— 70
뽀반는데, 아니 글쎄 평생 비러멍는 팔짜라고 나왇땀니다.

348 | VI 수준

한번 타고난 사주팔자는 사람의 힘으로는 바꿀 수 없다고 ——— 78

한번 타고난 사주팔짜는 사라믜 히므로는 바꿀 쑤 업따고
(메)

전해져 내려왔지요. 그러니 아버지는 아들 걱정에 기가 막히고 ——— 86

전해져 내려왇찌요. 그러니 아버지는 아들 걱쩡에 기가 마키고

코가 막히고 가슴이 막혀 왔답니다. 아버지는 집에 돌아와서도 ——— 94

코가 마키고 가스미 마켜 왇땀니다. 아버지는 지베 도라와서도

밥도 안 먹고 드러누워 끙끙 앓기 시작했지요. 건강하시던 ——— 102

밥또 안 먹꼬 드러누워 끙끙 알키 시작핻찌요. 건강하시던

아버지가 드러누워 앓기 시작하니 아들이 걱정이 되어 당장 ——— 110

아버지가 드러누워 알키 시작하니 아드리 걱쩡이 되어 당장

물었지요. ——— 111

무럳찌요.

"아들아, 오늘 점쟁이에게 네 사주팔자를 보았는데, 평생 ——— 118

"아드라, 오늘 점쟁이에게 네 사주팔짜를 보안는데, 평생

빌어먹을 신세라는구나." ——— 120

비러머글 신세라는구나."

아버지의 설명을 듣고 아들이 골똘히 생각에 잠겼다가 다시 ——— 128

아버지의 설명을 듣꼬 아드리 골똘히 생가게 잠껻따가 다시

말문을 열었습니다. ——— 130

말무늘 여럳씀니다.

"그렇다면 아버지, 제가 이 길로 집을 나가 팔자땜을 하고 ——— 139

"그러타면 아버지, 제가 이 길로 지블 나가 팔짜때믈 하고

돌아오겠습니다. ——— 140

도라오겓씀니다.

옛날부터 액땜이라고 미리 나쁜 일을 경험하면 나중에 닥칠 ——— 148

옌날부터 액때미라고 미리 나쁜 이를 경험하면 나중에 닥칠

화를 피한다고 했지요. 아들도 평생 빌어먹을 신세를 피하기 ——— 156

화를 피한다고 핻찌요. 아들도 평생 비러머글 신세를 피하기

위해 미리 고생길을 나서겠다고 우겼답니다. 아들이 바득바득 —— 163

위해 미리 고생끼를 나서겓따고 우겯땀니다. 아드리 바득바득

조르니 아버지도 어쩔 수 없이 아들의 고집을 들어주었지요. —— 171

조르니 아버지도 어쩔 쑤 업씨 아드릐 고지블 드러주얻찌요.
(레)

아들은 집을 나서자마자 곧바로 점쟁이에게 달려가 엎드려 —— 178

아드른 지블 나서자마자 곧빠로 점쟁이에게 달려가 업뜨려

간곡하게 부탁을 드렸습니다. —— 181

간고카게 부타글 드렫씀니다.

"팔자땜을 하려고 집을 나섰는데, 저에게 가짜 사주팔자를 —— 188

"팔짜때믈 하려고 지블 나선는데, 저에게 가짜 사주팔짜를

하나 써 주십시오. 꼭 벼슬도 하고 돈도 많이 벌어 잘 살 —— 199

하나 써 주십씨오. 꼭 벼슬도 하고 돈도 마니 버러 잘 살

팔자라고 써 주십시오." —— 202

팔짜라고 써 주십씨오."

점쟁이가 가짜 사주팔자를 써 주니 아들은 그걸 옷소매에 —— 210

점쟁이가 가짜 사주팔짜를 써 주니 아드른 그걸 옫쏘매에

넣고 꿰맸지요. 그리고 길을 떠나 여기저기 떠돌아다니다가 —— 217

너코 꿰맫찌요. 그리고 기를 떠나 여기저기 떠도라다니다가

어느 마을 글방에 가게 되었답니다. 글방에서 마당도 쓸고 —— 225

어느 마을 글빵에 가게 되얻땀니다. 글빵에서 마당도 쓸고

부엌일도 하면서 어깨 너머로 글을 배우기 시작했지요. 글방 —— 233

부엉닐도 하면서 어깨 너머로 그를 배우기 시자캗찌요. 글빵

훈장은 이 아이가 하도 부지런히 일을 하니 내쫓지 않았답니다. —— 242

훈장은 이 아이가 하도 부지런히 이를 하니 내쫃찌 아낟땀니다.

어느 날 훈장이 가만히 보니 이 아이가 밤마다 옷소매를 —— 251

어느 날 훈장이 가만히 보니 이 아이가 밤마다 옫쏘매를

쓰다듬었지요. 아주 귀한 게 있는 것 같아 물어도 그냥 웃기만 —— 261

쓰다드먿찌요. 아주 귀한 게 인는 걷 가타 무러도 그냥 욷끼만

했어요. 훈장은 궁금해서 미칠 것 같아 아이가 잠자는 사이에 —— 270

해써요. 훈장은 궁금해서 미칠 껃 가타 아이가 잠자는 사이에

옷소매를 뜯어 봤답니다. 그러니 종이 한 장이 나오는데, 가만히 —— 279

옫쏘매를 뜨더 봗땀니다.   그러니 종이 한 장이 나오는데, 가만히

보니 사주팔자가 적힌 종이였지요. 그런데 벼슬도 하고 돈도 —— 287

보니 사주팔짜가   저킨 종이엳찌요.   그런데 벼슬도 하고 돈도

많이 번다고 적혀 있으니 깜짝 놀랐어요. —— 293

마니 번다고 저켜 이쓰니 깜짝 놀라써요.

'아니, 이 아이가 이렇게 좋은 팔자를 타고 났다니 다시 —— 302

'아니, 이 아이가 이러케 조은 팔짜를 타고 낟따니 다시

봐야겠구나.' —— 303

봐야겓꾸나.'

훈장은 이렇게 생각하고 이제부터는 이전과 다르게 아이에게 —— 310

훈장은 이러케 생가카고 이제부터는   이전과 다르게 아이에게

아주 잘 대접했답니다. 이전과 같이 종처럼 부리지도 않고 —— 318

아주 잘 대접핻땀니다.   이전과 가치 종처럼 부리지도 안코

글공부도 정말 열심히 가르치기 시작했지요. 몇 해가 지나자 —— 326

글꽁부도 정말 열씸히 가르치기 시자캗찌요.   멷 해가 지나자

훈장은 더 이상 아이에게 가르칠 게 없었어요. 과거 보는 때가 —— 336

훈장은 더 이상 아이에게 가르칠 께 업써써요. 과거 보는 때가

다가오자 훈장은 과거 보러 아이를 서울로 보냈답니다. —— 343

다가오자 훈장은 과거 보러 아이를 서울로 보낻땀니다.

훈장이 워낙 열심히 가르쳤고 아이도 열심히 공부해서 —— 350

훈장이 워낙 열씸히 가르첟꼬   아이도 열씸히 공부해서

과거에 급제를 했지요. 거기다 벼슬까지 얻어서 돌아오니 —— 357

과거에 급쩨를 핻찌요. 거기다 벼슬까지 어더서 도라오니

글방에서는 커다란 경사가 나서 잔치를 벌였답니다. —— 363

글빵에서는   커다란 경사가 나서 잔치를 버렫땀니다.

"네 옷소매에 있는 사주팔자를 몰래 보고 이렇게 될 줄 —— 372

"네 옫쏘매에   인는 사주팔짜를   몰래 보고 이러케 될 쭐

알았단다." —— 373

아랃딴다."

훈장은 기분이 좋아 사주팔자를 몰래 뜯어 본 것을 아이에게 —— 382

훈장은 기부니 조아 사주팔짜를   몰래 뜨더 본 거슬 아이에게

실토했어요. 아이도 웃으며 가짜 사주팔자를 품고 집을 떠난 —— 390

실토해써요.   아이도 우스며 가짜 사주팔짜를   품꼬 지블 떠난

이야기를 모두 들려주었지요. 알고 보니 결국 훈장은 가짜 —— 398

이야기를 모두 들려주얻찌요.   알고 보니 결국 훈장은 가짜

사주팔자에 속아 넘어간 꼴이 되었답니다. 사주팔자가 —— 404

사주팔짜에   소가 너머간 꼬리 되얻땀니다.   사주팔짜가

거짓이었다 해도 과거에 급제하고 벼슬도 얻었으니 훈장은 —— 411

거지시얻따   해도 과거에 급쩨하고 벼슬도 어더쓰니 훈장은

칭찬을 했답니다. —— 413

칭차늘 핻담니다.

말을 타고 풍악을 울리며 집으로 돌아가니, 마을에서도 —— 420

마를 타고 풍아글 울리며 지브로 도라가니, 마으레서도

성대한 잔치가 벌어졌지요. 아들이 건강하게 돌아온 것도 기쁜 —— 428

성대한 잔치가 버러젿찌요.   아드리 건강하게 도라온 걷또 기쁜

일인데 과거에 급제까지 했으니 말입니다. 아들은 점점 큰 —— 436

이린데 과거에 급쩨까지 해쓰니 마림니다.   아드른 점점 큰

벼슬로 올라가서 진짜로 부자가 되어 잘 살았답니다. 그러니 —— 444

벼슬로 올라가서   진짜로 부자가 되어 잘 사랃땀니다.   그러니

진짜 사주팔자는 사라지고 가짜 사주팔자대로 세상을 살게 된 —— 452

진짜 사주팔짜는   사라지고   가짜 사주팔짜대로   세상을 살게 된

셈이지요. 결국 사주팔자는 타고나는 게 아니라 사람의 힘으로 —— 460

세미지요. 결국 사주팔짜는   타고나는 게 아니라 사라믜 히므로
　　　　　　　　　　　　　　　　　　　　　　　　　　　　(메)

만들어 가는 거랍니다. —— 463

만드러 가는 거람니다.

읽은 총 어절 수 (　　　　) – 틀린 어절 수 (　　　)

= 읽기유창성 점수 (　　　　　)

1 │ 이야기에 등장하는 인물은 누구인가요? 네 사람을 써 보세요. (아동이 하나만 대답한 경우 추가 질문을 한다.)

    1점: 아버지, 아들, 훈장, 점쟁이

    0점: 오답 또는 대답을 하지 못함

2 │ 언제, 어디에서 있었던 일인가요? (아동이 둘 중 하나만 대답한 경우, 추가 질문을 한다. 예를 들어, 아동이 '언제'
에 대한 것만 대답한 경우, "어디에서 있었던 일인가요?"라고 추가 질문을 한다.)

    1점: 옛날, (어느) 마을

    0점: 오답 또는 대답을 하지 못함

3 │ 아버지가 아들의 사주팔자를 본 까닭은 무엇일까요?

    1점: 소중한 아들이 앞으로 잘 살게 될지, 못 살게 될지 궁금해서

    0점: 오답 또는 대답을 하지 못함

4 │ 아들은 어떤 사주팔자를 가지고 태어났다고 하였나요?

    1점: 평생 빌어먹는 팔자

    0점: 오답 또는 대답을 하지 못함

5 │ 가짜 사주팔자에는 무엇이라고 적혀 있었나요?

    1점: 벼슬도 하고 돈도 많이 번다고

    0점: 오답 또는 대답을 하지 못함

6 │ 사주팔자는 타고나는 것이 아니라 사람의 힘으로 만들어 간다는 것을 어떻게 알 수 있나요?

    1점: 아이의 사주팔자는 평생 빌어먹는 팔자였는데 아이가 열심히 공부를 하니(훈장이 열심히 가르
        치니) 과거에 급제하고 큰 벼슬을 얻어 부자가 되었기 때문에, (또는) 아이의 진짜 사주팔자는
        나빴지만 잘 가르치니 벼슬도 하고 부자가 되어서

    0점: 오답 또는 대답을 하지 못함

7 │ 이야기에 나오는 아들은 어떤 사람일까요? 그것을 어떻게 알 수 있는지 글에서 찾아 써 보세요.

    1점: 포기하지 않는 사람(적극적인 사람), 팔자땜을 하겠다고 고생길에 나섰기 때문에
        (또는) 영리한 사람, 가짜 사주팔자를 써 달라고 하고 마치 진짜 사주팔자인 것처럼 품고 다녀
        서, (또는) 노력하는 사람, 사주팔자를 믿기보다 스스로 노력하여서

    0점: 오답 또는 대답을 하지 못함

2 꼬마 신랑

학◇습◇목◇표◇확◇인

- 글을 읽을 때, 적당한 부분에서 글을 빠르고 정확하게 끊어 읽을 수 있다.
- 글을 읽고, 글의 중심내용과 글의 주제를 파악할 수 있다.

사◇전◇평◇가

> **지시문**
>
> 앞에 있는 종이에 글이 있어요. 이제 선생님이 "시작"이라고 하면(학생용 평가지의 첫 어절을 손가락으로 가리킨 후, 계속 훑으면서) 처음부터 읽기 시작해서 "그만"이라고 할 때까지 최대한 정확하게, 그리고 최대한 빨리 읽으세요. 글을 읽다가 모르는 글자가 나오면 선생님이 어떻게 해야 할지 알려 줄게요. 최선을 다하세요. 질문 있어요? (질문이 있으면 질문에 대답한다.) 준비, 시작. (학생이 첫 어절을 말함과 동시에 타이머를 누르고 1분간 학생의 반응을 기록한 뒤 1분이 지나면 "그만"이라고 말한다.)

읽기유창성 평가
꼬마 신랑

옛날 옛날, 어느 시골 마을에 성대한 결혼 잔치가 시끌벅적하게 ——— 9
옌날 옌날, 어느 시골 마으레 성대한 결혼 잔치가 시끌벅쩌카게

열렸어요. 어떤 색시가 연지 곤지 찍고 새 옷 입고 가마 타고 ——— 20
열려써요. 어떤 색씨가 연지 곤지 찍꼬 새 옷 입꼬 가마 타고

시집을 왔지요. 그런데 시집을 와서 보니 신랑이 아주 쪼그만 ——— 29
시지블 왇찌요. 그런데 시지블 와서 보니 실랑이 아주 쪼그만

일곱 살짜리 꼬마 아이였어요. 색시는 열아홉 살, 신랑은 일곱 살, ——— 39
일곱 쌀짜리 꼬마 아이여써요. 색씨는 여라홉 쌀, 실랑은 일곱 쌀,

옛날에만 볼 수 있었던 바로 꼬마 신랑이었지요. ——— 46
옌나레만 볼 쑤 이썯떤 바로 꼬마 실랑이언찌요.

신랑이 일곱 살짜리 아이니까 하는 일이란 게 조르는 거밖에 —— 55

없어요. 색시가 부엌에서 밥상을 준비하면서 밥을 푸면 누룽지 —— 63

긁어 달라 조르지요. 색시가 냇가에서 힘들게 빨래를 하고 있으면 —— 72

물고기를 잡아 달라고 조르지요. 다리가 아프면 업어 달라고 —— 80

조르고, 배고프면 밥 먹여 달라고 조르지요. 자다가 심심하면 —— 88

놀아 달라고 조르고, 놀다가 졸리면 재워 달라고 졸랐답니다. —— 96

아무리 어린 신랑이지만 이렇게 철없이 조르기만 하니 —— 103

색시의 마음이 어땠겠어요. 그렇지요, 색시는 그만 확 질려 버려서 —— 112

꼬마 신랑이 아무리 졸라도 쳐다보지도 않았어요. —— 118

그렇게 색시의 마음이 굳어 버린 어느 하루 밭에 일을 하러 —— 128

나갔답니다. 색시가 밭일을 하는 동안 꼬마 신랑은 집에서 —— 136

놀다가 점심때가 돼서 밥을 챙겨 밭으로 갔지요. 밥을 챙겨 —— 145

밭까지 온 것은 고마운데 또 지분지분 귀찮게 하는 거예요. —— 154

"색시야, 우리 예쁜 색시야, 망초꽃 위에 올라앉은 잠자리 —— 162

VI

잡아 주."   —— 164
자바 주."

"색시야, 우리 예쁜 색시야, 산 밑에 열려 있는 산머루 따 주."   —— 175
"색씨야, 우리 예쁜 색씨야, 산 미테 열려 인는 산머루 따 주."

"색시야, 우리 예쁜 색시야, 저 느티나무 위로 나를 올려 주."   —— 185
"색씨야, 우리 예쁜 색씨야, 저 느티나무 위로 나를 올려 주."

"색시야 우리 예쁜 색시야, 일 그만 하고 목말 태워 주."   —— 195
"색씨야 우리 예쁜 색씨야, 일 그만 하고 몽말 태워 주."

결국 화가 머리끝까지 난 색시는 꼬마 신랑을 다짜고짜   —— 203
결국 화가 머리끝까지 난 색씨는 꼬마 실랑을 다짜고짜

도랑으로 밀어 버렸지요. 그 때문에 꼬마 신랑은 도랑 흙탕물에   —— 212
도랑으로 미러 버런찌요. 그 때무네 꼬마 실랑은 도랑 흑탕무레

처박혀 온몸이 흙투성이가 되었어요. 꼬마 신랑이 터벅터벅 집   —— 220
처바켜 온모미 흑투성이가 되어써요. 꼬마 실랑이 터벅터벅 집

안으로 들어오는데 어머니가 보고 깜짝 놀라 물었지요.   —— 227
아느로 드러오는데 어머니가 보고 깜짝 놀라 무런찌요.

"아니, 네 꼴이 지금 어찌해서 그리 되었느냐?"   —— 234
"아니, 네 꼬리 지금 어찌해서 그리 되언느냐?"

만약에 '색시가 도랑에 밀어서 이렇게 되었어요.'라고 말하면   —— 241
마냐게 '색씨가 도랑에 미러서 이러케 되어써요.'라고 말하면

색시가 어떻게 되겠어요? 집안의 귀한 아들을 그렇게   —— 248
색씨가 어떠케 되게써요? 지바늬 귀한 아드를 그러케
                   (네)
만들었으니 색시는 시어머니에게 크게 혼이 나겠지요. 그런데   —— 255
만드러쓰니 색씨는 시어머니에게 크게 호니 나겐찌요. 그런데

꼬마 신랑이 이렇게 말했어요.   —— 259
꼬마 실랑이 이러케 말해써요.

"점심을 먹고 심심해서 도랑에서 붕어를 잡다 빠져서 이렇게   —— 267
"점시믈 먹꼬 심심해서 도랑에서 붕어를 잡따 빠져서 이러케

되었습니다."   —— 268
되얻씀니다."

제 색시가 어머니에게 혼이 날까 봐 걱정이 돼서 일부러   —— 277
제 색씨가 어머니에게   호니 날까 봐 걱쩡이 돼서 일부러

그렇게 말했지요. 그러니까 어머니께서 크게 의심을 하지   —— 284
그러케 말핻찌요.   그러니까   어머니께서   크게 의시믈 하지

않으시고 '다음부터는 제발 조심해라.' 하고 말았어요.   —— 290
아느시고 '다음부터는   제발 조심해라.' 하고 마라써요.

그 일이 있고 나서 며칠 후에 색시가 우물에서 물을 긷고   —— 300
그 이리 읻꼬 나서 며칠 후에 색씨가 우무레서   무를 긷꼬

있었지요. 그런데 어디서 또 꼬마 신랑이 짠하고 나타나서는   —— 308
이썯찌요.   그런데 어디서 또 꼬마 실랑이 짠하고 나타나서는

색시를 지분지분 조르기 시작했어요.   —— 312
색씨를 지분지분 조르기 시자캐써요.

"색시야, 우리 예쁜 색시야, 물은 나중에 긷고 같이 땅따먹기   —— 321
"색씨야, 우리 예쁜 색씨야, 무른 나중에 긷꼬 가치 땅따먹끼

하자."   —— 322
하자."

"색시야, 우리 예쁜 색시야, 물은 나중에 긷고 같이 구슬치기   —— 331
"색씨야, 우리 예쁜 색씨야, 무른 나중에 긷꼬 가치 구슬치기

하자."   —— 332
하자."

일이 바빠 정신없던 색시는 꼬마 신랑 때문에 또 화가   —— 341
이리 바빠 정시넙떤 색씨는 꼬마 실랑 때무네 또 화가

머리끝까지 치솟았어요. 그래서 색시는 꼬마 신랑을 다짜고짜   —— 348
머리끝까지 치소사써요.   그래서 색씨는 꼬마 실랑을 다짜고짜

소가 사는 외양간에 처넣어 버렸지요. 조금 뒤에 아버지가   —— 356
소가 사는 외양까네 처너어 버럳찌요. 조금 뒤에 아버지가

밖에서 집으로 돌아와 외양간에 있는 아들을 보고 물었어요. —— 364

바께서 지브로 도라와 외양까네 인는 아드를 보고 무러써요.

"아니, 네가 지금 외양간 안에서 무얼 한다고 들어가 있느냐?" —— 373

"아니, 네가 지금 외양깐 아네서 무얼 한다고 드러가 인느냐?"

"동네 아이들이랑 놀다가 지겨워서 외양간을 고치려고 들어 —— 380

"동네 아이드리랑 놀다가 지겨워서 외양까늘 고치려고 드러

왔습니다." —— 381

왇씀니다."

제 색시가 야단맞을까 봐 꼬마 신랑은 이번에도 일부러 말을 —— 390

제 색씨가 야단마즐까 봐 꼬마 실랑은 이버네도 일부러 마를

지어서 둘러댔지요. —— 392

지어서 둘러댇찌요.

그 일이 있고 나서 며칠 뒤에 색시가 마당에서 고추를 널고 —— 402

그 이리 읻꼬 나서 며칠 뒤에 색씨가 마당에서 고추를 널고

있었어요. 또 꼬마 신랑이 어디선가 짠하고 나타나서 힘들게 —— 410

이써써요. 또 꼬마 실랑이 어디선가 짠하고 나타나서 힘들게

일하는 색시를 조르기 시작했지요. —— 414

일하는 색씨를 조르기 시자캔찌요.

"색시야, 우리 예쁜 색시야, 일은 그만 하고 나 업어 주." —— 424

"색씨야, 우리 예쁜 색씨야, 이른 그만 하고 나 어버 주."

"색시야, 우리 예쁜 색시야, 일은 그만 하고 나 재워 주." —— 434

"색씨야, 우리 예쁜 색씨야, 이른 그만 하고 나 재워 주."

하도 귀찮게 조르니 색시가 짜증이 나서 꼬마 신랑을 지붕 —— 443

하도 귀찬케 조르니 색씨가 짜증이 나서 꼬마 실랑을 지붕

위에다 올려놨어요. 얼마 뒤에 어머니, 아버지가 밭일을 갔다 —— 451

위에다 올려놔써요. 얼마 뒤에 어머니, 아버지가 반니를 갇따

돌아오면서 지붕 위의 아들을 보고 물었지요. —— 457

도라오면서 지붕 위의 아드를 보고 무럳찌요.

VI 수준

"아니, 네가 지금 위험하게 지붕 위에 올라가서 무얼 하느냐?" —— 466

"아니, 네가 지금 위험하게 지붕 위에 올라가서 무얼 하느냐?"

"지붕 위에 열린 박이 참 실하게 보여 박 따러 올라왔습니다." —— 476

"지붕 위에 열린 바기 참 실하게 보여 박 따러 올라왈씀니다."

꼬마 신랑은 이번에도 색시를 위해서 얼른 말을 꾸며 아버지 —— 485

꼬마 실랑은 이버네도 색씨를 위해서 얼른 마를 꾸며 아버지

어머니께 둘러댔지요. 꼬마 신랑이지만 마음 씀씀이가 어른보다 —— 492

어머니께 둘러댇찌요. 꼬마 실랑이지만 마음 씀쓰미가 어른보다

깊은 걸 보고 색시는 감동하여 오순도순 잘 살았다는 —— 500

기픈 걸 보고 색씨는 감동하여 오순도순 잘 사랃따는

이야기랍니다. —— 501

이야기랍니다.

읽은 총 어절 수 (   ) − 틀린 어절 수 (   )

= 읽기유창성 점수 (   )

VI

교수-학습 활동

읽 ◇ 기 ◇ 유 ◇ 창 ◇ 성

1. 단어를 빠르고 정확하게 읽기

2. 어휘의 뜻 알아보기

성대하다	단어의 뜻: 행사의 규모가 크다. 비슷한 말: 장대하다 반대말: 초라하다, 보잘것없다
질리다	단어의 뜻: 어떤 일이나 음식에 싫증이 나다. 비슷한 말: 진력나다
도랑	단어의 뜻: 매우 좁고 작은 개울 비슷한 말: 개울, 개천

긷다	단어의 뜻: 우물이나 위에서 바가지로 물을 떠내다. 비슷한 말: 푸다
둘러대다	단어의 뜻: 그럴듯한 말로 꾸며 대다. 비슷한 말: 핑계하다, 모면하다
외양간	단어의 뜻: 말과 소를 기르는 곳 비슷한 말: 쇠마구간

📖 〈보기〉의 단어와 비슷한 말 짝이 되는 단어를 찾아서 동그라미 치세요.

 1 2) 장대한

 2 1) 질색하다

📖 다음 문장에 맞게 단어가 사용되었는지 생각해 봅시다.

 1 그 책은 처음 봐서 너무 질린다.

   예( )   아니요 (✓)   왜 그렇다고 생각하나요?   다양한 답변 가능

 2 고여 있던 빗물이 도랑을 따라 흘러갔다.

   예(✓)   아니요 ( )   왜 그렇다고 생각하나요?   다양한 답변 가능

 3 재석이는 물을 긷다가 두레박줄이 풀어져 울음을 터뜨렸다.

   예(✓)   아니요 ( )   왜 그렇다고 생각하나요?   다양한 답변 가능

3. 어구를 빠르고 정확하게 읽기

4. 글을 빠르고 정확하게 읽기

5. 이야기 지도 알아보기

6. 이야기 지도 사용하여 글 읽고 이해하기

제목: 꼬마 신랑

1 인물   이야기에 등장하는 인물은 누구인가요?

(열아홉 살) 색시, (일곱 살 또는 꼬마) 신랑

2 시간과 장소   언제, 어디에서 일어난 이야기인가요?

시간: 옛날

장소: (어느) 시골 마을

3 사건들   인물에게 어떤 일들이 일어났나요? 일이 어떠한 차례로 일어났나요?

1) 열아홉 살 색시는 일곱 살짜리 꼬마 신랑에게 시집을 오게 되었다.
2) 신랑은 매번 조르기만 했고 색시는 그런 신랑에게 질려 쳐다보지도 않게 되었다.
3) 색시가 일을 할 때마다 꼬마 신랑은 색시를 귀찮게 하였다.
4) 색시는 화가 나서 꼬마 신랑을 도랑으로 밀어 버리고, 외양간에 처넣고, 지붕 위에다 올려 버렸다.
5) 꼬마 신랑은 색시가 야단을 맞을까 봐 매번 부모님께 일부러 말을 지어서 둘러댔다.

4 끝   이야기가 어떻게 끝났나요?

색시는 꼬마 신랑의 마음 씀씀이에 감동하여 오순도순 잘 살았다.

7. 글의 주제 알기

> 주제: 진심에서 나오는 배려는 사람의 마음을 움직인다.

사 ◇ 후 ◇ 평 ◇ 가

읽기유창성 평가
꼬마 신랑

옛날 옛날, 어느 시골 마을에 성대한 결혼 잔치가 시끌벅적하게 —— 9
옌날 옌날, 어느 시골 마으레 성대한 결혼 잔치가 시끌벅쩌카게

열렸어요. 어떤 색시가 연지 곤지 찍고 새 옷 입고 가마 타고 —— 20
열려써요. 어떤 색씨가 연지 곤지 찍꼬 새 옷 입꼬 가마 타고

시집을 왔지요. 그런데 시집을 와서 보니 신랑이 아주 쪼그만 —— 29
시지블 왈찌요. 그런데 시지블 와서 보니 실랑이 아주 쪼그만

일곱 살짜리 꼬마 아이였어요. 색시는 열아홉 살, 신랑은 일곱 살, —— 39
일곱 쌀짜리 꼬마 아이여써요. 색씨는 여라홉 쌀, 실랑은 일곱 쌀,

옛날에만 볼 수 있었던 바로 꼬마 신랑이었지요. —— 46
옌나레만 볼 쑤 이썰떤 바로 꼬마 실랑이얻찌요.

신랑이 일곱 살짜리 아이니까 하는 일이란 게 조르는 거밖에 —— 55
실랑이 일곱 쌀짜리 아이니까 하는 이리란 게 조르는 거바께

없어요. 색시가 부엌에서 밥상을 준비하면서 밥을 푸면 누룽지 —— 63
업써요. 색씨가 부어케서 밥쌍을 준비하면서 바블 푸면 누룽지

긁어 달라 조르지요. 색시가 냇가에서 힘들게 빨래를 하고 있으면 —— 72
글거 달라 조르지요. 색씨가 낻까에서 힘들게 빨래를 하고 이쓰면

물고기를 잡아 달라고 조르지요. 다리가 아프면 업어 달라고 —— 80
물꼬기를 자바 달라고 조르지요. 다리가 아프면 어버 달라고

조르고, 배고프면 밥 먹여 달라고 조르지요. 자다가 심심하면 —— 88
조르고, 배고프면 밥 머겨 달라고 조르지요. 자다가 심심하면

놀아 달라고 조르고, 놀다가 졸리면 재워 달라고 졸랐답니다. —— 96
노라 달라고 조르고, 놀다가 졸리면 재워 달라고 졸랃땀니다.

아무리 어린 신랑이지만 이렇게 철없이 조르기만 하니 ——103
아무리 어린 실랑이지만 이러케 철업씨 조르기만 하니

색시의 마음이 어땠겠어요. 그렇지요, 색시는 그만 확 질려 버려서 ——112
색씨의 마으미 어땓께써요. 그러치요, 색씨는 그만 확 질려 버려서

꼬마 신랑이 아무리 졸라도 쳐다보지도 않았어요. ——118
꼬마 실랑이 아무리 졸라도 쳐다보지도 아나써요.

그렇게 색시의 마음이 굳어 버린 어느 하루 밭에 일을 하러 ——128
그러케 색씨의 마으미 구더 버린 어느 하루 바테 이를 하러

나갔답니다. 색시가 밭일을 하는 동안 꼬마 신랑은 집에서 ——136
나갇땀니다. 색씨가 반니를 하는 동안 꼬마 실랑은 지베서

놀다가 점심때가 돼서 밥을 챙겨 밭으로 갔지요. 밥을 챙겨 ——145
놀다가 점심때가 돼서 바블 챙겨 바트로 갇찌요. 바블 챙겨

밭까지 온 것은 고마운데 또 지분지분 귀찮게 하는 거예요. ——154
받까지 온 거슨 고마운데 또 지분지분 귀찬케 하는 거예요.

"색시야, 우리 예쁜 색시야, 망초꽃 위에 올라앉은 잠자리 ——162
"색씨야, 우리 예쁜 색씨야, 망초꼳 위에 올라안즌 잠자리

잡아 주." ——164
자바 주."

"색시야, 우리 예쁜 색시야, 산 밑에 열려 있는 산머루 따 주." —— 175
"색씨야, 우리 예쁜 색씨야, 산 미테 열려 인는 산머루 따 주."

"색시야, 우리 예쁜 색시야, 저 느티나무 위로 나를 올려 주." —— 185
"색씨야, 우리 예쁜 색씨야, 저 느티나무 위로 나를 올려 주."

"색시야 우리 예쁜 색시야, 일 그만 하고 목말 태워 주." —— 195
"색씨야 우리 예쁜 색씨야, 일 그만 하고 몽말 태워 주."

결국 화가 머리끝까지 난 색시는 꼬마 신랑을 다짜고짜 —— 203
결국 화가 머리끝까지 난 색씨는 꼬마 실랑을 다짜고짜

도랑으로 밀어 버렸지요. 그 때문에 꼬마 신랑은 도랑 흙탕물에 —— 212
도랑으로 미러 버렫찌요. 그 때무네 꼬마 실랑은 도랑 흑탕무레

처박혀 온몸이 흙투성이가 되었어요. 꼬마 신랑이 터벅터벅 집 —— 220
처바켜 온모미 흑투성이가 되어써요. 꼬마 실랑이 터벅터벅 집

안으로 들어오는데 어머니가 보고 깜짝 놀라 물었지요. —— 227
아느로 드러오는데 어머니가 보고 깜짝 놀라 무럳찌요.

"아니, 네 꼴이 지금 어찌해서 그리 되었느냐?" —— 234
"아니, 네 꼬리 지금 어찌해서 그리 되언느냐?"

만약에 '색시가 도랑에 밀어서 이렇게 되었어요.'라고 말하면 —— 241
마냐게 '색씨가 도랑에 미러서 이러케 되어써요.'라고 말하면

색시가 어떻게 되겠어요? 집안의 귀한 아들을 그렇게 —— 248
색씨가 어떠케 되게써요? 지바늬 귀한 아드를 그러케
(네)

만들었으니 색시는 시어머니에게 크게 혼이 나겠지요. 그런데 —— 255
만드러쓰니 색씨는 시어머니에게 크게 호니 나겓찌요. 그런데

꼬마 신랑이 이렇게 말했어요. —— 259
꼬마 실랑이 이러케 말해써요.

"점심을 먹고 심심해서 도랑에서 붕어를 잡다 빠져서 이렇게 —— 267
"점시믈 먹꼬 심심해서 도랑에서 붕어를 잡따 빠져서 이러케

되었습니다." —— 268
되얻씀니다."

제 색시가 어머니에게 혼이 날까 봐 걱정이 돼서 일부러 —— 277
제 색씨가 어머니에게 호니 날까 봐 걱쩡이 돼서 일부러

그렇게 말했지요. 그러니까 어머니께서 크게 의심을 하지 —— 284
그러케 말핻찌요. 그러니까 어머니께서 크게 의시믈 하지

않으시고 '다음부터는 제발 조심해라.' 하고 말았어요. —— 290
아느시고 '다음부터는 제발 조심해라.' 하고 마라써요.

그 일이 있고 나서 며칠 후에 색시가 우물에서 물을 긷고 —— 300
그 이리 읻꼬 나서 며칠 후에 색씨가 우무레서 무를 긷꼬

있었지요. 그런데 어디서 또 꼬마 신랑이 짠하고 나타나서는 —— 308
이썯찌요. 그런데 어디서 또 꼬마 실랑이 짠하고 나타나서는

색시를 지분지분 조르기 시작했어요. —— 312
색씨를 지분지분 조르기 시자캐써요.

"색시야, 우리 예쁜 색시야, 물은 나중에 긷고 같이 땅따먹기 —— 321
"색씨야, 우리 예쁜 색씨야, 무른 나중에 긷꼬 가치 땅따먹끼

하자." —— 322
하자."

"색시야, 우리 예쁜 색시야, 물은 나중에 긷고 같이 구슬치기 —— 331
"색씨야, 우리 예쁜 색씨야, 무른 나중에 긷꼬 가치 구슬치기

하자." —— 332
하자."

일이 바빠 정신없던 색시는 꼬마 신랑 때문에 또 화가 —— 341
이리 바빠 정시넙떤 색씨는 꼬마 실랑 때무네 또 화가

머리끝까지 치솟았어요. 그래서 색시는 꼬마 신랑을 다짜고짜 —— 348
머리끋까지 치소사써요. 그래서 색씨는 꼬마 실랑을 다짜고짜

소가 사는 외양간에 처넣어 버렸지요. 조금 뒤에 아버지가 —— 356
소가 사는 외양까네 처너어 버렫찌요. 조금 뒤에 아버지가

밖에서 집으로 돌아와 외양간에 있는 아들을 보고 물었어요. —— 364
바께서 지브로 도라와 외양까네 인는 아드를 보고 무러써요.

VI

"아니, 네가 지금 외양간 안에서 무얼 한다고 들어가 있느냐?" —— 373
"아니, 네가 지금 외양깐 아네서 무얼 한다고 드러가 인느냐?"

"동네 아이들이랑 놀다가 지겨워서 외양간을 고치려고 들어 —— 380
"동네 아이드리랑 놀다가 지겨워서 외양까늘 고치려고 드러

왔습니다." —— 381
왇씀니다."

제 색시가 야단맞을까 봐 꼬마 신랑은 이번에도 일부러 말을 —— 390
제 색씨가 야단마즐까 봐 꼬마 실랑은 이버네도 일부러 마를

지어서 둘러댔지요. —— 392
지어서 둘러댇찌요.

그 일이 있고 나서 며칠 뒤에 색시가 마당에서 고추를 널고 —— 402
그 이리 읻꼬 나서 며칠 뒤에 색씨가 마당에서 고추를 널고

있었어요. 또 꼬마 신랑이 어디선가 짠하고 나타나서 힘들게 —— 410
이써써요. 또 꼬마 실랑이 어디선가 짠하고 나타나서 힘들게

일하는 색시를 조르기 시작했지요. —— 414
일하는 색씨를 조르기 시자캗찌요.

"색시야, 우리 예쁜 색시야, 일은 그만 하고 나 업어 주." —— 424
"색씨야, 우리 예쁜 색씨야, 이른 그만 하고 나 어버 주."

"색시야, 우리 예쁜 색시야, 일은 그만 하고 나 재워 주." —— 434
"색씨야, 우리 예쁜 색씨야, 이른 그만 하고 나 재워 주."

하도 귀찮게 조르니 색시가 짜증이 나서 꼬마 신랑을 지붕 —— 443
하도 귀찬케 조르니 색씨가 짜증이 나서 꼬마 실랑을 지붕

위에다 올려놨어요. 얼마 뒤에 어머니, 아버지가 밭일을 갔다 —— 451
위에다 올려놔써요. 얼마 뒤에 어머니, 아버지가 반니를 갇따

돌아오면서 지붕 위의 아들을 보고 물었지요. —— 457
도라오면서 지붕 위의 아드를 보고 무럳찌요.

"아니, 네가 지금 위험하게 지붕 위에 올라가서 무얼 하느냐?" —— 466
"아니, 네가 지금 위험하게 지붕 위에 올라가서 무얼 하느냐?"

"지붕 위에 열린 박이 참 실하게 보여 박 따러 올라왔습니다." —— 476
"지붕 위에 열린 바기 참 실하게 보여 박 따러 올라왇씀니다."

꼬마 신랑은 이번에도 색시를 위해서 얼른 말을 꾸며 아버지 —— 485

꼬마 실랑은 이버네도 색씨를 위해서 얼른 마를 꾸며 아버지

어머니께 둘러댔지요. 꼬마 신랑이지만 마음 씀씀이가 어른보다 —— 492

어머니께 둘러댇찌요. 꼬마 실랑이지만 마음 씀쓰미가 어른보다

깊은 걸 보고 색시는 감동하여 오순도순 잘 살았다는 —— 500

기픈 걸 보고 색씨는 감동하여 오순도순 잘 사랃따는

이야기랍니다. —— 501

이야기람니다.

읽은 총 어절 수 (   ) – 틀린 어절 수 (   )

= 읽기유창성 점수 (   )

읽기이해 평가

1 이야기에 나오는 중심인물은 누구인가요? 두 사람을 써 보세요. (아동이 하나만 대답한 경우 추가 질문을 한다.)

1점: 나이 많은 색시와 꼬마 신랑, (또는) 열아홉 살 색시와 일곱 살 신랑, (또는) 색시와 꼬마 신랑

0점: 둘 중 하나, 오답 또는 대답을 하지 못함

2 언제, 어디에서 있었던 일인가요? (아동이 둘 중 하나만 대답한 경우, 추가 질문을 한다. 예를 들어, 아동이 '언제'에 대한 것만 대답한 경우, "어디에서 있었던 일인가요?"라고 추가 질문을 한다.)

1점: 옛날, (어느) 시골 마을

0점: 오답 또는 대답을 하지 못함

3 꼬마 신랑은 왜 부모님께 거짓말을 하였나요?

1점: 색시가 시어머니, 시아버지에게 혼이 날까 봐

0점: 둘 중 하나, 오답 또는 대답을 하지 못함

4 색시의 마음이 왜 굳어 버렸나요?

1점: 꼬마 신랑이 철없이 조르는 것에 확 질려서, (또는) 꼬마 신랑이 한 번이 아니고 계속해서 졸라서, (또는) 신랑이 철없이 계속 졸라서

0점: 오답 또는 대답을 하지 못함

5 | 색시가 꼬마 신랑을 혼내 주려고 어떻게 하였나요? 색시가 한 일들을 모두 써 보세요.

1점: 신랑을 도랑으로 밀어 버림, 신랑을 외양간에 처넣어 버림, 신랑을 지붕 위에 올려놓음

0점: 오답 또는 대답을 하지 못함

6 | 옛날과 오늘날의 결혼풍습이 다른 것을 어떻게 알 수 있나요? 두 가지만 써 보세요.

1점: 나이가 어린 꼬마 신랑이 나이 많은 신부와 결혼하는 것, 가마를 타고 시집가는 것, 얼굴에 연지 곤지를 찍고 결혼식에 가는 것, 서로 얼굴을 모르고 결혼하는 것 중 두 가지

0점: 오답 또는 대답을 하지 못함

7 | 이야기에 나오는 꼬마 신랑은 어떤 마음씨를 가진 사람일까요? 그것을 어떻게 알 수 있는지 글에서 찾아 써 보세요.

1점: 배려하는 마음(감싸 주는 마음)을 가진 사람, 제 색시가 야단맞을까 봐 일부러 말을 지어서 둘러대었기 때문에 등

0점: 오답 또는 대답을 하지 못함

3 부자 삼 형제

- 글을 읽을 때, 적당한 부분에서 글을 빠르고 정확하게 끊어 읽을 수 있다.
- 글을 읽고, 글의 중심내용과 글의 주제를 파악할 수 있다.

사 ◇ 전 ◇ 평 ◇ 가

지시문

앞에 있는 종이에 글이 있어요. 이제 선생님이 "시작"이라고 하면(학생용 평가지의 첫 어절을 손가락으로 가리킨 후, 계속 훑으면서) 처음부터 읽기 시작해서 "그만"이라고 할 때까지 최대한 정확하게, 그리고 최대한 빨리 읽으세요. 글을 읽다가 모르는 글자가 나오면 선생님이 어떻게 해야 할지 알려 줄게요. 최선을 다하세요. 질문 있어요? (질문이 있으면 질문에 대답한다.) 준비, 시작. (학생이 첫 어절을 말함과 동시에 타이머를 누르고 1분간 학생의 반응을 기록한 뒤 1분이 지나면 "그만"이라고 말한다.)

읽기유창성 평가
부자 삼 형제

옛날 옛적 어느 농촌 마을에 삼 형제가 함께 살아가고	—— 9
옌날 옏쩍 어느 농촌 마으레 삼 형제가 함께 사라가고	
있었습니다. 삼 형제는 부모한테 물려받은 재산이 많아 그	—— 17
이썯씀니다. 삼 형제는 부모한테 물려바든 재사니 마나 그	
마을에서 떵떵거리면서 살았지요. 그런데 그토록 잘 살면서도	—— 24
마으레서 떵떵거리면서 사랃찌요. 그런데 그토록 잘 살면서도	
삼 형제 모두 남을 도울 줄 몰랐답니다. 이웃집에 아무리 어려운	—— 34
삼 형제 모두 나믈 도울 쭐 몰랃땀니다. 이욷찌베 아무리 어려운	
사람이 있어도 나 몰라라 하고 쳐다보지도 않았습니다. 그래서	—— 42
사라미 이써도 나 몰라라 하고 쳐다보지도 아낟씀니다. 그래서	

마을 사람들은 삼 형제를 구두쇠라고 부르며 속으로 많이 —— 50
마을 사람드른 삼 형제를 구두쇠라고 부르며 소그로 마니

미워했답니다. —— 51
미워핻땀니다.

그렇게 저희만 배부르게 살고 있는데, 하루는 맏형 집에 —— 59
그러케 저히만 배부르게 살고 인는데, 하루는 마텽 지베

스님이 찾아왔습니다. 스님이 목탁을 두드리며 중얼중얼 염불을 —— 66
스니미 차자왇씀니다. 스니미 목타글 두드리며 중얼중얼 염부를

외는데 주인은 코빼기도 안 보였지요. 동냥 온 스님에게 쌀 —— 75
외는데 주이는 코빼기도 안 보옏찌요. 동냥 온 스니메게 쌀

됫박이나 돈 몇 푼을 주기가 아까웠던 게지요. 스님이 한나절이나 —— 84
되빠기나 돈 멷 푸늘 주기가 아까월떤 게지요. 스니미 한나저리나

목탁을 두드렸지만, 사람이 나오지 않아 어쩔 수 없이 돌아섰답니다. —— 93
목타글 두드렫찌만, 사라미 나오지 아나 어쩔 쑤 업씨 도라섣땀니다.

스님은 둘째 집으로 갔지만 둘째도 맏형 집과 다를 바가 —— 102
스니믄 둘째 지브로 갇찌만 둘째도 마텽 집꽈 다를 빠가

없었습니다. 아무리 목탁을 치고 열심히 염불을 외도 집 안에서는 —— 111
업썯씀니다. 아무리 목타글 치고 열씸히 염부를 외도 집 아네서는

기척도 들리지 않았지요. 스님은 맏형과 둘째 네에서 허탕을 치고 —— 120
기척또 들리지 아낟찌요. 스니믄 마텽과 둘째 네에서 허탕을 치고

마지막으로 막내 집으로 갔습니다. —— 124
마지마그로 망내 지브로 갇씀니다.

그런데 막내 집에는 어른들은 없고 대신 어린 딸아이가 하나 —— 133
그런데 망내 지베는 어른드른 업꼬 대신 어린 따라이가 하나

있었습니다. 딸은 염불 소리를 듣고 쌀 한 됫박을 퍼서 시주를 —— 143
이썯씀니다. 따른 염불 쏘리를 듣꼬 쌀 한 되빠글 퍼서 시주를

했습니다. 그랬더니 스님은 고맙다는 말은 않고 자꾸만 "허허" 하고 —— 152
핻씀니다. 그랟떠니 스니믄 고맙따는 마른 안코 자꾸만 "허허" 하고

웃기만 했습니다. 딸은 하도 이상해서 스님에게 왜 그렇게 자꾸 —— 161
욷끼만 핻씀니다.　딸은 하도 이상해서　스니메게　왜 그러케　자꾸

웃기만 하느냐고 물었습니다. —— 164
욷끼만　하느냐고　무럳씀니다.

"저기 감나무에 앉은 참새가 하는 말이 하도 우스워서 웃음이 —— 173
"저기 감나무에　안즌 참새가　하는　마리 하도 우스워서　우스미

나오는구나. 이 동네에 살고 있는 부자 삼 형제가 걸핏하면 —— 182
나오는구나.　이 동네에　살고 인는 부자 삼 형제가　걸피타면

참새들을 쫓는다는구나. 그런데 조금 있으면 자기들도 먹지 못할 —— 190
참새드를　쫀는다는구나.　그런데 조금 이쓰면　자기들도　먹찌 모탈

것을 참새 주기가 아까우냐고 하는구나." —— 195
꺼슬 참새 주기가 아까우냐고　하는구나."

딸이 가만히 들어 보니 스님 말이 심상치 않아서 조심스럽게 —— 204
따리 가만히 드러 보니 스님 마리 심상치 아나서 조심스럽께

스님에게 물었습니다. —— 206
스니메게　무럳씀니다.

"스님께서 하신 말씀은 혹시 우리 아버지 형제분이 곧 —— 214
"스님께서　하신 말쓰믄 혹씨 우리 아버지 형제부니　곧

돌아가신다는 말인지요?" —— 216
도라가신다는　마린지요?"

스님이 말없이 고개만 끄덕이자 딸은 스님 바지를 붙잡고 —— 224
스니미 마럽씨 고개만 끄더기자 따른 스님 바지를 붙짭꼬

애원을 하였습니다. —— 226
애워늘 하엳씀니다.

"스님, 제발 부탁이니 우리 아버지를 살릴 수 있는 방도를 —— 235
"스님, 제발 부타기니 우리 아버지를　살릴 쑤 인는 방도를

일러 주세요. 세상에 하나밖에 없는 제 아버지를 살릴 수 있다면 —— 245
일러 주세요. 세상에 하나바께 엄는 제 아버지를　살릴 쑤 읻따면

무엇이든 하겠습니다." — 247
무어시든   하겓씀니다."

"사람의 운명은 하늘에 달린 것이니 사람 마음대로 바꿀 수가 — 256
"사라믜   운명은   하느레   달린 거시니   사람 마음대로   바꿀 쑤가
    (메)

없구나. 하지만 삼 형제가 가진 재물을 가난한 사람들에게 — 264
업꾸나.   하지만   삼 형제가   가진 재무를   가난한   사람드레게

나누어 준다면 혹시 모르겠구나. 그렇지만 지금처럼 계속 살게 되면 — 273
나누어   준다면   혹씨 모르겓꾸나.   그러치만   지금처럼   계속 살게 되면

삼 형제는 죽어서 구렁이가 될 것이다." — 279
삼 형제는   주거서   구렁이가   될 꺼시다."

딸은 스님 말씀을 듣고 그 길로 첫째 큰아버지를 찾아갔습니다. — 288
따른 스님 말쓰믈   듣꼬 그 길로 첟째 크나버지를   차자갇씀니다.

찾아가서는 스님 말씀을 전하고 재물을 풀어 가난한 사람을 — 296
차자가서는   스님 말쓰믈 전하고 재무를 푸러 가난한 사라믈

도우라고 말했습니다. 하지만 욕심쟁이 큰형은 도리질만 할 뿐 — 304
도우라고   말핻씀니다.   하지만 욕씸쟁이   큰형은 도리질만   할 뿐

눈썹 하나 까딱하지 않았습니다. 딸은 둘째 큰아버지에게도 찾아가 — 312
눈썹 하나 까따카지   아낟씀니다.   따른 둘째 크나버지에게도   차자가

스님 말씀을 전했지만, 소용이 없었답니다. — 317
스님 말쓰믈   전핻찌만,   소용이   업썯땀니다.

딸은 어쩔 수 없이 집으로 돌아와 아버지에게 간곡하게 하소연을 — 326
따른 어쩔 쑤 업씨 지브로   도라와   아버지에게   간고카게   하소여늘

했습니다. 하지만 아버지 역시도 딸에게 화를 내며 재물을 줄 수 — 336
핻씀니다.   하지만 아버지 역씨도   따레게 화를 내며 재무를 줄 쑤

없다고 했지요. — 338
업따고   핻찌요.

며칠 있으니 건강하게 지내던 큰형이 갑자기 쓰러져 죽었다는 — 346
며칠 이쓰니 건강하게   지내던 큰형이 갑짜기   쓰러져   주걷따는

소식이 전해졌습니다. 딸은 아버지에게 관 뚜껑을 느슨하게 하고 　　　　— 354
소시기　전해젿씀니다.　　 따른 아버지에게　 관 뚜껑을 느슨하게　 하고

밤새 관을 지켜보라고 일렀습니다. 아버지는 큰형 집에 장사 　　　　— 362
밤새 과늘 지켜보라고　 일럳씀니다.　　아버지는　 큰형 지베 장사

지내러 가서는 딸이 일러 준 대로 했습니다. 밤이 깊어지니까 관 　　— 372
지내러　가서는 따리 일러 준 대로　핻씀니다.　　바미 기퍼지니까　 관

뚜껑이 들썩들썩하더니 구렁이가 밖으로 스르르 나왔답니다. 　　　— 378
뚜껑이　 들썩들써카더니　　구렁이가　 바끄로　 스르르　 나왇땀니다.

스님이 딸에게 말했던 대로 큰형이 죽어서 구렁이가 되었던 　　　　— 386
스니미 따레게　말핻떤 대로 큰형이 주거서 구렁이가　 되얻떤

겁니다. 　　　　　　　　　　　　　　　　　　　　　　　　　— 387
검니다.

며칠이 또 지나자 이번에는 둘째 형이 갑자기 죽었다는 소식이 　　— 396
며치리　또 지나자 이버네는　둘째 형이 갑짜기 주걷따는　소시기

전해졌습니다. 딸은 이번에도 관 뚜껑을 느슨하게 하고 밤새 관을 　— 405
전해젿씀니다.　　 따른 이버네도　관 뚜껑을　느슨하게　하고 밤새 과늘

지켜보라고 일렀지요. 그런데 이번에도 밤이 깊어지니까 관에서 　　— 412
지켜보라고　일럳찌요.　 그런데 이버네도　바미 기퍼지니까　 과네서

구렁이가 스르르 기어 나왔습니다. 아버지는 둘째 형 초상을 　　　— 420
구렁이가　스르르 기어 나왇씀니다.　　아버지는　둘째 형 초상을

치르고 돌아와 딸에게 모든 것을 말했습니다. 　　　　　　　　　— 426
치르고 도라와 따레게 모든 거슬 말핻씀니다.

"아버지, 사랑하는 형님 초상을 두 번이나 치르고도 정녕코 　　　　— 434
"아버지, 사랑하는　형님 초상을 두 버니나 치르고도 정녕코

깨닫지 못하시겠습니까? 만약 재물을 풀어 가난한 사람들을 　　　— 441
깨닫찌 모타시겓씀니까?　 마냑 재무를 푸러 가난한　사람드를

도와주지 않는다면 이번엔 아버지 차례입니다." 　　　　　　　　— 446
도와주지　안는다면 이버넨 아버지 차례임니다."

제 눈으로 형님들이 구렁이가 되는 것을 본 아버지는 뒤늦게 ——455
제 누느로 형님드리 구렁이가 되는 거슬 본 아버지는 뒤늘께

정신을 차렸습니다. 곡식을 풀어 굶주린 사람들에게 나눠 주고 ——463
정시늘 차렫씀니다. 곡시글 푸러 굼주린 사람드레게 나눠 주고

돈도 모두 가난한 사람들에게 나눠 주었습니다. 그리하여 이 집은 ——472
돈도 모두 가난한 사람드레게 나눠 주얻씀니다. 그리하여 이 지븐

빈털터리가 되었지만 별 탈 없이 오래오래 잘 살았답니다. 비록 ——481
빈털터리가 되얻찌만 별 탈 업씨 오래오래 잘 사랃땀니다. 비록

가진 것은 없었지만 가난한 사람들에게 재산을 나눠 준 마음만큼은 ——490
가진 거슨 업썯찌만 가난한 사람드레게 재사늘 나눠 준 마음만크믄

아름다웠으니까요. ——491
아름다워쓰니까요.

읽은 총 어절 수 (　　　) - 틀린 어절 수 (　　　)

= 읽기유창성 점수 (　　　　　　　　　　)

교수-학습 활동

읽 ◇ 기 ◇ 유 ◇ 창 ◇ 성

1. 단어를 빠르고 정확하게 읽기

2. 어휘의 뜻 알아보기

기척	단어의 뜻: 누가 있는 것 같은 소리
	비슷한 말: 소리
허탕	단어의 뜻: 어떤 일을 시도하였다가 아무 소득이 없이 일을 끝냄
	비슷한 말: 헛수고
시주	단어의 뜻: 절이나 스님에게 물건을 베풀어 주는 일
	비슷한 말: 보시

걸핏하면	단어의 뜻: 조금만 일이 있기만 하면
	비슷한 말: 툭하면, 공연히
애원	단어의 뜻: 소원을 들어 달라고 사정함
	비슷한 말: 사정, 간청, 애걸
방도	단어의 뜻: 문제를 풀어 가기 위한 방법
	비슷한 말: 방법, 방안
소용	단어의 뜻: 무언가에 쓰임
	비슷한 말: 필요
하소연	단어의 뜻: 억울한 일이나 잘못된 일을 간절히 호소함
	비슷한 말: 애걸
초상	단어의 뜻: 사람이 죽어서 장례를 치름
	비슷한 말: 장사, 장례

다음 보기의 단어 중, 문장에 알맞은 단어를 써 봅시다.

1│ 아이들은 고기를 잡으러 갔다가 허탕하고 돌아왔다.

2│ 그는 엎드려 두 손을 비비며 살려 달라고 애원을 하였다.

3│ 모두 다 지나간 일인데 그런 말을 해 보아야 무슨 소용이 있겠니?

4│ 민지는 걸핏하면 내게 시비를 건다.

5│ 아무런 기척도 없는 걸 보니 집에 사람이 없는 것 같다.

6│ 아무리 생각을 계속해 봐도 부모님을 이해시킬 방도가 없다.

7│ 옆 마을 초상집은 문상객으로 가득했다.

8│ 가난한 살림에도 불구하고 노부부는 스님에게 쌀 한 되를 시주하였다.

3. 어구를 빠르고 정확하게 읽기

4. 글을 빠르고 정확하게 읽기

읽 ◇ 기 ◇ 이 ◇ 해

5. 이야기 지도 알아보기

6. 이야기 지도 사용하여 글 읽고 이해하기

제목: 부자 삼 형제

1 **인물** 이야기에 등장하는 인물은 누구인가요?

삼 형제, 스님, 셋째의 딸

2 **시간과 장소** 언제, 어디에서 일어난 이야기인가요?

시간: 옛날

장소: (어느 농촌) 마을

3 **사건들** 인물에게 어떤 일들이 일어났나요? 일이 어떠한 차례로 일어났나요?

1) 어느 삼 형제는 물려받은 재산이 많아 잘 살면서도 남을 도울 줄 모르고 살았다.
2) 하루는 스님이 시주를 하러 맏형과 둘째 집을 찾아갔지만 허탕을 쳐서, 마지막으로 막내 집으로 갔다.
3) 막내 집의 딸이 스님에게 시주를 해 주었고 스님은 웃으며 참새가 하는 말을 전했다.
4) 딸은 스님의 말을 듣자 아버지를 살려 달라고 했고, 스님은 삼 형제가 가진 재물을 가난한 사람에게 나누어 주지 않으면 죽어서 구렁이가 된다고 했다.
5) 딸은 첫째, 둘째 큰아버지에게 찾아가 가난한 사람을 도우라고 했지만 아무 소용이 없었다.
6) 며칠 후 큰형과 둘째 형이 갑자기 죽었고, 밤이 깊어지자 두 형제는 구렁이가 되었다.

| 4 | 끝 | 이야기가 어떻게 끝났나요? |

막내는 곡식과 돈을 모두 가난한 사람들에게 나누어 주었고
별 탈 없이 오래오래 살았다.

7. 글의 주제 알기

주제: 욕심 내지 말고 다른 사람에게 베풀며 살자.

사 ◇ 후 ◇ 평 ◇ 가

> **지시문**
>
> 앞에 있는 종이에 글이 있어요. 이제 선생님이 "시작"이라고 하면(학생용 평가지의 첫 어절을 손가락으로 가리킨 후, 계속 훑으면서) 처음부터 읽기 시작해서 "그만"이라고 할 때까지 최대한 정확하게, 그리고 최대한 빨리 읽으세요. 글을 읽다가 모르는 글자가 나오면 선생님이 어떻게 해야 할지 알려 줄게요. 최선을 다하세요. 질문 있어요? (질문이 있으면 질문에 대답한다.) 준비, 시작. (학생이 첫 어절을 말함과 동시에 타이머를 누르고 1분간 학생의 반응을 기록한 뒤 1분이 지나면 "그만"이라고 말한다.)

읽기유창성 평가
부자 삼 형제

옛날 옛적 어느 농촌 마을에 삼 형제가 함께 살아가고 —— 9
옌날 옏쩍 어느 농촌 마으레 삼 형제가 함께 사라가고

있었습니다. 삼 형제는 부모한테 물려받은 재산이 많아 그 —— 17
이썯씀니다. 삼 형제는 부모한테 물려바든 재사니 마나 그

마을에서 떵떵거리면서 살았지요. 그런데 그토록 잘 살면서도 —— 24
마으레서 떵떵거리면서 사랃찌요. 그런데 그토록 잘 살면서도

삼 형제 모두 남을 도울 줄 몰랐답니다. 이웃집에 아무리 어려운 —— 34
삼 형제 모두 나믈 도울 쭐 몰랃땀니다. 이욷찌베 아무리 어려운

사람이 있어도 나 몰라라 하고 쳐다보지도 않았습니다. 그래서 —— 42

사라미 이써도 나 몰라라 하고 처다보지도 아낟씀니다. 그래서

마을 사람들은 삼 형제를 구두쇠라고 부르며 속으로 많이 —— 50

마을 사람드른 삼 형제를 구두쇠라고 부르며 소그로 마니

미워했답니다. —— 51

미워핸땀니다.

그렇게 저희만 배부르게 살고 있는데, 하루는 맏형 집에 —— 59

그러케 저히만 배부르게 살고 인는데, 하루는 마텽 지베

스님이 찾아왔습니다. 스님이 목탁을 두드리며 중얼중얼 염불을 —— 66

스니미 차자왇씀니다. 스니미 목타글 두드리며 중얼중얼 염부를

외는데 주인은 코빼기도 안 보였지요. 동냥 온 스님에게 쌀 —— 75

외는데 주이는 코빼기도 안 보엳찌요. 동냥 온 스니메게 쌀

됫박이나 돈 몇 푼을 주기가 아까웠던 게지요. 스님이 한나절이나 —— 84

되빠기나 돈 멷 푸늘 주기가 아까월떤 게지요. 스니미 한나저리나

목탁을 두드렸지만, 사람이 나오지 않아 어쩔 수 없이 돌아섰답니다. —— 93

목타글 두드럳찌만, 사라미 나오지 아나 어쩔 쑤 업씨 도라섣땀니다.

스님은 둘째 집으로 갔지만 둘째도 맏형 집과 다를 바가 —— 102

스니믄 둘째 지브로 갇찌만 둘째도 마텽 집꽈 다를 빠가

없었습니다. 아무리 목탁을 치고 열심히 염불을 외도 집 안에서는 —— 111

업썯씀니다. 아무리 목타글 치고 열씸히 염부를 외도 집 아네서는

기척도 들리지 않았지요. 스님은 맏형과 둘째 네에서 허탕을 치고 —— 120

기척또 들리지 아낟찌요. 스니믄 마텽과 둘째 네에서 허탕을 치고

마지막으로 막내 집으로 갔습니다. —— 124

마지마그로 망내 지브로 갇씀니다.

그런데 막내 집에는 어른들은 없고 대신 어린 딸아이가 하나 —— 133

그런데 망내 지베는 어른드른 업꼬 대신 어린 따라이가 하나

있었습니다. 딸은 염불 소리를 듣고 쌀 한 됫박을 퍼서 시주를 —— 143

이썯씀니다. 따른 염불 쏘리를 듣꼬 쌀 한 되빠글 퍼서 시주를

했습니다. 그랬더니 스님은 고맙다는 말은 않고 자꾸만 "허허" 하고   ——152
핸씀니다. 그랟떠니 스니믄 고맘따는 마른 안코 자꾸만 "허허" 하고

웃기만 했습니다. 딸은 하도 이상해서 스님에게 왜 그렇게 자꾸   ——161
욷끼만 핸씀니다. 따른 하도 이상해서 스니메게 왜 그러케 자꾸

웃기만 하느냐고 물었습니다.   ——164
욷끼만 하느냐고 무럳씀니다.

"저기 감나무에 앉은 참새가 하는 말이 하도 우스워서 웃음이   ——173
"저기 감나무에 안즌 참새가 하는 마리 하도 우스워서 우스미

나오는구나. 이 동네에 살고 있는 부자 삼 형제가 걸핏하면   ——182
나오는구나. 이 동네에 살고 인는 부자 삼 형제가 걸피타면

참새들을 쫓는다는구나. 그런데 조금 있으면 자기들도 먹지 못할   ——190
참새드를 쫀는다는구나. 그런데 조금 이쓰면 자기들도 먹찌 모탈

것을 참새 주기가 아까우냐고 하는구나."   ——195
꺼슬 참새 주기가 아까우냐고 하는구나."

딸이 가만히 들어 보니 스님 말이 심상치 않아서 조심스럽게   ——204
따리 가만히 드러 보니 스님 마리 심상치 아나서 조심스럽께

스님에게 물었습니다.   ——206
스니메게 무럳씀니다.

"스님께서 하신 말씀은 혹시 우리 아버지 형제분이 곧   ——214
"스님께서 하신 말쓰믄 혹씨 우리 아버지 형제부니 곧

돌아가신다는 말인지요?"   ——216
도라가신다는 마린지요?"

스님이 말없이 고개만 끄덕이자 딸은 스님 바지를 붙잡고   ——224
스니미 마럽씨 고개만 끄더기자 따른 스님 바지를 붇짭꼬

애원을 하였습니다.   ——226
애워늘 하엳씀니다.

"스님, 제발 부탁이니 우리 아버지를 살릴 수 있는 방도를   ——235
"스님, 제발 부타기니 우리 아버지를 살릴 쑤 인는 방도를

VI

일러 주세요. 세상에 하나밖에 없는 제 아버지를 살릴 수 있다면 —— 245

일러 주세요. 세상에 하나바께 엄는 제 아버지를 살릴 쑤 읻따면

무엇이든 하겠습니다." —— 247

무어시든 하겓씀니다."

"사람의 운명은 하늘에 달린 것이니 사람 마음대로 바꿀 수가 —— 256

"사라믜 운명은 하느레 달린 거시니 사람 마음대로 바꿀 쑤가
　　(메)

없구나. 하지만 삼 형제가 가진 재물을 가난한 사람들에게 —— 264

업꾸나. 하지만 삼 형제가 가진 재무를 가난한 사람드레게

나누어 준다면 혹시 모르겠구나. 그렇지만 지금처럼 계속 살게 되면 —— 273

나누어 준다면 혹씨 모르겓꾸나. 그러치만 지금처럼 계속 살게 되면

삼 형제는 죽어서 구렁이가 될 것이다." —— 279

삼 형제는 주거서 구렁이가 될 꺼시다."

딸은 스님 말씀을 듣고 그 길로 첫째 큰아버지를 찾아갔습니다. —— 288

따른 스님 말쓰믈 듣꼬 그 길로 첟째 크나버지를 차자갇씀니다.

찾아가서는 스님 말씀을 전하고 재물을 풀어 가난한 사람을 —— 296

차자가서는 스님 말쓰믈 전하고 재무를 푸러 가난한 사라믈

도우라고 말했습니다. 하지만 욕심쟁이 큰형은 도리질만 할 뿐 —— 304

도우라고 말핻씀니다. 하지만 욕씸쟁이 큰형은 도리질만 할 뿐

눈썹 하나 까딱하지 않았습니다. 딸은 둘째 큰아버지에게도 찾아가 —— 312

눈썹 하나 까따카지 아낟씀니다. 따른 둘째 크나버지에게도 차자가

스님 말씀을 전했지만, 소용이 없었답니다. —— 317

스님 말쓰믈 전핻찌만, 소용이 업썯땀니다.

딸은 어쩔 수 없이 집으로 돌아와 아버지에게 간곡하게 하소연을 —— 326

따른 어쩔 쑤 업씨 지브로 도라와 아버지에게 간고카게 하소여늘

했습니다. 하지만 아버지 역시도 딸에게 화를 내며 재물을 줄 수 —— 336

핻씀니다. 하지만 아버지 역씨도 따레게 화를 내며 재무를 줄 쑤

없다고 했지요. —— 338

업따고 핻찌요.

며칠 있으니 건강하게 지내던 큰형이 갑자기 쓰러져 죽었다는 —— 346
며칠 이쓰니 건강하게 지내던 큰형이 갑짜기 쓰러져 주걷따는

소식이 전해졌습니다. 딸은 아버지에게 관 뚜껑을 느슨하게 하고 —— 354
소시기 전해젿씀니다. 따른 아버지에게 관 뚜껑을 느슨하게 하고

밤새 관을 지켜보라고 일렀습니다. 아버지는 큰형 집에 장사 —— 362
밤새 과늘 지켜보라고 일럳씀니다. 아버지는 큰형 지베 장사

지내러 가서는 딸이 일러 준 대로 했습니다. 밤이 깊어지니까 관 —— 372
지내러 가서는 따리 일러 준 대로 핻씀니다. 바미 기퍼지니까 관

뚜껑이 들썩들썩하더니 구렁이가 밖으로 스르르 나왔답니다. —— 378
뚜껑이 들썩들써카더니 구렁이가 바끄로 스르르 나왇땀니다.

스님이 딸에게 말했던 대로 큰형이 죽어서 구렁이가 되었던 —— 386
스니미 따레게 말핻떤 대로 큰형이 주거서 구렁이가 되얻떤

겁니다. —— 387
검니다.

며칠이 또 지나자 이번에는 둘째 형이 갑자기 죽었다는 소식이 —— 396
며치리 또 지나자 이버네는 둘째 형이 갑짜기 주걷따는 소시기

전해졌습니다. 딸은 이번에도 관 뚜껑을 느슨하게 하고 밤새 관을 —— 405
전해젿씀니다. 따른 이버네도 관 뚜껑을 느슨하게 하고 밤새 과늘

지켜보라고 일렀지요. 그런데 이번에도 밤이 깊어지니까 관에서 —— 412
지켜보라고 일럳찌요. 그런데 이버네도 바미 기퍼지니까 과네서

구렁이가 스르르 기어 나왔습니다. 아버지는 둘째 형 초상을 —— 420
구렁이가 스르르 기어 나왇씀니다. 아버지는 둘째 형 초상을

치르고 돌아와 딸에게 모든 것을 말했습니다. —— 426
치르고 도라와 따레게 모든 거슬 말핻씀니다.

"아버지, 사랑하는 형님 초상을 두 번이나 치르고도 정녕코 —— 434
"아버지, 사랑하는 형님 초상을 두 버니나 치르고도 정녕코

깨닫지 못하시겠습니까? 만약 재물을 풀어 가난한 사람들을 —— 441
깨닫찌 모타시겓씀니까? 마냑 재무를 푸러 가난한 사람드를

도와주지 않는다면 이번엔 아버지 차례입니다."　　　　　　　　　　── 446

도와주지　안는다면　이버넨　아버지　차례입니다."

제 눈으로 형님들이 구렁이가 되는 것을 본 아버지는 뒤늦게　　　── 455

제 누느로　형님드리　구렁이가　되는 거슬 본 아버지는　뒤늗께

정신을 차렸습니다. 곡식을 풀어 굶주린 사람들에게 나눠 주고　── 463

정시늘　차렫씀니다.　곡시글　푸러　굼주린　사람드레게　나눠 주고

돈도 모두 가난한 사람들에게 나눠 주었습니다. 그리하여 이 집은　── 472

돈도 모두 가난한　사람드레게　나눠 주얻씀니다.　그리하여　이 지븐

빈털터리가 되었지만 별 탈 없이 오래오래 잘 살았답니다. 비록　── 481

빈털터리가　되얻찌만 별 탈 업씨 오래오래　잘 사랃땀니다.　비록

가진 것은 없었지만 가난한 사람들에게 재산을 나눠 준 마음만큼은　── 490

가진　거슨　업썯찌만　가난한　사람드레게　재사늘　나눠 준 마음만크믄

아름다웠으니까요.　　　　　　　　　　　　　　　　　── 491

아름다워쓰니까요.

읽은 총 어절 수 (　　　　) – 틀린 어절 수 (　　　　)

= 읽기유창성 점수 (　　　　　　　　　　　)

▌ 읽기이해 평가

1 이야기에 나오는 등장인물은 누구인가요? 모두 써 보세요. (아동이 하나만 대답한 경우 추가 질문을 한다.)

　　1점: 삼 형제, 스님, 셋째의 딸

　　0점: 정답의 일부, 오답 또는 대답을 하지 못함

2 언제, 어디에서 있었던 일인가요? (아동이 둘 중 하나만 대답한 경우, 추가 질문을 한다. 예를 들어, 아동이 '언제'에 대한 것만 대답한 경우, "어디에서 있었던 일인가요?"라고 추가 질문을 한다.)

　　1점: 옛날, (어느 농촌) 마을

　　0점: 정답의 일부, 오답 또는 대답을 하지 못함

3 | 마을 사람들은 삼 형제를 왜 미워했나요?

1점: 남을 도울 줄 몰라서 (또는) 어려운 사람을 쳐다보지도 않아서 (또는) 구두쇠라서

0점: 정답의 일부, 오답 또는 대답을 하지 못함

4 | 스님이 어떻게 하면 삼 형제가 살 수 있다고 하였나요?

1점: 재물을 가난한 사람들에게 나누어 주면

0점: 정답의 일부, 오답 또는 대답을 하지 못함

5 | 형들의 관에서 어떤 일이 일어났나요?

1점: (관 뚜껑이 들썩들썩하더니) 구렁이가 관 밖으로 스르르 나옴 (또는) 관에서 구렁이가 나옴 (또는) 형들이 구렁이가 되어 관 밖으로 나옴

0점: 정답의 일부, 오답 또는 대답을 하지 못하였을 경우

6 | 딸의 아버지가 재물을 나누어 준 까닭은 무엇일까요?

1점: 다음에는 자기가 죽을 것을 알아서 (또는) 딸이 다음에는 아버지가 죽을 차례라고 말해서 (또는) 형들처럼 죽을까 봐 겁이 나서

0점: 정답의 일부, 오답 또는 대답을 하지 못함

7 | 우리도 딸의 아버지처럼 오래 살려면 어떻게 해야 할까요? 그것을 어떻게 알 수 있는지 글에서 찾아 써 보세요.

1점: 가난한 사람들에게 재산을 나누어 주어야 함 (또는) 남을 도와주어야 함, 딸의 아버지가 재물을 나누어 준 후로 오래 살았기 때문에

0점: 정답의 일부, 오답 또는 대답을 하지 못함

4 술을 마시면 주정을 부리는 까닭

학◇습◇목◇표◇확◇인

- 글을 읽을 때, 적당한 부분에서 글을 빠르고 정확하게 끊어 읽을 수 있다.
- 글을 읽고, 글의 중심내용과 글의 주제를 파악할 수 있다.

사◇전◇평◇가

지시문

앞에 있는 종이에 글이 있어요. 이제 선생님이 "시작"이라고 하면(학생용 평가지의 첫 어절을 손가락으로 가리킨 후, 계속 훑으면서) 처음부터 읽기 시작해서 "그만"이라고 할 때까지 최대한 정확하게, 그리고 최대한 빨리 읽으세요. 글을 읽다가 모르는 글자가 나오면 선생님이 어떻게 해야 할지 알려 줄게요. 최선을 다하세요. 질문 있어요? (질문이 있으면 질문에 대답한다.) 준비, 시작. (학생이 첫 어절을 말함과 동시에 타이머를 누르고 1분간 학생의 반응을 기록한 뒤 1분이 지나면 "그만"이라고 말한다.)

읽기유창성 평가
술을 마시면 주정을 부리는 까닭

옛날 옛날 아주 오랜 옛날에는 이 세상에 술이라는 게 ——— 9
옌날 옌날 아주 오랜 옌나레는 이 세상에 수리라는 게

없었답니다. 그런데 효성스러운 총각에 얽힌 사연 때문에 ——— 16
업썬땀니다.   그런데 효성스러운   총가게 얼킨 사연 때무네

술이라는 게 세상에 생겼답니다. 그 사연 속에는 술을 많이 ——— 25
수리라는 게 세상에 생견땀니다.   그 사연 소게는 수를 마니

마시면 술주정을 부리는 까닭도 숨겨져 있지요. ——— 31
마시면 술쭈정을 부리는 까닥또 숨겨저 읻찌요.

옛날 아주 오랜 옛날에 효성스러운 한 총각이 아버지를 모시고 ——— 40
옌날 아주 오랜 옌나레 효성스러운   한 총가기 아버지를 모시고

살았습니다. 어린 나이에 어머니를 여의고 형제도 없이 아버지와 — 48
사랐씀니다. 어린 나이에 어머니를 여의고 형제도 업씨 아버지와

단 둘이 살았답니다. 그런데 어느 날 갑자기 아버지가 시름시름 — 57
단 두리 사랃땀니다. 그런데 어느 날 갑짜기 아버지가 시름시름

앓기 시작하더니 일어나지를 못했지요. 효성스러운 총각은 답답한 — 64
알키 시자카더니 이러나지를 모탣찌요. 효성스러운 총가근 답따판

마음에 용하다는 의원들을 찾아다니며 약을 구했답니다. 하지만 — 71
마으메 용하다는 의원드를 차자다니며 야글 구핻땀니다. 하지만

좋다는 약을 다 썼지만 차도가 없어 속이 바짝바짝 타들어 — 80
조타는 야글 다 썯찌만 차도가 업써 소기 바짝바짝 타드러

갔답니다. — 81
갇땀니다.

그러던 때에 강 건너 마을에 정말 용하다는 의원이 있다는 — 90
그러던 때에 강 건너 마으레 정말 용하다는 의워니 읻따는

소문을 들었지요. 효성스러운 아들은 그 소문을 듣고 당장 강을 — 99
소무늘 드럳찌요. 효성스러운 아드른 그 소무늘 듣꼬 당장 강을

건너 의원을 찾아갔습니다. 총각이 아버지의 병세를 자세하게 — 106
건너 의워늘 차자갇씀니다. 총가기 아버지의 병세를 자세하게
　　　　　　　　　　　　　　　　　(에)

이야기하자 의원이 골똘히 생각하다 조심스럽게 말했지요. — 112
이야기하자 의워니 골똘히 생가카다 조심스럽게 말핻찌요.

"그 병에 딱 맞는 치료약이 있기는 하지만 워낙 구하기가 — 121
"그 병에 딱 만는 치료야기 읻끼는 하지만 워낙 구하기가

어렵다네." — 122
어렵따네."

"저희 아버지를 살릴 수만 있다면 지옥에 가라고 해도 갈 수 — 132
"저히 아버지를 살릴 쑤만 읻따면 지오게 가라고 해도 갈 쑤

있습니다요." — 133
읻씀니다요."

"시체 셋을 한꺼번에 묻고, 무덤 위에 자라는 풀을 갈아 즙을 —— 143

"시체 세슬 한꺼버네 묻꼬, 무덤 위에 자라는 푸를 가라 즈블

내서 먹어야 한다네." —— 146

내서 머거야 한다네."

총각은 그날부터 시체를 찾기 위해 전국 곳곳을 헤매며 —— 154

총가근 그날부터 시체를 찬끼 위해 전국 곧꼬슬 헤매며

돌아다녔습니다. 그러나 사람이 죽으면 바로 무덤에 묻으니 —— 161

도라다녇씀니다. 그러나 사라미 주그면 바로 무더메 무드니

시체를 구하기가 쉽지 않았어요. 몇 날 며칠을 헤매다 드디어 —— 170

시체를 구하기가 쉽찌 아나써요. 면 날 며치를 헤매다 드디어

어떤 색시의 시체를 구하게 되었지요. 얌전한 색시가 죽었는데 —— 178

어떤 색씨의 시체를 구하게 되얻찌요. 얌전한 색씨가 주건는데
　　　　　　(에)

어디 사는 누구인지 몰라 묻지 못하고 있었어요. 총각은 사정을 —— 187

어디 사는 누구인지 몰라 묻찌 모타고 이써써요. 총가근 사정을

솔직하게 이야기하고 마을 사람들에게서 색시의 시체를 얻게 —— 194

솔찌카게 이야기하고 마을 사람드레게서 색씨의 시체를 얻께
　　　　　　　　　　　　　　　　　　　　(에)

되었답니다. —— 195

되얻땀니다.

색시의 시체를 짊어지고 몇 날 며칠을 가다 어느 마을에 —— 204

색씨의 시체를 질머지고 면 날 며치를 가다 어느 마으레
　　(에)

이르렀지요. 때마침 노래하고 춤추는 광대가 죽었는데 장사를 —— 211

이르럳찌요. 때마침 노래하고 춤추는 광대가 주건는데 장사를

못 지내고 있었지요. 광대는 여기저기 떠돌아다니며 노래하고 —— 218

몯 찌내고 이썯찌요. 광대는 여기저기 떠도라다니며 노래하고

춤추다가 이 마을에서 죽었다고 했지요. 광대가 어디 사는 —— 226

춤추다가 이 마으레서 주걷따고 핻찌요. 광대가 어디 사는

누구인지 아무도 몰라서 땅에 묻지 못하고 있었어요. 이번에도 —— 234

누구인지 아무도 몰라서 땅에 묻찌 모타고 이써써요. 이버네도

총각은 아버지의 병에 대해 솔직하게 이야기하고 광대의 시체를 —— 242

총가근 아버지의 병에 대해 솔찌카게 이야기하고 광대의 시체를
　　　　　(에)　　　　　　　　　　　　　　　　　(에)

얻게 되었답니다. 총각은 얌전한 처녀의 시체와 춤추고 노래하는 —— 250

얻께 되얻땀니다.　 총가근 얌전한 처녀의 시체와 춤추고 노래하는
　　　　　　　　　　　 (에)

광대의 시체를 짊어지고 떠났습니다. —— 254

광대의 시체를 질머지고 떠날씀니다.
　　　　　　　　　 (에)

총각은 또 몇 날 며칠을 헤매며 떠돌아다니다가 어느 마을에 —— 263

총가근 또 면 날 며치를 헤매며 떠도라다니다가　 어느 마으레

이르렀지요. 그 마을에는 마침 미친 사람이 죽어서 장사를 못 —— 272

이르럳찌요.　 그 마으레는 마침 미친 사라미 주거서 장사를 몯

지내고 있었답니다. 지나가던 미친 사람이 고함을 치며 닥치는 —— 280

지내고 이썯땀니다.　 지나가던 미친 사라미 고하믈 치며 닥치는

대로 물건을 부수다가 죽었지요. 지나가던 미친 사람이었으니 —— 287

대로 물거늘 부수다가 주걷찌요.　 지나가던 미친 사라미어쓰니

당연히 어디 사는 누구인지 정말 아무도 몰랐어요. 그래서 마을 —— 296

당연히 어디 사는 누구인지 정말 아무도 몰라써요.　 그래서 마을

사람들은 이러지도 저러지도 못하고 있다가 효성스러운 총각을 —— 303

사람드른 이러지도 저러지도 모타고 읻따가 효성스러운　 총가글

만났답니다. 효성스러운 총각은 이번에도 아버지의 병에 대해 —— 310

만낟땀니다.　 효성스러운 총가근 이버네도 아버지의 병에 대해
　　　　　　　　　　　　　　　　　 (에)

솔직히 이야기하고 시체를 얻었지요. 이렇게 해서 총각은 의원이 —— 318

솔찌키 이야기하고　 시체를 어덛찌요.　 이러케 해서 총가근 의워니

말한 대로 시체 셋을 구하게 되었답니다. —— 324

말한 대로 시체 세슬 구하게 되얻땀니다.

총각은 집으로 돌아와 시체 셋을 양지바른 언덕에 정성스럽게 —— 332

총가근 지브로 도라와 시체 세슬 양지바른　 언더게 정성스럽께

묻어 주었습니다. 그랬더니 며칠 뒤에 의원의 말처럼 무덤 위에 —— 341

무더 주얻씀니다.　 그랟떠니 며칠 뒤에 의워늬 말처럼 무덤 위에
　　　　　　　　　　　　　　　　　 (네)

풀이 자라기 시작했어요. 총각은 풀이 어느 정도 자란 다음 —— 350

푸리 자라기 시자캐써요.　 총가근 푸리 어느 정도 자란 다음

의원의 처방대로 풀을 갈아 즙을 냈습니다. 그러고는 즙을 —— 358

의워늬 처방대로 푸를 가라 즈블 낻씀니다.　 그러고는 즈블
　(네)

아버지에게 먹였더니 정말 신기하게도 씻은 듯이 병이 나았지요. —— 366
아버지에게   머결떠니   정말 신기하게도   씨슨 드시 병이 나았찌요.

효성스러운 총각이 죽어 가던 아버지를 살렸다는 소문이 온 —— 374
효성스러운   총가기   주거 가던 아버지를   살렫따는   소무니 온

마을에 좍 퍼졌습니다. 그러자 온 마을 사람들은 너도나도 그 —— 383
마으레   쫙 퍼졋씀니다.   그러자 온 마을 사람드른   너도나도   그

풀을 얻어다가 집에서 길렀지요. 처음에는 총각처럼 즙을 —— 390
푸를 어더다가   지베서   길럳찌요.   처으메는   총각처럼   즈블

먹었지만 나중에는 열매를 찧어 누룩을 빚어 먹었답니다. 이게 —— 398
머걷찌만   나중에는   열매를 찌어 누루글   비저 머걷땀니다.   이게

바로 요즘 사람들이 슬플 때나 즐거울 때나 먹는 술이랍니다. —— 407
바로 요즘 사람드리   슬플 때나 즐거울   때나   멍는 수리람니다.

술을 처음 먹을 때는 얌전한데, 이것은 얌전한 색시의 넋이 —— 416
수를 처음 머글 때는 얌전한데,   이거슨   얌전한   색씨의   넉씨
(에)

깃들어서 그렇지요. 또 술을 계속 먹으면 기분이 점점 좋아져서 —— 425
긷뜨러서   그러치요.   또 수를 계속 머그면   기부니 점점 조아져서

노래하고 춤추게 됩니다. 이것은 노래하고 춤추다 죽은 광대의 —— 433
노래하고   춤추게 됨니다.   이거슨 노래하고   춤추다 주근 광대의
(에)

넋이 깃들어서 그렇게 되었다고 합니다. 술을 너무 많이 먹으면 —— 442
넉씨 긷뜨러서   그러케 되얻따고   함니다.   수를 너무 마니 머그면

미친 사람처럼 고래고래 소리를 지르게 되지요. 이것은 고함을 —— 450
미친 사람처럼   고래고래   소리를 지르게 되지요.   이거슨 고하믈

치며 물건을 부수던 미친 사람의 넋이 깃들어서 그렇답니다. —— 458
치며 물거늘 부수던 미친 사라믜 넉씨 긷뜨러서   그러탐니다.
(메)

읽은 총 어절 수 (   ) – 틀린 어절 수 (   )

= 읽기유창성 점수 (   )

읽◇기◇유◇창◇성

1. 단어를 빠르고 정확하게 읽기

2. 어휘의 뜻 알아보기

사연	단어의 뜻: 어떤 일이 일어난 까닭 비슷한 말: 사정, 연유
차도	단어의 뜻: 병이 조금씩 나아가는 정도 ※ 도전문제: 3)
장사	단어의 뜻: 죽은 사람을 땅에 묻거나 화장하는 일 비슷한 말: 안장, 장례, 초상
처방	단어의 뜻: 병을 치료하기 위하여 약을 짓는 방법
효성스럽다	단어의 뜻: 마음을 다하여 부모를 섬기다.
여의다	단어의 뜻: 부모나 사랑하는 사람이 죽어서 이별하다. 비슷한 말: 사별하다, 보내다
짊어지다	단어의 뜻: 짐 따위를 지다. 비슷한 말: 지다, 둘러메다
넋	단어의 뜻: 사람의 정신 비슷한 말: 영혼, 얼, 정신 반대말: 육신, 육체

다음 보기의 단어 중, 문장에 알맞은 단어를 써 봅시다.

1 | 아버지를 위해 목숨을 바친 심청이의 **효성**이 지극하다.

2 | 의사는 약을 **처방**하고 약사는 약을 짓는다.

3 | 전쟁 때문에 할아버지가 돌아가셨는데도 제대로 **장사**를 지내지도 못했다.

4 | 아버지를 열심히 간호하였더니 병세에 **차도**가 보이기 시작하였다.

5 │ 왜 약속을 지키지 못했는지에 대한 <u>사연</u>을 담은 편지를 써서 친구에게 보냈다.

6 │ 돌아가신 고인의 <u>넋</u>을 달래는 마음으로 제사를 지냈다.

3. 어구를 빠르고 정확하게 읽기

4. 글을 빠르고 정확하게 읽기

읽 ◇ 기 ◇ 이 ◇ 해

5. 이야기 지도 알아보기

6. 이야기 지도 사용하여 글 읽고 이해하기

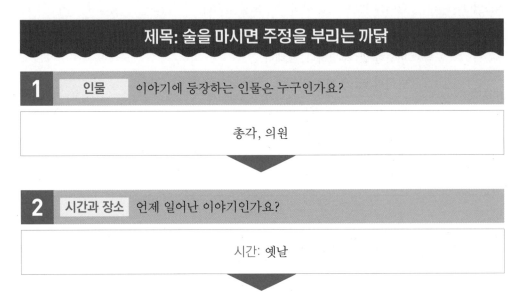

제목: 술을 마시면 주정을 부리는 까닭

1 **인물** 이야기에 등장하는 인물은 누구인가요?

총각, 의원

2 **시간과 장소** 언제 일어난 이야기인가요?

시간: 옛날

| **3** | 사건들 | 인물에게 어떤 일들이 일어났나요? 일이 어떠한 차례로 일어났나요? |

1) 옛날 효성스러운 한 총각이 아버지와 살고 있었다.
2) 어느 날 총각의 아버지가 아프시자 효성스러운 총각은 용하다는 의원을 찾아가 아버지의 병세를 전하였다.
3) 의원은 시체 셋을 한꺼번에 묻고, 무덤 위에 자라는 풀을 갈아 나온 즙을 먹어야 아버지를 살릴 수 있다고 하였다.
4) 총각은 그날부터 시체를 찾아 몇 날 며칠을 헤매며 여러 마을을 돌아다녔고, 의원의 말대로 시체 셋을 구하게 되었다.
5) 총각은 얌전한 색시, 노래하고 춤추는 광대 그리고 미친 사람의 시체를 정성껏 묻었다.
6) 총각은 며칠 뒤 무덤 위에 자란 풀을 갈아 즙을 내어 아버지에게 먹였고 병이 신기하게 나았다.

| **4** | 끝 | 이야기가 어떻게 끝났나요? |

총각이 아버지를 살렸다는 소문이 퍼졌고 사람들은
그 풀로 얻어 즙을 내어 먹다가 나중에는 누룩을 빚어 먹었는데 이것이 술이 되었다.

VI

7. 글의 주제 알기

주제: 정성이 지극하면 하늘도 감동한다.

사◇후◇평◇가

지시문

앞에 있는 종이에 글이 있어요. 이제 선생님이 "시작"이라고 하면(학생용 평가지의 첫 어절을 손가락으로 가리킨 후, 계속 훑으면서) 처음부터 읽기 시작해서 "그만"이라고 할 때까지 최대한 정확하게, 그리고 최대한 빨리 읽으세요. 글을 읽다가 모르는 글자가 나오면 선생님이 어떻게 해야 할지 알려 줄게요. 최선을 다하세요. 질문 있어요? (질문이 있으면 질문에 대답한다.) 준비, 시작. (학생이 첫 어절을 말함과 동시에 타이머를 누르고 1분간 학생의 반응을 기록한 뒤 1분이 지나면 "그만"이라고 말한다.)

읽기유창성 평가
술을 마시면 주정을 부리는 까닭

옛날 옛날 아주 오랜 옛날에는 이 세상에 술이라는 게 —— 9
옌날 옌날 아주 오랜 옌나레는 이 세상에 수리라는 게

없었답니다. 그런데 효성스러운 총각에 얽힌 사연 때문에 —— 16
업썯땀니다. 그런데 효성스러운 총가게 얼킨 사연 때무네

술이라는 게 세상에 생겼답니다. 그 사연 속에는 술을 많이 —— 25
수리라는 게 세상에 생겯땀니다. 그 사연 소게는 수를 마니

마시면 술주정을 부리는 까닭도 숨겨져 있지요. —— 31
마시면 술쭈정을 부리는 까닥또 숨겨져 읻찌요.

옛날 아주 오랜 옛날에 효성스러운 한 총각이 아버지를 모시고 —— 40
옌날 아주 오랜 옌나레 효성스러운 한 총가기 아버지를 모시고

살았습니다. 어린 나이에 어머니를 여의고 형제도 없이 아버지와 —— 48
사랃씀니다. 어린 나이에 어머니를 여의고 형제도 업씨 아버지와

단 둘이 살았답니다. 그런데 어느 날 갑자기 아버지가 시름시름 —— 57
단 두리 사랃땀니다. 그런데 어느 날 갑짜기 아버지가 시름시름

앓기 시작하더니 일어나지를 못했지요. 효성스러운 총각은 답답한 —— 64
알키 시자카더니 이러나지를 모탣찌요. 효성스러운 총가근 답따판

마음에 용하다는 의원들을 찾아다니며 약을 구했답니다. 하지만 —— 71
마으메 용하다는 의원드를 차자다니며 야글 구핻땀니다. 하지만

좋다는 약을 다 썼지만 차도가 없어 속이 바짝바짝 타들어 —— 80
조타는 야글 다 썯찌만 차도가 업써 소기 바짝바짝 타드러

갔답니다. —— 81
갇땀니다.

그러던 때에 강 건너 마을에 정말 용하다는 의원이 있다는 —— 90
그러던 때에 강 건너 마으레 정말 용하다는 의워니 읻따는

소문을 들었지요. 효성스러운 아들은 그 소문을 듣고 당장 강을 —— 99
소무늘 드럳찌요. 효성스러운 아드른 그 소무늘 듣꼬 당장 강을

건너 의원을 찾아갔습니다. 총각이 아버지의 병세를 자세하게 —— 106

건너 의워늘 차자갇씀니다.　　총가기　아버지의　병세를　자세하게
　　　　　　　　　　　　　　　　　(에)

이야기하자 의원이 골똘히 생각하다 조심스럽게 말했지요. —— 112

이야기하자　의워니　골똘히　생가카다　조심스럽께　말핻찌요.

"그 병에 딱 맞는 치료약이 있기는 하지만 워낙 구하기가 —— 121

"그 병에　딱 만는　치료야기　읻끼는　하지만　워낙　구하기가

어렵다네." —— 122

어렵따네."

"저희 아버지를 살릴 수만 있다면 지옥에 가라고 해도 갈 수 —— 132

"저히 아버지를　살릴 쑤만 읻따면　지오게　가라고 해도 갈 쑤

있습니다요." —— 133

읻씀니다요."

"시체 셋을 한꺼번에 묻고, 무덤 위에 자라는 풀을 갈아 줍을 —— 143

"시체 세슬 한꺼버네　묻꼬, 무덤 위에 자라는 푸를 가라 즈블

내서 먹어야 한다네." —— 146

내서 머거야　한다네."

총각은 그날부터 시체를 찾기 위해 전국 곳곳을 헤매며 —— 154

총가근　그날부터　시체를　찯끼 위해 전국 곧꼬슬 헤매며

돌아다녔습니다. 그러나 사람이 죽으면 바로 무덤에 묻으니 —— 161

도라다녇씀니다.　　그러나　사라미　주그면　바로 무더메 무드니

시체를 구하기가 쉽지 않았어요. 몇 날 며칠을 헤매다 드디어 —— 170

시체를　구하기가　쉽찌 아나써요.　면 날 며치를　헤매다　드디어

어떤 색시의 시체를 구하게 되었지요. 얌전한 색시가 죽었는데 —— 178

어떤 색씨의　시체를　구하게　되얻찌요.　얌전한 색씨가　주건는데
　　　　　　　　　　　　　　　　　(에)

어디 사는 누구인지 몰라 묻지 못하고 있었어요. 총각은 사정을 —— 187

어디 사는 누구인지　몰라 묻찌 모타고 이써써요.　총가근 사정을

솔직하게 이야기하고 마을 사람들에게서 색시의 시체를 얻게 —— 194

솔찌카게　이야기하고　마을 사람드레게서　색씨의 시체를 얻께
　　　　　　　　　　　　　　　　　(에)

VI

되었답니다. —— 195

되얻땀니다.

색시의 시체를 짊어지고 몇 날 며칠을 가다 어느 마을에 —— 204

색씨의 시체를 질머지고 면 날 며치를 가다 어느 마으레
　　(에)

이르렀지요. 때마침 노래하고 춤추는 광대가 죽었는데 장사를 —— 211

이르럳찌요. 때마침 노래하고 춤추는 광대가 주건는데 장사를

못 지내고 있었지요. 광대는 여기저기 떠돌아다니며 노래하고 —— 218

몯 찌내고 이썯찌요. 광대는 여기저기 떠도라다니며 노래하고

춤추다가 이 마을에서 죽었다고 했지요. 광대가 어디 사는 —— 226

춤추다가 이 마으레서 주걷따고 핻찌요. 광대가 어디 사는

누구인지 아무도 몰라서 땅에 묻지 못하고 있었어요. 이번에도 —— 234

누구인지 아무도 몰라서 땅에 묻찌 모타고 이써써요. 이버네도

총각은 아버지의 병에 대해 솔직하게 이야기하고 광대의 시체를 —— 242

총가근 아버지의 병에 대해 솔찌카게 이야기하고 광대의 시체를
　　　　(에)　　　　　　　　　　　　　　　　　　　　(에)

얻게 되었답니다. 총각은 얌전한 처녀의 시체와 춤추고 노래하는 —— 250

얻께 되얻땀니다. 총가근 얌전한 처녀의 시체와 춤추고 노래하는
　　　　　　　　　　　　　　　　　(에)

광대의 시체를 짊어지고 떠났습니다. —— 254

광대의 시체를 질머지고 떠낟씀니다.
　　(에)

총각은 또 몇 날 며칠을 헤매며 떠돌아다니다가 어느 마을에 —— 263

총가근 또 면 날 며치를 헤매며 떠도라다니다가 어느 마으레

이르렀지요. 그 마을에는 마침 미친 사람이 죽어서 장사를 못 —— 272

이르럳찌요. 그 마으레는 마침 미친 사라미 주거서 장사를 몯

지내고 있었답니다. 지나가던 미친 사람이 고함을 치며 닥치는 —— 280

지내고 이썯땀니다. 지나가던 미친 사라미 고하믈 치며 닥치는

대로 물건을 부수다가 죽었지요. 지나가던 미친 사람이었으니 —— 287

대로 물거늘 부수다가 주걷찌요. 지나가던 미친 사라미어쓰니

당연히 어디 사는 누구인지 정말 아무도 몰랐어요. 그래서 마을 —— 296

당연히 어디 사는 누구인지 정말 아무도 몰라써요. 그래서 마을

사람들은 이러지도 저러지도 못하고 있다가 효성스러운 총각을 ——303

사람드른 이러지도 저러지도 모타고 읻따가 효성스러운 총가글

만났답니다. 효성스러운 총각은 이번에도 아버지의 병에 대해 ——310

만낟땀니다. 효성스러운 총가근 이버네도 아버지의 병에 대해
(에)

솔직히 이야기하고 시체를 얻었지요. 이렇게 해서 총각은 의원이 ——318

솔찌키 이야기하고 시체를 어덛찌요. 이러케 해서 총가근 의워니

말한 대로 시체 셋을 구하게 되었답니다. ——324

말한 대로 시체 세슬 구하게 되얻땀니다.

총각은 집으로 돌아와 시체 셋을 양지바른 언덕에 정성스럽게 ——332

총가근 지브로 도라와 시체 세슬 양지바른 언더게 정성스럽께

묻어 주었습니다. 그랬더니 며칠 뒤에 의원의 말처럼 무덤 위에 ——341

무더 주얻씀니다. 그랟떠니 며칠 뒤에 의워늬 말처럼 무덤 위에
(네)

풀이 자라기 시작했어요. 총각은 풀이 어느 정도 자란 다음 ——350

푸리 자라기 시자캐써요. 총가근 푸리 어느 정도 자란 다음

의원의 처방대로 풀을 갈아 즙을 냈습니다. 그러고는 즙을 ——358

의워늬 처방대로 푸를 가라 즈블 낻씀니다. 그러고는 즈블
(네)

아버지에게 먹였더니 정말 신기하게도 씻은 듯이 병이 나았지요. ——366

아버지에게 머겯떠니 정말 신기하게도 씨슨 드시 병이 나앋찌요.

효성스러운 총각이 죽어 가던 아버지를 살렸다는 소문이 온 ——374

효성스러운 총가기 주거 가던 아버지를 살렫따는 소무니 온

마을에 쫙 퍼졌습니다. 그러자 온 마을 사람들은 너도나도 그 ——383

마으레 쫙 퍼젇씀니다. 그러자 온 마을 사람드른 너도나도 그

풀을 얻어다가 집에서 길렀지요. 처음에는 총각처럼 즙을 ——390

푸를 어더다가 지베서 길럳찌요. 처으메는 총각처럼 즈블

먹었지만 나중에는 열매를 찧어 누룩을 빚어 먹었답니다. 이게 ——398

머걷찌만 나중에는 열매를 찌어 누루글 비저 머걷땀니다. 이게

바로 요즘 사람들이 슬플 때나 즐거울 때나 먹는 술이랍니다. ——407

바로 요즘 사람드리 슬플 때나 즐거울 때나 멍는 수리랍니다.

술을 처음 먹을 때는 얌전한데, 이것은 얌전한 색시의 넋이 —— 416

수를 처음 머글 때는 얌전한데, 이거슨 얌전한 색씨의 넉씨
(에)

깃들어서 그렇지요. 또 술을 계속 먹으면 기분이 점점 좋아져서 —— 425

긷뜨러서 그러치요. 또 수를 계속 머그면 기부니 점점 조아져서

노래하고 춤추게 됩니다. 이것은 노래하고 춤추다 죽은 광대의 —— 433

노래하고 춤추게 됩니다. 이거슨 노래하고 춤추다 주근 광대의
(에)

넋이 깃들어서 그렇게 되었다고 합니다. 술을 너무 많이 먹으면 —— 442

넉씨 긷뜨러서 그러케 되얻따고 함니다. 수를 너무 마니 머그면

미친 사람처럼 고래고래 소리를 지르게 되지요. 이것은 고함을 —— 450

미친 사람처럼 고래고래 소리를 지르게 되지요. 이거슨 고하믈

치며 물건을 부수던 미친 사람의 넋이 깃들어서 그렇답니다. —— 458

치며 물거늘 부수던 미친 사라믜 넉씨 긷뜨러서 그러탐니다.
(메)

읽은 총 어절 수 (　　　　) - 틀린 어절 수 (　　　　)

= 읽기유창성 점수 (　　　　　　　　　)

읽기이해 평가

__1__ 이야기에 나오는 중심인물은 누구누구인가요? (아동이 하나만 대답한 경우 추가 질문을 한다.)

1점: (효성스러운) 총각

0점: 오답 또는 대답을 하지 못함

__2__ 언제 일어난 일인가요?

1점: 옛날 옛날 아주 오랜 옛날

0점: 오답 또는 대답을 하지 못함

__3__ 총각은 왜 강 건너 마을에 갔나요?

1점: (강 건너 마을에) 용하다는 의원이 있다는 소문을 듣고 (아버지의 병을 고치려고)

0점: 오답 또는 대답을 하지 못함

4 아버지를 살리려면 어떻게 하여야 한다고 했나요? (아동이 둘 중 하나만 대답한 경우 "또 어떻게 하여야 한다고 했나요?"라고 추가 질문을 한다.)

1점: 시체 셋을 한꺼번에 묻고, 무덤 위에 자라는 풀을 갈아 즙을 내어 먹어야 한다고 함

0점: 오답 또는 대답을 하지 못함

5 총각이 왜 시체를 구하기가 어려웠나요?

1점: 죽으면 바로 무덤에 묻기 때문에

0점: 오답 또는 대답을 하지 못함

6 마을 사람들이 총각에게 풀을 얻으려고 한 까닭은 무엇일까요?

1점: 풀이 아버지를 살렸다는 소문이 온 마을에 퍼져서, (또는) 풀을 갈아 만든 즙이 (낫기 힘든) 병을 고칠 수 있기 때문에

0점: 오답 또는 대답을 하지 못함

7 의원의 말대로 하였는데도 아버지의 병이 좋아지지 않았다면 총각은 어떻게 하였을까요? 그것을 어떻게 알 수 있는지 글에서 찾아 써 보세요.

1점: 다른 용한 의원을 찾아갔을 것이다, 아들이 효성스러워 아버지를 살리려고 끝까지 노력했을 것이기 때문에 (또는) 끝까지 아버지를 살리려고 다른 방법을 찾았을 것이다, 아버지를 살릴 수만 있다면 지옥이라도 갈 수 있다고 했기 때문에

0점: 오답 또는 대답을 하지 못하였을 경우

5 엉터리 장사꾼

● 글을 읽을 때, 적당한 부분에서 글을 빠르고 정확하게 끊어 읽을 수 있다.
● 글을 읽고, 글의 중심내용과 글의 주제를 파악할 수 있다.

지시문

앞에 있는 종이에 글이 있어요. 이제 선생님이 "시작"이라고 하면(학생용 평가지의 첫 어절을 손가락으로 가리킨 후, 계속 훑으면서) 처음부터 읽기 시작해서 "그만"이라고 할 때까지 최대한 정확하게, 그리고 최대한 빨리 읽으세요. 글을 읽다가 모르는 글자가 나오면 선생님이 어떻게 해야 할지 알려 줄게요. 최선을 다하세요. 질문 있어요? (질문이 있으면 질문에 대답한다.) 준비, 시작. (학생이 첫 어절을 말함과 동시에 타이머를 누르고 1분간 학생의 반응을 기록한 뒤 1분이 지나면 "그만"이라고 말한다.)

읽기유창성 평가
엉터리 장사꾼

옛날 큰 강이 흐르는 어느 마을에 꾀가 많은 선비가 ——— 9
옌날 큰 강이 흐르는 어느 마으레 꾀가 마는 선비가

살았습니다. 선비는 글공부만 해서 벼슬길로 나가는 다른 ——— 16
사람씀니다. 선비는 글꽁부만 해서 벼슬낄로 나가는 다른

선비들과는 아주 많이 달랐지요. 꾀가 많았던 선비는 가만히 ——— 24
선비들과는 아주 마니 달랃찌요. 꾀가 마낟떤 선비는 가만히

앉아서 글공부만 하는 걸 견디지 못했답니다. 그래서 늘 공부만 ——— 33
안자서 글꽁부만 하는 걸 견디지 모탣땀니다. 그래서 늘 공부만

하는 다른 선비들을 골탕 먹이는 일에 흥미를 가졌지요. ——— 41
하는 다른 선비드를 골탕 머기는 이레 흥미를 가젿찌요.

398

하지만 선비는 힘없고 가난한 사람들에게는 가진 것을 —— 48
하지만 선비는 히멉꼬 가난한 사람드레게는 가진 거슬

아낌없이 나눠 주는 사람이었답니다. 뿐만 아니라 선비는 날마다 —— 56
아끼멉시 나눠 주는 사라미얻땀니다. 뿐만 아니라 선비는 날마다

무술로 몸을 단련하여 힘이 아주 강했지요. 힘이 약한 사람들이 —— 65
무술로 모믈 달련하여 히미 아주 강핻찌요. 히미 야칸 사람드리

당하는 모습을 보면 지나치지 않고 항상 도와주었지요. 그래서 —— 73
당하는 모스블 보면 지나치지 안코 항상 도와주얻찌요. 그래서

힘없고 가난한 사람들에게는 나라의 임금님보다도 더 큰 —— 80
히멉꼬 가난한 사람드레게는 나라의 임금님보다도 더 큰
                                        (에)

존경을 받았답니다. —— 82
존경을 바닫땀니다.

어느 날 선비는 저녁 무렵 마을 강가를 거닐며 생각에 —— 91
어느 날 선비는 저녁 무렵 마을 강까를 거닐며 생가게

잠겼습니다. 그때는 입춘이 지나서 겨울이 가고 봄이 다시 —— 99
잠겯씀니다. 그때는 입추니 지나서 겨우리 가고 보미 다시

찾아올 무렵이었지요. 강에는 추운 북쪽으로 이동하기 위해 —— 106
차자올 무려비얻찌요. 강에는 추운 북쪼그로 이동하기 위해

잠시 쉬는 청둥오리 떼가 많았습니다. 선비는 엄청난 무리의 —— 114
잠시 쉬는 청둥오리 떼가 마낟씀니다. 선비는 엄청난 무리의
                                        (에)

오리 떼가 강에서 날아올라 날아다니는 모습에 감탄했습니다. —— 121
오리 떼가 강에서 나라올라 나라다니는 모스베 감탄핻씀니다.

한참 동안 오리 떼가 하늘로 날아오르고 다시 강에 내려앉는 —— 130
한참 동안 오리 떼가 하늘로 나라오르고 다시 강에 내려안는

모습을 보았지요. 문득 오리 떼를 팔아서 떼돈을 벌 수 있겠다는 —— 140
모스블 보얃찌요. 문득 오리 떼를 파라서 떼도늘 벌 쑤 읻껟따는

생각이 떠올랐습니다. —— 142
생가기 떠올랃씀니다.

'곧 있으면 이 강을 떠날 오리 떼들을 멍청한 선비들에게 —— 151
'곧 이쓰면 이 강을 떠날 오리 떼드를 멍청한 선비드레게

팔아야겠다. 오리 한 마리에 한 푼씩만 받아도 그 돈이 도대체 —— 161
파라야겔따.   오리 한 마리에 한 푼씽만 바다도 그 도니 도대체

얼마야? 글공부만 하는 멍청한 선비들을 속이는 일이야 식은 —— 169
얼마야? 글꽁부만   하는 멍청한 선비드를   소기는 이리야 시근

죽 먹기보다 쉽지.' —— 172
죽 먹끼보다   쉽찌.'

다음 날 선비는 마을의 어수룩한 부자 영감을 데리고 강가로 —— 181
다음 날 선비는 마으리 어수루칸 부자 영가믈 데리고 강까로
                            (레)

갔습니다. —— 182
갇씀니다.

"어젯밤에 제가 말씀드린 오리 떼가 바로 저 녀석들입니다. —— 190
"어제빠메   제가 말씀드린 오리 떼가 바로 저 녀석뜨림니다.

겨우내 먹이를 잘 먹여서 배가 아주 통통하게 살이 올랐지요." —— 199
겨우내   머기를 잘 머겨서 배가 아주 통통하게   사리 올랃찌요."

"어허, 정말 말씀대로 굉장하군요. 도대체 전부 몇 마리나 —— 207
"어허,   정말 말씀대로   굉장하구뇨.   도대체 전부 면 마리나

되는지요?" —— 208
되는지요?"

"제가 어제 하나하나 세어 보니까 전부 칠만 구천 이백 —— 217
"제가 어제 하나하나   세어 보니까 전부 칠만 구천 이백

구십칠 마리입니다. 하지만 강에서 날아올라 하늘을 날고 있는 —— 225
구십칠 마리임니다.   하지만 강에서 나라올라   하느를 날고 인는

오리들도 있으니 더 많지요. 그러니 저 오리 떼를 사시면 팔만 —— 235
오리들도   이쓰니 더 만치요. 그러니 저 오리 떼를 사시면 팔만

마리 이상을 가지게 됩니다. 하지만 가격은 한 마리에 한 푼씩 —— 245
마리 이상을   가지게 됩니다. 하지만 가겨근 한 마리에 한 푼씩

쳐서 칠만 마리만 받겠습니다. 평소에 영감과 맺어 온 인연을 — 254

쳐서 칠만 마리만 받껟씀니다. 평소에 영감과 매저 온 이녀늘

깊이 생각해서 특별히 싸게 드리는 겁니다.” — 260

기피 생가캐서 특뼐히 싸게 드리는 검니다.”

선비는 한 번도 오리 떼를 세어 본 일이 없지만 능청스럽게 — 270

선비는 한 번도 오리 떼를 세어 본 이리 업찌만 능청스께

대답했습니다. — 271

대다팯씀니다.

“오호, 그럼 말씀대로라면 만 마리를 공짜로 얻을 수 있다는 — 280

“오호, 그럼 말씀대로라면 만 마리를 공짜로 어들 쑤 읻따는

말씀인가요?” — 281

말쓰민가요?”

“영감님과 한 마을에서 오랫동안 함께 지내 온 정이 있으니 — 290

“영감님과 한 마으레서 오랟똥안 함께 지내 온 정이 이쓰니

가능한 일이지요.” — 292

가능한 이리지요.”

“그런데 말이지요, 저렇게 많은 오리가 정말 당신 것이 — 300

“그런데 마리지요, 저러케 마는 오리가 정말 당신 거시

맞나요?” — 301

만나요?”

부자 영감은 만 마리를 거저 얻는다는 말에 갑자기 의심이 — 310

부자 영가믄 만 마리를 거저 언는다는 마레 갑짜기 의시미

생겼습니다. — 311

생겯씀니다.

“물론이지요, 저 녀석들이 비록 말 못하는 짐승이지만 — 318

“물로니지요, 저 녀석뜨리 비록 말 모타는 짐승이지만

주인을 척하고 알아본답니다.” — 321

주이늘 처카고 아라본담니다.”

선비가 오리 떼가 몰려 있는 강가에 다가가서 손뼉을 치며 ——330

선비가　오리　떼가　몰려　인는　강까에　다가가서　손뻐글　치며

외쳤습니다. ——331

외쳗씀니다.

"내 사랑하는 오리들아, 너희의 힘찬 날갯짓을 보여 주자, ——339

"내　사랑하는　오리드라,　너히의　힘찬　날갣찌슬　보여　주자,
　　　　　　　　　　　　　　　　(에)

날아라! 어서 날아라!" ——342

나라라!　어서　나라라!"

선비가 큰 소리로 외치자마자 오리 떼들이 일제히 푸드득거리며 ——350

선비가　큰　소리로　외치자마자　오리　떼드리　일쩨히　푸드득꺼리며

하늘로 힘차게 날아올랐습니다. 그러고는 조금 있다가 오리 ——357

하늘로　힘차게　나라올랃씀니다.　　그러고는　조금　읻따가　오리

떼들이 내려앉을 기미가 보이자 다시 외쳤습니다. ——363

떼드리　내려안즐　기미가　보이자　다시　외쳗씀니다.

"내 사랑하는 오리들아, 이제는 강으로 내려와 편히 쉬어라, ——371

"내　사랑하는　오리드라,　이제는　강으로　내려와　편히　쉬어라,

어서 내려앉아라!" ——373

어서　내려안자라!"

또 선비의 말이 끝나자마자 오리 떼들이 일제히 우르르 ——381

또　선비의　마리　끈나자마자　오리　떼드리　일쩨히　우르르

강으로 내려앉았습니다. 부자 영감은 선비가 말하는 대로 ——388

강으로　내려안잗씀니다.　　부자　영가믄　선비가　말하는　대로

오리들이 움직이는 것을 보고 감탄했습니다. ——393

오리드리　움지기는　거슬　보고　감탄핻씀니다.

"과연 당신의 말씀대로 비록 하찮은 짐승이지만 귀신같이 ——400

"과연　당시늬　말씀대로　비록　하차는　짐승이지만　귀신가치
　　　　(네)

주인의 말을 알아듣는군요." ——403

주이늬　마를　아라든는구뇨."
　　　(네)

이리하여 부자 영감은 선비의 말에 홀랑 넘어가서 오리를 ——— 411

이리하여 부자 영가믄 선비의 마레 홀랑 너머가서 오리를
(에)

사게 되었지요. 선비는 한 마리에 한 푼씩 받아 챙기고는 ——— 420

사게 되얻찌요. 선비는 한 마리에 한 푼씩 바다 챙기고는

마을을 당장 떠나 버렸습니다. 다음 날 아침, 부자 영감은 오리 ——— 430

마으를 당장 떠나 버렫씀니다. 다음 날 아침, 부자 영가믄 오리

떼를 보러 강가로 나갔습니다. 하지만 팔만 마리나 된다던 ——— 438

떼를 보러 강까로 나갇씀니다. 하지만 팔만 마리나 된다던

오리가 단 한 마리도 보이지 않았습니다. 부자 영감은 속이 ——— 447

오리가 단 한 마리도 보이지 아낟씀니다. 부자 영가믄 소기

타서 강줄기를 따라 오르내리며 오리 떼를 찾았습니다. 하지만 ——— 455

타서 강쭐기를 따라 오르내리며 오리 떼를 차잗씀니다. 하지만

오리 떼는 봄이 찾아오는 마을을 떠나 추운 북쪽으로 떠나 ——— 464

오리 떼는 보미 차자오는 마으를 떠나 추운 북쪼그로 떠나

버렸지요. 아무리 찾아도 오리가 보이지 않자 영감은 선비에게 ——— 472

버렫찌요. 아무리 차자도 오리가 보이지 안차 영가믄 선비에게

속은 것을 알았습니다. 영감이 땅을 치며 울음을 터뜨릴 무렵 ——— 481

소근 거슬 아랃씀니다. 영가미 땅을 치며 우르믈 터뜨릴 무렵

선비는 이웃 마을로 갔습니다. 오리를 팔고 받은 돈 전부를 ——— 490

선비는 이욷 마을로 갇씀니다. 오리를 팔고 바든 돈 전부를

이웃 마을 가난한 사람들에게 나눠 주었지요. 그러고는 ——— 497

이욷 마을 가난한 사람드레게 나눠 주얻찌요. 그러고는

홀가분한 마음으로 가볍게 짐을 챙겨 다시 어디론가 길을 ——— 505

홀가분한 마으므로 가볍께 지믈 챙겨 다시 어디론가 기를

떠났습니다. ——— 506

떠낟씀니다.

읽은 총 어절 수 (   ) – 틀린 어절 수 (   )

= 읽기유창성 점수 (   )

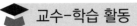 교수-학습 활동

읽 ◇ 기 ◇ 유 ◇ 창 ◇ 성

1. 단어를 빠르고 정확하게 읽기

2. 어휘의 뜻 알아보기

단련하다	단어의 뜻: 몸과 마음을 굳세게 하다. 비슷한 말: 연마하다, 수련하다
존경	단어의 뜻: 누군가를 우러러 공경함, 누군가를 높이 평가함 비슷한 말: 공경, 숭배, 존대 반대말: 멸시, 경멸, 무시
입춘	단어의 뜻: 봄이 시작되는 때 ※ 도전문제: 봄 ※ 관련 어휘: 입하(여름이 시작되는 때), 입추(가을이 시작되는 때), 입동(겨울이 시작되는 때)
어수룩하다	단어의 뜻: 겉모습이나 어설픈 데가 있다. 비슷한 말: 어리석다 반대말: 똑똑하다
능청스럽다	단어의 뜻: 속으로는 엉큼한 마음을 숨기고 겉으로는 아무렇지도 않은 척 행동하다. 비슷한 말: 능글맞다, 천연스럽다
기미	단어의 뜻: 어떤 일이 일어나는 낌새 비슷한 말: 낌새
홀가분하다	단어의 뜻: 가볍고 편안하다. 비슷한 말: 산뜻하다, 가뿐하다, 경쾌하다

다음 〈보기〉의 단어들 중 **반대말끼리 묶어 봅시다.**

1│ 어수룩하다의 반대말은 **똑똑하다**입니다.

2│ 멸시하다의 반대말은 **존경하다**입니다.

✍ 다음 〈보기〉의 단어들 중 비슷한 말끼리 묶어 봅시다.

1. 능청스럽다의 비슷한 말은 **천연스럽다**입니다.

2. **홀가분하다**의 비슷한 말은 **가뿐하다**입니다.

3. 익히다의 비슷한 말은 **단련하다**입니다.

3. 어구를 빠르고 정확하게 읽기

4. 글을 빠르고 정확하게 읽기

읽 ◇ 기 ◇ 이 ◇ 해

VI

5. 이야기 지도 알아보기

6. 이야기 지도 사용하여 글 읽고 이해하기

제목: 엉터리 장사꾼

1 인물 이야기에 등장하는 인물은 누구인가요?
(꾀가 많은) 선비와 (어수룩한) 부자 영감

2 시간과 장소 언제, 어디에서 일어난 이야기인가요?
시간: 옛날 장소: (큰) 강이 흐르는 (어느) 마을

| **3** | **사건들** | 인물에게 어떤 일들이 일어났나요? 일이 어떠한 차례로 일어났나요? |

1) 어느 날, 힘없고 가난한 사람에게 존경을 받는 꾀 많은 선비가 강가에서 청둥오리
  떼가 날아드는 모습을 보았다.
2) 선비는 그 오리 떼를 팔아 돈을 벌어 봐야겠다고 생각했다.
3) 다음 날 어수룩한 부자 영감을 강가로 데려가 어제 본 청둥오리를 자신의 것이라면
  서 만 마리를 공짜로 줄 테니 오리를 사라고 하였다.
4) 만 마리가 공짜라는 말에 부자 영감이 의심을 하자 선비는 자신이 말하는 대로 오리
  들이 움직인다며 부자 영감을 속였다.
5) 선비의 말에 넘어간 부자 영감은 오리를 샀고 선비는 마을을 떠나 버렸다.
6) 다음 날 오리 떼를 보러 강가로 온 부자 영감은 추운 북쪽으로 떠나 버린 오리들이
  보이지 않자 선비에게 속은 것을 알게 되었다.

| **4** | **끝** | 이야기가 어떻게 끝났나요? |

선비는 오리를 판 돈의 전부를 가난한 사람들에게 나눠 주고는

다시 어디론가 떠났다.

7. 글의 주제 알기

주제: 과한 욕심은 화를 부른다.

사 ◇ 후 ◇ 평 ◇ 가

지시문

앞에 있는 종이에 글이 있어요. 이제 선생님이 "시작"이라고 하면(학생용 평가지의 첫 어절을 손가락으로 가리킨 후, 계속 훑으면서) 처음부터 읽기 시작해서 "그만"이라고 할 때까지 최대한 정확하게, 그리고 최대한 빨리 읽으세요. 글을 읽다가 모르는 글자가 나오면 선생님이 어떻게 해야 할지 알려 줄게요. 최선을 다하세요. 질문 있어요? (질문이 있으면 질문에 대답한다.) 준비, 시작. (학생이 첫 어절을 말함과 동시에 타이머를 누르고 1분간 학생의 반응을 기록한 뒤 1분이 지나면 "그만"이라고 말한다.)

옛날 큰 강이 흐르는 어느 마을에 꾀가 많은 선비가 —— 9

옌날 큰 강이 흐르는 어느 마으레 꾀가 마는 선비가

살았습니다. 선비는 글공부만 해서 벼슬길로 나가는 다른 —— 16

사랃씀니다. 선비는 글꽁부만 해서 벼슬낄로 나가는 다른

선비들과는 아주 많이 달랐지요. 꾀가 많았던 선비는 가만히 —— 24

선비들과는 아주 마니 달랃찌요. 꾀가 마낟떤 선비는 가만히

앉아서 글공부만 하는 걸 견디지 못했답니다. 그래서 늘 공부만 —— 33

안자서 글꽁부만 하는 걸 견디지 모탣땀니다. 그래서 늘 공부만

하는 다른 선비들을 골탕 먹이는 일에 흥미를 가졌지요. —— 41

하는 다른 선비드를 골탕 머기는 이레 흥미를 가젿찌요.

하지만 선비는 힘없고 가난한 사람들에게는 가진 것을 —— 48

하지만 선비는 히법꼬 가난한 사람드레게는 가진 거슬

아낌없이 나눠 주는 사람이었답니다. 뿐만 아니라 선비는 날마다 —— 56

아끼멉시 나눠 주는 사라미얻땀니다. 뿐만 아니라 선비는 날마다

무술로 몸을 단련하여 힘이 아주 강했지요. 힘이 약한 사람들이 —— 65

무술로 모믈 달련하여 히미 아주 강핻찌요. 히미 야칸 사람드리

당하는 모습을 보면 지나치지 않고 항상 도와주었지요. 그래서 —— 73

당하는 모스블 보면 지나치지 안코 항상 도와주얻찌요. 그래서

힘없고 가난한 사람들에게는 나라의 임금님보다도 더 큰 —— 80

히법꼬 가난한 사람드레게는 나라의 임금님보다도 더 큰
(에)

존경을 받았답니다. —— 82

존경을 바닫땀니다.

어느 날 선비는 저녁 무렵 마을 강가를 거닐며 생각에 —— 91

어느 날 선비는 저녁 무렵 마을 강까를 거닐며 생가게

잠겼습니다. 그때는 입춘이 지나서 겨울이 가고 봄이 다시 —— 99

잠겯씀니다. 그때는 입추니 지나서 겨우리 가고 보미 다시

찾아올 무렵이었지요. 강에는 추운 북쪽으로 이동하기 위해 ——— 106

차자올 무려비엳찌요. 강에는 추운 북쪼그로 이동하기 위해

잠시 쉬는 청둥오리 떼가 많았습니다. 선비는 엄청난 무리의 ——— 114

잠시 쉬는 청둥오리 떼가 마낟씀니다. 선비는 엄청난 무리의
　　　　　　　　　　　　　　　　　　　　　　　　　　　(에)

오리 떼가 강에서 날아올라 날아다니는 모습에 감탄했습니다. ——— 121

오리 떼가 강에서 나라올라 나라다니는 모스베 감탄핻씀니다.

한참 동안 오리 떼가 하늘로 날아오르고 다시 강에 내려앉는 ——— 130

한참 동안 오리 떼가 하늘로 나라오르고   다시 강에 내려안는

모습을 보았지요. 문득 오리 떼를 팔아서 떼돈을 벌 수 있겠다는 ——— 140

모스블 보안찌요. 문득 오리 떼를 파라서 떼도늘 벌 수 읻껟따는

생각이 떠올랐습니다. ——— 142

생가기 떠올랃씀니다.

'곧 있으면 이 강을 떠날 오리 떼들을 멍청한 선비들에게 ——— 151

'곧 이쓰면 이 강을 떠날 오리 떼드를 멍청한 선비드레게

팔아야겠다. 오리 한 마리에 한 푼씩만 받아도 그 돈이 도대체 ——— 161

파라야겓따.   오리 한 마리에 한 푼씽만 바다도 그 도니 도대체

얼마야? 글공부만 하는 멍청한 선비들을 속이는 일이야 식은 ——— 169

얼마야? 글꽁부만 하는 멍청한 선비드를 소기는 이리야 시근

죽 먹기보다 쉽지.' ——— 172

죽 먹끼보다 쉽찌.'

다음 날 선비는 마을의 어수룩한 부자 영감을 데리고 강가로 ——— 181

다음 날 선비는 마으릐 어수루칸 부자 영가믈 데리고 강까로
　　　　　　　　　　　　(레)

갔습니다. ——— 182

갇씀니다.

"어젯밤에 제가 말씀드린 오리 떼가 바로 저 녀석들입니다. ——— 190

"어제빠메 제가 말씀드린 오리 떼가 바로 저 녀석뜨림니다.

겨우내 먹이를 잘 먹여서 배가 아주 통통하게 살이 올랐지요." ——— 199

겨우내 머기를 잘 머겨서 배가 아주 통통하게 사리 올랃찌요."

"어허, 정말 말씀대로 굉장하군요. 도대체 전부 몇 마리나 —— 207
"어허, 정말 말씀대로 굉장하구뇨. 도대체 전부 면 마리나

되는지요?" —— 208
되는지요?"

"제가 어제 하나하나 세어 보니까 전부 칠만 구천 이백 —— 217
"제가 어제 하나하나 세어 보니까 전부 칠만 구천 이백

구십칠 마리입니다. 하지만 강에서 날아올라 하늘을 날고 있는 —— 225
구십칠 마리임니다. 하지만 강에서 나라올라 하느를 날고 인는

오리들도 있으니 더 많지요. 그러니 저 오리 떼를 사시면 팔만 —— 235
오리들도 이쓰니 더 만치요. 그러니 저 오리 떼를 사시면 팔만

마리 이상을 가지게 됩니다. 하지만 가격은 한 마리에 한 푼씩 —— 245
마리 이상을 가지게 됩니다. 하지만 가겨근 한 마리에 한 푼씩

쳐서 칠만 마리만 받겠습니다. 평소에 영감과 맺어 온 인연을 —— 254
쳐서 칠만 마리만 받껟씀니다. 평소에 영감과 매저 온 이녀늘

깊이 생각해서 특별히 싸게 드리는 겁니다." —— 260
기피 생가캐서 특뼐히 싸게 드리는 겁니다."

선비는 한 번도 오리 떼를 세어 본 일이 없지만 능청스럽게 —— 270
선비는 한 번도 오리 떼를 세어 본 이리 업찌만 능청스럽께

대답했습니다. —— 271
대다팯씀니다.

"오호, 그럼 말씀대로라면 만 마리를 공짜로 얻을 수 있다는 —— 280
"오호, 그럼 말씀대로라면 만 마리를 공짜로 어들 쑤 읻따는

말씀인가요?" —— 281
말쓰민가요?"

"영감님과 한 마을에서 오랫동안 함께 지내 온 정이 있으니 —— 290
"영감님과 한 마으레서 오랟똥안 함께 지내 온 정이 이쓰니

가능한 일이지요." —— 292
가능한 이리지요."

"그런데 말이지요, 저렇게 많은 오리가 정말 당신 것이 —— 300
"그런데 마리지요, 저러케 마는 오리가 정말 당신 거시

맞나요?" —— 301
만나요?"

부자 영감은 만 마리를 거저 얻는다는 말에 갑자기 의심이 —— 310
부자 영가믄 만 마리를 거저 언는다는 마레 갑짜기 의시미

생겼습니다. —— 311
생겯씀니다.

"물론이지요, 저 녀석들이 비록 말 못하는 짐승이지만 —— 318
"물로니지요, 저 녀석뜨리 비록 말 모타는 짐승이지만

주인을 척하고 알아본답니다." —— 321
주이늘 처카고 아라본담니다."

선비가 오리 떼가 몰려 있는 강가에 다가가서 손뼉을 치며 —— 330
선비가 오리 떼가 몰려 인는 강까에 다가가서 손뼈글 치며

외쳤습니다. —— 331
외쳗씀니다.

"내 사랑하는 오리들아, 너희의 힘찬 날갯짓을 보여 주자, —— 339
"내 사랑하는 오리드라, 너히의 힘찬 날갣찌슬 보여 주자,
                                          (에)

날아라! 어서 날아라!" —— 342
나라라! 어서 나라라!"

선비가 큰 소리로 외치자마자 오리 떼들이 일제히 푸드득거리며 —— 350
선비가 큰 소리로 외치자마자 오리 떼드리 일쩨히 푸드득꺼리며

하늘로 힘차게 날아올랐습니다. 그러고는 조금 있다가 오리 —— 357
하늘로 힘차게 나라올랃씀니다. 그러고는 조금 읻따가 오리

떼들이 내려앉을 기미가 보이자 다시 외쳤습니다. —— 363
떼드리 내려안즐 기미가 보이자 다시 외쳗씀니다.

"내 사랑하는 오리들아, 이제는 강으로 내려와 편히 쉬어라, —— 371
"내 사랑하는 오리드라, 이제는 강으로 내려와 편히 쉬어라,

어서 내려앉아라!" —— 373

어서 내려안자라!"

또 선비의 말이 끝나자마자 오리 떼들이 일제히 우르르 —— 381

또 선비의 마리 끈나자마자   오리 떼드리 일쩨히 우르르

강으로 내려앉았습니다. 부자 영감은 선비가 말하는 대로 —— 388

강으로 내려안잗씀니다.   부자 영가믄 선비가 말하는 대로

오리들이 움직이는 것을 보고 감탄했습니다. —— 393

오리드리   움지기는   거슬 보고 감탄핻씀니다.

"과연 당신의 말씀대로 비록 하찮은 짐승이지만 귀신같이 —— 400

"과연 당시늬 말씀대로 비록 하차는 짐승이지만   귀신가치
        (네)

주인의 말을 알아듣는군요." —— 403

주이늬   마를 아라듣는구뇨."
    (네)

이리하여 부자 영감은 선비의 말에 홀랑 넘어가서 오리를 —— 411

이리하여   부자 영가믄   선비의   마레 홀랑 너머가서   오리를
            (에)

사게 되었지요. 선비는 한 마리에 한 푼씩 받아 챙기고는 —— 420

사게 되얻찌요.   선비는 한 마리에 한 푼씩 바다 챙기고는

마을을 당장 떠나 버렸습니다. 다음 날 아침, 부자 영감은 오리 —— 430

마으를 당장 떠나 버럳씀니다.   다음 날 아침, 부자 영가믄 오리

떼를 보러 강가로 나갔습니다. 하지만 팔만 마리나 된다던 —— 438

떼를 보러 강까로 나갇씀니다.   하지만 팔만 마리나 된다던

오리가 단 한 마리도 보이지 않았습니다. 부자 영감은 속이 —— 447

오리가 단 한 마리도 보이지 아낟씀니다.   부자 영가믄 소기

타서 강줄기를 따라 오르내리며 오리 떼를 찾았습니다. 하지만 —— 455

타서 강쭐기를 따라 오르내리며   오리 떼를 차잗씀니다.   하지만

오리 떼는 봄이 찾아오는 마을을 떠나 추운 북쪽으로 떠나 —— 464

오리 떼는 보미 차자오는   마으를 떠나 추운 북쪼그로   떠나

버렸지요. 아무리 찾아도 오리가 보이지 않자 영감은 선비에게 —— 472

버럳찌요.   아무리 차자도 오리가 보이지 안차 영가믄 선비에게

속은 것을 알았습니다. 영감이 땅을 치며 울음을 터뜨릴 무렵 ——481

소근 거슬 아랃씀니다.   영가미 땅을 치며 우르믈 터뜨릴 무렵

선비는 이웃 마을로 갔습니다. 오리를 팔고 받은 돈 전부를 ——490

선비는 이욷 마을로 갇씀니다.   오리를 팔고 바든 돈 전부를

이웃 마을 가난한 사람들에게 나눠 주었지요. 그러고는 ——497

이욷 마을 가난한 사람드레게   나눠 주얻찌요.   그러고는

홀가분한 마음으로 가볍게 짐을 챙겨 다시 어디론가 길을 ——505

홀가분한 마으므로 가볍께 지믈 챙겨 다시 어디론가   기를

떠났습니다. ——506

떠낟씀니다.

읽은 총 어절 수 (   ) – 틀린 어절 수 (   )

= 읽기유창성 점수 (   )

▌읽기이해 평가

1┃ 이야기에 나오는 중심인물은 누구인가요? 두 사람을 써 보세요. (아동이 하나만 대답한 경우 추가 질문을 한다.)

　　1점: (꾀가 많은) 선비, (어수룩한) 부자 영감

　　0점: 오답 또는 대답을 하지 못함

2┃ 언제, 어디에서 있었던 일인가요? (아동이 둘 중 하나만 대답한 경우, 추가 질문을 한다. 예를 들어, 아동이 '언제'에 대한 것만 대답한 경우, "어디에서 있었던 일인가요?"라고 추가 질문을 한다.)

　　1점: 옛날, (큰) 강이 흐르는 (어느) 마을

　　0점: 오답 또는 대답을 하지 못함

3┃ 선비는 왜 가난한 사람에게 존경을 받았나요?

　　1점: 힘이 약한(또는 힘이 없는) 사람을 도와주어서, (또는) 가난한 사람에게 [아낌없이 (또는) 잘] 나누어 주어서

　　0점: 오답 또는 대답을 하지 못함

4 | 선비는 어떻게 떼돈을 벌게 되었나요?

1점: (강에 있는 오리 떼를 자기 것이라 속이고) 부자 영감에게 거짓말을 하고 오리 떼를 팔아서

0점: 오답 또는 대답을 하지 못함

5 | 다음 날 부자 영감이 오리 떼를 보러 강가로 나갔을 때 어떤 일이 있었나요?

1점: 오리가 단 한 마리도 보이지 않았음

0점: 오답 또는 대답을 하지 못하였을 경우

6 | 오리 떼가 떠난 까닭은 무엇일까요?

1점: (봄이 찾아오는 마을을 떠나) 추운 북쪽으로 떠났기 때문에

0점: 오답 또는 대답을 하지 못함

7 | 이야기에 나오는 부자 영감의 마음은 어떠하였을까요? 그것을 어떻게 알 수 있는지 글에서 찾아 써 보세요.

1점: 너무 화가 났을 것 같음(속아 넘어 간 것이 억울할 것 같음, 속이 상할 것 같음), 영감이 땅을 치며 울음을 터트렸다고 하였기 때문에

0점: 오답 또는 대답을 하지 못함

VI

6 유리병 속의 난쟁이 세상

- 글을 읽을 때, 적당한 부분에서 글을 빠르고 정확하게 끊어 읽을 수 있다.
- 글을 읽고, 글의 중심내용과 글의 주제를 파악할 수 있다.

지시문

앞에 있는 종이에 글이 있어요. 이제 선생님이 "시작"이라고 하면(학생용 평가지의 첫 어절을 손가락으로 가리킨 후, 계속 훑으면서) 처음부터 읽기 시작해서 "그만"이라고 할 때까지 최대한 정확하게, 그리고 최대한 빨리 읽으세요. 글을 읽다가 모르는 글자가 나오면 선생님이 어떻게 해야 할지 알려 줄게요. 최선을 다하세요. 질문 있어요? (질문이 있으면 질문에 대답한다.) 준비, 시작. (학생이 첫 어절을 말함과 동시에 타이머를 누르고 1분간 학생의 반응을 기록한 뒤 1분이 지나면 "그만"이라고 말한다.)

읽기유창성 평가
유리병 속의 난쟁이 세상

옛날 어느 깊은 산골마을에 한 할아버지가 홀로 외롭게 ——— 8
옌날　어느　기픈　산꼴마으레　한　하라버지가　홀로　외롭께

살아가고 있었습니다. 젊어서는 아내를 잃고 늙어서는 ——— 14
사라가고　이썯씀니다.　절머서는　아내를　일코　늘거서는

자식들마저 먼저 저 세상으로 보내고 말았지요. 그렇다고 ——— 21
자식뜰마저　먼저 저 세상으로　보내고　마랃찌요.　그러타고

재산이 많은 것도 아니고 변변한 땅이 있는 것도 아니었습니다. ——— 30
재사니　마는　걷또　아니고　변변한　땅이　인는　걷또　아니얻씀니다.

재주라고는 짚신을 만드는 것뿐이라서 겨우 입에 풀칠하며 ——— 37
재주라고는　집씨늘　만드는　걷뿌니라서　겨우　이베　풀칠하며

근근이 먹고살았답니다. — 39

근그니　먹꼬사랃땀니다.

하루는 할아버지가 장터에 나가 짚신을 팔고 있는데 웬 — 47

하루는　하라버지가　　장터에　나가　집씨늘　팔고　인는데　웬

스님이 다가왔습니다. — 49

스니미　다가왇씀니다.

"노인장, 소승이 목이 몹시 마르니 물 한 그릇만 떠다 주시오." — 59

"노인장,　소승이　모기　몹씨　마르니　물 한 그른만　떠다 주시오."

할아버지가 스님을 보아 하니 손발이 멀쩡하고 나이도 — 66

하라버지가　　스니믈　보아 하니　손바리　멀쩡하고　나이도

자신보다 훨씬 어려 보였답니다. 보통 사람 같았으면 "당신은 — 74

자신보다　훨씬　어려　보엳땀니다.　보통　사람　가타쓰면　"당시는

손이 없소? 발이 없소?" 하며 따졌겠지요. 하지만 — 81

소니　업쏘?　바리　업쏘?"　하며　따젇께찌요.　　하지만

할아버지는 자신보다 어린 스님에게 면박을 주지 않고 우물을 — 89

하라버지는　자신보다　어린　스니메게　면바글　주지 안코　우무를

찾았습니다. 멀리 떨어진 우물까지 달려가 물 한 바가지를 떠서 — 98

차잗씀니다.　　멀리　떠러진　우물까지　달려가　물 한 바가지를　떠서

스님에게 주었답니다. 어찌나 서둘러 물을 떠서 돌아왔는지 — 105

스니메게　주얻땀니다.　　어찌나　서둘러　무를　떠서　도라완는지

할아버지의 넓은 이마엔 땀방울이 맺혔지요. 스님은 할아버지가 — 112

하라버지의　널븐　이마엔　땀빵우리　매쳗찌요.　스니믄　하라버지가

떠 준 물을 벌컥벌컥 달게 마시고는 선물을 주었습니다. — 120

떠 준 무를 벌컥벌컥　달게 마시고는　선무를　주얻씀니다.

"가진 게 이것밖에 없어 그러니 우습게 생각 마시고 받아 — 129

"가진 게 이걷바께　업써　그러니　우습께　생각 마시고　바다

주세요." — 130

주세요."

스님은 바랑 속에 넣었던 조그마한 병 하나를 꺼내 ——138
스니믄 바랑 소게 너얻떤 조그마한 병 하나를 꺼내

할아버지께 드렸습니다. 할아버지가 병을 받아서 자세히 ——144
하라버지께 드렫씀니다. 하라버지가 병을 바다서 자세히

살펴보니 아무것도 안 든 빈 병이었지요. 그래도 할아버지는 ——152
살펴보니 아무걷또 안 든 빈 병이얻찌요. 그래도 하라버지는

스님 정성이라 생각하고 병을 소중하게 품 안에 챙겨 ——160
스님 정성이라 생가카고 병을 소중하게 품 아네 챙겨

넣었습니다. ——161
너얻씀니다.

그날 집으로 돌아와서 병을 머리맡에 두고 깊은 잠에 ——169
그날 지브로 도라와서 병을 머리마테 두고 기픈 자메

들었습니다. 그런데 잠결에 어디선가 흥겨운 노랫소리가 크게 ——176
드럳씀니다. 그런데 잠껴레 어디선가 흥겨운 노랟쏘리가 크게

들려 할아버지는 잠에서 깨어났답니다. 잠자리에서 일어나 ——182
들려 하라버지는 자메서 깨어낟땀니다. 잠짜리에서 이러나

이리저리 살펴보니 그 노랫소리가 병 속에서 들리는 ——189
이리저리 살펴보니 그 노랟쏘리가 병 소게서 들리는

것이었어요. 너무 신기해서 병 속을 자세히 들여다보니 마법 ——197
거시어써요. 너무 신기해서 병 소글 자세히 드려다보니 마법

같은 일이 일어났습니다. ——200
가튼 이리 이러낟씀니다.

다른 게 아니라 그 조그마한 병 속에 온갖 게 다 있었습니다. ——211
다른 게 아니라 그 조그마한 병 소게 온갇 게 다 이썯씀니다.

집도 있고, 사람도 있고, 장터도 있고, 산도 있고, 바다도 ——220
집또 읻꼬, 사람도 읻꼬, 장터도 읻꼬, 산도 읻꼬, 바다도

있었답니다. 그런데 그 모든 것이 죄다 조그마해서 마치 개미 ——229
이썯땀니다. 그런데 그 모든 거시 죄다 조그마해서 마치 개미

세상 같았습니다.   — 231

세상　가탇씀니다.

할아버지가 하도 신기해서 물끄러미 들여다보니까 병 속에서   — 238

하라버지가　하도 신기해서　물끄러미　드려다보니까　병 소게서

작은 사내아이가 나왔습니다. 병 밖으로 나오자마자 스르르   — 245

자근 사내아이가　나왇씀니다.　병 바끄로　나오자마자　스르르

몸이 커져서 보통 사람 몸집만 해졌지요. 푸른 옷을 입은   — 254

모미 커져서　보통 사람 몸찝만 해젇찌요.　푸른 오슬 이븐

사내아이는 할아버지께 꾸벅 절을 하더니 말을 했습니다.   — 261

사내아이는　하라버지께　꾸벅 저를 하더니 마를 핻씀니다.

"저는 할아버지를 병 속의 난쟁이 세상으로 잘 모시기 위해   — 270

"저는 하라버지를　병 소긔 난쟁이 세상으로　잘 모시기　위해
         (게)

파견되었습니다."   — 271

파견되얻씀니다."

"내가 이렇게 큰 몸집으로 어떻게 저 병 속으로 들어간단   — 280

"내가 이러케 큰 몸찌브로　어떠케 저 병 소그로　드러간단

말이냐?"   — 281

마리냐?"

사내아이는 할아버지에게 그런 걱정은 하지 말라며 할아버지를 — 288

사내아이는　하라버지에게　그런 걱쩡은 하지 말라며 하라버지를

향해 입김을 불었습니다. 사내아이의 입김이 닿자마자 할아버지 — 295

향해 입기믈 부럳씀니다.　사내아이의　입기미 다차마자　하라버지
          (에)

몸집이 점점 작아지더니 금세 개미만큼 작아졌습니다.   — 301

몸찌비 점점 자가지더니　금세 개미만큼　자가젿씀니다.

사내아이도 다시 몸집이 작아져 할아버지를 데리고 병 속으로 — 309

사내아이도　다시 몸찌비 자가져 하라버지를　데리고 병 소그로

쏙 들어갔습니다.   — 311

쏙 드러갇씀니다.

할아버지가 병 속 세상으로 들어가 보니 이보다 더 좋은 ——320
하라버지가 병 속 세상으로 드러가 보니 이보다 더 조은

세상이 없었습니다. 날씨는 춥지도 않고 덥지도 않고 맑았으며, ——328
세상이 업썰씀니다. 날씨는 춥찌도 안코 덥찌도 안코 말간쓰며,

바람은 산들산들 적당히 불었지요. 곳곳에는 맛있는 음식이 ——335
바라믄 산들산들 적땅히 부럳찌요. 곳꼬세는 마신는 음시기

그득했고, 어딜 가나 마음씨 좋은 사람들만 있었답니다. ——342
그드캗꼬, 어딜 가나 마음씨 조은 사람들만 이썯땀니다.

할아버지는 신나게 이곳저곳 다니며 경치구경도 하고, 맛난 ——349
하라버지는 신나게 이곧쩌곧 다니며 경치구경도 하고, 만난

음식도 배불리 먹었습니다. 그렇게 근심 걱정 없이 며칠을 ——357
음식또 배불리 머걷씀니다. 그러케 근심 걱쩡 업씨 며치를

쉬다 할아버지는 바깥세상으로 나오고 싶어졌습니다. ——362
쉬다 하라버지는 바깓쎄상으로 나오고 시퍼젇씀니다.

할아버지가 밖으로 나가야겠다고 하니까 푸른 옷을 입은 ——369
하라버지가 바끄로 나가야겓따고 하니까 푸른 오슬 이븐

사내아이가 다시 나타났습니다. 사내아이는 할아버지를 병 ——375
사내아이가 다시 나타낟씀니다. 사내아이는 하라버지를 병

밖으로 이끌고 나와 예전 몸집으로 돌아가게 해 주었습니다. ——383
바끄로 이끌고 나와 예전 몸찌브로 도라가게 해 주얻씀니다.

사내아이는 할아버지께 큰절을 한 뒤 다시 병 속으로 ——391
사내아이는 하라버지께 큰저를 한 뒤 다시 병 소그로

들어갔습니다. ——392
드러갇씀니다.

그런데 할아버지가 병 밖으로 나와 보니 원래 살던 집이 ——401
그런데 하라버지가 병 바끄로 나와 보니 월래 살던 지비

사라졌습니다. 집뿐만 아니라 사람들도 죄다 예전에는 보지 ——408
사라젇씀니다. 집뿐만 아니라 사람들도 죄다 예저네는 보지

못했던 낯선 사람들뿐이었지요. 할아버지는 이상해서 —— 413

모탠떤 낟썬 사람들뿌니얻찌요. 하라버지는 이상해서

사람들에게 은근슬쩍 자신의 이름을 대고 혹시 아느냐고 —— 420

사람드레게 은근슬쩍 자시늬 이르믈 대고 혹씨 아느냐고

(네)

물었습니다. 사람들은 할아버지 이름을 듣더니 자신의 고조 —— 427

무럳씀니다. 사람드른 하라버지 이르믈 듣떠니 자시늬 고조

(네)

할아버지 때 사람이라고 말했습니다. 알고 보니 병 속에 있던 —— 436

하라버지 때 사라미라고 말핻씀니다. 알고 보니 병 소게 읻떤

며칠 사이에 바깥세상은 백 년이 흘렀던 것입니다. —— 443

며칠 사이에 바깓쎄상은 뱅 녀니 흘럳떤 거심니다.

할아버지는 자신을 알고 있는 자손들과 함께 다시 —— 450

하라버지는 자시늘 알고 인는 자손들과 함께 다시

바깥세상에서 행복하게 살아갔습니다. 할아버지는 그 뒤에도 —— 456

바깓쎄상에서 행보카게 사라갇씀니다. 하라버지는 그 뒤에도

오래오래 살아서 또 백 살을 더 살았습니다. 그런데 할아버지를 —— 465

오래오래 사라서 또 백 싸를 더 사랃씀니다. 그런데 하라버지를

순식간에 백 살을 살게 만들었던 유리병은 어디론가 —— 472

순식까네 백 싸를 살게 만드럳떤 유리병은 어디론가

사라져 버리고 없어졌답니다. 그래서 할아버지는 죽는 순간까지 —— 479

사라져 버리고 업써젿땀니다. 그래서 하라버지는 중는 순간까지

예전에 보았던 유리병 속의 난쟁이 세상을 그리워했답니다. —— 486

예저네 보앋떤 유리병 소긔 난쟁이 세상을 그리워핻땀니다.

(게)

읽은 총 어절 수 (   ) – 틀린 어절 수 (   )

= 읽기유창성 점수 (   )

읽◦기◦유◦창◦성

1. 단어를 빠르고 정확하게 읽기

2. 어휘의 뜻 알아보기

변변하다	단어의 뜻: 제대로 갖추어져서 충분하다. 비슷한 말: 넉넉하다, 웬만하다, 반반하다, 어지간하다
면박	단어의 뜻: 사람 바로 앞에서 꾸짖거나 나무람 비슷한 말: 타박
파견되다	단어의 뜻: 어떤 일을 하라고 사람이 보내어지다. ※ 도전문제: 1) 예, 2) 예
자손	단어의 뜻: 자식과 손자 비슷한 말: 후손, 후예 반대말: 조상, 선조
낯설다	단어의 뜻: 전에 본 기억이 없어 익숙하지 않다. 비슷한 말: 모르다, 생소하다 반대말: 친숙하다, 익숙하다, 낯익다 ※ 도전문제: 1) 예, 2) 아니요
근근이	단어의 뜻: 매우 어렵게 비슷한 말: 겨우 ※ 도전문제: 1) 예, 2) 예

📖 〈보기〉의 단어와 비슷한 말 짝이 되는 단어를 찾아서 동그라미 치세요.

 1 　3) 생소한

 2 　2) 후손

📖 다음 문장에 맞게 단어가 사용되었는지 생각해 봅시다.

 1 　그는 일솜씨가 서툴러 다른 직원 앞에서 자주 **면박**을 받았다.

 　　예(✓)　아니요 ( )　왜 그렇다고 생각하나요? 　다양한 답변 가능

2 그의 업적은 <u>자손</u> 대대로 내려가면서 기릴 만한 훌륭한 일이다.

예(✓)　　아니요 (　)　왜 그렇다고 생각하나요?　<u>다양한 답변 가능</u>

3 우리는 <u>자손</u>의 뜻을 이어받아 새로운 문화를 창조해야 한다.

예(　)　　아니요 (✓)　왜 그렇다고 생각하나요?　<u>다양한 답변 가능</u>

4 <u>변변한</u> 작품 하나 쓰지 못한 나에게 작가라는 말이 부끄러웠다.

예(✓)　　아니요 (　)　왜 그렇다고 생각하나요?　<u>다양한 답변 가능</u>

3. 어구를 빠르고 정확하게 읽기

4. 글을 빠르고 정확하게 읽기

읽 ◇ 기 ◇ 이 ◇ 해

5. 이야기 지도 알아보기

6. 이야기 지도 사용하여 글 읽고 이해하기

제목: 유리병 속의 난쟁이 세상

1　인물　이야기에 등장하는 인물은 누구인가요?
할아버지, 스님, (작은) 사내아이

2　시간과 장소　언제, 어디에서 일어난 이야기인가요?
시간: 옛날 장소: (어느 깊은 산골) 마을

3 | 사건들 | 인물에게 어떤 일들이 일어났나요? 일이 어떠한 차례로 일어났나요?

1) 할아버지가 짚신을 만들며 혼자 살고 있었다.
2) 하루는 스님이 할아버지에게 목이 마르니 물 한 잔을 떠다 달라 했다.
3) 자신보다 어린 스님이지만 할아버지는 물을 떠서 스님에게 주었고 스님으로부터 조그마한 빈병을 선물로 받았다.
4) 그날 밤, 할아버지는 잠을 자던 중 병 속에서 나는 노랫소리에 일어나 병 속을 들여다보니, 조그마한 세상이 있었다.
5) 병 속에서 작은 사내아이가 나와 병 속 난쟁이 세상으로 할아버지를 데리고 가기 위해 왔다고 하였다.
6) 사내아이가 입김을 불자 할아버지는 개미만큼 작아져 병 속으로 들어갔고 병 속 세상은 근심 걱정 없이 살 수 있는 좋은 세상이었다.
7) 할아버지는 바깥세상으로 나오니 병 밖 세상은 백 년이 흘러 있었다.

4 | 끝 | 이야기가 어떻게 끝났나요?

할아버지는 자손들과 행복하게 백 년을 더 살았고,
유리병은 사라져 난쟁이 세상을 그리워했다.

7. 글의 주제 알기

주제: 다른 사람을 도와주면 복을 받는다.

사◇후◇평◇가

지시문

앞에 있는 종이에 글이 있어요. 이제 선생님이 "시작"이라고 하면(학생용 평가지의 첫 어절을 손가락으로 가리킨 후, 계속 훑으면서) 처음부터 읽기 시작해서 "그만"이라고 할 때까지 최대한 정확하게, 그리고 최대한 빨리 읽으세요. 글을 읽다가 모르는 글자가 나오면 선생님이 어떻게 해야 할지 알려 줄게요. 최선을 다하세요. 질문 있어요? (질문이 있으면 질문에 대답한다.) 준비, 시작. (학생이 첫 어절을 말함과 동시에 타이머를 누르고 1분간 학생의 반응을 기록한 뒤 1분이 지나면 "그만"이라고 말한다.)

옛날 어느 깊은 산골마을에 한 할아버지가 홀로 외롭게 —— 8
옛날 어느 기픈 산꼴마으레 한 하라버지가 홀로 외롭께

살아가고 있었습니다. 젊어서는 아내를 잃고 늙어서는 —— 14
사라가고 이썯씀니다. 절머서는 아내를 일코 늘거서는

자식들마저 먼저 저 세상으로 보내고 말았지요. 그렇다고 —— 21
자식뜰마저 먼저 저 세상으로 보내고 마랃찌요. 그러타고

재산이 많은 것도 아니고 변변한 땅이 있는 것도 아니었습니다. —— 30
재사니 마는 걷또 아니고 변변한 땅이 인는 걷또 아니얻씀니다.

재주라고는 짚신을 만드는 것뿐이라서 겨우 입에 풀칠하며 —— 37
재주라고는 집씨늘 만드는 걷뿌니라서 겨우 이베 풀칠하며

근근이 먹고살았답니다. —— 39
근그니 먹꼬사랃땀니다.

하루는 할아버지가 장터에 나가 짚신을 팔고 있는데 웬 —— 47
하루는 하라버지가 장터에 나가 집씨늘 팔고 인는데 웬

스님이 다가왔습니다. —— 49
스니미 다가왇씀니다.

"노인장, 소승이 목이 몹시 마르니 물 한 그릇만 떠다 주시오." —— 59
"노인장, 소승이 모기 몹씨 마르니 물 한 그른만 떠다 주시오."

할아버지가 스님을 보아 하니 손발이 멀쩡하고 나이도 —— 66
하라버지가 스니믈 보아 하니 손바리 멀쩡하고 나이도

자신보다 훨씬 어려 보였답니다. 보통 사람 같았으면 "당신은 —— 74
자신보다 훨씬 어려 보엳땀니다. 보통 사람 가타쓰면 "당시는

손이 없소? 발이 없소?" 하며 따졌겠지요. 하지만 —— 81
소니 업쏘? 바리 업쏘?" 하며 따젿께찌요. 하지만

할아버지는 자신보다 어린 스님에게 면박을 주지 않고 우물을 —— 89
하라버지는 자신보다 어린 스니메게 면바글 주지 안코 우무를

찾았습니다. 멀리 떨어진 우물까지 달려가 물 한 바가지를 떠서 ——— 98
차잗씀니다.　　멀리　떠러진　우물까지　달려가　물　한　바가지를　　떠서

스님에게 주었답니다. 어찌나 서둘러 물을 떠서 돌아왔는지 ——— 105
스니메게　　주얻땀니다.　　어찌나　서둘러　무를　떠서　도라완는지

할아버지의 넓은 이마엔 땀방울이 맺혔지요. 스님은 할아버지가 ——— 112
하라버지의　　널븐　이마엔　땀빵우리　　매쳗찌요.　　스니믄　　하라버지가

떠 준 물을 벌컥벌컥 달게 마시고는 선물을 주었습니다. ——— 120
떠 준 무를 벌컥벌컥　　달게　마시고는　　선무를　주얻씀니다.

"가진 게 이것밖에 없어 그러니 우습게 생각 마시고 받아 ——— 129
"가진 게 이걷바께　　업써　그러니　우습게　생각 마시고　바다

주세요." ——— 130
주세요."

스님은 바랑 속에 넣었던 조그마한 병 하나를 꺼내 ——— 138
스니믄　바랑 소게　너얻떤　조그마한　　병 하나를　꺼내

할아버지께 드렸습니다. 할아버지가 병을 받아서 자세히 ——— 144
하라버지께　　드렫씀니다.　　하라버지가　　병을 바다서　자세히

살펴보니 아무것도 안 든 빈 병이었지요. 그래도 할아버지는 ——— 152
살펴보니　　아무걷또　　안 든 빈 병이얻찌요.　　그래도　하라버지는

스님 정성이라 생각하고 병을 소중하게 품 안에 챙겨 ——— 160
스님 정성이라　　생가카고　　병을 소중하게　품 아네 챙겨

넣었습니다. ——— 161
너얻씀니다.

그날 집으로 돌아와서 병을 머리맡에 두고 깊은 잠에 ——— 169
그날 지브로　　도라와서　병을 머리마테 두고 기픈 자메

들었습니다. 그런데 잠결에 어디선가 흥겨운 노랫소리가 크게 ——— 176
드럳씀니다.　　그런데 잠껴레 어디선가 흥겨운 노랟쏘리가　크게

들려 할아버지는 잠에서 깨어났답니다. 잠자리에서 일어나 ——— 182
들려 하라버지는　　자메서 깨어날땀니다.　　잠짜리에서　　이러나

이리저리 살펴보니 그 노랫소리가 병 속에서 들리는 — 189

이리저리 살펴보니 그 노랫쏘리가 병 소게서 들리는

것이었어요. 너무 신기해서 병 속을 자세히 들여다보니 마법 — 197

거시어써요. 너무 신기해서 병 소글 자세히 드려다보니 마법

같은 일이 일어났습니다. — 200

가튼 이리 이러낟씀니다.

다른 게 아니라 그 조그마한 병 속에 온갖 게 다 있었습니다. — 211

다른 게 아니라 그 조그마한 병 소게 온갇 게 다 이썯씀니다.

집도 있고, 사람도 있고, 장터도 있고, 산도 있고, 바다도 — 220

집또 읻꼬, 사람도 읻꼬, 장터도 읻꼬, 산도 읻꼬, 바다도

있었답니다. 그런데 그 모든 것이 죄다 조그마해서 마치 개미 — 229

이썯땀니다. 그런데 그 모든 거시 죄다 조그마해서 마치 개미

세상 같았습니다. — 231

세상 가탇씀니다.

할아버지가 하도 신기해서 물끄러미 들여다보니까 병 속에서 — 238

하라버지가 하도 신기해서 물끄러미 드려다보니까 병 소게서

작은 사내아이가 나왔습니다. 병 밖으로 나오자마자 스르르 — 245

자근 사내아이가 나왇씀니다. 병 바끄로 나오자마자 스르르

몸이 커져서 보통 사람 몸집만 해졌지요. 푸른 옷을 입은 — 254

모미 커져서 보통 사람 몸찝만 해젿찌요. 푸른 오슬 이븐

사내아이는 할아버지께 꾸벅 절을 하더니 말을 했습니다. — 261

사내아이는 하라버지께 꾸벅 저를 하더니 마를 핻씀니다.

"저는 할아버지를 병 속의 난쟁이 세상으로 잘 모시기 위해 — 270

"저는 하라버지를 병 소긔 난쟁이 세상으로 잘 모시기 위해
                        (게)

파견되었습니다." — 271

파견되얻씀니다."

"내가 이렇게 큰 몸집으로 어떻게 저 병 속으로 들어간단 — 280

"내가 이러케 큰 몸찌브로 어떠케 저 병 소그로 드러간단

말이냐?"   —— 281

마리냐?"

사내아이는 할아버지에게 그런 걱정은 하지 말라며 할아버지를   —— 288

사내아이는   하라버지에게   그런 걱쩡은 하지 말라며 하라버지를

향해 입김을 불었습니다. 사내아이의 입김이 닿자마자 할아버지   —— 295

향해 입기믈 부럳씀니다.   사내아이의   입기미 다차마자 하라버지
                                                              (에)

몸집이 점점 작아지더니 금세 개미만큼 작아졌습니다.   —— 301

몸찌비 점점 자가지더니 금세 개미만큼   자가젿씀니다.

사내아이도 다시 몸집이 작아져 할아버지를 데리고 병 속으로   —— 309

사내아이도   다시 몸찌비 자가져 하라버지를 데리고 병 소그로

쏙 들어갔습니다.   —— 311

쏙 드러갇씀니다.

할아버지가 병 속 세상으로 들어가 보니 이보다 더 좋은   —— 320

하라버지가   병 속 세상으로   드러가 보니 이보다 더 조은

세상이 없었습니다. 날씨는 춥지도 않고 덥지도 않고 맑았으며,   —— 328

세상이 업썯씀니다.   날씨는 춥찌도 안코 덥찌도 안코 말갇쓰며,

바람은 산들산들 적당히 불었지요. 곳곳에는 맛있는 음식이   —— 335

바라믄 산들산들 적땅히 부럳찌요. 곳꼬세는   마신는 음시기

그득했고, 어딜 가나 마음씨 좋은 사람들만 있었답니다.   —— 342

그드캗꼬,   어딜 가나 마음씨 조은 사람들만   이썯땀니다.

할아버지는 신나게 이곳저곳 다니며 경치구경도 하고, 맛난   —— 349

하라버지는   신나게 이곧쩌곧 다니며 경치구경도   하고, 만난

음식도 배불리 먹었습니다. 그렇게 근심 걱정 없이 며칠을   —— 357

음식또 배불리 머걷씀니다.   그러케 근심 걱쩡 업씨 며치를

쉬다 할아버지는 바깥세상으로 나오고 싶어졌습니다.   —— 362

쉬다 하라버지는   바깓쎄상으로   나오고 시퍼젿씀니다.

할아버지가 밖으로 나가야겠다고 하니까 푸른 옷을 입은   —— 369

하라버지가   바끄로 나가야겓따고   하니까 푸른 오슬 이븐

사내아이가 다시 나타났습니다. 사내아이는 할아버지를 병 ——375
사내아이가 다시 나타낟씀니다. 사내아이는 하라버지를 병

밖으로 이끌고 나와 예전 몸집으로 돌아가게 해 주었습니다. ——383
바끄로 이끌고 나와 예전 몸찌브로 도라가게 해 주얻씀니다.

사내아이는 할아버지께 큰절을 한 뒤 다시 병 속으로 ——391
사내아이는 하라버지께 큰저를 한 뒤 다시 병 소그로

들어갔습니다. ——392
드러갇씀니다.

그런데 할아버지가 병 밖으로 나와 보니 원래 살던 집이 ——401
그런데 하라버지가 병 바끄로 나와 보니 월래 살던 지비

사라졌습니다. 집뿐만 아니라 사람들도 죄다 예전에는 보지 ——408
사라젇씀니다. 집뿐만 아니라 사람들도 죄다 예저네는 보지

못했던 낯선 사람들뿐이었지요. 할아버지는 이상해서 ——413
모탣떤 낟썬 사람들뿌니얻찌요. 하라버지는 이상해서

사람들에게 은근슬쩍 자신의 이름을 대고 혹시 아느냐고 ——420
사람드레게 은근슬쩍 자시늬 이르믈 대고 혹씨 아느냐고
(네)

물었습니다. 사람들은 할아버지 이름을 듣더니 자신의 고조 ——427
무럳씀니다. 사람드른 하라버지 이르믈 듣떠니 자시늬 고조
(네)

할아버지 때 사람이라고 말했습니다. 알고 보니 병 속에 있던 ——436
하라버지 때 사라미라고 말핻씀니다. 알고 보니 병 소게 읻떤

며칠 사이에 바깥세상은 백 년이 흘렀던 것입니다. ——443
며칠 사이에 바깓쎄상은 뱅 녀니 흘럳떤 거심니다.

할아버지는 자신을 알고 있는 자손들과 함께 다시 ——450
하라버지는 자시늘 알고 인는 자손들과 함께 다시

바깥세상에서 행복하게 살아갔습니다. 할아버지는 그 뒤에도 ——456
바깓쎄상에서 행보카게 사라갇씀니다. 하라버지는 그 뒤에도

오래오래 살아서 또 백 살을 더 살았습니다. 그런데 할아버지를 ——465
오래오래 사라서 또 백 싸를 더 사랃씀니다. 그런데 하라버지를

순식간에 백 살을 살게 만들었던 유리병은 어디론가 —— 472

순식까네　백　싸를　살게　만드럳떤　유리병은　어디론가

사라져 버리고 없어졌답니다. 그래서 할아버지는 죽는 순간까지 —— 479

사라져　버리고　업써졛땀니다.　그래서　하라버지는　중는 순간까지

예전에 보았던 유리병 속의 난쟁이 세상을 그리워했답니다. —— 486

예저네　보앋떤　유리병　소긔　난쟁이　세상을　그리워핻땀니다.
　　　　　　　　(계)

읽은 총 어절 수 (　　　) – 틀린 어절 수 (　　　)

= 읽기유창성 점수 (　　　　　　)

■ 읽기이해 평가

1 | 이야기에 나오는 등장인물은 누구인가요? 모두 써 보세요. (아동이 하나만 대답한 경우 추가 질문을 한다.)

1점: 할아버지, 스님, (작은) 사내아이

0점: 정답의 일부, 오답 또는 대답을 하지 못함

2 | 언제, 어디에서 있었던 일인가요? (아동이 둘 중 하나만 대답한 경우, 추가 질문을 한다. 예를 들어, 아동이 '언제'에 대한 것만 대답한 경우, "어디에서 있었던 일인가요?"라고 추가 질문을 한다.)

1점: 옛날, (어느 깊은 산골) 마을

0점: 정답의 일부, 오답 또는 대답을 하지 못함

3 | 스님이 할아버지에게 무엇을 해 달라고 하였나요?

1점: 목이 마르니 물(한 그릇만)을 떠다 달라고 함

0점: 정답의 일부, 오답 또는 대답을 하지 못함

4 | 할아버지는 스님에게 무엇을 받았나요?

1점: 조그만 병 (또는) 아무것도 들지 않은 빈 병

0점: 정답의 일부, 오답 또는 대답을 하지 못함

5 | 병 속에서 어떤 마법이 일어났나요?

1점: 난쟁이들의 세상이었음 (또는) 모든 것이 조그마한(조그마한 집, 사람, 장터, 산, 바다가 있는) 개미 세상 같은 것 (또는) 병 속에서 작은 사내가 나옴

0점: 정답의 일부, 오답 또는 대답을 하지 못하였을 경우

6 | 작은 사내아이가 병에서 나온 까닭은 무엇일까요?

1점: 할아버지를 난쟁이 세상으로 모셔(데려) 가기 위하여

0점: 정답의 일부, 오답 또는 대답을 하지 못함

7 | 우리도 할아버지처럼 좋은 구경도 하고 맛난 음식을 먹으려면 어떻게 해야 할까요? 그것을 어떻게 알 수 있는지 글에서 찾아 써 보세요.

1점: 다른 사람을 도와주면 됨, 할아버지가 (목마른) 스님에게 물을 주어 좋은 구경도 하고 맛난 음식도 먹게 되었으니까

0점: 정답의 일부, 오답 또는 대답을 하지 못함

저자 소개

김애화(Kim, Aehwa)

aehwa@dankook.ac.kr

현재 단국대학교 특수교육과 교수로 재직 중이다. 단국대학교 특수교육과를 졸업하고, 미국 텍사스 주립대학교(University of Texas at Austin)에서 학습장애 전공으로 석사 및 박사 학위를 받았다. 텍사스 읽기 및 쓰기 연구소(Texas Center for Reading and Language Arts Center)에서 전임연구원 (Research Associate)으로 일하였으며, SSCI 저널인 *Journal of Learning Disabilities*의 assistant editor를 역임하였고, 현재 *Journal of Learning Disabilities*의 consulting editor로 활동 중이다.

김의정(Kim, Uijung)

uijungkim@kornu.ac.kr

현재 나사렛대학교 특수교육과 교수로 재직 중이다. 부산대학교 중어중문과를 졸업하고, 미국 텍사스 주립대학교(University of Texas at Austin)에서 특수 일반 및 자폐성 장애 전공으로 석사 및 박사 학위를 받았다. 텍사스 읽기 및 쓰기 연구소(Texas Center for Reading and Language Arts Center)에서 전임연구원(Research Associate)으로 일하였으며, 캘리포니아 주립대학교(California State University, Los Angeles) 특수교육과 조교수로 재직하였다.

학령기 아동을 위한
읽기유창성 및 읽기이해 프로그램
교사용

Reading Fluency and Reading Comprehension Program
for School-Age Children

2021년 3월 30일 1판 1쇄 발행
2023년 6월 20일 1판 3쇄 발행

지은이 • 김애화 · 김의정
펴낸이 • 김진환
펴낸곳 • (주) **학지사**

04031 서울특별시 마포구 양화로 15길 20 마인드월드빌딩
대표전화 • 02)330-5114   팩스 • 02)324-2345
등록번호 • 제313-2006-000265호

홈페이지 • http://www.hakjisa.co.kr
페이스북 • https://www.facebook.com/hakjisabook

ISBN 978-89-997-2377-3 94370
    978-89-997-2376-6 (set)

정가 25,000원

출판 · 교육 · 미디어기업 **학지사**

간호보건의학출판 **학지사메디컬** www.hakjisamd.co.kr
심리검사연구소 **인싸이트** www.inpsyt.co.kr
학술논문서비스 **뉴논문** www.newnonmun.com
교육연수원 **카운피아** www.counpia.com